# VIMŠOTARI I UDU DAŠE
## Parašarin ključ za predikcije

## SANĐAJ RATH

Prevela

Branka Larsen

**RAMA**

Izdavač:
RAMA
Signalvej 125
2860 Søborg
Tel: +45 22965939
www.rama-edu.com

Naslov originala
VIMSOTTARI AND UDU DASA'S - Parasara's key to prognostication
Copyright © Sanđaj Rath
Translation Copyrigt © 2010 za srpsko izdanje, Rama

Prevod:
Branka Larsen

Lektura:
Marija Güngör

Ilustracija na korici:
Mladen Lubura

Štampano u Velikoj Britaniji
Lightingsource

Autorska prava
Sva prava zadržana, osim u slučaju citata na Sanskritu iz originalnih Đotiš klasika, i kratkih odlomaka citiranih zarad kritičkog pristupa i pregleda, i bez ograničenja u vezi sa autorskim pravima od ranije, nijedan deo ove knjige nije dozvoljeno reprodukovati, uvesti u sistem za pretraživanje ili prenositi u bilo kom obliku ili na bilo koji način (elektronski, mehanički, fotokopiranjem, snimanjem ili slično), bez prethodne pismene saglasnosti izdavača.
Ova knjiga je prodata pod uslovom da neće biti, prodajom ili na drugi način, posuđivana, preprodata, iznajmljivana, ili na drugi način puštena u promet bez prethodne pismene saglasnosti izdavača. To je uslov koji se nameće kupcu knjige.

|  |  |  |  |
|---|---|---|---|
| gajānana | vakratuṁḍa | ekadanta | kṛṣṇa pingākṣa |
| gajapati |  |  | gajavakra |
| vinayaka |  |  | lambodara |
| bhāla candra | dhūmra varṇa | vighnarāja | vikaṭa |

## Molitva

ॐ गणानां त्वा गणपतिं हवामहे कवि कवीनामुपमश्रवस्तमम् ।
ज्येस्ठराजम् ब्रह्मणां ब्रह्मणस्पत आ नः शृणवन्नूतिभिः सीद सादनम् । ।

*om gaṇānāṁ tvā gaṇapatiṁ havāmahe kavi kavīnāmupamaśravastamam.*
*jyestharājam brahmaṇāṁ brahmaṇaspata ā naḥ śṛṇavannūtibhiḥ sīda sādanam.*

(Rig Veda : II.23.1)

**Prevod:** O, Ganeša, Gospodaru svih mudraca, neka Ti je slava; Tebi koji si sveznajući i najmudriji među mudracima. Tebi koji si preteča (*Om*) svih molitvi i Gospod svih duša; molimo Ti se za vođstvo ka uspehu u svim dobronamernim delima.

ॐ पावका नः सरस्वती वाजेभिर्वाजिनीवती । यज्ञं वष्टु धियावसुः ॥

*om pāvakā naḥ sarasvatī vājebhirvājinīvatī. yajñaṁ vaṣṭu dhiyāvasuḥ.*

Značenje reči: **Sarasvati:** izvedeno od 'Sarasah' što znači:

(a) pun Rase ili nektara (Sa+Rasa). Postoji sedam Rasa koji vode fizičkoj kreaciji svih bića. Ovih sedam Rasa su ujedno i vladari saptamša znaka (podele na sedam). Dakle, Sarasvati je majka čitave kreacije i obraćamo joj se i kao BHU Devi ili Majci Zemlji.

(b) Hvale vredan prosvetljujući govor koji je potekao iz savršenog znanja i tolerancije. Dakle, Sarasvati daje ovako uzoran govor [koji je nastao iz istinske tolerancije i znanja o svim umetnostima, zanatima i naukama] a obraćamo joj se i kao Bharati; **Pavaka:** čista, jasna, svetla i sjajna poput Agnija (vatre), prosvetljujuća, gde *Pavakaa* znači "onaj koji prosvetljuje".

# Predgovor

## Razumevanje Parašare

Razumevanje Parašare je oduvek bio moj životni cilj. Koračajući tim zamornim zatvorenim krugom, nalazim da nam veliki Guru govori daleko više od onoga u šta smo do sada uspeli da proniknemo. *Brihat Parašara Hora Šastra* nosi u sebi misaonu dubinu o kojoj se do sada nije ni govorilo niti pisalo, i ova knjiga je nastala kao pokušaj da se objasne određeni delovi pomenutog đotiš klasika, ili bar oni delovi koji se odnose na daše. Iako naizgled jednostavna, Vimšotari daša je jedno od najvećih otkrovenja *Brihat Parašara Hora Šastre*. Ova knjiga zalazi u kompleksnost Vimšotari, ali i drugih planetarnih daša zasnovanih na nakšatrama (udu daše), da bi se objasnio njihov značaj i primena. Često ignorisane ili odbačene kao 'netačne', ove daše su prestale da se upotrebljavaju zbog efekata Kali Juge. Sa dolaskom trenutnog, omanjeg ciklusa *satje* koji traje 480 godina, a koji je počeo od 2000. godine (otprilike), ovo znanje nailazi na period regeneracije i postaje ponovo vidljivo za potrebe sveta.

## Razlozi za tajanstvenost

Pre nego što osudimo tradiciju za potpuno prikrivanje znanja, neophodno je razumeti razloge koji leže u pozadini tog izbora. Znanje koje može doneti tugu ili koje se može zloupotrebiti od strane beskrupuloznih astrologa, čuvano je u tajnosti u porodicama povezanim sa Đotiš tradicijom. Kao dobar primer možemo navesti Mula dašu koja se bavi prošlim karmama, a koja pokazuje tačan period u kome će se manifestovati efekti kletvi i loših karmi. Ovo znanje može biti zloupotrebljeno od strane loših astrologa, koji mogu početi sa raznim pričama kako bi opljačkali svoje naivne klijente, što bi kao krajnji rezultat donelo lošu reputaciju Đotišu.

U ovoj knjizi smo otkrili brojne tajne iz tradicije, i učinivši to, rizikujemo greh ukoliko se one zloupotrebe. Ovo znanje je zato dato uz molitvu, da nikad ne bude zloupotrebljeno. Drugi razlog za otkrivanje ovog znanja jeste i to što je u knjizi *Manduka daša* podučena Lagna kendradi raši daša. Manduka je potpuno drugačiji daša sistem. Nakon dugogodišnje debate na temu dobrobiti i šteta prouzrokovanih držanjem ovog znanja u tajnosti, došli smo do zaključka da je to ćutanje uzrok sumnjama i pogrešnom shvatanju, kao što je i rečeno u poznatom Sanskritskom aforizmu *"maunam sammati lakshanam"*. Primarni razlog je konačno to što nam ovo znanje pomaže da dosegnemo u prošle živote, a time nam i omogućava bolje razumevanje nas samih, uzroka tuge, njihovog tajminga, kao i adekvatnih remedijalnih mera. Svesno ćutanje, uprkos učenjima i iskazima sa kojima se ne možemo složiti, može biti protumačeno kao prihvatanje tih iskaza kao tačnih. U najboljem je interesu tradicije Vedske astrologije da se objavi ono što znamo, kako bi ostatak sveta mogao ući u debatu po meri ovog uzvišenog znanja mudraca.

## *Knjiga*

Iako je inicijalno planirano da ima šesnaest poglavlja, ova prva edicija knjige je podeljena na osamnaest poglavlja koji obuhvataju suštinu Vedske astrologije, paradigmu nakšatri, kao i svaku udu dašu pojedinačno. Posebno poglavlje je posvećeno sistematskom odabiru daše, kako i zašto izabrati ispravnu dašu za svaki čart pojedinačno imajući na umu različite kriterijume, kao i različite opcije. Procena daša uključuje principe koji se generalno koriste za procenu poruke koja leži u svakom čartu pojedinačno, kao i u tajmingu događaja kroz koje će se životna drama odigrati.

Prilozi uključuju diskusiju na temu filozofije i matematike koja se nalazi u pozadini Vimšotari daše. Redosled drugih daša, kao i njihov matematički deo, objašnjen je u pojedinačnim poglavljima. Budući da je Vimšotari daša najbolja, u prilozima se ogleda uložen napor kako bi se u detalje objasnila filozofija i logika pomenute daše. Drugi prilog daje tabele za različite kalkulacije daša balansa, kao i glavne periode i potperiode za svaku od daša. Prilog pod imenom *Često postavljana pitanja* uključuje i veoma interesantna pitanja na temu upotrebe daša, kalendara, itd. Čitaoci mogu poslati svoja pitanja, a ja ću pokušati odgovoriti na njih u nekom od sledećih izdanja.

Ako nam i kada nam vreme to dozvoli, uključićemo i preostalih sedam poglavlja u neko od sledećih izdanja. Nijedan deo ovog rada nije 'originalan' budući da je ovo ipak samo pokušaj iskrenog služenja velikog mudraca Parašare. Svi propusti koji se mogu pronaći u ovoj knjizi su isključivo moja greška i mogu se pripisati mojoj oskudnoj inteligenciji koja se bori da dešifruje učenja Vedskih mudraca.

**Sanđaj Rath**
15B Gangaram Hospital Road
Nju Delhi – 110060
Indija
WebPage:http://srath.com

# Sadržaj

*Molitva* ............................................................. 3
*Predgovor* ........................................................ 4

1. Osnove đotiša ............................................. 11
2. Nakšatre: Sazvežđa ................................... 31
3. Primenljivost daša ...................................... 44
4. Procena rezultata ....................................... 65
5. Vimšotari daša ............................................ 95
6. Vimšotari varijacije ................................... 181
7. Aštotari daša ............................................. 207
8. Šodašotari daša ........................................ 224
9. Dvadašotari daša ...................................... 230
10. Pančotari daša .......................................... 235
11. Satabdika daša .......................................... 240
12. Čaturašiti sama daša ................................. 244
13. Dvisaptati sama daša ................................ 251
14. Šastihajani daša ........................................ 263
15. Šattrimša sama daša ................................. 271
16. Otključavanje Vimšotari paradigme .. 279
17. Tabele daša ............................................... 286
18. Često postavljana pitanja ......................... 301

# Lista Čartova

| | |
|---|---|
| Čart 1: Određivanje punih aspekata | 20 |
| Čart 2: Šrila Prabhupada | 53 |
| Čart 3: Alan Leo | 56 |
| Čart 4: Benito Musolini | 57 |
| Čart 5: Svami Vivekananda | 59 |
| Čart 6: Primer odabira daše | 61 |
| Čart 7: Aflikcije malefika nad petom kućom | 70 |
| Čart 8: Debilitirani Mesec | 74 |
| Čart 9: Prvobitni SSSR | 77 |
| Čart 10: Primer raši sandija | 80 |
| Čart 11: Rak | 87 |
| Čart 12: Napoleon Bonaparte | 91 |
| Čart 13: Ćandra Vimšotari (falita) | 102 |
| Čart 14: Šri Aurobindo | 105 |
| Čart 15: Odrediti utpana, kšema i adana dašu | 107 |
| Čart 16: Nobelov laurat Rabindranat Tagore | 113 |
| Čart 17: Frenklin Delano Ruzvelt | 116 |
| Čart 18: Džon Ficdžerald Kenedi | 128 |
| Čart 19: Dirubai (Dirađlal) Hiračand Ambani | 143 |
| Čart 20: Pramod Mahađan (ministar) | 149 |
| Čart 21: P. V. Narsimha Rao (bivši premijer Indije) | 154 |
| Čart 22: Naven Patnaik, Glavni ministar Orise | 158 |
| Čart 23: Službenik u vladi | 162 |
| Čart 24: Krišna Rađa Vadijar | 165 |
| Čart 25: Smrt braće (vreme događaja) | 167 |
| Čart 26: Problem sa imovinom (biznismen) | 170 |
| Čart 27: Briljiranje u obrazovanju | 172 |
| Čart 28: Elizabet Tejlor | 174 |
| Čart 29: Čart 28: Određivanje snage | 185 |
| Čart 30: Bagavan Šri Ram | 191 |
| Čart 31: Vreme prarabde | 194 |
| Čart 32: Ašok Jadav (bivši ministar, UP, Indija) | 199 |
| Čart 33: Vađpajeva vlada | 205 |
| Čart 34: Šrila Prabhupada - Aštotari | 214 |
| Čart 35: Aštotari – slučaj 1. | 217 |
| Čart 36: Šri Krišna | 222 |
| Čart 37: Šri Aurobindo | 230 |
| Čart 38: Ekspert za telekomunikacije | 236 |
| Čart 39: Tradicionalni plesač | 241 |
| Čart 40: Biznismen | 245 |
| Čart 41: Šrila Prabupada – čaturašiti daša | 249 |
| Čart 42: Šri Ćeitanja Mahaprabu | 257 |
| Čart 43: Svami Vivekananda - Šastihajani | 269 |
| Čart 44: Inspektor I. Sing – nameštanje utakmice kriketa | 277 |

# Lista Slika

| | |
|---|---|
| Slika 1: Graha drišti | 19 |
| Slika 2: Raši drišti - primer | 21 |
| Slika 3: Primarne argale | 22 |
| Slika 4: Sekundarne argale | 23 |
| Slika 5: Ostale argale | 24 |
| Slika 6: Raši aruda čakra | 27 |
| Slika 7: Graha aruda čakra | 28 |
| Slika 8: Definicija roge (bolesti) | 66 |
| Slika 9: Planete i tithi | 217 |
| Slika 10: Orbita i čvorovi | 283 |

# Lista Tabela

| | |
|---|---|
| Tabela 1: Karakteristike znakova | 14 |
| Tabela 2: Tithi ili Vedski datum | 16 |
| Tabela 3: Graha drišti | 19 |
| Tabela 4: Raši drišti | 20 |
| Tabela 5: Stira karaka | 29 |
| Tabela 6: Određivanje čara karaka | 30 |
| Tabela 7: Čara karake za prethodni primer | 30 |
| Tabela 8: Čara karaka čakra | 30 |
| Tabela 9: Nakšatra, pada i ajana | 35 |
| Tabela 10: Nakšatra božanstva | 39 |
| Tabela 11: Nakšatra, guna, itd. | 42 |
| Tabela 12: Poređenje udu daša | 63 |
| Tabela 13: Đanma (Vimšotari) daša | 102 |
| Tabela 14: Lagna (Vimšotari) daša | 104 |
| Tabela 15: Kšema daša | 107 |
| Tabela 16: Utpana daša | 107 |
| Tabela 17: Adana daša | 108 |
| Tabela 18: Vimšotari daša Rabindranata Tagore: | 113 |
| Tabela 19: FD Ruzvelt, lagna Vimšotari daša | 115 |
| Tabela 20: Antardaše u Marsovoj maha daši | 115 |
| Tabela 21: Antardaše u Rahuovoj maha daši | 121 |
| Tabela 22: Antardaše u Jupiter mahadaši | 123 |
| Tabela 23: Vimšotari daša (od Meseca): Maha daše: | 127 |
| Tabela 24: Navtara čakra | 133 |
| Tabela 25: Dhirubai Vimšotari daša | 142 |
| Tabela 26: Vimšotari daše: Pramod Mahađan | 150 |
| Tabela 27: Antardaše u Saturn MD | 150 |
| Tabela 28: Lagna Vimšotari daša (Elizabet Tejlor) | 173 |
| Tabela 29: Navtara čakra | 184 |
| Tabela 30: Tara daša | 185 |
| Tabela 31: Mula daša | 192 |
| Tabela 32: Tribagi Vimšotari daša | 195 |
| Tabela 33: Tribagi Vimšotari daša | 197 |
| Tabela 34: Navtara čakra – Ašok Jadav | 199 |
| Tabela 35: Kompresovana Vimšotari daša | 203 |

| | |
|---|---:|
| Tabela 36: Aštotari daša periodi | 209 |
| Tabela 37: Aštotari daša – primer - 1 | 214 |
| Tabela 38: Tithi Aštotari daša | 219 |
| Tabela 39: Tithi Aštotari – drugi ciklus | 223 |
| Tabela 40: Periodi Šodašotari daše | 225 |
| Tabela 41: Šodašotari daša – Šri Aurobindo | 227 |
| Tabela 42: Periodi Dvadašotari daše | 231 |
| Tabela 43: Dvadašotari daša – primer 1. | 233 |
| Tabela 44: Pančotari daša periodi | 236 |
| Tabela 45: Plesačica – Pančotari daša | 238 |
| Tabela 46: Satabdika daša | 241 |
| Tabela 47: Satabdika daša - biznismen | 242 |
| Tabela 48: Prabupada – čaturašiti daša | 245 |
| Tabela 49: Dvisaptati daša periodi | 252 |
| Tabela 50: Dvisaptati daša- Šri Ćaitanja | 255 |
| Tabela 51: Šastihajani daša | 264 |
| Tabela 52: Šastihajani daša - Vivekananda | 266 |
| Tabela 53: Redosled šattrimšat sama daše | 272 |
| Tabela 54: Tabela 54: Šattrimša sama daša | 273 |
| Tabela 55: Vimšotari balans na osnovu longitude | 289 |
| Tabela 56: Vimšotari proporcionalni delovi | 289 |
| Tabela 57: Vimšotari daša i antardaša | 290 |
| Tabela 58: Tribagi Vimšotari balans na osnovu longitude | 290 |
| Tabela 59: Tribagi proporcionalni delovi | 291 |
| Tabela 60: Tribagi daša i antardaša | 291 |
| Tabela 61: Balans Aštotari daše | 292 |
| Tabela 62: Aštotari proporcionalni delovi | 293 |
| Tabela 63: Aštotari daša i antardaša | 294 |
| Tabela 64: Šodašotari daša balans | 296 |
| Tabela 65: Šodašotari proporcionalni delovi | 297 |
| Tabela 66: Tabela 66: Šodašotari daša i antardaša | 297 |
| Tabela 67: Dvisaptati daša balans | 297 |
| Tabela 68: Dvisaptati proporcionalni delovi | 298 |
| Tabela 69: Šattrimšat daša balans | 299 |
| Tabela 70: Šattrimšat proporcionalni delovi | 300 |
| Tabela 71: Šattrimšat daša i antardaša | 300 |

# 1

# Osnove đotiša

*Ono što nas čini mudrima nije sećanje na našu prošlost, već odgovornost za našu budućnost.*

Džordž Bernard Šo

## 1.1 Daša: Vreme i stanje

Reč 'daša' nosi nekoliko značenja i jedinstvena je u astrologiji Hindua. Može se definisati kao stanja, uslovi ili okolnosti koje utiču na iskustva tela, bilo živog ili neživog, tokom određnih životnih perioda, a koja su nastala usled specifičnih pozicija planeta, zvezda i drugih nebeskih tela u Zodijaku u vreme začeća ili samog rođenja. Daša je sredstvo za postavljanje savršenih predikcija i objašnjava sudbinu svih stvorenih bića na osnovu planetarnih konfiguracija na nebu u vreme njihovog začeća ili kreacije, ili pregled vremena u kome ulogu imaju sve promenljive vrednosti poput zvuka, tatve, itd.

Vedski mudraci podarili su izvrsne daša sisteme, ali bez posebne napomene o razlozima koji leže u njihovoj pozadini, verujući u princip da se o ukusu pudinga ne može suditi pre degustacije. Mahariši Parašara pominje trideset dva daša sistema, i Mahariši Đaimini, u iscrpnoj listi u svom kodiranom klasiku *Upadeša Sutre*[1], sugeriše da mnoge od pomenutih treba čuvati u tajnosti. Kalijan Verma[2] podržava Mula dašu. Sam broj i prilagodljivost ovih daša sistema je dovoljan da obeshrabri i najbolje među Vedskim astrolozima, i zato je još važnije steći alat za procenu vrednosti svakog pojedinačno.

### 1.1.1 *Nomenklatura*

Potencijali različitih promenljivih unutar daša sistema, poput

---

1 Odnosi se na autorov prevod *Mahariši Đaimini Upadeša Sutra*.
2 Saravali, Kalijan Verma.

## Vimšotari i Udu daše

planeta, zvezda, znakova, itd, manifestuju se tokom života predodređenim redosledom i mogu se manifestovati u trenutnoj inkarnaciji, u zavisnosti od vremenske skale fiksirane za njih, kao i od dugovečnosti tela. Ciklični periodi prate obrasce i imaju fiksan puni ciklus trajanja pod imenom 'param ajus' (u prevodu maksimalna dugovečnost) koji je često, ali ne i uvek, osnova za njihovu nomenklaturu. Na primer, Vimšotari doslovno znači *'120'* i pun ciklus Vimšotari daše traje 120 godina, a to je ujedno i njen param ajus; Aštotari znači *'108'* i Aštotari daša ima pun ciklus u trajanju od 108 godina, što je ujedno i njen param ajus; Šodašotari znači *'116'* i ova daša traje ukupno 116 godina, što je ujedno i njen param ajus. Bipin Behari, uvaženi Vedski astrolog[3] napisao je: *"razlozi za navedene godine ukupnog trajanja daše, redosled planetarne vladavine, kao i trajanje pojedinačnih perioda, i dalje je dobro čuvana tajna nama nepoznata"*. U ovoj knjizi je po prvi put izložena diskusija na temu osnova Vimšotari daše. Svakim ciklusom fiksnih ili promenljivih, glavnih ili potperioda, vladaju različiti elementi (planete, zvezde, znaci, itd). Svi daša sistemi imaju standardnu nomenklaturu koja služi ovoj svrsi i koja je u nastavku navedena:

a) glavni period u bilo kom daša sistemu se zove **mahadaša** ili kraće, daša;

b) potperiod (drugi nivo cikličnog perioda unutar glavnog) se zove **antardaša** ili bukti;

c) pod-pod-period (treći nivo cikličnog perioda unutar drugog nivoa) se zove **pratiantardaša**;

d) pod-pod-pod-period (četvrti nivo cikličnog perioda unutar trećeg nivoa) se zove **sukšmadaša**;

e) pod-pod-pod-pod-period (peti nivo cikličnog perioda unutar četvrtog nivoa) se naziva **pranadaša**, i

f) pod-pod-pod-pod-pod-period (šesti nivou cikličnog perioda unutar petog nivoa) se naziva **dehadaša**.

---

3   Objavljeno u „Ekspres Starteler magazine" – Precizan tajming događaja uz pomoć Vimšotari daše.

## 1.1.2 *Klasifikacija*

Daša sistemi se mogu podeliti na različite načine. Ovo uključuje:

**1.1.2.1** Param ajus ili maksimalnu dugovečnost: param ajus u Vimšotari daši je 120 godina, Aštotari 108, Pančotari 105, Šodašotari 116 godina, itd. Kalačakra daša ima četiri različita param ajusa za četiri grupe sazvežđa. Narajana daša ima param ajus od 144 godina, dok Šula ili Navamša daše traju po 108 godina. Postoje i kraće daše, poput Jogini daše, koja traje 36 godina, što odgovara dužini ajur khande, odeljka dugovečnosti određenog na osnovu drugih metoda.

**1.1.2.2** Promenljive vrednosti daše: svaki ciklus daše ima svoje glavne periode kojima vladaju određene planete, zvezde, znaci ili drugi elementi. Ove promenljive definišu periode i smatraju se superiornima ukoliko su jedna od 33 Deva, ili inferiornima ukoliko to nije slučaj.

**1.1.2.2.1** Planetarne promenljive: Vimšotari, Aštotari i druge daše imaju planete (grahe) kao vladare glavnih perioda i potperioda. One se nazivaju graha daše, i mogu biti:

    i. bilo koja od devet planeta pod imenom nava graha (Vimšotari daša),

    ii. osam planeta (Aštotari – isključuje Ketua, Šodašotari – isključuje Rahua, Dvadašotari – isključuje Veneru, itd), ili

    iii. sedam planeta (Pančotari, Satabdika, itd, daše koje isključuju Rahua i Ketua).

**1.1.2.2.2** Zvezde: 27 (ili 28) nakšatri mogu se iskoristiti za definisanje vladavina nad glavnim ili potperiodima daša sistema. Tara daša, koja je izvedena iz Vimšotari daše, i druge slične daše koriste ove nakšatre za definisanje perioda.

**1.1.2.2.3** Znaci kao promenljive: ove daše nose ime Raši daše. Postoji nekoliko vrsta Raši daša.

1.1.2.2.4 Ostale promenljive: svaka planeta vlada nad pet zvukova koji definišu raspon Sanskritskog alfabeta, a oni se koriste u Panča svara daši. Vreme rođenja kao deo dana koristi se u Kala daši. Postoje i daše koje su zasnovane na promenljivima koje upravljaju ciklusima na osnovu veze sa Zodijakom/natalnim čartom.

1.1.2.3 Upotreba: većina daša je klasifikovana u dve grupe: (1) falita daše koje pokazuju plodove (fala) trenutnog postojanja i (2) ajur daše koje se koriste za predikcije lošeg zdravlja i smrti.

## 1.2 Raši: znaci i kuće

Zodijak se sastoji od dvanaest znakova, od kojih svaki ima po 30 stepeni, pokrivajući tako ceo krug od 360 stepeni. Oni se još zovu i dvanaest sunčevih znakova (dvadaša aditja). Za razliku od znakova koji se koriste u zapadnoj astrologiji, ovi znaci su fiksirani u prostoru, dok su im imena i druga značenja, poput prirode, slična onima koja se koriste u zapadnoj astrologiji.

### 1.2.1 *Karakteristike znakova*

Znaci Zodijaka klasifikovani su na različite načine. Najbitnije podele navedene su u tabeli 1.

*Tabela 1: Karakteristike znakova*

| Znak | | Trojstvo | Podela na četiri | | Vladar | Pol | Deo tela | Dig | Kasta | Snaga | Uzdizanje | |
|---|---|---|---|---|---|---|---|---|---|---|---|---|
| Br | Ime | | Kretanje | Guna | | | | | | | Znak | Vladar |
| 1 | Ovan | Vatra | Pokretni | R | R | Mars | M | Glava | I | Kraljevska | Noću | Leđa | Leđa |
| 2 | Bik | Zemlja | Fiksni | T | R | Venera | Ž | Lice, vrat | J | Vaišja | Noću | Leđa | Glava |
| 3 | Blizanci | Vazduh | Dvojni | S | R | Merkur | M | Rame, ruke | Z | Šudra | Noću | Glava | Glava |
| 4 | Rak | Voda | Pokretni | R | S | Mesec | Ž | Grudi, srce | S | Bramin | Noću | Leđa | Glava |
| 5 | Lav | Vatra | Fiksni | T | S | Sunce | M | Solarni pleksus, Gornji stomak | I | Kšatrija | Danju | Glava | Leđa |
| 6 | Devica | Zemlja | Dvojni | S | R | Merkur | Ž | Donji stomak, pupak, leđa | J | Vaišja | Danju | Glava | Glava |
| 7 | Vaga | Vazduh | Pokretni | R | R | Venera | M | Polni organ (emocije) | Z | Šudra | Danju | Glava | Glava |

| 8 | Škorpija | Voda | Fiksni | T | | Mars ili Ketu* | Ž | Genitalije, anus, zadnjica | S | Bramin | Danju | Glava | Leđa |
|---|---|---|---|---|---|---|---|---|---|---|---|---|---|
| 9 | Strelac | Vatra | Dvojni | S | S | Jupiter | M | Bedre (noge) | I | Kšatrija | Noću | Leđa | Oboje |
| 10 | Jarac | Zemlja | Pokretni | R | T | Saturn | Ž | Kolena (vid) | J | Vaišja | Noću | Leđa | Leđa |
| 11 | Vodolija | Vazduh | Fiksni | T | T | Saturn ili Rahu** | M | Članci (uši) | Z | Šudra | Danju | Glava | Leđa |
| 12 | Ribe | Voda | Dvojni | S | S | Jupiter | Ž | Stopala (nos) | S | Bramin | Danju | Oboje | Oboje |

*__Ketu__, opadajući čvor, je suvladar Škorpije.
** __Rahu__, rastući čvor, je suvladar Vodolije.

## 1.3 Tithi: Vedski datum

Tithi je Vedski datum lunarnog kalendara. On je mera razdaljine između Sunca i Meseca, počevši od pratipada, kada su oni u konjukciji, do purnime, kada se nalaze na udaljenosti od 180 stepeni. Postoji 15 tithija u Šukla pakši (rastuća faza), i 15 tithija u Krišna pakši (opadajuća faza Meseca). Svaki tithi predstavlja udaljenost od 12 stepeni. Ovaj ugao je matematički predstavljen kao: ugao = longituda Meseca − longituda Sunca i tithi = ugao / 12°.

Tithi je predstavljen sa prefiksom 'Š' ili 'K' što indikuje Šukla pakšu ili Krišna pakšu, datim redom, za rastuću i opadajuću fazu Meseca. U dodatku, broj od 1 do 15 pokazuje Vedski datum u datoj pakši. Dakle, Š-1 je prvi tithi u svetloj polovini meseca, dok je K-9 deveti tithi u tamnoj polovini meseca.

Tithi posmatranog dana je obično tithi koji preovladava na izlasku Sunca. Tithi u trenutku rođenja ili u vreme drugog događaja u toku dana ne mora biti tithi koji preovladava na izlasku sunca, budući da je vreme potrebno Mesecu da pokrije jedan tithi nešto kraće od dana (tj. lunarni mesec ima oko 29, 5 solarnih dana).

Tithijima vlada osam čara karaka planeta (od Sunca do Rahua). Ipak, 15. tithijem tamne polovine vlada Rahu umesto Saturna. Tabela-2 pokazuje detalje u vezi sa tithijima i njihovim vladarima.

*Tabela 2: Tithi ili Vedski datum*

| Pakša | Tithi | Ugao | Vladar | Tithi | Ugao | Vladar |
|---|---|---|---|---|---|---|
| | | | | | (Svi uglovi u stepenima) | |
| Šukla pakša | Pratipad-1 | 0-12 | Sunce | Dvitija-2 | 12-24 | Mesec |
| | Tritija-3 | 24-36 | Mars | Čaturti-4 | 36-48 | Merkur |
| | Pančami-5 | 48-60 | Jupiter | Šasti-6 | 60-72 | Venera |
| | Saptami-7 | 72-84 | Saturn | Aštami-8 | 84-96 | Rahu |
| | Navami-9 | 96-108 | Sunce | Dašami-10 | 108-120 | Mesec |
| | Ekadaši-11 | 120-132 | Mars | Dvadaši-12 | 132-144 | Merkur |
| | Trajodaši-13 | 144-156 | Jupiter | Čaturdaši-14 | 156-168 | Venera |
| | Purnima-15 | 168-180 | Saturn | | | |
| Krišna pakša | Pratipad-1 | 0-12 | Sunce | Dvitija-2 | 12-24 | Mesec |
| | Tritija-3 | 24-36 | Mars | Čaturti-4 | 36-48 | Merkur |
| | Pančami-5 | 48-60 | Jupiter | Šasti-6 | 60-72 | Venera |
| | Saptami-7 | 72-84 | Saturn | Aštami-8 | 84-96 | Rahu |
| | Navami-9 | 96-108 | Sunce | Dašami-10 | 108-120 | Mesec |
| | Ekadaši-11 | 120-132 | Mars | Dvadaši-12 | 132-144 | Merkur |
| | Trajodaši-13 | 144-156 | Jupiter | Čaturdaši-14 | 156-168 | Venera |
| | Amavasja-15 | 168-180 | Rahu | | | |

## 1.4 Drišti: pogled znakova i planeta

Planete i znaci imaju vid ili sposobnost da utiču na delovanja ili da dešifruju delovanja drugih tela (znakova, zvezda ili planeta) postavljenih na određenim pozicijama u odnosu na njih same.

### 1.4.1 Graha drišti (planetarni aspekt)

1.4.1.1  Graha drišti (planetarni pogled) je izraz želje, dok je raši drišti (pogled znakova) izraz znanja.

1.4.1.2  Sve planete, osim bezglavog Ketua, imaju drišti.

1.4.1.3  Sve planete aspektuju punim aspektom sedmi (suprotni) znak od svoje pozicije.

1.4.1.4  Spoljašnje planete, Mars, Jupiter i Saturn, imaju specijalne aspekte na znakove, pored onog koji im je nasuprot. Kao što orao može da vidi sve u svom visokom letu, tako i spoljašnje planete imaju relativnu visinu u odnosu na zemlju (gledano u odnosu na Sunce) i tako stiču sposobnost specijalnih aspekata.

1.4.1.5 Nijedna planeta ne može aspektovati drugu ili dvanaestu kuću od one u kojoj je smeštena, osim Rahua, koji može videti drugu kuću od sebe (gledano u zodijačkom pravcu) ili dvanaestu, brojano unazad (što pokazuje istu kuću).

1.4.1.6 Nijedna planeta ne može aspektovati šestu ili jedanaestu kuću od sebe budući da su u pitanju *Danda* (kazna) i *Hara* kuće (uklanjanje sa ove planete)[4]. Planete/tela ne žude za kaznom ili za svojim ličnim uništenjem i nestankom sa ovog, materijalnog, sveta. Jedino Ketu stvara želju za odlaskom sa ovog, materijalnog, sveta i zato se i smatra mokša karakom (planeta koja daje prosvetljenje).

1.4.1.7 Dakle, nakon što izuzmemo drugu i dvanaestu, šestu i jedanaestu, i prvu i sedmu kuću, kao znakove koji su prethodno objašnjeni, spoljašnje planete imaju specijalne poglede na preostale znakove (treći, četvrti, peti, osmi, deveti i deseti).

1.4.1.8 Mars aspektuje čaturašra (četvrti i osmi znak) punim aspektom, dok preostale planete to čine sa ¾ aspekta.

1.4.1.9 Jupiter i Rahu imaju pun aspekt na *prarabdha/purva punja* kuće (dobre ili loše zasluge iz prošlog rođenja pokazuju peta i deveta kuća). I dok Jupiter predstavlja *punju* (zbir dobrih dela iz prošlog života), Rahu pokazuje *papa* (zbir loših dela iz prošlog života). Preostale planete aspektuju petu i devetu kuću sa ½ aspekta.

1.4.1.10 Saturn ima pun aspekt na *upačaje*[5](kuće rasta, treću i desetu) koje pokazuju sredstva koja se troše zarad ispunjenja ličnih želja ili slabosti (zovu se šadripu[6]). Sve ostale planete aspektuju treću i desetu kuću sa ¼ aspekta.

---

4 Tanou Tana Danda Hara (Đaimini Sutra). Tanou je šesta kuća i Tanou-Tana je šesta od šeste ili jedanaesta kuća.
5 Iako postoje četiri upačaja kuće, treća, šesta, deseta i jedanaesta, šesta i jedanaesta su isključene zbog prethodnog objašnjenja.
6 Šadripu: šest slabosti ili šest "M-a", Mada (alcohol), Mamsa (jedenje mesa), itd.

## 1.4.2 Raši drišti (pogled znakova)

**1.4.2.1** Raši drištiji su trajna odlika znakova, i oni su poput građevina na nebu koje se međusobno sučeljavaju.

**1.4.2.1.1** Pokretni znaci aspektuju fiksne, osim onog koji im je najbliži.

**1.4.2.1.2** Fiksni znaci aspektuju pokretne, osim onog koji im je najbliži.

**1.4.2.1.3** Dvojni znaci se međusobno aspektuju.

**1.4.2.2** Svaki znak koji prima aspekt od drugog znaka taj aspekt i uzvraća. Dakle, Bik aspektuje Vagu, što znači da i Vaga aspektuje Bika.

**1.4.2.3** Planete u znacima aspektuju druge planete i znakove po istom principu raši drištija. Ipak, taj aspekt pokazuje međusobno znanje o onom drugom i/ili umešanost u slične aktivnosti.

*Čart 1: Određivanje punih aspekata*

Primer br. 1 (muškarac rođen 7. avgusta 1963. godine, u 21:15h, Sambalpur, Indija)

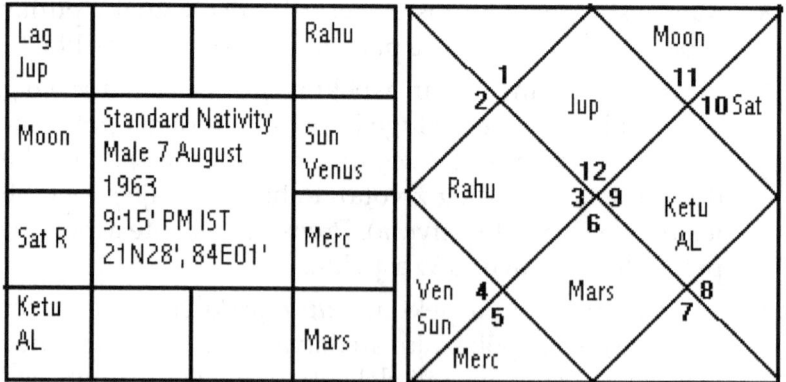

Horoskop je dat pod imenom čart 1. Graha drištiji su navedeni u slici 3. i tabeli 3, dok su raši drištiji prikazani na slici 4. i tabeli 4, datim redom.

## Tabela 3: Graha drišti

| Planeta | Znak pod aspektom | Planeta pod aspektom | Naznake |
|---|---|---|---|
| Sunce | Jarac | Saturn | 7. kuća |
| Mesec | Lav | Merkur | 7. kuća |
| Mars | Strelac | Ketu | 4. kuća - specijalni |
| | Ribe | Jupiter | 7. kuća |
| | Ovan | - | 8. kuća – specijalni |
| Merkur | Vodolija | Mesec | 7. kuća |
| Jupiter | Rak | Sunce, Venera | 5. kuća – specijalni |
| | Devica | Mars | 7. kuća |
| | Škorpija | - | 9. kuća – specijalni |
| Venera | Jarac | Saturn | 7. kuća |
| Saturn | Ribe | Jupiter | 3. kuća – specijalni |
| | Rak | Sunce, Venera | 7. kuća |
| | Vaga | - | 10. kuća |
| Rahu | Rak | Sunce, Venera | 2. kuća – specijalni |
| | Vaga | - | 5. kuća – specijalni |
| | Strelac | Ketu | 7. kuća |
| | Vodolija | Mesec | 9. kuća - specijalni |

## Slika 1: Graha drišti

Simboli na ovoj slici pokazuju znakove pod aspektom pojedinačne planete. Simboli za planete dati su u nastavku:

| Sunce | Mesec | Mars | Merkur | Jupiter | Venera | Saturn | Rahu |
|---|---|---|---|---|---|---|---|
| A | E | F | B | K | C | L | P |

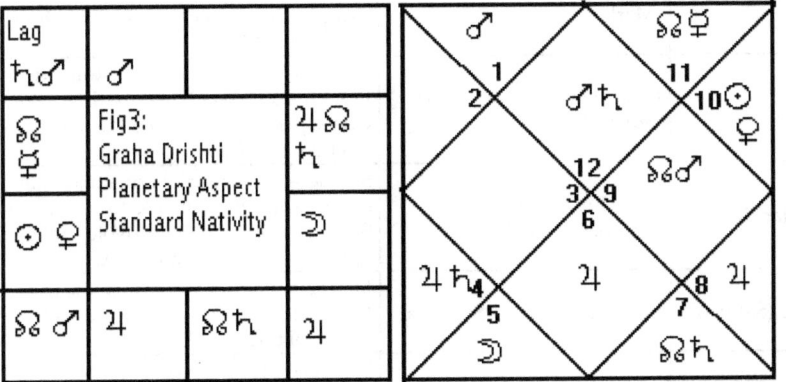

Fig3: Graha Drishti Planetary Aspect Standard Nativity

## Tabela 4: Raši drišti

| Raši (planete u rašiju) | Aspektovani znak (planete u datom znaku) | Naznake |
|---|---|---|
| Ovan | Lav (Merkur), Škorpija, Vodolija (Mesec) | Ovan je pokretni znak i aspektuje tri fiksna znaka, a ne aspektuje susednog Bika. |
| Bik | Rak (Sunce, Venera), Vaga, Jarac (Saturn) | Bik je fiksni znak i aspektuje tri pokretna znaka, a ne aspektuje susednog Ovna. |
| Blizanci (Rahu) | Devica (Mars), Strelac (Ketu), Ribe (Jupiter) | Blizanci je dvojni znak i on aspektuje druge dvojne znakove. Slično tome, Rahu smešten u Blizancima takođe aspektuje ostale dvoje znakove i planete u njima. |
| Rak (Sunce, Venera) | Škorpija, Vodolija (Mesec), Bik | Rak je pokretni znak i aspektuje tri fiksna znaka, ne aspektuje susednog Lava. Tako Sunce i Venera takođe aspektuju ove znakove, kao i Mesec u Vodoliji. |
| Lav (Merkur) | Vaga, Jarac (Saturn), Ovan | Lav je fiksni znak i aspektuje tri pokretna znaka, ne aspektuje susednog Raka. Tako i Merkur aspektuje navedene znakove, kao i Saturna u Jarcu. |
| Devica (Mars) | Strelac (Ketu), Ribe (Jupiter), Blizanci (Rahu) | Devica je dvojni znak i aspektuje ostale dvojne znakove. Mars u Devici takođe aspektuje dvojne znakove i planete u njima. |
| Vaga | Vodolija (Mesec), Bik, Lav (Merkur) | Vaga je pokretni znak i aspektuje tri fiksna znaka a ne aspektuje susednog Škorpiju. Tako aspekte primaju i Mesec u Vodoliji i Merkur u Lavu. |
| Škorpija | Jarac (Saturn), Ovan, Jarac (Sunce, Venera) | Škorpija je fiksni znak i aspektuje tri pokretna a ne aspektuje susednu Vagu. Ona aspektuje i Saturna u Jarcu, i Sunce i Veneru u Raku. |
| Strelac (Ketu) | Ribe (Jupiter), Blizanci (Rahu), Devica (Mars) | Strelac je dvojni znak i aspektuje ostale dvojne znakove. Tako i Ketu smešten u Strelcu takođe aspektuje dvoje znakove i planete koje su tu smeštene. |
| Jarac (Saturn) | Bik, Lav (Merkur), Škorpija | Jarac je pokretni znak i aspektuje tri fiksna, ne aspektuje susednu Vodoliju. On aspektuje i Merkura u Lavu. |
| Vodolija (Mesec) | Ovan, Rak (Sunce, Venera), Vaga | Vodolija je fiksni znak i aspektuje tri pokretna znaka a ne aspektuje susednog Jarca. Vodolija aspektuje i Sunce i Veneru smeštene u Raku. |

| Raši (planete u rašiju) | Aspektovani znak (planete u datom znaku) | Naznake |
|---|---|---|
| Ribe (Jupiter) | Blizanci (Rahu), Devica (Mars), Strelac (Ketu) | Ribe su dvojni znak i aspektuju ostale dvojne znakove. Tako Jupiter smešten u Ribama jednako aspektuje ostale dvojne znakove i planete u njima. |

*Slika 2: Raši drišti - primer*

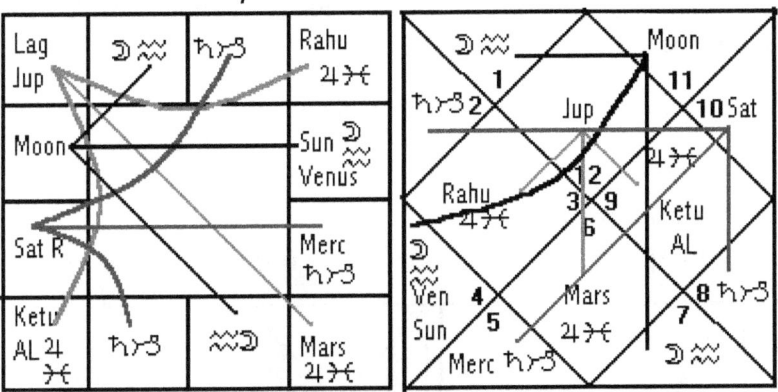

Aspekti Riba (I) i Jupitera (K) na sve dvojne znakove osim Riba; aspekt Jarca (j) i Saturna (L) na sve fiksne znakove osim Vodolije, i aspekt Vodolije (k) i Meseca (y) na sve pokretne znakove osim Jarca, pokazani su na slici 4.

## 1.5 Argala: Intervencije planeta i znakova

Argala se odnosi na intervencije planeta i znakova. Lično smatram da je ovo najveće učenje Maharišija Parašare bez koga ne možemo objasniti skrivene i suptilne uticaje planeta u horoskopu. Ova veličanstvena teorija argale predviđa sledeće:

1) Svaka planeta ima moć da utiče na pitanja svih ostalih planeta ili kuća.

Na primer, čak i ukoliko planeta nije povezana sa drugom kućom putem vladavine, aspekata, konjukcija, itd. to ne znači da će osoba prestati da unosi hranu tokom daše te planete. Ovde koncept argale dolazi kao spas i objašnjava način na koji planeta suptilno utiče na drugu kuću, kao i na vladara druge kuće.

2) Tela (bilo da su to planete, znakovi, upagrahe, itd) smeštena u drugoj, četvrtoj i jedanaestoj kući od bilo koje planete ili znaka imaju PRIMARNU ARGALU (direktnu intervenciju) na njihova pitanja.

3) Tela (bilo da su to planete, znakovi, upagrahe, itd) smeštena u dvanaestoj, desetoj i trećoj kući imaju VIRODA ARGALE (opstrukcije argala) na tela (planete/znakove) u drugoj, četvrtoj i jedanaestoj kući, datim redom.

**Primer:** Određivanje primarnih i viroda argala na lagnu u prvom primeru.

*Slika 3: Primarne argale*
**Argala (A) i opstrukcije ili viroda argale (O)**

| Lag Jup | $A_2$ | $O_3$ | Rahu $A_4$ |
|---|---|---|---|
| Moon $O_{12}$ $A_{11}$ Sat R | Primary Argala (On Lagna / Jup) Standard Nativity | | Sun Venus |
| | | | Merc |
| Ketu AL $Q_{10}$ | | | Mars |

Chart: $A_2$ 1, $O_3$ 2, Jup, Moon $O_{12}$ 11, $A_{11}$ 10 Sat, $A_4$ Rahu 12, 3 9, 6, $O_{10}$ Ketu AL, Ven Sun 4 5 Merc, Mars 8 7

Čart ima Riba lagnu koja prima argalu od Ovna (druga kuća – A2) a tu argalu opstruira Vodolija sa Mesecom (dvanaesta kuća – O12). Veći broj planeta ukazuje na snagu. Dakle, opstrukcija je snažnija od same argale.

Primarnu argalu uzrokuje Rahu u Blizancima, iz četvrte kuće (A4), a opstruira je Ketu iz desete kuće, Strelca (O10). I planete i znaci u datom primeru jednake su snage. Ipak, aspekt Jupitera na Strelca čini ovaj znak snažnijim od Blizanaca. Dakle, primarnu Rahuovu argalu do kraja pobeđuje Jupiter.

Primarnu argalu takođe uzrokuje Saturn u jedanaestoj kući u Jarcu (A11). Budući da nema planeta u znaku viroda argale (O3), opstrukcija je daleko slabija od argale, i intervencija Saturna na pitanja lagne preovladava.

4) Tela (bilo da su to planete, znakovi i upagrahe, itd) smeštena u petoj i osmoj kući od bilo koje planete/znaka imaju SEKUNDARNE ARGALE (direktne intevencije koje su manjeg intenziteta u odnosu na primarne argale) na njihova značenja.

5) Tela (planete, znakovi i upagrahe) smeštena u devetoj i šestoj kući prave VIRODA ARGALE (opstrukcije argala) na tela (planete/znakove) u petoj i osmoj kući, datim redom.

**Primer:** Odredite sekundarne argale i viroda argale na lagnu u prvom primeru.

*Slika 4: Sekundarne argale*

**Argala (A) i njihova opstrukcija (O)**

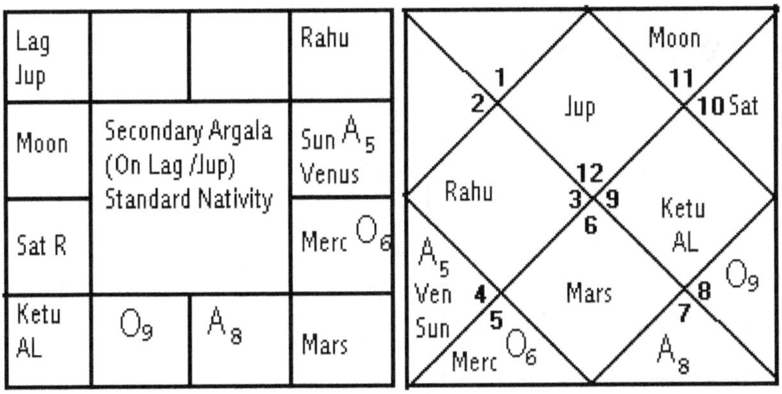

Lag
Jup
Rahu
Moon
Secondary Argala
(On Lag /Jup)
Standard Nativity
Sun A5
Venus
Sat R
Merc O6
Ketu
AL
O9
A8
Mars
Moon
1
11
2
Jup
10 Sat
12
Rahu
3
9
Ketu
AL
6
A5
Ven
Sun
4
5
Mars
8
7
O9
Merc O6
A8


Peta kuća je Rak sa Suncem i Venerom koji vrše sekundarnu argalu (A5) na lagnu. Ovo opstruira Škorpija (O9) u devetoj kući. Ipak, argala koju vrše dve planete je snažnija od opstrukcije bez planeta.

Sekundarna argala se takođe formira iz osme kuće, Vage (A8) ali je u potpunosti opstruira šesta kuća u kojoj se nalazi znak Lava (O6) sa Merkurom, budući da je Lav sa planetom snažniji od Vage koja nema pomoć planete.

6) Specijalne argale se formiraju u slučaju da je malefična planeta

u trećoj kući. Ranije smo videli da se treća kuća ponaša kao opstrukcija argali iz jedanaeste kuće. Ipak, ukoliko treća kuća ima malefične planete, tada one samoinicijativno formiraju argalu. Ovaj tip argale nema opstrukciju.

7) Specijalnu argalu formiraju planete/znakovi u sedmoj kući. Ipak, one se mogu ukloniti planetama/znacima na lagni koji prave viroda argalu.

8) Argala se posmatra obrnutim smerom ako brojimo od Ketua[7]. Ukoliko je Ketu u znaku od kog posmatramo argale, ili ukoliko se definišu argale na Ketua (duhovne svrhe), tada se brojanje kuća/znakova vrši obrnutno.

**Primer**: Odredite ostale argale i viroda argale na lagnu u prvom primeru.

*Slika 5: Ostale argale*

**Argala (A) i njena opstrukcija (O)**

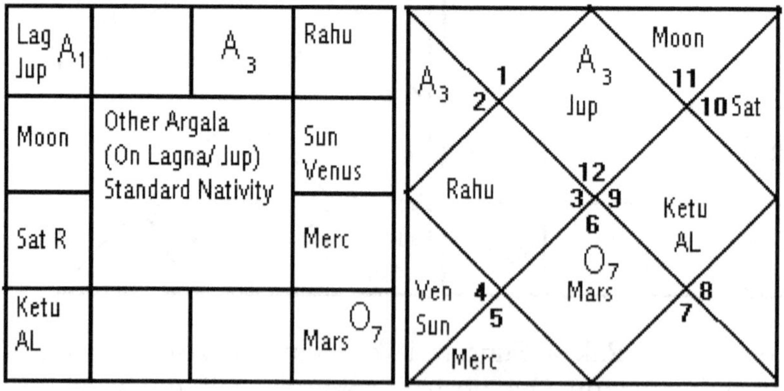
Lag
Jup
A1
A3
Rahu
Moon
Other Argala
(On Lagna/ Jup)
Standard Nativity
Sun
Venus
Sat R
Merc
Ketu
AL
Mars
O7
A3
1
2
A3
Jup
Moon
11
10 Sat
Rahu
12
3
9
6
Ketu
AL
O7
Mars
Ven 4
Sun 5
Merc
8
7

Treća kuća je bez planeta. Znak u trećoj kući je takođe benefičan znak (Bik). Dakle, specijalna argala (A3) ne postoji.

Sedma kuća ima Marsa u Devici što formira argalu (A7) koju opstruira prisustvo Jupitera na lagni (O1). Oba znaka su jednake snage zbog broja planeta, ali je znak Riba snažniji budući da je Jupiter smešten u svom znaku. Dakle, Jupiter opstruira argalu. Na

7 Vipareetam Ketoh (J.S.1.1.8)

ovaj način se mogu ispitati uticaji svih znakova i planeta na sve ostale znakove ili planete.

9) Ukoliko su argala (intervencija) i viroda (opstrukcija) jednake snage, rezultat je Bandana joga (ropstvo) . Ukoliko su u pitanju malefici jednake snage, tada Bandana može biti veoma negativna, poput zatvorenosti posle nesreće (kada su druga i dvanaesta kuće umešane one pokazuju nesreću, druga kuća je maraka[8] a dvanaesta kuća pokazuje bolnice). Ovo može pokazati i nepovoljnu situaciju koja se odnosi na obrazovanje i karijeru, ukoliko su umešane četvrta i deseta kuća. Kada su planete potpuno suprotne po svojoj prirodi, tada obrazovanje ne mora imati udeo u karijeri, poput situacije kad kvalifikovani lekar radi kao birokrata. Umešanost pete i devete kuće pokazuje veoma nepovoljnu situaciju koja može dovesti do groznih nevolja, nesreća, zatvorskih kazni, itd.

Kada su benefične planete umešane, tada "ropstvo i stege" mogu imati veze sa izolacijom zbog pisanja knjige, meditacije ili neke druge vrste pozitivne izolacije. Pažljivo proučavanje prirode planeta, umešanih znakova itd. neophodno je za konačni zaključak.

10) Ukoliko je planeta koja pravi argalu neprijateljska prema kući/planeti koja je pod znakom pitanja, ona će sprečiti postizanje cilja upućujući na druge pravce. Ovo nije primenljivo na specijalnu argalu iz treće kuće (pod 'f') gde je samo prisustvo malefika dovoljno za formiranje argale.

Na primer, na slici 5, Rahuova argala na Jupitera smatra se malefičnom zbog međusobnog neprijateljstva tih dveju planeta. Budući da su u četvrtoj kući, ova argala daje obrazovanje u engleskoj školi i pokušava da udalji osobu od tradicionalnog učenja ili sistema vrednosti (Jupiter). Pošto argalu opstruira Ketu (ezoterične studije, astrologija, ganita, itd) istovremeno se tu proteglo i tradicionalno učenje i znanje. Ipak, Jupiter daje balans koji ide u korist Ketua, i osoba konačno bira Đotiš.

11) Specijalna argala treće kuće daje uspeh u bitkama i takmičenjima, dok argala sedme kuće može dati najveći blagoslov, poput privržene supruge, ili kletvu, poput beskrupulozne žene.

---

[8] Maraka znači ubica.

## 1.6 Aruda (pada): Imidž

*Aruda* u bukvalnom prevodu znači planina i odnosi se na iluziju (*Maja*) kreiranu refleksijom znaka u odnosu na njegovog vladara i obrnuto (tj. imidž vladara reflektovan u odnosu na njegov znak). Prvi se zove raši aruda, ili jednostavnije bava pada, dok se drugi zove graha aruda. Ne ulazeći u detalje u vezi sa primenom, dotaći ćemo se njihove kalkulacije. Najbitnije je primetiti nešto što zovem SATJA PRINCIP. Prema ovom principu, prva i sedma kuća od bilo kog znaka predstavljaju SATJU ili istinu koja predstavlja Brahmu i Šivu, datim redom[9]. *Maya* (iluzija) je *Asat* (neistina) i odvojena je od *Sat* (istine). Dakle, aruda pada predstavlja iluziju koja se nikad ne može naći u prvom ili sedmom znaku. I Mahariši Parašara i Đaimini daju sledeća pravila za računanje aruda:

1) Za raši arude, odbrojite od tog znaka do znaka u kom se nalazi njegov vladar. Tada odbrojite jednak broj znakova od vladara. Znak koji se dobije je njegova raši aruda.

2) Za graha arude, odbrojite od planete do njenog znaka. Tada odbrojte jednak broj znakova od tog znaka. Znak koji se dobije je graha aruda.

3) Ukoliko se aruda znaka/planete nađe u istom znaku, tada je deseta kuća odatle njegova aruda.

4) Ukoliko se aruda znaka/planete nađe u sedmom znaku odatle, tada se četvrta kuća od njega smatra arudom.

**Primer:** Nacrtajte aruda čakru za prvi čart. Nomenklatura za indikaciju aruda u čartu je "A" sa podtekstom koji ukazuje na kuću/planetu (ili oboje[10]). Aruda lagna (A1) je prikazana kao AL dok se aruda dvanaeste kuće (A12) zove Upapada lagna i prikazana je kao UL. U nastavku sledi ilustracija (slika 8):

☼ AL: Aruda lagna u Strelcu: lagna znak su Ribe, a tu je smešten i vladar znaka, Jupiter. Brojano od Riba do znaka u kom se nalazi vladar znaka dobijamo 1. Sada odbrojite 1 od Jupitera i ponovo ćete dobiti Ribe za arudu. Budući da se

---

[9] U Hari-Hara-Brahma jogi, vladar lagne predstavlja blagoslove Brahme, dok vladar sedme predstavlja blagoslove Šive (videti *300 bitnih kombinacija* Dr. B. V. Ramana).
[10] Ovo je veoma napredan koncept i nije neophodan za početnike.

aruda ne može naći u istom znaku, primenite pravilo 3) od ranije i deseti znak od Riba (Strelac) postaje Aruda lagna.

☼ A2: Dhana pada je u Vodoliji: druga kuća je znak Ovna, a vladar Mars je smešten u Devici. Brojano od Ovna do Device dobijamo 6. Sada odbrojte 6 znakova od Device i znak koji se dobije (Vodolija) je aruda druge kuće (A2).

☼ A12: Upapada je u Vagi: dvanaesta kuća je znak Vodolija, sa dva vladara. Odredite snažnijeg između ta dva koristeći pravila iz Poglavlja II – paragraf 5. U datom primeru Rahu je egzaltiran i u dvojnom je znaku, i zbog toga je snažniji od Saturna. Odbrojimo od Vodolije do Blizanaca (Rahuovo mesto) i dobijamo 5 znakova. Odbrojte 5 znakova od Rahua (Blizanci) i doći ćete do Vage koja je aruda pada dvanaeste kuće (A12) ili upapada.

*Slika 6: Raši aruda čakra*

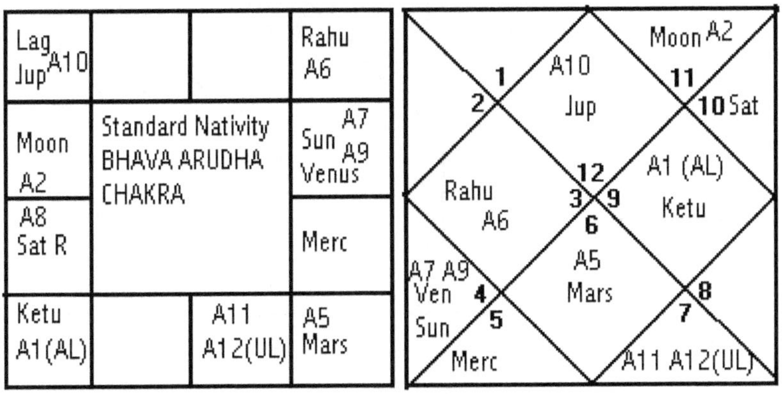
Lag A10
Jup
Rahu
A6
Moon
A2
Standard Nativity
BHAVA ARUDHA
CHAKRA
A7
Sun A9
Venus
A8
Sat R
Merc
Ketu
A1(AL)
A11
A12(UL)
A5
Mars
Moon A2
A10
Jup
11
10 Sat
1
2
12
A1 (AL)
Ketu
Rahu
A6
3
9
6
A5
Mars
A7 A9
Ven
Sun
4
5
8
7
Merc
A11 A12(UL)

Primer: Nacrtajte graha aruda čakru za prvi primer. Nomenklatura korišćena za graha arude u čartu su imena planeta sa brojem koji pokazuje znak. Ovo nije neophodno za svetleća tela (Sunce i Mesec) i čvorove (Rahu i Ketu) budući da oni vladaju po jednom kućom svaki. Graha aruda čakra za prethodni primer data je u slici 7.

Ilustracija računanja:

1) Sunce: Sunce je u Raku i vlada Lavom. Brojano od Sunca do Lava dobijamo 2. Brojano 2 od Lava dobijamo Devicu kao znak u kome se nalazi Sunce u graha aruda čakri.

2) Jupiter-9: Jupiter vladara Strelcom. Brojano od Jupitera (koji je u Ribama) do Strelca, dobijamo 10 znakova. Brojeći 10 znakova od Strelca dolazimo do Device. Ipak, aruda se ne može naći u prvoj ili sedmoj kući od svoje natalne pozicije. Pošto je Devica sedma kuća, primenićemo pravilo 4) od ranije i četvrta kuća od natalne pozicije postaje graha aruda ili Blizanci.

3) Primetimo da su graha arude Rahua i Ketua uvek u istom znaku. U datom primeru obe arude se nalaze u Vagi.

*Slika 7: Graha aruda čakra*

| Sa11 Ve2 Lg | Me3 | | Ju9 |
|---|---|---|---|
| | Standard Nativity GRAHA ARUDHA CHAKRA | | |
| Ma8 | | | |
| Ju12 Mo | Ma1 | Sa10 Ke Ra Ve7 Me6 | Su |

## 1.7 Karaka: Signifikator

### 1.7.1 *Naisargika karaka*

Svih devet planeta imaju prirodna (*naisargika*) značenja i nazivaju se naisargika karaka. Ovaj koncept od sedam stira karaka, osam čara karaka i devet naisargika karaka je temelj Vedske astrologije i ovi brojevi se koriste i za periode Stira daša. Detaljna lista prirodnih značenja može se videti u prilogu 1.

## 1.7.2 Stira karaka

Postoji sedam stira karaka (fiksnih signifikatora) isključujući senke, Rahua i Ketua. Stira karake se koriste za dugovečnost ili preživljavanje fizičkog tela, a čvorovi su bez tela, budući da se radi o tačkama u prostoru. Dakle, sedam tela, od Sunca do Saturna, su stira karake (fiksni signifikatori). Ovaj koncept koristi se u ajur daši i ponekad i u Vimšotari daši kod određivanja vremena tuge, smrti ili lošeg zdravlja osoba pod znakom pitanja.

*Tabela 5: Stira karaka*

| Sunce | Mesec | Mars | Merkur | Jupiter | Venera | Saturn |
|-------|-------|------|--------|---------|--------|--------|
| Otac | Majka | Majka, mlađi brat | Ujak | Deda, deca, sin, muž (u ženskom horoskopu) | Otac, sestra, ćerka, žena (u muškom horoskopu) | Stariji brat, ostali stariji |

## 1.7.3 Čara karaka

Karaka znači signifikator, a čara znači privremeni. Dakle, čara karaka se odnosi na privremena značenja koja planeta stiče u odnosu na svoju longitudu unutar znaka. I Parašara i Đaimini su složni da osam planeta predstavlja čara karake, i isključuju Ketua. Čara karaka se odnosi na značenja u ovom životu, a ona će se promeniti u sledećem u zavisnosti od longituda planeta. Ketu je, kao mokša karaka, isključen, budući da je samo rođenje indikacija neostvarene mokše.

Pravila za određivanje čara karaka data su u tabeli 5.

*Tabela 6: Određivanje čara karaka*

|   | Pravilo | Čara karakatve | Napomene |
|---|---------|----------------|----------|
| 1 | Planeta na najvišoj longitudi nezavisno od znaka | Atmakaraka | Sopstvo, kralj |
| 2 | Planeta na drugoj najvišj longitudi | Amatjakaraka | Saveznik, ministar |
| 3 | Planeta na trećoj najvišoj longitudi | Bratrikaraka | Brat, guru |
| 4 | Planeta na četvrtoj najvišoj longitudi | Matrikaraka | Majka |
| 5 | Planeta na petoj najvišoj longitudi | Pitrikaraka | Otac |
| 6 | Planeta na šestoj najvišoj longitudi | Putrakaraka | Deca |
| 7 | Planeta na sedmoj najvišoj longitudi | Gnatikaraka | Rođaci |
| 8 | Planeta na najnižoj longitudi | Darakaraka | Supružnik |

| | Pravilo | Čara karakatve | Napomene |
|---|---|---|---|
| 9 | Ovde se longitude Rahua računaju sa kraja znaka. | | |

**Primer:** Nacrtajte čara karaka čakru za prvi primer. Rezultat je u nastavku prikazan tabelarno.

*Tabela 7: Čara karake za prethodni primer*

| Planeta | Longituda | Efektivna longituda | Rang | Čara karaka |
|---|---|---|---|---|
| Sunce | 3z21004' | 21004' | 3 | Bratri |
| Mesec | 10z19059' | 19059' | 4 | Matri |
| Mars | 5z13040' | 13040' | 6 | Putra |
| Merkur | 4z13323' | 13323' | 7 | Gnati |
| Jupiter | 11z26007' | 26007' | 2 | Amatja |
| Venera | 3z14055' | 14055' | 5 | Pitri |
| Saturn | 9z26050' | 26050' | 1 | Atma |
| Rahu | 2z25045' | 300 - 25045' = 4015' | 8 | Dara |

*Tabela 8: Čara karaka čakra*

| Atma | Amatja | Bratri | Matri | Pitri | Putra | Gnati | Dara |
|---|---|---|---|---|---|---|---|
| Saturn | Jupiter | Sunce | Mesec | Venera | Mars | Merkur | Rahu |

Ovim smo se dotakli bitnih Đotiš koncepata. Pre ulaska u prognoziranje očekujemo da je čitalac upoznat sa vladarstvima, značenjima planeta u kućama i analizom horoskopa.

## Om Tat Sat

# 2

# Nakšatre: Sazvežđa

*"U traženju mudrosti ti si mudar, u zamišljanju da si je dostigao – ti si budala."*

*Lord Česterfild*

## 2.1 Svetlost zvezda

*"Bog je ukrasio nebo sazvežđima kao što biseri krase tamnog konja. Svetlo Sunca ih krije tokom dana i svo znanje o njima izloženo je u tami noći".*

*Parašara – Rig Veda 1.68.04.*

Sunce se smatra dušom Univerzuma i njegov tranzit kroz sazvežđa donosi promene u vremenu, što vodi do metodologije usvojene za imenovanje devata ovih nakšatri. Na primer, Sunce u Ardri rezultira velikom letnjom vrućinom i devata je 'Rudra'.

Etimološki, nakšatra može imati samo dva porekla. Prvo, *nakša* znači noć i *trai* znači zaštita. Dakle, nakšatra sa svojim unutrašnjim svetlom zvezda, štiti pojedince u tami noći (pod kojom se podrazumeva snaga neznanja i smrti). Drugo, *'na'* se odnosi na Mesec baš kao što se *'ra'* odnosi na Sunce i kšetra znači deo pod vladavinom ili pod kontrolom. Dakle, raši se odnosi na dvanaest znakova sa *Ra*, ili Suncem, kao vladarom ili kontrolorom; dok se nakšatra odnosi na sazvežđa sa *Na* sa Mesecom kao vladarom ili kontrolorom.

## 2.2 Aštavasava: Osam svetala

Ašta znači osam, a vasava znači svetla: od ovih svetala dolazi prosvetljujuće znanje Đotiša (izvedeno od Đoti).

Satapatha Brahmana 14.16:

> *Katame Vasava iti. Agnischa prithivi cha vayusch-antarikshamchaad-ityascha dyouscha chandramascha nakshatrani chaite Vasava aeteshu hidam sarve vasu hitam aete hidam sarve vasayante taddyudidam sarve vasayante tasmad Vasava iti.*

Satapatha Brahmana navodi osam Vasua: (1) Agni (2) Pritivi (3) Vaju (4) Antarikša (5) Aditja (6) Djou (7) Ćandrama i (8) Nakšetra. Na prvi pogled ovo može delovati kontradiktorno, jer se Aditja spominje odvojeno, ali u ovom slučaju ona se odnosi na Sunce, Ćandra se odnosi na Mesec, Nakšatre su lunarne kuće ili sazvežđa, dok preostalih pet predstavljaju stanja materijalne egzistencije. Ovih osam sačinjavaju primarni izvor samoprosvetljenja. Oni predstavljaju osnovne promenljive koje definišu svaku kreaciju, a njihov originalni izvor prosvetljenja na deset načina ranije je definisan kao svrha deva. Višnu Purana ovo čini još očiglednijim definišući Vasue kao:

1) *Apa* – đala tatva ili tečnost,

1) *Dara* – pritivi tatva ili čvrsto stanje,

2) *Anila* – vaju tatva ili vazduh,

3) *Anala* – agni tatva ili energija,

4) *Druva* – polarna zvezda koja predstavlja

   a) Akaš tatvu – nebo ili vakum i

   b) Fiksnost Zodijaka tj. u odnosu na ajanamšu,

5) *Soma* – Mesec,

6) *Pratjuša* – ono što predstavlja

   a. Sunce – koje je uzrok noći i dana tj. izvor svetla posle svitanja,

   b. Lagna – ascendent ili tačka na istočnom horizontu koja predstavlja jastvo koje se izjednačava sa svitanjem,

7) *Prabasa* – sjajna svetlost zvezda grupisanih u 27/28 nakšatri (sazvežđa).

Ova lista je ujedno i prvi princip Đotiša gde su definisana tela koja kreiraju, ali i vode sva bića kroz različite aktivnosti. Ona uključuju:

a) Sunce,

b) Mesec,

c) Sazvežđa pod imenom nakšatre i

d) Panča tatve ili (vođe/pravci) pet stanja postojanja sve materije i energije.

Svetla (Sunce i Mesec), pet planeta (Mars, Merkur, Jupiter, Venera i Saturn) upravljaju sa pet stanja, a ta stanja su: energija (agni), čvrsto stanje (pritivi), etar (akaš), voda (đala) i gasovito stanje (vaju) ,datim redom, a <u>27 (ili 28) lunarnih kuća pod imenom nakšatre</u>, formiraju prvi princip. Rođenje podrazumeva kreaciju i ovo je satva princip, princip održavanja rođenog ili stvorenog bića. Ovaj prvi princip određuje broj planetarnih tela koja mogu uticati na život, a to uključuje svetleća tela (Sunce i Mesec) i pet planeta, od Merkura do Saturna. Planete ne utiču direktno na različita pitanja, već ih kontrolišu indirektno menjanjem tatvi koje su pod njihovom kontrolom. Dakle, pet planeta, od Merkura do Saturna, koriste se za određivanje promena u tatvama, i nema potrebe za korišćenjem više ili manje planeta, budući da postoji samo pet poznatih formi egzistencije materije i energije.

## 2.3 Dvadeset sedam konstelacija

Osnova za podelu Zodijaka na 27 delova leži u sideralnom lunarnom kretanju gde Mesečeva putanja kroz $360^0$ Zodijaka traje oko 27⅓ dana (zaokruženo na 27 dana). Pošto je kretanje Meseca uzrok ove podele, Mesec se smatra vrhovnim gospodarom svih 27 podela pod imenom nakšatre. Svaka nakšatra meri[1] $13^020'$ luka, a počinju na prvom stepenom Ovna.

---

[1] $360^0 = 13^020' \times 27$

## 2.3.1 *Pada*

Pošto je darma (prirodni princip istine koji upravlja celom kreacijom) čatušpada tj. četvoronožna, svaka od ovih nakšatri je dalje podeljenja na četiri dela, svaki od po 3°20′ luka. Ovi delovi se nazivaju *pada* ili stopalo. Devet pada[2] koje su delovi tri nakšatre sačinjavaju znak od 30°. Četiri pade svake nakšatre, redovnim brojanjem, pokazuju četiri ajane (četiri životna cilja).

**1·pada:** prva pada svake nakšatre upravlja darmom tj. principima/idealima koji se odnose na dužnosti kšatrija, klase boraca. Prva pada svake nakšatre poklapa se sa jednim od tri vatrena znaka koji se zovu darma trikona (Ovan, Lav ili Strelac) u navamši, i ukazuje na ciljeve.

**2· pada:** druga pada svake nakšatre upravlja artom tj. principima/idealima koji se odnose na dužnosti vaišje, trgovačke zajednice. Arta označava finansije i bogatstvo a druga pada svih nakšatri poklapa se sa tri zemljana znaka u navamši. Oni se zovu arta trikona (Bik, Devica, Jarac).

**3·pada:** treća pada svake nakšatre upravlja kamom tj. principima/idealima koji su dužnosti šudri/radničke klase. Kama označava želje svake vrste i podrazumeva prepuštanje užicima. Treća pada svake nakšatre odgovara bilo kom od vazdušnih znakova pod imenom kama trikone (Blizanci, Vaga, Vodolija) u navamši.

**4·pada:** četvrta pada svake nakšatre upravlja mokšom tj. principima i idealima religioznosti i duhovnosti koji su dužnosti bramina, svešteničke klase. Mokša se posebno odnosi na prevazilaženje ciklusa ponovnog rođenja. Četvrta pada svake nakšatre odgovara bilo kom od vodenih znakova pod imenom mokša trikona (Rak, Škorpija, Ribe) u navamši.

Ovo je ajana ili cilj i ne treba ga mešati sa kastama. Na sličan način su i nakšatre grupisane pod ova četiri cilja, darma, arta, kama i mokša. Nakšatra ajana pokazuje profesiju ili pravac aktivnosti na fizičkom, svetovnom nivou gde pada pokazuje lični cilj. Na primer, ukoliko se planeta nalazi u četvrtom delu (padi) satabišađ nakšatre, iz tabele nalazimo da je nakšatra ajana 'mesar'

---

2      3°20′ X 9 = 30°

Nakšatre: Sazvežđa

dok je pada ajana 'mokša'. Ovakva kombinacija može ukazati na duhovnu osobu poput sveca Ramdasa, duhovnog učitelja Šivađi, koji je po profesiji bio mesar (aktivnost u materijalnom svetu) ali je istovremeno bio veoma učen, nevezan za materijalno i duhovan. Dakle, nakšatra i pada ajana pokazuju spoljnje i unustrašnje ciljeve, datim redom.

*Tabela 9: Nakšatra, pada i ajana*

| Br | Ime | Pada | Od | Do | | Zvezda | Pada |
|---|---|---|---|---|---|---|---|
| 1. | Ašvini | 1 | 0:00:00 | 3:20:00 | 3:20 | Darma | Darma |
| | | 2 | 3:20:00 | 6:40:00 | | | Arta |
| | | 3 | 6:40:00 | 10:00:00 | | | Kama |
| | | 4 | 10:00:00 | 13:20:00 | | | Mokša |
| 2. | Barini | 1 | 13:20:00 | 16:40:00 | | Arta | Darma |
| | | 2 | 16:40:00 | 20:00:00 | | | Arta |
| | | 3 | 20:00:00 | 23:20:00 | | | Kama |
| | | 4 | 23:20:00 | 26:40:00 | | | Mokša |
| 3. | Kritika | 1 | 26:40:00 | 30:00:00 | | Kama | Darma |
| | | 2 | 30:00:00 | 33:20:00 | | | Arta |
| | | 3 | 33:20:00 | 36:40:00 | | | Kama |
| | | 4 | 36:40:00 | 40:00:00 | | | Mokša |
| 4. | Rohini | 1 | 40:00:00 | 43:20:00 | | Mokša | Darma |
| | | 2 | 43:20:00 | 46:40:00 | | | Arta |
| | | 3 | 46:40:00 | 50:00:00 | | | Kama |
| | | 4 | 50:00:00 | 53:20:00 | | | Mokša |
| 5. | Mrigašira | 1 | 53:20:00 | 56:40:00 | | Mokša | Darma |
| | | 2 | 56:40:00 | 60:00:00 | | | Arta |
| | | 3 | 60:00:00 | 63:20:00 | | | Kama |
| | | 4 | 63:20:00 | 66:40:00 | | | Mokša |
| 6. | Ardra | 1 | 66:40:00 | 70:00:00 | | Kama | Darma |
| | | 2 | 70:00:00 | 73:20:00 | | | Arta |
| | | 3 | 73:20:00 | 76:40:00 | | | Kama |
| | | 4 | 76:40:00 | 80:00:00 | | | Mokša |
| 7. | Punarvasu | 1 | 80:00:00 | 83:20:00 | | Arta | Darma |

## Vimšotari i Udu daše

| Br | Ime | Pada | Od | Do | Zvezda | Pada |
|---|---|---|---|---|---|---|
| | | 2 | 83:20:00 | 86:40:00 | | Arta |
| | | 3 | 86:40:00 | 90:00:00 | | Kama |
| | | 4 | 90:00:00 | 93:20:00 | | Mokša |
| 8. | Pušja | 1 | 93:20:00 | 96:40:00 | Darma | Darma |
| | | 2 | 96:40:00 | 100:00:00 | | Arta |
| | | 3 | 100:00:00 | 103:20:00 | | Kama |
| | | 4 | 103:20:00 | 106:40:00 | | Mokša |
| 9. | Ašleša | 1 | 106:40:00 | 110:00:00 | Darma | Darma |
| | | 2 | 110:00:00 | 113:20:00 | | Arta |
| | | 3 | 113:20:00 | 116:40:00 | | Kama |
| | | 4 | 116:40:00 | 120:00:00 | | Mokša |
| 10. | Maga | 1 | 120:00:00 | 123:20:00 | Arta | Darma |
| | | 2 | 123:20:00 | 126:40:00 | | Arta |
| | | 3 | 126:40:00 | 130:00:00 | | Kama |
| | | 4 | 130:00:00 | 133:20:00 | | Mokša |
| 11. | P. Falguni | 1 | 133:20:00 | 136:40:00 | Kama | Darma |
| | | 2 | 136:40:00 | 140:00:00 | | Arta |
| | | 3 | 140:00:00 | 143:20:00 | | Kama |
| | | 4 | 143:20:00 | 146:40:00 | | Mokša |
| 12. | U. Falguni | 1 | 146:40:00 | 150:00:00 | Mokša | Darma |
| | | 2 | 150:00:00 | 153:20:00 | | Arta |
| | | 3 | 153:20:00 | 156:40:00 | | Kama |
| | | 4 | 156:40:00 | 160:00:00 | | Mokša |
| 13. | Hasta | 1 | 160:00:00 | 163:20:00 | Mokša | Darma |
| | | 2 | 163:20:00 | 166:40:00 | | Arta |
| | | 3 | 166:40:00 | 170:00:00 | | Kama |
| | | 4 | 170:00:00 | 173:20:00 | | Mokša |
| 14. | Ćitra | 1 | 173:20:00 | 176:40:00 | Arta | Darma |
| | | 2 | 176:40:00 | 180:00:00 | | Arta |
| | | 3 | 180:00:00 | 183:20:00 | | Kama |
| | | 4 | 183:20:00 | 186:40:00 | | Mokša |
| 15. | Svati | 1 | 186:40:00 | 190:00:00 | Kama | Darma |

## Nakšatre: Sazvežđa

| Br | Ime | Pada | Od | Do | Zvezda | Pada |
|---|---|---|---|---|---|---|
|  |  | 2 | 190:00:00 | 193:20:00 |  | Arta |
|  |  | 3 | 193:20:00 | 196:40:00 |  | Kama |
|  |  | 4 | 196:40:00 | 200:00:00 |  | Mokša |
| 16. | Višaka | 1 | 200:00:00 | 203:20:00 | Darma | Darma |
|  |  | 2 | 203:20:00 | 206:40:00 |  | Arta |
|  |  | 3 | 206:40:00 | 210:00:00 |  | Kama |
|  |  | 4 | 210:00:00 | 213:20:00 |  | Mokša |
| 17. | Anurada | 1 | 213:20:00 | 216:40:00 | Darma | Darma |
|  |  | 2 | 216:40:00 | 220:00:00 |  | Arta |
|  |  | 3 | 220:00:00 | 223:20:00 |  | Kama |
|  |  | 4 | 223:20:00 | 226:40:00 |  | Mokša |
| 18. | Đešta | 1 | 226:40:00 | 230:00:00 | Arta | Darma |
|  |  | 2 | 230:00:00 | 233:20:00 |  | Arta |
|  |  | 3 | 233:20:00 | 236:40:00 |  | Kama |
|  |  | 4 | 236:40:00 | 240:00:00 |  | Mokša |
| 19. | Mula | 1 | 240:00:00 | 243:20:00 | Kama | Darma |
|  |  | 2 | 243:20:00 | 246:40:00 |  | Arta |
|  |  | 3 | 246:40:00 | 250:00:00 |  | Kama |
|  |  | 4 | 250:00:00 | 253:20:00 |  | Mokša |
| 20. | P. Ašada | 1 | 253:20:00 | 256:40:00 | Mokša | Darma |
|  |  | 2 | 256:40:00 | 260:00:00 |  | Arta |
|  |  | 3 | 260:00:00 | 263:20:00 |  | Kama |
|  |  | 4 | 263:20:00 | 266:40:00 |  | Mokša |
| 21. | U. Ašada | 1 | 266:40:00 | 270:00:00 | Mokša | Darma |
|  |  | 2 | 270:00:00 | 273:20:00 |  | Arta |
|  |  | 3 | 273:20:00 | 276:40:00 |  | Kama |
|  |  | 4 | 276:40:00 | 280:00:00 |  | Mokša |
| 22. | Šravana | 1 | 280:00:00 | 283:20:00 | Arta | Darma |
|  |  | 2 | 283:20:00 | 286:40:00 |  | Arta |
|  |  | 3 | 286:40:00 | 290:00:00 |  | Kama |
|  |  | 4 | 290:00:00 | 293:20:00 |  | Mokša |
| 23. | Daništa | 1 | 293:20:00 | 296:40:00 | Darma | Darma |

Vimšotari i Udu daše

| Br | Ime | Pada | Od | Do | Zvezda | Pada |
|---|---|---|---|---|---|---|
| | | 2 | 296:40:00 | 300:00:00 | | Arta |
| | | 3 | 300:00:00 | 303:20:00 | | Kama |
| | | 4 | 303:20:00 | 306:40:00 | | Mokša |
| 24. | Satabišađ | 1 | 306:40:00 | 310:00:00 | Darma | Darma |
| | | 2 | 310:00:00 | 313:20:00 | | Arta |
| | | 3 | 313:20:00 | 316:40:00 | | Kama |
| | | 4 | 316:40:00 | 320:00:00 | | Mokša |
| 25. | P. Badrapada | 1 | 320:00:00 | 323:20:00 | Arta | Darma |
| | | 2 | 323:20:00 | 326:40:00 | | Arta |
| | | 3 | 326:40:00 | 330:00:00 | | Kama |
| | | 4 | 330:00:00 | 333:20:00 | | Mokša |
| 26. | U. Badrapada | 1 | 333:20:00 | 336:40:00 | Arta | Darma |
| | | 2 | 336:40:00 | 340:00:00 | | Arta |
| | | 3 | 340:00:00 | 343:20:00 | | Kama |
| | | 4 | 343:20:00 | 346:40:00 | | Mokša |
| 27. | Revati | 1 | 346:40:00 | 350:00:00 | Mokša | Darma |
| | | 2 | 350:00:00 | 353:20:00 | | Arta |
| | | 3 | 353:20:00 | 356:40:00 | | Kama |
| | | 4 | 356:40:00 | 360:00:00 | | Mokša |

## 2.3.2 Polubogovi

Pošto su nakšatre stvorene na osnovu kretanja Meseca, one se smatraju ženama Boga Meseca. Nasuprot popularnom verovanju, ove pratilje simbolišu želje ili ciljeve, a ne skrivene moći. Skrivene ili latentne moći (sposobnosti) predstavljene su *astrama* (oružjem) polubogova koji upravljaju svakom nakšatrom. Detaljan opis polubogova izvan je pregleda ove knjige, a za njihovo potpuno razumevanje potrebno je razumeti i mitove u vezi sa njima, njihove ciljeve, snage, itd. Na primer, Prađapati, hvale vredan, kreator svih bića, je polubog Rohini nakšatre što implicira da je Rohini nakšatra povezana sa znanjem o kreaciji, a samim time i sa napretkom. Oružje Prađapatija je brojanica što ukazuje na to da ova nakšatra nosi veštine u vezi sa mantrom i sa naukom o kreaciji nastaloj iz zvuka. Ovo je u ravni sa drevnom izrekom

## Nakšatre: Sazvežđa

da je sva kreacija nastala iz zvuka – 'u početku beše reč'. Slično tome, Ašvini Kumari ili božanski blizanci zdravlja, predsedavaju Ašvini nakšatrom. Tekstovi podučavaju da je Narajana podučio Ašvini Kumari astrologiji. Dakle, astrologija je povezana sa ovom nakšatrom. Od pet Pandava braće (videti Mahabharatu) Mardri je rodila dva najmlađa kao blagoslov Ašvini Kumari. Jedan od njih je bio učeni astrolog, a drugi je konjušar (videti izvore za Ašvini u tabeli). Na ovaj način su nakšatre božanstava dodelile skrivene moći ili sposobnosti pojedincima, a kvalifikovani su za to budući da je nakšatra jedan od Vasua (Aštavasava).

*Tabela 10: Nakšatra božanstva*

| Br. | Konstelacija | Stepeni | Devata | Značenja | Oblik/simbol |
|---|---|---|---|---|---|
| 1 | Ašvini | 00 - 13:20 Ovan | Dašra (Ašvini Kumar) | Konjanik | Glava konja |
| 2 | Barini | 13:20 - 26:40 Ovan | Jama | Nosioci | Ženski polni organ |
| 3 | Kritika | 26:40 Ovan - 10:00 Bik | Agni | Britva/sečivo | Bodež/sečivo |
| 4 | Rohini | 10:00 - 23:20 Bik | Pitamaha (Brahma) | Rumena krava, crven, rastući | Kočija |
| 5 | Mrigašira | 23:20 Bik - 6:40 Blizanci | Ćandra (Bog Mesec) | Glava jelena ili antilope | Glava jelena |
| 6 | Ardra | 6:40 - 20:00 Blizanci | Iša (Rudra ili Šiva) | Vlaga | Suza, dragulj |
| 7 | Punarvasu | 20:00 Blizanci - 3:20 Rak | Aditi | Povratak svetla i dobra | Tobolac/kuća, luk |
| 8 | Pušja | 3:20 - 16:40 Rak | Điva (Brihaspati) | Negovatelj, cvet, najbolje | Zubi krave, strela, cvet |
| 9 | Ašleša | 16:40 - 30:00 Rak | Ahi (Sarpa devata) | Uplesti, prigrliti, intimna povezanost | Točak, zmija |
| 10 | Makha | 00 - 13:20 Lav | Pitri (Manes) | Povoljno, moćno | Presto, palankin, kraljevski sud |
| 11 | Purva Falguni | 13:20 - 26:40 Lav | Baga | Prvi crveni | Noge kreveta, pozornica |
| 12 | Utara Falguni | 26:40 Lav - 10:00 Devica | Arđama | Kasniji crveni | Krevet, noge kreveta |

Vimšotari i Udu daše

| Br. | Konstelacija | Stepeni | Devata | Značenja | Oblik/simbol |
|---|---|---|---|---|---|
| 13 | Hasta | 10:00 - 23:20 Devica | Arka | Ruka | Zatvorena ruka |
| 14 | Ćitra | 23:20 Devica - 6:40 Vaga | Tvasta | Brilijantan, istaknut | Biser |
| 15 | Svati | 6:40 - 20:00 Vaga | Marut (Bog vetra, oblik Vaju) | Nezavisan, mač | Koral, safir |
| 16 | Višaka | 20:00 Vaga - 3:20 Škorpija | Šakragni | Razgranat, odvojen | Trijumfalna kapija pokrivena lišćem, točak |
| 17 | Anuradha | 3:20 - 16:40 Škorpija | Mitra | Kasniji uspeh, pratiti Radhu | Bali (hrpa pirinča), kišobran |
| 18 | Đešta | 16:40 - 30:00 Škorpija | Vasavah (Indra) | Najstariji | Minđuša, talisman, kišobran |
| 19 | Mula | 00 - 13:20 Strelac | Niriti (Rakšasa) | Koren, početak | Lavov rep, čučanj |
| 20 | Purvaašada | 13:20 - 26:40 Strelac | Đala (Varuna) | Ranija pobeda | Lepeza, korpa za odvajanje, kljova, kvadrat |
| 21 | Utaraašada | 26:40 Strelac - 10:00 Jarac | Višve deva | Kasnija pobeda | Slonova kljova, kvadrat |
| 22 | Šravana | 10:00 - 23:20 Jarac | Govinda | Slavan, slušanje | 3 otiska stopala, strela |
| 23 | Danište | 23:20 Jarac - 6:40 Vodolija | Vasava | Veoma bogat, veoma brz | Mridanga (bubanj) |
| 24 | Satabišađ | 6:40 - 20:00 Vodolija | Varuna | 100 lekova ili doktora | Krug, cvet |
| 25 | Purvabadrapada | 20:00 Vodolija - 3:20 Ribe | Ađapada | Rana povoljnost | Dvolična osoba, pozornica, noge kreveta |
| 26 | Utarabadrapada | 3:20 - 16:40 Ribe | Ahirbudanja | Kasna povoljnost | Poslednja postelja, noge kreveta, dve spojene osobe |
| 27 | Revati | 16:40 - 30:00 Ribe | Puša | Bogat, imućan | Mridanga (bubanj), riba |

## 2.3.3 *Guna*

Gune se mogu shvatiti kao nivoi energije. Postoje tri tipa guna: (i) rađas ili visok nivo energije koji upućuje na strast ili kreaciju;

(ii) tamas ili nizak nivo energije koji upućuje na depresiju ili raspadanje i smrt i (iii) satva ili energija u balansu koja ukazuje na kontrolu i održavanje. Baš kao i znaci, nakšatre su takođe grupisane u tri kategorije: pokretni, fiksni i dvojni, na osnovu toga da li su njihove gune rađas, tamas ili satva. Ovim redosledom se mogu dodeliti gune nakšatrama, počevši od Ašvini nakšatre. Devate koje predsedavaju gunama su Brahma (rađas), Šiva (tamas) i Višnu (satva). Oni su Trimurti, ili tri osnovna oblika Boga. Tabela 11. sadrži nakšatre, njihove gune, kretanje i Trimurti.

## 2.3.4 *Mentalnost*

Postoji trodelna podela zasnovana na mentalnosti koja može biti Deva, Rakšasa i Manušja. Deve dominiraju i oni su veliki uživaoci. Brahma njima savetuje 'da' za *damu*, što podrazumeva samokontrolu. Rakšase su oni sa žestinom, oni koji se bore za postizanje ciljeva i nametanje superiornosti. Mogu biti okrutni i sujetni na privatnom polju. Brahma im savetuje 'da' za *daju*, ili milost kao put ka duhovnom saznanju. Manušje su najslabiji od tri kategorije i oni su pohlepni, plačljivi u svojim potrebama i vezani za svoje posede. Brahma ovim dušama savetuje 'da' ili *daana* tj. davanje i doniranje kao duhovnu poruku. 'Da' je bića akšara 'Datatreje', velikog duhovnog učitelja.

## 2.3.5 *Pol*

Nakšatre su dalje klasifikovane kao muške, ženske ili bespolne, na osnovu njihovog seksualnog opredeljenja. Treba imati na umu da se suprotni polovi uvek privlače a da su bespolni uvek nevezani. Naredna tabela opisuje mentalnost, pol, lice, pravac i kretanje.

Ostale detalje, poput delova tela i 'daša', treba prostudirati iz Nara čakre objašnjene u ovoj knjizi.

Vimšotari i Udu daše

## Tabela 11: Nakšatra, guna, itd.

| Br. | Konstelacija | Guna | Kretanje | Trimurti | Mentalnost | Pol | Kasta |
|---|---|---|---|---|---|---|---|
| 1 | Ašvini | Rađas | Pokretni | Brahma | Deva | M | Vaišja |
| 2 | Barini | Tamas | Fiksni | Šiva | Manušja | Ž | Mleća |
| 3 | Kritika | Satva | Dvojni | Višnu | Rakšasa | Ž | Brahmin |
| 4 | Rohini | Rađas | Pokretni | Brahma | Manušjaa | M | Šudra |
| 5 | Mrigašira | Tamas | Fiksni | Šiva | Deva | N | Sluga |
| 6 | Ardra | Satva | Dvojni | Višnu | Manušja | Ž | Mesar |
| 7 | Punarvasu | Rađas | Pokretni | Brahma | Deva | M | Vaišja |
| 8 | Pušja | Tamas | Fiksni | Šiva | Deva | M | Kšatrija |
| 9 | Ašleša | Satva | Dvojni | Višnu | Rakšasa | Ž | Mleća |
| 10 | Magha | Rađas | Pokretni | Brahma | Rakšasa | Ž | Šudra |
| 11 | Purva Falguni | Tamas | Fiksni | Šiva | Manušja | Ž | Brahmin |
| 12 | Utara Falguni | Satva | Dvojni | Višnu | Manušja | Ž | Kšatrija |
| 13 | Hasta | Rađas | Pokretni | Brahma | Deva | M | Vaišja |
| 14 | Ćitra | Tamas | Fiksni | Šiva | Rakšasa | Ž | Sluga |
| 15 | Svati | Satva | Dvojni | Višnu | Deva | Ž | Mesar |
| 16 | Višaka | Rađas | Pokretni | Brahma | Rakšasa | Ž | Mleća |
| 17 | Anuradha | Tamas | Fiksni | Šiva | Deva | M | Šudra |
| 18 | Đestha | Satva | Dvojni | Višnu | Rakšasa | Ž | Sluga |
| 19 | Mula | Rađas | Pokretni | Brahma | Rakšasa | N | Mesar |
| 20 | Purvašada | Tamas | Fiksni | Šiva | Manušja | Ž | Brahmin |
| 21 | Utarašada | Satva | Dvojni | Višnu | Manušja | Ž | Kšatrija |
| 22 | Šravana | Rađas | Pokretni | Brahma | Deva | M | Mleća |
| 23 | Danište | Tamas | Fiksni | Šiva | Rakšasa | Ž | Sluga |
| 24 | Satabišađ | Satva | Dvojni | Višnu | Rakšasa | N | Mesar |
| 25 | Purvabadrapada | Rađas | Pokretni | Brahma | Manušja | M | Brahmin |
| 26 | Utarabadrapada | Tamas | Fiksni | Šiva | Manušja | M | Kšatrija |
| 27 | Revati | Satva | Dvojni | Višnu | Deva | Ž | Šudra |

## 2.4 Dvadeset osam nakšatri

Mesecu je potrebno 27 dana, 7 sati, i 38 minuta da bi tranzitirao sideralni Zodijak. Vedski mudraci su osmislili savršen način da zadovolje i dodatno vreme od 7 sati i 38 minuta definišući umetnutu nakšatru pod imenom 'Abiđit'. Ova nakšatra se koristi za definisanje duhovnosti. Muhurta povezana sa ovom nakšatrom vlada podnevom, kada su sva zla uništena. Sunce se u podne, u bilo kom znaku, nalazi u desetoj kući, tako je i ova nakšatra smeštena u Jarcu, desetom znaku prirodnog Zodijaka, između 21. nakšatre Utadašade i sledeće Šravane.

Raspon Abiđita čine poslednja četvrtina ($3°20'$) Utarašade i 1/15 deo ($0°53'20''$) Šravane. Dakle, raspon je $4°13'20''$ Jarca $6°40'$ do $10°53'20''$. [Matematički, 7h 38 min/24 x $13°20'=4°14'13''$]. Tabela daje 28 nakšatri. Ova šema od 28 nakšatri koristi se u kalačakri i sarvatobadra čakri, kao i u drugim nakšatra dašama.

Devata Abiđit nakšatre je Hari, nepobedivi Gospod. Aratus, grčki astronom mislio je da je "Herkules[3], kao nebeska konstelacija, bio stranac, time jasno ukazujući na specifičnu veličinu, itd. ove specijalne nakšatre koja ometa ravnotežu sistema od 27 nakšatri.

---

### Om Tat Sat

---

[3] Izvedeno iz *hari-kule-sa* tj. pripada lozi Harija.

# 3

# Primenljivost daša

*"Vrata mudrosti nikad nisu zatvorena."*

*Bendžamin Franklin*

## 3.1 Parašarin savet

Mahariši Parašara dao je neprocenjive savete u vezi sa kriterijumima za odabir prikladne udu daše. Ovo je potkrepljeno i u radovima poput *Dašadjaji* i *Đataka Pariđata*. Ipak, pridržavaćemo se Parašarinog autoriteta.

### 3.1.1 Najbolja daša

Vimšotari daša je poput šlaga na torti Vedske astrologije. Ona je najvredniji dar Maharišija za dobrobit ljudi u tamno doba Kali, posebno ako imamo u vidu da je maksimalna dugovečnost čoveka tokom Tamnog doba[1] 120 godina[2] (Vimšotari znači 120, a to je ujedno i maksimalan period Vimšotari daša šeme). Parašara navodi da je ovo najbolja nakšatra daša[3] (moguće da je i najbolja za sve potrebe). Dakle, naš prirodan izbor je Vimšotari daša, osim ukoliko ne postoje posebni uslovi koji mogu prevladati.

### 3.1.2 Uslovi za Aštotari dašu

**KRITERIJUM 1.**

लग्नेशात् केन्द्रकोणस्थे राहौ लग्नं विना स्थिते ।

---

[1] Tamno doba ili Kali juga se odnosi na jednu od četiri eona prisutna u Gvozdenom dobu. Otpočela je sa nestankom Bhagavan Šri Krišne 3102. pre Hrista.

[2] विंशोत्तरशतं पूर्णमायुः पूर्वमुदाहृतम् । कलै विंशोत्तरी तस्माद् दशा मुख्या द्विजोत्तम ॥ १४ ॥ vimśottaraśataṁ pūrṇamāyuḥ pūrvamudāhṛtam । kalai vimśottarī tasmād daśā mukhyā dvijottama: BPHS 48.14

[3] दशाबहुविधास्तासु मुख्या विंशोत्तरी मता । *daśābahuvidhāstāsu mukhyā vimśottarī matā*: BPHS 48.3

अष्टोत्तरी दशा विप्र विज्ञेया रौद्रभादितः ॥ १७ ॥

*lagneśāt kendrakoṇasthe rāhau lagnaṁ vinā sthite.*

*aṣṭottarī daśā vipra vijñeyā raudrabhāditaḥ.* BPHS 48.17

**Prevod**: O! Brahmine, "ukoliko se Rahu nalazi u kendri ili koni od znaka u kom je vladar lagne, Aštotari daša je primenljiva".

Parašara je dao veoma specifično pravilo (kriterijum 1) za upotrebu Aštotari daše (108 godina) navodeći da, ako je Rahu u kendri ili koni od vladara lagne, treba primeniti Aštotari dašu, a potom daje i drugi savet (kriterijum 2) za određivanje primenljivosti Aštotari daše.

## KRITERIJUM 2.

कृष्णपक्षे दिवा जन्म शुक्लपक्षे तथा निशि ।
तदा ह्यष्टोत्तरी चिन्त्या फलार्थञ्च विशेषतः ॥ २३ ॥

*kṛṣṇapakṣe divā janma śuklapakṣe tathā niśi.*

*tadā hyaṣṭottarī cintyā phalārthañca viśeṣataḥ.* BPHS 48.23

**Prevod**: Ukoliko je rođenje dnevno tokom Krišna pakše[4] ili noćno tokom Šukla pakše[5], savetuje se upotreba Aštotari daše za određivanje svih rezultata.

Ukoliko ove savete treba doslovno sprovesti, tada proizilazi da je Vimšotari daša primenljiva samo za rođenja noću tokom Krišna pakše ili danju tokom Šukla pakše. Uzevši u obzir kriterijume 1 i 2 zajedno, Aštotari daša je primenljiva u otprilike 25% čartova. Dakle, Vimšotari daša je primenljiva u oko 75% čartova[6]. Da sumiramo, potrebno je proveriti sledeće:

---

[4] Krišna znači taman; pakša znači period od dve nedelje. Dakle, Krišna pakša znači tamna polovina ili opadajuća faza Meseca.

[5] Šukla znači svetla; pakša znači period od dve nedelje. Dakle, Šukla pakša znači svetla polovina meseca ili rastuća faza.

[6] Ukoliko koristimo kriterijum pakše, tada je Vimšotari daša primenljiva u 50% čartova a u preostalih 50% je primenljiva Aštorari daša. Kod Aštotari daše, drugi kriterijum nije isključujući, već uključujući. Uslov da je Rahu u kendri ili koni od vladara lagne dodaje dodatnu restirkciju na otprilike 50% (kendra i kona podrazumeva šest znakova od vladara lagne). Dakle, ukupna primenljivost Aštorari daše je oko 25% slučajeva.

*Vimšotari i Udu daše*

1) Da li je Rahu smešten u kendri ili koni od paka lagne (tj. znaka u kom se nalazi vladar lagne)?

2) Da li je rođenje dnevno tokom Krišna pakše, ili noću tokom Šukla pakše?

3) Ukoliko su primenljiva oba gore navedena kriterijuma (1) i (2), savetuje se upotreba Aštotari daše.

### 3.1.3 Uslovi za Šodašotari dašu

**KRITERIJUM 3.**

चन्द्रहोरागते कृष्णे सूर्यहोरागते सिते ।

लग्ने नृणां फलज्ञप्त्यै विचिन्त्या षोडशोत्तरी ॥ २४ ॥

*candrahorāgate kṛṣṇe sūryahorāgate sitee.*

*lagne nṛṇāṁ phalajñāptyai vicintyā ṣoḍaśottarī. B.P.H.S. 48.24*

**Prevod:** Ukoliko je rođenje tokom Krišna pakše (opadajući Mesec) i lagna se nalazi u hori Meseca, ili je rođenje u Šukla pakši (rastući Mesec) i lagna se nalazi u hori Sunca, tada je primenljiva Šodašotari daša (116 godina).

Pažljiv osvrt na daša šemu pokazuje da su Aštotari i Šodašotari daše veoma slične. Obe obuhvataju osam planeta, Aštotari isključuje Ketua, dok Šodašotari isključuje Rahua. Ove daše su dve strane istog novčića.

### 3.1.4 Uslovi za Dvadašotari dašu

**KRITERIJUM 4.**

शुक्रांशके प्रजातस्य विचिन्त्या द्वादशोत्तरी ।

*śukrāṁśake prajātasya vicintyā dvādaśottarī. BPHS. 48.27*

**Prevod:** Ako je lagna u Šukramšaki (znaku u raši čartu u kom se Venera nalazi u navamši) tada je primenljiva Dvadašotari daša (112 godina).

Šukramša je okvirno prevedena od strane G. C. Šarme[7] kao 'navamša znak Venere'. Pošto je Sumit Čug[8] ovo jasno preveo kao implikaciju "navamša ascendent je Bik ili Vaga". Hajde da ispitamo različite mogućnosti:

1) Šukramša je protumačena kao svamša ili karakamša, i odnosi se na navamšu Venere. Ova "navamša Venere" može se odnositi na Veneru na lagni u navamša čartu tj. šukramša je takođe i lagnamša čime se zadovoljava reč *pradatasja* iz šloke.

2) Šukramša u kontekstu znači "lagna znak navamša čarta je znak u kom se nalazi Venera u raši čartu". Na primer, ako je Venera u Vagi u raši čartu, tada navamša lagna u znaku Vage zadovoljava kriterijum 4. Ovo može biti jedini zadovoljavajući prevod reči 'šukramša' koja je u istoj kategoriji poput termina *ketvamša* koja se koristi u nadijima i srodnoj đotiš literaturi[9]. Ipak, reč nije samo šukramša već šukramšaka i ovo podseća na termine *lagnamša* i *lagnamšaka*. Lagnamša je deo svamše[10] i prosto znači navamša lagna ili znak na lagni u navamša čartu, dok se lagnamšaka odnosi na navamša lagna znak u raši čartu. Termin *lagnamšaka* koristi se u lagnamšaka daši[11] kao daši raši čarta poreklom iz znaka u raši čartu koji je ujedno lagna u navamša čartu. Na sličan način, šukramšaka se odnosi na znak u raši čartu u kom se Venera nalazi u navamši. Na primer, ako je Venera u Raku u raši čartu i u Škorpiji u navamši, tada je znak Škorpije 'šukramšaka' u raši čartu. Ako je lagna isti znak (Škorpija), tada je primenljiva Dvadašotari daša.

## 3.1.5 Uslovi za Pančotari dašu

**KRITERIJUM 5.**

अकांश कर्कलग्ने पञ्चोत्तरी मता ।

---

7 Brihat Parašara Hora Šastra Deo II, str. 32, Sagar Publikacija, Nju Delhi
8 Kondicione daše mudraca Parašare, str. 54, Sagar Publikacija, Nju Delhi
9 Đaimini koristi termin ketvamša kako bi implicirao navamša znak u kom se Ketu nalazi u raši čartu. Na sličan način je šukramša interpretirana kao navamša znak u kom se nalazi Venera.
10 Za više detalja videti *Upadeša Sutre Maphariši Đaiminija*, knjigu istog autora.
11 Za više detalja videti *Narajana daša* knjigu istog autora.

*arkāṁśa[12] karkalagne pañcottarī matā. BPHS. 48.29.*

**Prevod:** Ako je lagna Rak u raši i dvadašamša čartu, Pančotari daša (105 godina) je primenljiva. Ovakva pozicija je moguća samo kada se lagna nalazi u rasponu od 0-2°30′ Raka.

### 3.1.6 Uslovi za satabdika dašu
**KRITERIJUM 6.**

वर्गोत्तमगते लग्ने दशा चिन्त्या शताब्दिका ।

*vargottamagate lagne daśā cintyā śatābdikā. B.P.H.S. 48.32*

**Prevod:** U slučaju vargotama lagne primenljiva je Satabdika daša (100 godina). Vargotama znači isti lagna znak u raši i u navamša čartu. Ovo je moguće u slučaju kada je lagna u prvoj navamši pokretnih znakova (0-3°20′), srednjoj (petoj) navamši fiksnih (13°20′-16°40′) i poslednjoj (devetoj) navamši dvojnih znakova (26°40-30°).

Jedini izuzetak kod kriterijuma 4. je ako je Venera u Biku ili Vagi i lagna je vargotama. U tom slučaju prednost treba dati kriterijumu 4. u odnosu na kriterijum 6.

### 3.1.7 Uslovi za Čaturasitika dašu
**KRITERIJUM 7.**

कर्मेशे कर्मगे ज्ञेया चतुराशीतिका दशा ।

*karmeśe karmage jñeyā caturāśītikā daśā. B.P.H.S. 48.35*

**Prevod:** Ako je vladar desete kuće u desetoj kući, treba primeniti Čaturasitika dašu (84 godine).

### 3.1.8 Uslovi za Dvisaptati sama dašu
**KRITERIJUM 8.**

लग्नेशे सप्तमे यस्य लग्ने वा सप्तमाधिपे ॥ ३८ ॥

---
[12] Arkamša = Arka (Surja – dvadaš Aditya ili 12) + Amša (podela) = dvadašamša

चिन्तनीया दशा तस्य द्विसप्ततिसमाह्वया ।

*lagneśe saptame yasya lagne vā saptamādhipe.*
*cintanīyā daśā tasya Dvisaptatisamāhvayā. B.P.H.S. 48.38-39*

**Prevod**: Ako je vladar lagne u sedmoj kući ili je vladar sedme na lagni, primenljiva je Dvisaptati sama daša (72 godine).

### 3.1.9 Uslovi za Šasti sama dašu
**KRITERIJUM 9.**

यदार्को लग्नराशिस्थश्चिन्त्या षष्टिसमा तदा ।

*yadārko lagnarāśisthaścintyā ṣaṣṭisamā tadā. B.P.H.S. 48.40*

**Prevod**: Šastisama daša (60 godina), poznata i kao Šastihajani daša, primenljiva je u onim horoskopima gde se Sunce nalazi na lagni.

### 3.1.10 Uslovi za Šatrimšat sama dašu
**KRITERIJUM 10.**

लग्ने दिनेऽर्कहोरायां चन्द्रहोरागते निशि ॥ ४३ ॥

*lagne dine'rkahorāyāṁ candrahorāgate niśi. B.P.H.S. 48.43*

**Prevod**: Ukoliko je rođenje dnevno i lagna je u Sunčevoj hori, ili je rođenje noćno i lagna je u Mesečevoj hori, primenljiva je Šatrimša sama daša.

## 3.2 Odabir metodologije

Udu daše se okvirno mogu podeliti u dve kategorije:

1) Vimšotari daša i njene varijacije *Tara, Tribaghi* i *Mula daša*, i

2) Specijalne uslovljene daše koje uključuju Aštotari itd.

## 3.2.1 Vimšotari daša i varijacije

Parašarino učenje upućuje na proces odabira daše inteligentnom primenom navedenih kriterijuma. **Nezavisno od specijalnih uslova, Vimšotari daša (i njene varijacije) su uvek primenljive u horoskopu.**

Postoji pet varijacija Vimšotari daše u zavisnosti od nakšatre koja je inicira. Vimšotari dašu može inicirati (a) nakšatra natalnog Meseca (đanma daša), (b) lagna nakšatra (Lagna daša ili Tara daša), (c) peta nakšatre od natalnog Meseca (Utpana daša), (d) četvrta nakšatre od natalnog Meseca (Kšema daša) ili (e) osma nakšatre od natalnog Meseca (Adhana daša). Generalno su đanma i lagna daše (tj. Vimšotari daša koju pokreće nakšatra natalnog Meseca ili lagna nakšatra) falita daše (plodovi života); dok se Utpana, Kšema i Adhana daše koriste za analizu dugovečnosti (ajur daše).

Mula daša je primenljiva u svim čartovima budući da pokazuje rezultate karmi prošlog života koje ćemo neumitno da osetimo i propatimo u ovom životu. Ova daša daje naglašene rezultate u čartovima božanskih ličnosti i svetaca koji su na ovu planetu došli zarad kompletiranja iskustava određene kletve ili sličnih poslednjih kazni i okajanja.

## 3.2.2 *Specijalne kondicione daše*

Specijalne kondicione daše sadrže kriterijume koji se mogu preklapati, tj. moguće je da horoskop ispunjava kriterijume za dve ili više daša. U tom slučaju, **treba ispratiti prioritete koje je dao Parašara kako bi se odabrala odgovarajuća daša.** Redosled prvenstva dat je u nastavku. U slučaju nedoumice, uzeti prvi izvor snage za potvrdu.

  i. Aštotari daša (uključujući i varijaciju tithi Aštotari daša)
  ii. Šodašotari daša
  iii. Dvadašotari daša
  iv. Pančotari daša
  v. Satabdika daša
  vi. Čaturašiti sama daša

vii. Dvisaptati sama daša

viii. Šasti sama daša

ix. Šat trimša sama dasa

Ovde se rađa prirodno pitanje, budući da je Vimšotari daša univerzalno primenljiva, otkud potreba za specijalnim kondicionim dašama? Specijalne kondicione daše se koriste u specijalne svrhe kao što je to naglašeno u nastavku. Postojanje specijalnih kondicionih daša u čartu upućuje na specijalnu svrhu ili uslov na rođenju. Postojanje joga će ukazati i na ostvarenje date svrhe.

**Aštotari daša** - Ketu je vladar daše i ne nalazi se na listi planeta koje pokreću Aštotari dašu. Efekti mokša karake Ketua i Rudra grahe osete se tokom celog perioda. To je osnova preko koje se osete rezultati ostalih planeta, poput površine okeana preko koje daše formiraju talase. Planeta koja je isključena iz šeme neumitno postaje vladar specijalne kondicione daše.

*Čart 2: Šrila Prabhupada*

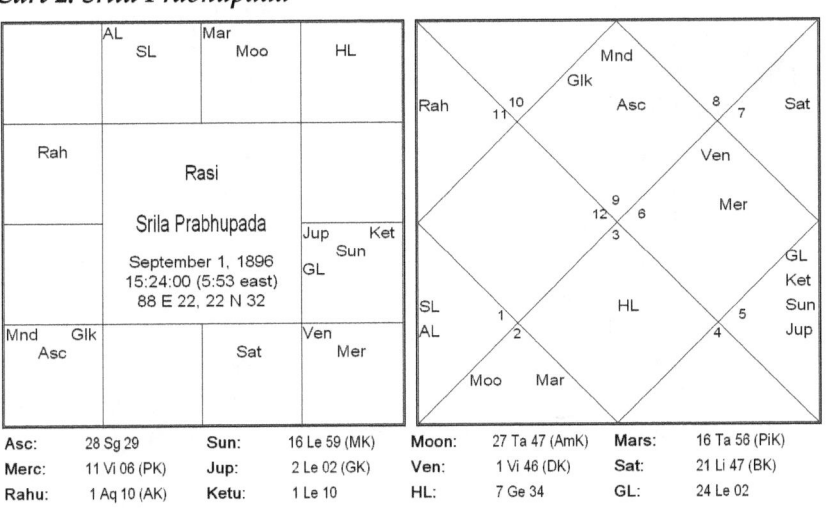

Aštotari daša je primenljiva u čartu. Bitna postignuća ovih osoba ležaće u izvozu domaćeg znanja ili dobara (Ketu). Kvalitet i priroda znanja ili dobara zavise od ostalih kombinacija u horoskopu, Šrila Prabhupadino najveće postignuće bio je lucidni prevod Šrimad

Bhagavate i Bhagavat Gite, što je rezultiralo osnivanjem ISKON-a u stranim zemljama. Dakle, veliko postignuće dogodilo se preko izvoza znanja, zbog čega je morao da putuje u SAD.

**Šodašotari daša:** Rahu je vladar ove daše i nije deo liste planeta koje pokreću dašu. Efekti Rahua su otuda dominantni, i provlače se tokom celog života. Svrha ili ciljevi ostvareni su kroz uvoz dobara i znanja (Rahu). Bitno je da ostanemo objektivni i bez ksenofobičnih stavova po pitanju Rahua, jer dobro ili loše zavisi od joga i drugih kombinacija koje dominiraju čartom.

Uzmimo primer notornog kriminalca Davud Ibrahima. Njegov put do bitne pozicije u podzemlju išao je preko krijumčarenja zlata u Indiju. Ovaj tajni uvoz (Rahu) rezultirao je njegovim napredkom, a svrha se može videti iz dominantne joge u njegovom horoskopu. Šodašotari daša će pokazati periode tokom kojih pomenute aktivnosti uvoza donose uspeh ili pad usled inteligentnih politika i reformi donesenih od strane Vlade Indije posle slamanja ksenofobičnih stavova.

**Dvadašotari daša:** Venera je vladar Dvadašotari daša šeme i zbog toga se ne nalazi na listi planeta koje pokreću dašu. Specijalni uslov fokusiran je na 'šukramšu', baš kao što je kod Aštotari i Šodašotari daše fokus na čvorovima. Osnova ili okean je kulturno polje umetnosti, muzike, crtanja, filmova, itd. Ova daša je posebno primenljiva na filmske zvezde, umetnike i zanatlije i pokazuje periode njihovih postignuća. Ovo su ljudi koji rade Venerine poslove kako bi postigli svoje životne ciljeve. Nije neophodno da sve filmske zvezde imaju specijalne uslove za primenljivost ove daše.

**Pančotari daša:** Dvadašamša se još zove i Surjamša i pokazuje lozu, familiju kojoj osoba pripada. Ona povezuje osobu sa okolnostima na rođenju, kao i različitim jednačinama nastalim zarad stvaranja bića u različitim znacima. Prva dvadašamša Raka (0-2°30′) je područje koje reflektuje kreaciju univerzuma,

Primenjivost daša

i na taj način predstavlja sedište Brahme, kreatora. Životne sile kreacije su toliko moćne u ovom delu Zodijaka da uništitelji (Rahu i Ketu) postaju nemoćni i gube svoju ulogu. Lagna je vladar, a tema je započinjanje loze ili propagiranje procesa kreacije. Doktori i medicinari su neki od primera kod kojih je ova daša primenjiva. Ali ovo je samo osnova dok će stvarni ciljevi zavisiti od ostatka čarta.

**Satabdika daša:** Lagna je vladar satabdika daše, baš kao što je to slučaj i sa Pančotari dašom, ali specijalni uslov leži u vargotama lagni. Tema se menja iz Brahmine perspektive kreacije, na Višnuovu perspektivu održavanja. Ovo rezultira veoma snažnim verovanjima i idealima (koji će varirati u zavisnosti od planeta u trigonu od lagne). Snaga lagne obećava blagoslove Gospoda Šive kao Šri Mritjunđaje.

Postoji mogućnost konflikta između Pančotari i Satabdika daše u horoskopima gde se lagna nalazi između 0-2°30' Raka. U datom slučaju nije samo dvadašamša lagna Rak što zadovoljava uslov za Pančotari dašu, već je u pitanju i vargotama lagna što zadovoljava uslov za satabdika dašu. U ovom slučaju, neophodno je primeniti redosled prioriteta koji je dao Parašara, gde Pančotari daša ima prednost u odnosu na satabdika dašu.

**Čaturašiti Sama daša:** Vladar desete je vladar ove daše (Indra – kralj neba simbolično predstavljen desetom kućom) i specijalni uslov je u vezi sa ovom kućom i njenim vladarom. Prisustvo ovog specijalnog uslova ukazuje na karma jogu i upravo karma joga je okosnica celog horoskopa. Pozicija, čast i novac postaju instrumenti za postizanje ciljeva.

Među planetama Jupiter predstavlja Indru i vladarstvo Jupitera u čartu pokazuje pravac blagoslova ili one osobe koji će odigrati glavnu ulogu u postizanju karma joge. Jupiter ukazuje na učitelja ili gurua.

**Dvisaptati Sama daša:** Hara (oblik Šive) je vladar i među planetama ga predstavlja Mesec. Specijalni uslov povezan je sa sedmom kućom koja je sedište svih želja, što ukazuje na to da je tema ispunjenje tih želja. Vladavina i pozicija Meseca ukazuje na osobe ili ciljeve koji će voditi kao ispunjenju ciljeva

## Vimšotari i Udu daše

i želja. Mesec može pokazati majku, kao i druge starije dame.

**Šasti hajani daša:** Sunce (Surja – Bog Sunca) je vladar i specijalni uslov za primenljivost ove daše povezan je sa Suncem. Vladavina Sunca će pokazati "starije" (Sunce pokazuje starije ili očinske figure) koji će biti predstavljeni Suncem i čiji će pravci biti glavna tema u životu osobe. Ovo takođe može da znači snažnu duhovnu svrhu u životu.

**Šattrimšat Sama daša:** Često pogrešno protumačena od strane astrologa kao jogini daša, ovo je zapravo falita daša. Merkur je vladar daše i bogatstvo je fokus budući da je specijalni uslov povezan sa horom. Održavanje je još prikladniji termin za opis životne teme.

*Savet: Koristite Vimšotari dašu ili njene varijacije za prognoziranje svih životnih događaja, a specijalne kondicione daše za određivanje posebne svrhe i cilja u životu pojedinca, kao i za tajming prekretnica koje će dovesti do njihovog ispunjenja. Dakle, specijalne kondicione daše su 'podrška' običnoj Vimšotari daši.*

## 3.3 Primeri

*Čart 3:* Alan Leo

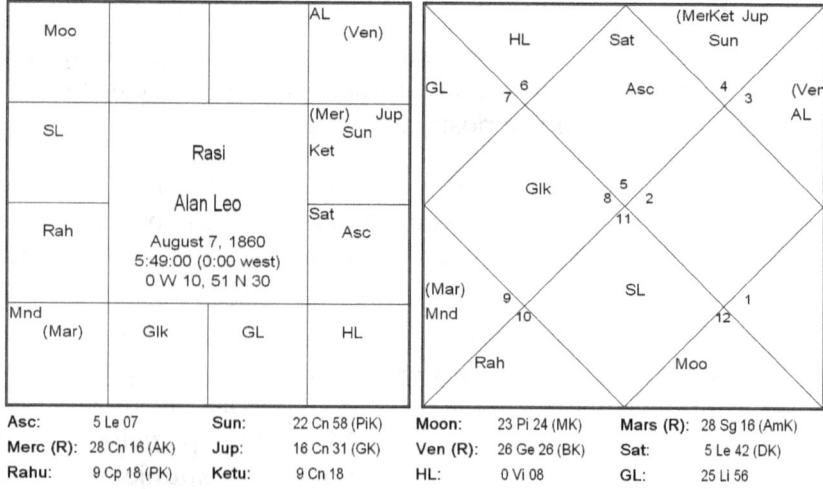

| Asc: | 5 Le 07 | Sun: | 22 Cn 58 (PiK) | Moon: | 23 Pi 24 (MK) | Mars (R): | 28 Sg 16 (AmK) |
| Merc (R): | 28 Cn 16 (AK) | Jup: | 16 Cn 31 (GK) | Ven (R): | 26 Ge 26 (BK) | Sat: | 5 Le 42 (DK) |
| Rahu: | 9 Cp 18 (PK) | Ketu: | 9 Cn 18 | HL: | 0 Vi 08 | GL: | 25 Li 56 |

## Primenjivost daša

**Kriterijum 1.** Lagna je Lav i vladar, Sunce, se nalazi u jutiju sa Ketuom u Raku. Dakle, Rahu je u Jarcu u kendri (kvadrat) od Sunca u Raku i kriterijum 1. je zadovoljen.

**Kriterijum 2.** Mesec je preko $180°$ udaljen od Sunca što ukazuje na rođenje u Krišna pakši (opadajuća faza Meseca). Vreme rođenja je 5:49' ujutro, što je dnevno rođenje budući da je osoba rođena posle izlaska Sunca. Dakle, kriterijum 2. je zadovoljen.

Pošto su oba kriterijuma zadovoljena, u čartu je primenljiva Aštotari daša. Alan Leo je posvetio ceo život proučavanju astrologije, numerologije i okultnog, i imao je ogroman udeo u širenju znanja u svetu (izvozu znanja).

### Čart 4: Benito Musolini

Musolini, italijanski vojvoda, bio je Hitlerov saveznik tokom II svetskog rata. Hajde da odredimo kondicionu dašu primenljivu u njegovom čartu kako bismo bolje shvatili i životnu temu koju njegov horoskop pokazuje.

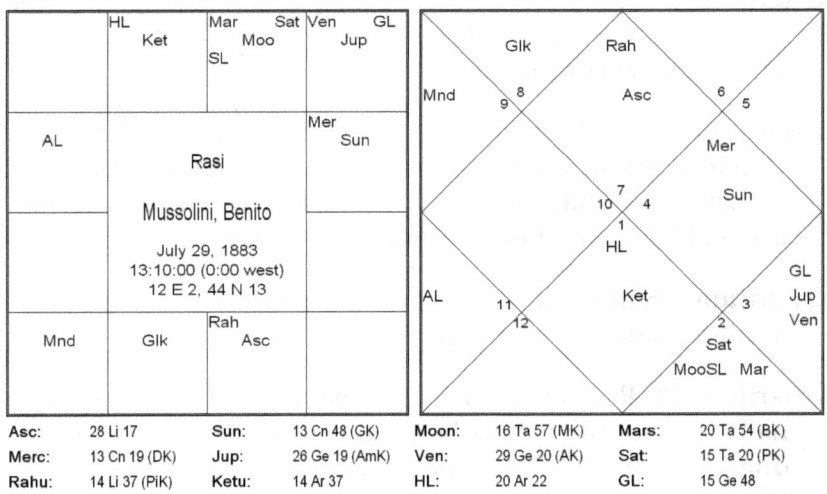

**Kriterijum 1.** Vladar lagne, Mars, nije u kendri ili trigonu od Rahua.

**Kriterijum 2.** Rođen je u Krišna pakši (opadajući Mesec) tokom dana, pa je ovaj uslov zadovoljen. Da bi Aštotari daša bila primenljiva, oba kriterijuma treba da su zadovoljena. Pošto kriterijum 1. nije zadovoljen, Aštotari daša nije primenljiva.

**Kriterijum 3.** Rođen je tokom Krišna pakše, lagna je na prvom stepenu Škorpije. Prvom horom parnih znakova vlada Sunce ($0$ -$15^0$). Lagna se nalazi u hori Meseca. Kriterijum 3. je zadovoljen i u čartu je primenljiva Šodašotari daša.

**Kriterijum 4.** Venera je u Blizancima u navamša čartu. Lagna je Škorpija, a ne Blizanci. Ovaj uslov nije zadovoljen i Dvadašotari daša nije primenljiva.

**Kriterijum 5.** Lagna nije Rak i ovaj uslov nije zadovoljen. Pančotari daša nije primenljiva.

**Kriterijum 6.** Lagna je Škorpija u raši čartu i Rak u navamši. Pošto su u pitanju različite lagne, vargotama uslov nije zadovoljen i Satabdika daša nije primenljiva.

**Kriterijum 7.** Deseta kuća je Lav i njen vladar, Sunce, se nalazi u Raku, a ne u Lavu. Ovaj uslov nije zadovoljen i Čaturašiti sama daša nije primenljiva.

**Kriterijum 8.** Vladar lagne je Mars i smešten je u sedmoj kući, vladar sedme je Venera u osmoj kući a ne na lagni. Dakle, od pomenutih vladara lagne ili sedme kuće, Mars zadovoljava uslov i Dvisaptati daša je primenljiva u čartu.

**Kriterijum 9.** Sunce nije smešteno na lagni i uslov nije zadovoljen. Šastihajani daša nije primenljiva.

**Kriterijum 10.** Rođenje u 14:10h je tokom dana, lagna se nalazi na $0^036'$ Škorpije u hori Meseca. Dakle, uslov da je rođenje dnevno i u hori Sunca, ili noćno i hori Meseca nije zadovoljen i Šat trimšat sama daša nije primenljiva u čartu.

U ovom čartu, dve daše su primenljive – (a) Šodašotari daša i (b) Dvisaptati sama daša. Vladari ovih daša su Rahu i Mesec, datim redom. Venera je atmakaraka u osmoj kući. Rahu se nalazi u petoj kući (panapara) od Venere, a Mesec je smešten u dvanaestoj kući (apoklimi) od Venere. Rahu je snažniji i zbog toga Šodašotari

## Primenjivost daša

daša ima prednost u odnosu na Dvisaptati sama dašu. Dakle, Šodašotari daša zadaje životnu temu koja će voditi Musolinija.

**Čart 5: Svami Vivekananda**

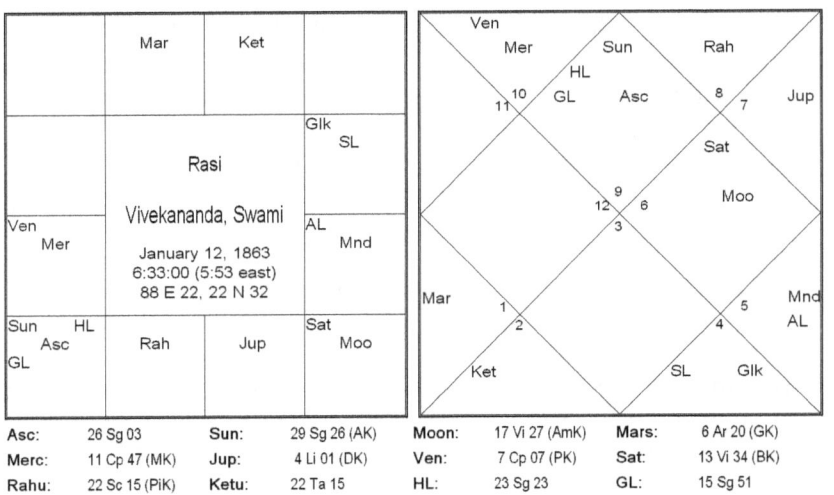

| | | | | |
|---|---|---|---|---|
| Asc: | 26 Sg 03 | Sun: | 29 Sg 26 (AK) | |
| Merc: | 11 Cp 47 (MK) | Jup: | 4 Li 01 (DK) | |
| Rahu: | 22 Sc 15 (PiK) | Ketu: | 22 Ta 15 | |
| Moon: | 17 Vi 27 (AmK) | Mars: | 6 Ar 20 (GK) | |
| Ven: | 7 Cp 07 (PK) | Sat: | 13 Vi 34 (BK) | |
| HL: | 23 Sg 23 | GL: | 15 Sg 51 | |

**Kriterijum 1.** Vladar lagne, Jupiter, nije ni u kendri ni u trigonu od Rahua. Ovaj uslov nije zadovoljen.

**Kriterijum 2.** Rođen je tokom Krišna pakše i vreme rođenje je tek pred izlazak sunca tj. noćno. Ovaj uslov nije primenljiv. Odavde proizilazi da Aštotari daša nije primenljiva u čartu.

**Kriterijum 3.** Rođen je tokom Krišna pakše i lagna se nalazi u drugoj polovini (hori Meseca) u Strelcu. Ovaj uslov je zadovoljen i Šodašotari daša je primenljiva.

**Kriterijum 4.** Venera je u znaku Riba u navamša čartu i lagna je Strelac. Ovi znaci su različiti i uslov nije zadovoljen. Dvadašotari daša nije primenljiva u čartu.

**Kriterijum 5.** Lagna nije u znaku Raka i uslov za Pančotari dašu nije ispunjen.

## Vimšotari i Udu daše

**Kriterijum 6.** Lagna je Strelac u raši čartu i Škorpija u navamša čartu. Vargotama uslov nije zadovoljen i Satabdika daša nije primenljiva u čartu.

**Kriterijum 7.** Vladar desete nije u desetoj kući, on se, umesto toga, nalazi u parivartana jogi sa vladarom druge (izmena mesta). Uslov nije zadovoljen i Čaturašiti sama daša nije primenljiva.

**Kriterijum 8.** Ni vladar lagne ni vladar sedme kuće nisu smešteni u suprotnoj kući i Dvisaptati sama daša nije primenljiva u čartu.

**Kriterijum 9.** Sunce se nalazi na lagni i time zadovoljava uslov za primenljivost Šasti hajani daše.

**Kriterijum 10.** Rođenje je noćno (tj. tik pred zoru) i lagna je u drugoj polovini Strelca (u hori Meseca) i time se zadovoljava uslov za primenljivost Šat trimša sama daše.

Iz gore navedenog sledi da čart zadovoljava uslove za primenljivost tri specijalne daše. To su (a) Šodašotari daša, (b) Šasti hajani i (c) Šat trimšat sama daša. Obično prednost dajemo Šodašotari daši pošto ima prvenstvo u odnosu na druge dve daše. Ipak, atmakaraka čarta je Sunce koje je ujedno i vladar Šastihajani daše, dok je Rahu vladar Šodašotari daše i nalazi se u dvanaestoj kući od atmakarake i slab je u poređenju sa Suncem, atmakarakom. Saturn, kao bratrikaraka, predstavlja njegovog gurua (duhovnog učitelja) Ramakrišna Paramhamsu, dok Rahu, kao pitrikaraka, predstavlja njegovog oca. Obe osobe su ujedno i karake za devetu kuću kojom vlada Sunce na lagni (videti ranije beleške o Šasti hajani daši). Usled prirodnog reda prvenstva daša, gde Šodašotari daša (pod upravom Rahua) ima prednost, Vivekananda je bio sklon da odbaci učenja Ramakrišna Paramhamse i umesto toga izabere put svog oca, oženi se i vodi normalan život.

Saturn je u kendri od Sunca i Rahu je u apoklimi što pokazuje snagu Saturna na osnovu prvog izvora snage. Iz toga se rađa zaključak o neminovnoj pobedi Saturna. Sa druge strane, Saturn, kao vladar druge kuće, nalazi se u parivartana jogi sa Merkurom, vladarom desete, što upliće pitanja karijere i novca. Čudno je da uprkos svom naporu i dobrim kvalifikacijama, Vivekananda

## Primenjivost daša

nije dobio posao! U slučaju kada je Saturn guru i odluči da napravi prepreku, ko ga može sprečiti? Njegove finansije su bile nestabilne i konačno je pao u siromaštvo. Upapada je u devetoj kući i Saturn je smešten u drugoj odatle i odlučuje trajanje (tj. početak i kraj) braka. Mesec je vladar osme kuće i pokazaće naklonost prema Saturnu, karaki za osmu kuću, a on upravlja prekidom braka, udovištvom, itd. Samo dan pred venčanje njegov otac umire i venčanje neminovno biva odloženo. Njegov ceo život se promenio. Tek nakon što je postao blizak sa Ramakrišnom, prosperitet porodice se popravio.

Iz gore navedenog proizilazi da se u slučaju primenljivosti dve ili više kondicionih daša, vodi bitka između vladara, koji će povesti život osobe, posebno u slučaju kada su malefične planete umešane. One planete koje se nalaze u kendri od atmakarake snažnije su od onih u panapari, dok su najslabiji oni vladari koji se nalaze u apoklima kućama od AK. U navedenom primeru, Sunce je vladar Šasti hajani daše i najsnažniji je, i zbog toga odnosi pobedu. Tema njegovog života bila je propagiranje učenja njegovog duhovnog učitelja (Sunce je vladar devete kuće u čartu).

### Čart 6: Primer odabira daše

Muškarac rođen 18. jula 1957. godine, u 11:10h.

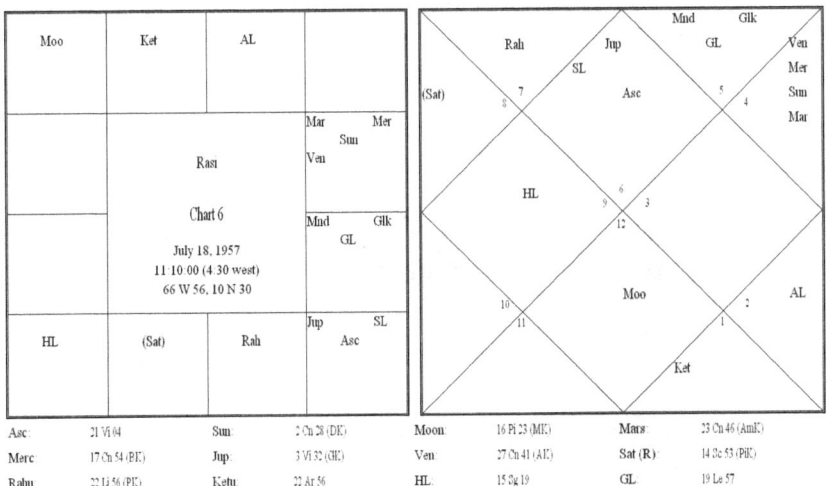

## Vimšotari i Udu daše

**Vimšotari daša**: Mesec je u kendri od lagne i pokrenuće Vimšotari dašu.

**Specijalne daše:**

**Kriterijum 1.** Lagna je Devica i vladar, Merkur, je u Raku, Rahu je u Vagi u kendri od vladara lagne. Dakle, prvi uslov je zadovoljen.

**Kriterijum 2.** Rođenje je tokom Krišna pakše (opadajućeg Meseca) i tokom dana. Dakle, i ovaj uslov je zadovoljen.

**Kriterijum 3.** Lagna je u hori Sunca, pošto se nalazi u drugoj polovini parnog znaka, a rođenje je tokom Krišna pakše. Ovaj uslov nije zadovoljen i Šodašotari daša nije primenljiva u ovom čartu.

**Kriterijum 4.** Venera je u Ribama u navamša čartu i lagna je Devica u raši čartu. Uslov nije zadovoljen, i Dvadašotari daša nije primenljiva. Venera ima dominantan uticaj na čart pošto je ujedno i atmakaraka i zbog toga može da odredi životne ciljeve, ali ne i temu.

**Kriterijum 5.** Lagna nije u znaku Raka, i ovaj uslov nije zadovoljen. Dakle, Pančotari daša nije primenljiva.

**Kriterijum 6.** Lagna je znak Device u rašiju, i znak Raka u navamši. Pošto nije vargotama, ovaj uslov nije zadovoljen i Satabdika daša nije primenljiva u čartu.

**Kriterijum 7.** Vladar desete nije u desetoj kući i uslov nije zadovoljen. Dakle, Čaturašitika daša nije primenljiva.

**Kriterijum 8.** Vladar sedme, Jupiter, je smešten na lagni i zadovoljava uslov za primenu Dvisaptati sama daše.

**Kriterijum 9.** Sunce se ne nalazi na lagni i ovaj uslov nije zadovoljen pa Šasti hajani daša nije primenljiva.

**Kriterijum 10.** Rođenje je dnevno i lagna je u Sunčevoj hori čime je zadovoljen uslov za primenljivost Šat trimša sama daše.

**Zaključak**: U ovom čartu su primenljive (a) Aštotari daša (vladar Ketu), (b) Dvisaptati daša (vladar Mesec) i (c) Šat trimša sama daša (vladar Merkur).

Venera je atmakaraka, a Ketu i Merkur su u kendri od Raka tj. od znaka u kome se nalazi AK. Mesec je slab i u apoklimi je od AK, i zato su efekti Dvisaptati sama daše slabi.

Između Merkura i Ketua, Merkur je snažniji pošto je vladar lagne i relativno je dobro postavljen za dalje uticaje, budući da je upleten u darma-karmaadipati jogu sa AK, Venerom. U svakom slučaju, Ketu je slabiji od Merkura. Dominantan efekat Merkura (sa Venerom) pokazaće primenljivost Šat trimšat sama daše. On je produhovljen i iskreno posvećen pravcu postizanja svesti o Krišni kao član ISKON-a. On je umešan u poslove uvoza i izvoza (Merkur) mirisnih štapića (Venera) i drugih dobara i usluga kako bi mogao da izdržava svoju porodicu, ali i članove hrama.

## 3.4 Zaključak

### 3.4.1 *Brahmin pupak*

Geocentrični model Zodijaka podeljen je na četiri grupe od po tri znaka slične prirode, pod imenom 'tatva'. Tatva je fizičko stanje materijalnog tela i ono može biti (a) čvrsto (pritivi tatva), (b) tečno (đala tatva), (c) gasovito (vaju tatva) ili (d) energija (agni tatva). Zarad lakšeg pamćenja, o njima se često govori i kao zemlji, vodi, vazduhu i vatri, datim redom. Ovi znaci su međusobno povezani zajedničkim faktorom ili akaš tatvom (etar ili vakum, u zavisnosti od toga da li je pomenut u duhovnom ili u materijalnom kontekstu). Znaci od Ovna na dalje imaju kao dominantnu energiju, čvrsto stanje, gas ili tečnost u svojoj prirodi, a to se istim redom ponavlja tri puta kroz ceo Zodijak. Prelazi između vatrenih i vodenih znakova nose ime gandanta[13] i podrazumevaju smrt ili rođenje. Ovi prelazi se nalaze na 120 stepeni udaljenosti, i čine kraj vodenih znakova i početak vatrenih.

---

13    Ganda (zlo) + Anta (kraj): Gandanta može da zači smrt ili rođenje i podrazumeva otvaranje Brahmarandre za duše koje napuštaju ovaj svet ili dolaze na ovaj svet. Ovo je duhovno predstavljeno kao Brahmin pupak (nalik pupčanoj vrpci na rođenju).

## Vimšotari i Udu daše

Celokupna dugovečnost od 120 godina predstavljena je sa 120 stepeni Zodijaka na osnovu vreme-prostor jednačine iz Manu[14] Smritija[15] gde je jedan dan Deva jednak jednoj godini ljudskog života. Pod terminom Deva (izvedeno od Diva[16]) mislimo na Sunce sa prosečnim kretanjem kroz Zodijak od jednog stepena dnevno. Dakle, 120 ljudskih, ovozemaljskih godina odgovara 120 stepeni Zodijaka. Postoje tri Brahma Nabija[17] unutar Zodijaka i oni se nalaze na nultom stepenu Ovna, Lava i Strelca. Ovi nabiji su jedan od drugog udaljeni po 120 stepeni. Svaki nabi predstavlja kraj ili novi početak, i pripada konceptu gandante. Njihova udaljenost od $120^0$ predstavlja dužinu životnog veka ljudi. Postoje i drugi diktumi koji se odnose na tranzit Sunca kao tranzit od 2½ stepena. Ipak, oni se odnose na druga bića ili služe u druge svrhe. Među udu dašama, Vimšotari je jedina daša koja uzima u obzir ovaj vitalan trigon i zato se smatra najpodesnijom za pitanja Vedske astrologije.

### 3.4.2 Univerzalna primenljivost

Postoje razni kriterijumi za određivanje primenljivosti daša sistema. Među falita dašama[18] Vimšotari i Narajana daša[19] su samo neke od univerzalno primenljivih daša. Sve ostale imaju striktne uslove koji ograničavaju njihovu primenljivosti i upotrebu. Pogled na tabelu 12. koja nabraja kriterijume primenljivosti za neke od daša zasnovanih na nakšatrama, jasno pokazuju univerzanu primenljivost Vimšotari daše kao njenu najveću prednost u odnosu na druge daša sisteme u ovoj kategoriji. Dakle, astrolog stručan u Vimšotari daši nema razloga za brigu o savladavanju ostalih daša u ovoj kategoriji, i može bezbedno bazirati sve svoje predikcije na ovoj razrađenoj daši. Parašara je veoma jasan kad navodi da je ova daša primenljiva u čartovima običnih ljudi.

---

14     Jedan od četrnaest sinova Brahme tokom jednog Brahminog života i predak (preci) ljudske rase.
15     Vedska literatura se može grubo klasifikovati na Smriti i Šruti. Šruti znači ono što se čulo (od Maharišija) i to je glas Gospoda. Oni uključuju Vede itd. Smriti znači ono što je upamćeno i ono što se može komentarisati ili generalno prihvatiti.
16     Diva znači svetlo i otuda je Deva davalac svetla znanja ili prosvetljenja ili davalac energije. Sunce je izvor sve energije u solarnom sistemu. Dakle, ono nije samo Deva već i atmakaraka ili personifikacija duše.
17     Pupak Brahme koji simbolizuje novi početak.
18     Videti paragraf 1.1.2.2.4 str. 5
19     Videti *Narajana daša* knjigu istog autora.

## Primenjivost daša

*Tabela 12: Poređenje udu daša*

| Ime | Param ajus u godinama | Planete | | Uslovi za primenu |
|---|---|---|---|---|
| | | Broj | Isključen | |
| Vimšotari daša | 120 | 9 | - | Univerzalno primenljiva |
| Aštotari daša | 108 | 8 | Ketu | 1. Rahu treba da je u kendri ili trigonu od vladara lagne[1] a da se ne nalazi na samoj lagni, i 2. Dnevno rođenje tokom Šukla pakše ili noćno rođenje tokom Krišna pakše[2] |
| Šodašotari daša | 116 | 8 | Rahu | Rođenje tokom Krišna pakše sa lagnom u hori Meseca ili tokom Šukla pakše sa lagnom u hori Sunca[3]. |
| Šat trima sama daša[4] | 36 X 3 = 108 | 8 | Ketu | Dnevno rođenje sa lagnom u hori Sunca ili noćno rođenje sa lagnom u hori Meseca |
| Pančotari daša | 105 | 7 | Rahu i Ketu | Rak lagna u rasponu od 0 – 2°30' |
| Satabdika daša | 100 | 7 | Rahu i Ketu | Vargotama lagna tj. lagna u istom znaku u raši i navamša čartu |
| Čaturašiti sama daša | 84 = 12 X 7 | 7 | Rahu i Ketu | Vladar desete u desetoj kući |
| Dvisaptati Sama daša | 72 = 9 X 8 | 8 | Ketu | Vladar lagne u sedmoj kući ili vladar sedme na lagni |
| Šasti hajani daša | 60 | 8 | Ketu | Sunce na lagni |

*Znak u kom se nalazi vladar lagne zove se paka lagna i Jupiter je njen signifikator. Rahu je Jupiterov prirodni neprijatelj pošto predstavljaju suprotnosti tj. Rahu predstavlja kletve iz prošlog života koje su uzrok rođenja, patnje i šoka, dok Jupiter predstavlja dobra dela koja sa sobom nose i božije blagoslove.

*Sistem hora deli dan od 24 sata na dva dela: na svetlu polovinu dana pod imenom 'aho' i na deo noći pod imenom 'ratra'. Sunce je glavni vladar dana a Mesec noći; mesec je podeljen na dve polovine, koje se zovu svetla i tamna polovina, na osnovu rastuće i opadajuće faze koje su ponovo pod upravom Sunca (Jupiter kao guru) i Meseca (Venera kao guru). Ova podela dana na dva dela, kao i podela meseca, zasnovana je na podeli na polove gde Sunce predstavlja muški, a Mesec ženski princip. Dakle, rođenje tokom Šukla pakše ili rastućeg Meseca (od novog Meseca do punog Meseca) ima Sunce kao svog vladara i rođenje danju tokom ove faze smatra se povoljnim. Slično tome, rođenje tokom Krišna pakše ili opadajućeg Meseca (od punog Meseca do novog Meseca) ima Mesec kao svog vladara i rođenje noću tokom ove faze se smatra povoljnim pošto je Rahu slab. Aštotari daša je primenljiva ukoliko je ovaj povoljan uslov obrnut i ukoliko Rahu postane jak.

*Aho-ratra podela dana prevedena je na hora podelu znaka na dva jednaka dela, gde svaki deo ima 15 stepeni. Prva hora neparnih znakova i druga hora parnih pod upravom je Sunca. Druga hora neparnih i prva hora parnih znakova pod upravom je Meseca. Dakle, lagna u hori Meseca i rođenje tokom Krišna pakše pod upravom je Meseca, a rođenje u hori

Sunca i tokom Šukla pakše pod upravom je Sunca i smatra se povoljnim jer ojačava efekte Jupitera. Posledično, Rahu je isključen i mokša karaka Ketu je van ove daše.

*Ova daša je često pomešana sa jogini dašom. Jogini daša je jednake dužine, 36 godina, i sličnih glavnih perioda koji traju od 1-8 godina za osam planeta, isključujući Ketua. Jedan autor je čak objavio knjigu prikazujući jogini dašu kao falita dašu umesto ajur dašu!

### 3.4.3 Upotreba svih varijacija

Vimšotari daša je jedina daša u svojoj kategoriji (tabela 9) koja koristi svih devet planeta, od Sunca do Ketua. Sve ostale daše isključuju Rahua, Ketua ili oboje, ili čak i Veneru. Ovo Vimšotari dašu čini kompletnom i zato njena primena nije ograničena samo na pitanja pokrivena datom grahom. Na primer, Ketu je mokša karaka i upravlja različitim pitanjima i predmetima poput zgrada, vazdušnog pravca, duhovnosti, rata, itd. Ukoliko je Ketu isključen u daša šemi, ne može se koristiti u gore navedene svrhe i u toj meri je pomenuta daša manjkava. Dakle, Vimšotari je jedina kompletna šema u svojoj kategoriji i najbolja je. Navagrahe pokrivaju sve aktivnosti, predmete i dešavanja u prirodi, bilo pojedinačno ili grupno, kao naisargika karake (prirodni signifikatori).

**Om Tat Sat**

# 4

# Procena rezultata

*"Razum u nerazumnoj meri je ono što svet zove mudrošću."*
*Samjuel Tejlor Koleridž*

## 4.1 Vladavina nad kućama i znacima

Najbitnija planeta u bilo kom horoskopu je vladar lagne pošto predstavlja samu osobu. Znak u kom se nalazi vladar lagne zovemo paka lagna. Na sličan način treba ispitati i ostale kuće.

1) Ukoliko je vladar egzaltiran, kuća kojom vlada će prosperirati, ukoliko je vladar debilitiran kuća kojom vlada će biti uništena.

Ovo je veoma uopštena izjava koja nas upućuje na to da ispitamo status vladara kuće. Đaimini je objasnio da planete u debilitaciji ili u egzaltaciji, ukoliko su povezane sa kućom prihoda, daju ogromne dobitke. Ovo na prvi pogled deluje kontradiktorno. Da li planeta daje bogatstvo i prihode ili ne, možemo videti iz 11. kuće od Aruda lagne. Ukoliko je takva planeta egzaltirana ona tada ne mora samo dati ogromne dobitke, već će i kuće kojima ta planeta vlada prosperirati. Ukoliko je takva planeta debilitirana tada može dati velike prihode, ali uništava kuće kojima vlada.

Planeta u debilitaciji može oštetiti sve ostale planete sa kojima se nalazi u konjukciji, čak i u slučaju njihove egzaltacije, baš kao što jedna žaba može zagaditi vodu u celom bunaru. Ukoliko je ta planeta u konjukciji sa Rahuom, tada se može predvideti veliko zlo tokom date daše ili antardaše. Ali, ukoliko ima ničabangu (poništenje debilitacije), tada daje rađajogu tokom svojih perioda i sve planete sa kojima je u jutiju biće deo joge. Ničabanga se dešava u slučaju kad je bilo koja od navedenih planeta u kendri (kvadratu) od lagne i/ili Meseca:

## Vimšotari i Udu daše

- Vladar znaka debilitacije
- Vladar suprotnog znaka znaku debilitacije tj. vladar znaka egzaltacije
- Planeta koja je egzaltirana u znaku debilitacije druge planete
- Debilitirana planeta je u navamši u znaku svoje egzaltacije
- Ako ničabanga nije prisutna, povoljni rezultati se mogu očekivati ukoliko je debilitirana planeta u navamši u svom znaku
- Ukoliko ništa od prethodno navedenog nije slučaj, tada će period debilitirane planete, kao i period njenog dispozitora, doneti štetu i destrukciju.

2) Planeta u multrikona znaku (kancelarija) ili u svom znaku (dom) pokazaće se povoljnom i uspešnom po pitanju stvari koje predstavlja putem kuća kojima vlada. U prijateljskom znaku će biti podrška, dok će, ako je u znaku neprijatelja, pitanja koje predstavlja preko kuća kojima vlada biti oštećena ili oslabljena, datim redom.

3) Ukoliko je vladar kuće smešten u šestoj, osmoj, dvanaestoj ili u kući opstrukcije (badak), tada kuća ispašta zbog neprijatelja (agantuka-drišta), lične karme (niđa-roga), prošlih dugova (rina) ili zlih sila (agantuka-adrišta), datim redom. Na sličan način, vladari ovih kuća u bilo kojoj bhavi donose štetu zbog pomenutih zala.

*Slika 8: Definicija roge (bolesti)*

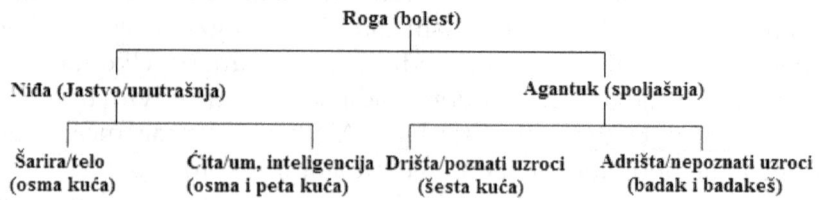

## Procena rezultata

4) Ako je vladar bilo koje kuće smešten u *kendri* (kvadrat), ako je snažan i prima povoljne aspekte, kuće kojima vlada će prosperirati tokom njegovih perioda zbog karme same osobe. U datom slučaju, smeštenost u trigona kućama (5. i 9. bhava) donosi prosperitet zbog dobre sreće i blagoslova.

5) Ako je vladar bilo koje kuće smešten u osmoj kući odatle, te kuće će proći kroz potpuno uništenje, čak i u slučaju kad je vladar egzaltiran. Destrukcija će se sigurno desiti u slučaju kad je vladar prirodni benefik, poput Jupitera ili Meseca. Aspekti benefika će pokušati da zaštite kuću. Bitno je napomenuti da planete koje se nalaze u datim kućama ili ih aspektuju ne mogu doneti prosperitet ili postati povoljne ukoliko je vladar te kuće loše postavljen (u šestoj, osmoj ili dvanaestoj kući odatle), ako je u kući neprijatelja, ako ima *dur-avastu* (loše stanje), nalazi se pod eklipsom ili je nemoćan zbog poraza u planetarnom ratu.

6) Čak i u slučaju da je gore navedeno tačno tj. da je planeta loše postavljena, ima lošu avastu, da se nalazi pod eklipsom ili u znaku neprijatelja ili debilitacije, ukoliko se ta planeta nalazi u svom znaku, znaku prijatelja ili egzaltacije u navamši to će doneti spas od štete i oporavak nakon početnih neprilika. Ovakva pozicija u navamši/znaku koja donosi poništenje slabosti ili debilitacije je ništa drugo do nektar koji teče zbog Guruovog pogleda.

7) Planete i kuće koje su pod aspektom ili su u jutiju sa Jupiterom, Merkurom ili svojim vladarom pokazaće se povoljnima tokom svojih perioda. Neki ovoj listi dodaju i Veneru, dok drugi dodaju Mesec. Kuće koje su pod aspektom ili su u jutiju sa Saturnom, Marsom i Rahuom pate usled nepovoljnosti tokom perioda pomenutih planeta. Dobro ili loše zavisi od prirode kuće, kao i od odnosa sa vladarom lagne.

Ostale rezultate vladavina treba naučiti iz standardnih tekstova, kao i iz *Osnove Vedske astrologije* koje je napisao autor ove knjige.

Vimšotari i Udu daše

## Čart 7: Aflikcije malefika nad petom kućom

| Ju  SL    |           | Md   Gk   |
|  As       |           |      Ra   |
|-----------|-----------|-----------|
| Mo        | Rasi      | Ve  Su    |
|           | Fifth house |         |
| (Sa)      | August 7, 1963 | Me  |
|           | 21:15:10 (5:30 east) | |
|           | 84 E 1, 21 N 28 | |
| AL  Ke    | GL  HL    | Ma        |

Rasi chart (North Indian style) — houses numbered 1–12 with:
1: Ju, SL, As; 2: (empty); 10: (Sa); 11: Mo; 12: Md, Gk, Ra; 3: Ve, Su; 9: Ke; 4: Su, Ve; 5: Me; 6: (empty); 7: Ma; 8: HL, GL; AL on side.

| As: | 14 Pi 12 | Su: | 21 Cn 05 (BK) | Mo: | 19 Aq 59 (MK) | Ma: | 13 Vi 41 (PK) |
| Me: | 13 Le 23 (GK) | Ju: | 26 Pi 08 (AmK) | Ve: | 14 Cn 56 (PiK) | Sa (R): | 26 Cp 50 (AK) |
| Ra: | 25 Ge 46 (DK) | Ke: | 25 Sg 46 | HL: | 12 Sc 16 | GL: | 0 Sc 00 |

| AL  Ju    | GL  Ve  Su | Ma  Ke  Mo |
|-----------|------------|------------|
|           | D-7        | HL         |
|           | Saptamsa   |            |
| (Sa)      | August 7, 1963 | |
|           | 21:15:10 (5:30 east) | |
|           | 84 E 1, 21 N 28 | |
| Ra  As    | SL  Md  Me | Gk         |

| As: | 14 Pi 12 | Su: | 21 Cn 05 (BK) | Mo: | 19 Aq 59 (MK) | Ma: | 13 Vi 41 (PK) |
| Me: | 13 Le 23 (GK) | Ju: | 26 Pi 08 (AmK) | Ve: | 14 Cn 56 (PiK) | Sa (R): | 26 Cp 50 (AK) |
| Ra: | 25 Ge 46 (DK) | Ke: | 25 Sg 46 | HL: | 12 Sc 16 | GL: | 0 Sc 00 |

U raši čartu, peta kuća od lagne i od karake (Jupitera) je Rak. Dva malefična vladara se nalaze u petoj kući, vladar osme kuće (Venera: niđa-roga) i vladar šeste (Sunce: agantuka drišti – roga), i afliktuju je. Vladar pete kuće, Mesec, nepovoljno je postavljen u dvanaestoj kući u *dagdha* tithiju (spaljen). Vladari dvanaeste kuće (i Saturn i Rahu su vladari Vodolije) aspektuju i afliktuju petu kuću. Dakle, peta kuće je naglašeno oštećena i pokazuje opasnosti za decu. Slamka spasa je Jupiterov aspekt. Dalje, Venera neće biti

## Procena rezultata

nepovoljna za ćerke, ali će biti nepovoljna za sinove.

U saptamši (D-7 čartu), vladar pete kuće, Mars, povoljno je postavljen u kendri i zajedno je sa Mesecom i Ketuom, indikujući tako da će prvo dete biti ćerka. Ćerka je rođena tokom Saturnove daše, Marsove antardaše i Venerine pratianatar daše (Vimšotari: početak od Meseca) ili još preciznije, Venera – Venera – Jupiter (Vimšotari: početak od lagne). Vladar sedme, Merkur, je loše postavljen u dvanaestoj kući u znaku insekta, Škorpiji, i ima parivartanu (izmenu mesta) sa dispozitorom, Marsom, koji se nalazi u Blizancima. Parivartana znači promenu ili suprotno od onog što je pokazano. Dakle, iako Merkur u Škorpiji pokazuje ćerku, drugo dete će biti suprotnog pola (tj. sin). Dešavanja neće biti u potpunosti u redu kada se dogodi izmena između ljutih neprijatelja, Marsa i Merkura. Dete je rođeno tokom Saturnove daše, Rahuove antardaše i Venerine pratiantare (Vimšotari: početak od Meseca) [ili, još preciznije, Venerina daša Sunčeva antardaša u Vimšotari: početak od lagne] i ima veoma nizak IQ i pored toga ne može da govori (Merkur upravlja govorom i afliktuje ga Mars zbog izmene, sve to pored slabosti koju nosi pozicija u dvanaestoj kući). Na ovaj način se mogu odrediti nevolje koje nastaju usled aflikcija od strane malefičnih vladara dustana.

Ovaj, kao i brojni drugi primeri, mogu se ispitati i tako se može dokazati validnost pravila za određivanje početne tačke Vimšotari daše koja su data u Đataka Pariđati. U pomenutom čartu, uzimajući isključivo raši (D-1) čart i standardni metod za određivanje potomstva, nalazimo da su Venera i Sunce u petoj kući od lagne/Jupitera i pokazuju dvoje dece – jednu ćerku (Venera) i jednog sina (Sunce). Dolazak ljudi pokazuje planeta koja vlada antardašom u bilo kom daša sistemu pošto je u pitanju drugi nivo koji je pod upravom Meseca[1]. Hajde da uporedimo dva tipa Vimšotari daše u pomenutom čartu.

---

1    Satja princip Sunca (daša), Meseca (antardaša) i lagne (pratianatara) je životno trojstvo.

| Događaj | | Vimšotari daša | | |
|---|---|---|---|---|
| Datum | Opis | Početak od Meseca | Početak od lagne | Napomene |
| 15. juli 1991 | Služba u vladi | Saturnova daša, Mesečeva antardaša | Venerina daša, Venerina antardaša | Venera je vladar treće kuće i nalazi se u petoj pokazujući tako službu u vladi. U jutiju je sa Suncem u petoj kući, kući autoriteta, i tako potvrđuje službu u vladi. |
| 29. avg 1991 | Ljubav<br><br>Brak | Saturnova daša, Mesečeva antardaša | Venerina daša, Venerina antardaša | Oba perioda pokazuju brak, međutim, Venera je vladar sedme u navamša čartu i bolji je indikator za brak. U dodatku, ona je i vladar upapade i nalazi se u petoj kući koja pokazuje brak iz ljubavi. |
| 21. dec 1992 | Rođenje ćerke | Saturnova daša, Marsova antardaša | Venerina daša, Venerina antardaša | Venera se nalazi u petoj kući i jasno pokazuje rođenje ćerke tokom svoje antardaše. |
| 1. jun 1995 | Rođenje sina | Saturnova daša, Rahuova antardaša | Venerina daša, Sunčeva antardapa | Sunce se nalazi u petoj kući i jasno pokazuje rođenje sina. Rahu je dispozitor vladara pete, Meseca, i takođe može pokazati sina, ali je Sunce bolji indikator. |

Gore navedeno potvrđuje verodostojnost učenja Đataka Pariđate, a više detalja se može naučiti iz poglavlja koja slede.

## 4.2 Smeštenost

### 4.2.1 *Snaga*

8) Dobra ili loša iskustva bilo koje osobe u skadu su sa dašom kroz koju ta osoba prolazi. Plodovi joge, dobri ili loši, kao i njihov obim, zavise od snage planeta. Dakle, mudri astrolozi najpre odrede snagu planeta. Izvori snaga će pokazati pravce iz kojih dolaze povoljni rezultati, dok će izvori slabosti pokazati područja patnje. Ovo takođe treba inteligentno primeniti na vimsopaka snagu. Rezultati, dobri ili loši, zavise i od zanimanja (karijere, itd) i ajane (ciljeva). *Uča bala*, posebno kada se planeta kreće ka znaku svoje egzaltacije, daje status. Na ovaj način treba ispitati i ostale izvore po kvalitetu i kvantitetu.

9) Dakle, čak i kada je planeta smeštena u kendri, ukoliko je slaba donosi bolesti i nazadovanje kućama kojima vlada, posebno tokom perioda sličnih malefika i planeta koje su uzroci slabosti.

10) Bilo koja kuća će prosperirati ukoliko su njene kendre i trigoni u dobrim jutijima i pod dobrim aspektima. Obrnuto važi u slučaju malefičnih jutija i aspekata. U datim situacijama se vladar bhave ne može smatrati lošim. Na primer, ukoliko je Saturn smešten u drugoj kući, tokom njegovih perioda ispaštaju kendra kuće odatle: druga, peta, osma i jedanaesta, osim ukoliko njima ne vlada Saturn (odnosi su takođe bitni). Slično tome, trigoni od druge kuće (šesta i deseta kuća) biće uništeni. Saturn će imati pun aspekt na četvrtu i jedanaestu kuću (budući da su treća i deseta od druge) donoseći im patnju.

11) Period badakeša[2] ili planete u vezi sa badakešom donosi bolesti i tugu (agantuka adrišta). Ukoliko su planete benefici nepovoljnosti se lakše mogu umiriti, ali kada su u pitanju malefici koji se nalaze u fiksnim znacima/navamšama, te nepovoljnosti je teže prevazići.

12) Planete smeštene u badak znaku donose tugu i patnju usled

---

2    Badakeš je nosilac prepreka; vladar jedanaeste za pokretne ascendente, devete za fiksne ascedente i sedme za dvojne ascedente se zove badakeš.

## Vimšotari i Udu daše

agantuka (spoljnih) adrišta (nepoznatih uzroka) roga (patnje i bolesti manifestovanih usled karme). Planete u kendri od badak znaka donose tugu ili putovanja u inostranstvo.

### Čart 8: Debilitirani Mesec

Muškarac rođen 14. maja 1949. godine u 13:27h u Nju Delhiju.

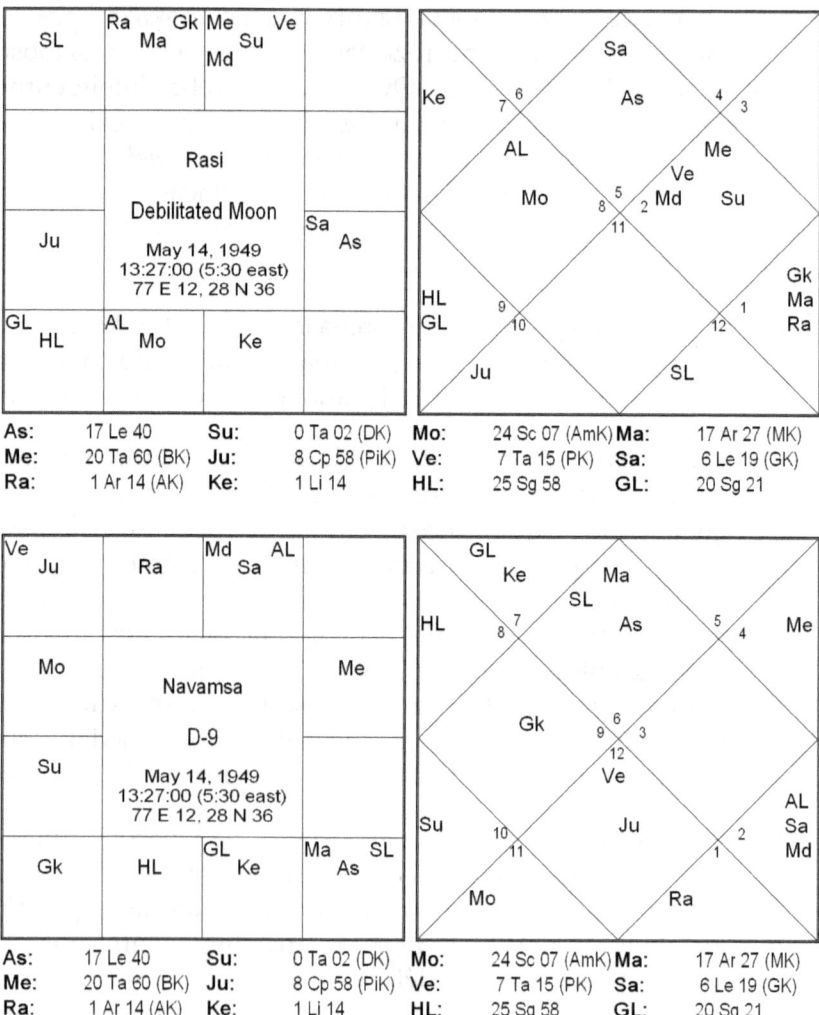

## Procena rezultata

Mesec je vladar dvanaeste kuće i nalazi se u četvrtoj kući, u znaku debilitacije. Do poništenja debilitacije dolazi usled Venerine snažne pozicije u svom znaku (Malavja mahapuruša joga), u kendri od lagne, ali i od Meseca. Debilitacija vladara dvanaeste pokazuje uništenje značenja dvanaeste kuće tokom njegovih perioda. Upapada (aruda pada dvanaeste kuće koja pokazuje bračnu sreću i supružnika) je u Ribama i njen vladar, Jupiter, je takođe debilitiran. Do poništenja Jupiterove debilitacije dolazi zbog pozicije Saturna, njegovog dispozitora, u kendri od lagne. Dakle, na prvi pogled se vidi da postoji primetna nevolja u dvanaestoj kući, i da će intimni život i bračna sreća manjkati. Ženina porodica će biti veoma obična ili siromašna u vreme njenog rođenja, ali će vremenom rasti (Jupiter u znaku Riba u navamši u sedmoj kući od lagnamše je u jutiju sa egzaltiranom Venerom). Sa ulaskom u Mesečevu dašu, bračni život postaje nemoguć za osobu zbog ženine torture. Saturn, kao vladar sedme kuće, nalazi se na lagni i pokazuje dominantu partnerku, dok priroda Saturna pokazuje naglašenu hladnoću. Njihov brak je zamro i osoba počinje da razmišlja o razvodu tokom Mesečeve daše i Ketuove antardaše. Post na dane vladara upapade (četvrtkom) i druge remedijalne mere pomažu tokom kriznih perioda. Ketu je u dvanaestoj od Aruda lagne i Mesec donosi iznenadne troškove i gubitke. Sve je pošlo nizbrdo i van kontrole. Ketu je u kendri od badak znaka, kao i od badakeša, Marsa. Ipak, sa dolaskom Venerine antardaše, ničabanga (poništenje debilitacije) se pokreće i osoba se oporavlja kako na poslovnom, tako i na privatnom planu.

**Vimšotari daša (početak od Meseca): Maha daše:**

Mer: 1939-11-18 (10:58:57) - 1956-11-17 (19:30:09)

Ket: 1956-11-17 (19:30:09) - 1963-11-18 (14:39:49)

Ven: 1963-11-18 (14:39:49) - 1983-11-18 (17:43:23)

Sun: 1983-11-18 (17:43:23) - 1989-11-18 (06:41:28)

Mes: 1989-11-18 (06:41:28) - 1999-11-18 (20:09:06)

Mar: 1999-11-18 (20:09:06) - 2006-11-18 (15:15:41)

### Vimšotari i Udu daše

Rah: 2006-11-18 (15:15:41) - 2024-11-18 (06:03:41)

Jup: 2024-11-18 (06:03:41) - 2040-11-18 (08:25:20)

Sat: 2040-11-18 (08:25:20) - 2059-11-19 (05:24:25)

**Mes MD: Antardaše tokom ove MD:**

Mes: 1989-11-18 (06:41:28) - 1990-09-19 (02:31:11)

Mar: 1990-09-19 (02:31:11) - 1991-04-16 (09:56:25)

Rah: 1991-04-16 (09:56:25) - 1992-10-19 (02:04:32)

Jup: 1992-10-19 (02:04:32) - 1994-02-14 (21:24:39)

Sat: 1994-02-14 (21:24:39) - 1995-09-19 (09:28:38)

Mer: 1995-09-19 (09:28:38) - 1997-02-14 (15:47:42)

Ket: 1997-02-14 (15:47:42) - 1997-09-18 (21:44:57)

Ven: 1997-09-18 (21:44:57) - 1999-05-17 (08:41:52)

Sun: 1999-05-17 (08:41:52) - 1999-11-18 (20:09:06)

## 4.2.2 *Marana karaka*

13) Najnepovoljnije planetarne pozicije koje su u stanju da donesu smrtne patnje su: Sunce u dvanaestoj kući, Mesec u osmoj, Mars u sedmoj, Merkur u sedmoj, Jupiter u trećoj, Venera u šestoj, Saturn u prvoj i Rahu u devetoj kući od lagne (ili od daša rašija). Ove pozicije planeta se zovu *marana stana* (opasne po život) i planete ovde postaju *marana karake* (ubice). Kada je planeta ubica u jutiju sa malefikom, pod aspektom malefika, u neprijateljskom znaku ili u znaku debilitacije, velika tuga je sigurno na pomolu.

Sunce donosi velike požare; Mesec opasnosti od vode; Mars nesreće i opasnosti od oružja; Merkur pokazuje nevolje izazvane gasovima; Jupiter pokazuje stomačne probleme; Venera nezgode i nevolje sa suprotnim polom, a Rahu i otrovne ujede. Slično, planeta koja postaje marana karaka ne čini dobro svojim karakatvama (značenjima) i zasigurno će težiti da uništi kuće kojima vlada.

### Čart 9: Prvobitni SSSR

Proglašenje SSSR-a, 7. novembra 1917; 10:00h ujutro, Lenjingrad, Rusija. (30E15', 59N55')

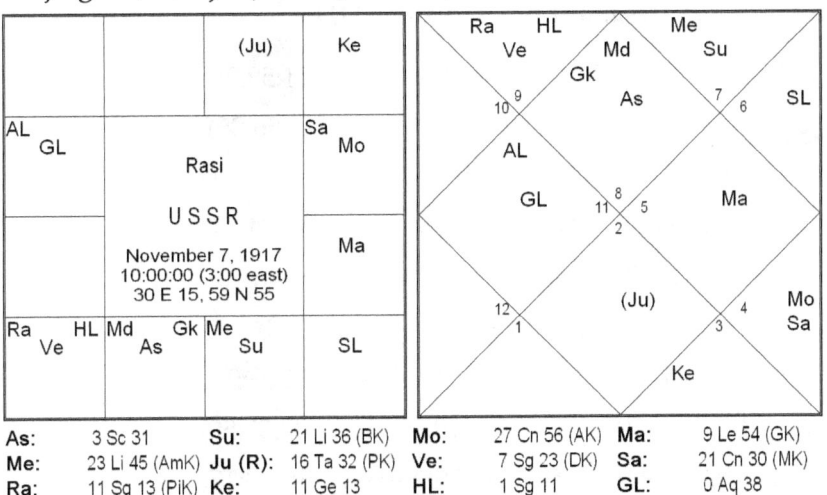

| As: | 3 Sc 31 | Su: | 21 Li 36 (BK) | Mo: | 27 Cn 56 (AK) | Ma: | 9 Le 54 (GK) |
| Me: | 23 Li 45 (AmK) | Ju (R): | 16 Ta 32 (PK) | Ve: | 7 Sg 23 (DK) | Sa: | 21 Cn 30 (MK) |
| Ra: | 11 Sg 13 (PiK) | Ke: | 11 Ge 13 | HL: | 1 Sg 11 | GL: | 0 Aq 38 |

U čartu prvobitnog SSSR-a, vladar desete, Sunce, se nalazi u dvanaestoj kući, u marana karaka stanu. Debilitirano Sunce na nepovoljnoj poziciji ukazuje na destrukciju svog znaka, Lava, koji je ujedno i vladar desete u čartu. U mundanom čartu deseta kuća pokazuje lidere i one koji upravljaju zemljom i njihov vladar u marana karaka stanu, debilitiran i u jutiju sa malefičnim vladarom osme i jedanaeste, Merkurom, pokazuje smrt lidera, a potom i uništenje Unije.

### Vimšotari daša (početak od Meseca): Maha daše:

Mer: 1903-06-27 (15:53:33) - 1920-06-27 (00:33:39)

Ket: 1920-06-27 (00:33:39) - 1927-06-27 (19:28:58)

Ven: 1927-06-27 (19:28:58) - 1947-06-27 (22:29:18)

Sun: 1947-06-27 (22:29:18) - 1953-06-27 (11:31:16)

Mes: 1953-06-27 (11:31:16) - 1963-06-28 (00:49:17)

## Vimšotari i Udu daše

Mar: 1963-06-28 (00:49:17) - 1970-06-27 (20:08:16)

Rah: 1970-06-27 (20:08:16) - 1988-06-27 (10:40:17)

Jup: 1988-06-27 (10:40:17) - 2004-06-27 (13:09:40)

Sat: 2004-06-27 (13:09:40) - 2023-06-28 (09:51:02)

**Rahu maha daša: antardaše u ovoj MD:**

Rah: 1970-06-27 (20:08:16) - 1973-03-08 (11:59:39)

Jup: 1973-03-08 (11:59:39) - 1975-08-04 (19:56:05)

Sat: 1975-08-04 (19:56:05) - 1978-06-09 (00:49:12)

Mer: 1978-06-09 (00:49:12) - 1980-12-27 (11:41:17)

Ket: 1980-12-27 (11:41:17) - 1982-01-14 (09:46:40)

Ven: 1982-01-14 (09:46:40) - 1985-01-14 (04:16:47)

Sun: 1985-01-14 (04:16:47) - 1985-12-10 (02:08:05)

Mes: 1985-12-10 (02:08:05) - 1987-06-09 (07:55:50)

Mar: 1987-06-09 (07:55:50) - 1988-06-27 (10:40:17)

Planete koje aspektuju marana karaka znak (Lav), ili se nalaze u njemu, su Mars i Rahu. Mars, vladar znaka u kome je Sunce egzaltirano, nalazi se u kendri od lagne i daje ničabanga jogu (poništenje debilitacije), i zbog toga se, tokom njegove daše, marana karaka rezultati neće manifestovati. Tokom Rahuove daše marana karaka rezultati će se sigurno manifestovati jer je on u znaku debilitacije, Strelcu, i aspektuje Lava. Brojano od Sunca (vladara desete, lidera), argalu (intervencija) Marsa u jedanaestoj kući u potpunosti uklanjaju Rahu i Venera u trećoj kući. Do ovakve opstrukcije argale dolaziće tokom Venerinih i Rahuovih udruženih perioda. Dakle, sa dolaskom Venerine antardaše u Rahuovoj daši, steći će se sve okolnosti za aktiviranje marana karaka joge liderima.

Gledano od Venere, Mesec i Saturn su u osmoj kući dok je Šani-Ćandra joga u badak kući od lagne. Od Lava, dvanaesta kuća je Rak sa Saturn-Mesec konjukcijom. Saturn je maraka (ubica) za Lava.

Leonid Brežnjev, lider države, umire 10. novembra 1982. godine, u Rahuovoj daši, Venerinoj antardaši i Mesečevoj pratiantardaši. Njega nasleđuje Andropov koji je bio posve bespomoćan suočen sa petom po redu lošom žetvom 1983. godine. Posle 9. februara 1984. godine u Rahuovoj daši, Venerinoj antardaši i Saturnovoj pratiantardaši, Andropov umire. Njega nasleđuje Černenko, 13. februara 1984. godine. Godinu dana kasnije umire i Černenko, 10. marta 1985. godine.

U slučaju ovako strašne marana karaka joge, obično ili sama osoba umire ili se dešavaju tri smrti u njegovom okruženju pre završetka ovog negativnog perioda. Naslednik Gorbačov postao je deo istorije time što je raspustio SSSR-a i stvorio Rusiju. Dakle, SSSR je i sama uništena ovom užasnom marana karaka jogom.

### 4.2.3 *Argala*

14) Kuće na koje daša planeta vrši šuba argalu, benefičnu intervenciju, iz svoje pozicije u drugoj, četvrtoj, petoj, sedmoj, osmoj ili jedanaestoj kući od nje, doživeće prosperitet. Papa argala, malefična intervencija, daše prirodnog malefika takođe donosi povoljnosti na kratko, ali je nepovoljna na duge staze.

15) Ukoliko je argala daša planete opstruirana, viroda argala, tada će tokom antardaše ove planete povoljni rezultati biti opstruirani i obrnuti.

### 4.2.4 *Tri dela perioda*

Svaka daša ili antardaša se može podeliti na tri dela zarad procene trenda.

16) Udaja (rastući): planete u širšodaja znacima (znaci koji se uzdižu glavom) daju rezultate (dobre ili loše) na početku svoje daše/antardaše (prva trećina). Planete u prištodaja znacima (uzdižu se leđima) daju rezultate na kraju svojih perioda (poslednja trećina) i planete u ubajodaja znacima (rastu i glavom i leđima, znak Riba) daju rezultate u sredini svojih perioda (srednja trećina). Neki astrolozi smatraju da planete u ubajodaja znacima daju rezultate tokom celog perioda (ĐP 18-26).

## Vimšotari i Udu daše

17) Rezultati egzaltacija ili sličnih snaga malefičnih planeta u vargama, osete se tokom prve trećine daše/antardaše. Rezultati kuće u kojoj se nalaze ili kuća kojima vladaju osete se tokom srednje trećine daše/antardaše. Rezultati njihovih aspekata, kao i aspekata koje primaju, mogu se osetiti tokom poslednje trećine potperioda.

18) Rezultati vladavine benefičnih planeta, kao i kuće u kojoj su smešteni osetiće se tokom prve trećine perioda; njihova egzaltacija i druge snage osetiće se tokom srednjeg dela perioda, dok će se aspekti na njih, kao i aspekti koji sami šalju, osetiti tokom poslednje trećine daše.

## 4.2.5 Sandi (mesto spajanja)

19) Planete u bhava sandiju (u mestu spajanja kuća) nemaju kapacitet uticaja na kuće u kojima su smeštene. Planete u raši sandiju (mestu spajanja znakova) bivaju uništene, posebno kada su vladajući elementi spojenih znakova neprijateljski (npr. voda i vatra).

### Čart 10: Primer raši sandija

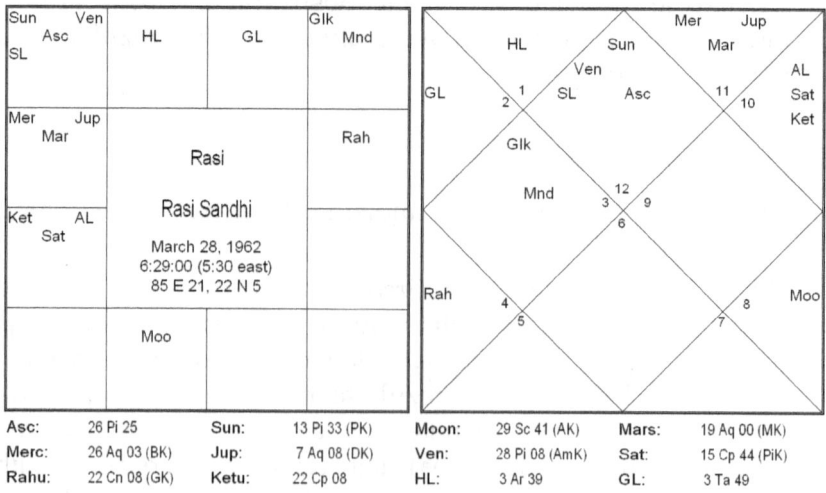

## Procena rezultata

U gore prikazanom čartu, Mesec je u gandanti tj. nalazi se u poslednjoj navamši Škorpije (vodeni znak koji graniči sa vatrenim). Pozicija u gandanti donela je ozbiljnu nesreću u detinjstvu, ali je osoba preživela zbog egzaltirane Venere na lagni. Pažljivom analizom vidimo da je Mesec na poslednjem stepenu Škorpije tj. da se nalazi u raši sandiju, na prelazu iz Škorpije u Strelca. Ovako nepovoljna pozicija u raši sandiju uništava kuće kojima data planeta vlada. Mesec je vladar pete kuće i upravlja potomstvom. Osoba je imala puno problema u romansama koje ili nisu prerasle u brak ili, u slučaju veze koja se završila brakom, želja za detetom je donela nesuglasice koje su na kraju dovele i do rastave.

20) Planete u bava sandiju[3] (mesto spajanja kuća) donose bolesti i tugu, dok one u raši sandiju (mesto spajanja znakova) mogu doneti smrt. Raši sandi između vatrenih i vodenih znakova zove se gandanta.

### 4.3 Joga (unija/poseban odnos)

Joga znači unija i u klasičnoj Đotiš literaturi je navedeno bezbroj joga. Umesto da ih ponovo izlistamo, bavićemo se pitanjem njihove primene u predikcijama.

21) Joge (dobre ili loše) će se osetiti sve vreme ukoliko je njihova karaka snažna (ili slaba[4]), u suprotnom će se rezultati osetiti na kratko, tokom daša planeta koje formiraju jogu. Ovo znanje je od ogromnog značaja kod tajminga rezultata joge i ostalih događaja.

22) Panča mahapuruša joga uzrokovana pozicijom bilo koje od pet planeta (Marsa, Merkura, Jupitera, Venere ili Saturna) u znaku egzaltacije ili u svom znaku, a u kendri od lagne, pokazuje rođenje velike ličnosti i obećava slavu, moć i dobru sreću usled dominacije tatve (pokazane planetom koja donosi jogu). Ipak, ukoliko je Sunce slabo, joga se ne može manifestovati i, čak i ukoliko se i manifestuje, ne može se održati ukoliko je Mesec slab. U ovim situacijama, efekti joge se ne osete tokom dužeg perioda već samo tokom daša (perioda) planeta koje

---

3   Sandi je definisan kao jedna trimšamša (10) na obe strane spajanja kuće ili znaka.
4   U slučaju nepovoljnih joga, slabost karake donosi dodatnu patnju. Dobroćudna karaka ne dozvoljava uništenje dobrog, kao ni rast zla preko granice tolerancije.

donose mahapuruša jogu i biće primetan određeni nivo slave, prosperiteta i sl. Dakle, za svaku jogu je bitno odrediti planetu koja je formira i održava.

23) Kartari joga koju uzrokuju prirodni benefici (zove se šuba-kartati) smeštena u drugoj i dvanaestoj od bilo koje planete, donosi uništenje neprijatelja tokom daša date planete. U slučaju papa-kartari (malefici umesto benefika u drugoj i dvanaestoj kući od bilo koje planete), planeta koja pati usled ovakvih aflikcija ukazuje na probleme od strane neprijatelja. Konačne rezultate treba predvideti tek posle analize snage vladara lagne. Prisetimo se, karaka za paka lagnu je Jupiter.

24) Ako je planeta u vezi sa drugom, neprijateljskom planetom, manifestuju se konflikti i neprijateljstva rastu tokom daše pomenute planete. Graha juda (planetarni rat) rezultira porazom ili pobedom, u zavisnosti od toga da li je posmatrana planeta pobeđena ili pobednik, a to se vidi na osnovu longitude u znaku tj. planeta na višoj longitudi je pobednik, čak i u slučaju debilitacije.

25) Kraljevska naklonost (sastanci, moć, itd) stiče se tokom Jupiterovih perioda ili perioda vladara pete kuće. Planete u vezi sa njima ili one koje vrše neopstruirane benefične argale ili su u vezi sa gatika lagonom, donose moć i autoritet.

26) Danajoga, veliko bogatstvo/moć održavanja; Mesec je karaka za održavanje (dok Jupiter pokazuje akumulirani novac koji je samo jedan od njegovih aspekata). Dakle, tokom povoljne Mesečeve daše ili daše vladara druge kuće, rezultat je danajoga. Planete u vezi sa Mesecom, argala na Mesec ili veza sa hora lagnom daće bogatstvo i dana jogu.

27) Na sličan način se analiziraju i deveta kuća i Sunce ili Jupiter, Sunce za darmu, religiozne obrede, itd, a Jupiter za Gurua ili visoko znanje. Deseta kuća i njene karake (Sunce, Jupiter, Saturn, Merkur) analiziraju se za profesiju, zasluge, jagje, hodočašća, itd.

## 4.4 Znak i dispozitor nakšatre

Definicije dispozitora:

    i. Vladar znaka u kom se planeta nalazi zove se pakeša.

    ii. Vladar navamše u kojoj se planeta nalazi zove se amšeša.

    iii. Vladar znaka u kom se nalazi pakeša (vladar definisan pod (i)).

    iv. Vladar navamše u kojoj se nalazi vladar definisan pod (iii).

    v. Vladar nakšatre u kom se nalazi planeta (prema Vimšotari šemi) zove se điva.

28) Tokom perioda pomenutih dispozitora ako su smešteni u kendrama i snažni, kuće kojima data planeta vlada prosperiraju i dobijaju na značaju.

29) Ukoliko su dispozitori loše postavljeni ili su u neprijateljskim znacima, oni donose pad ili destrukciju kućama kojima vladaju. Ukoliko su dispozitori u dustanima, oni donose destrukciju i nevolje zbog neprijatelja (šesta kuća), ličnih mana/bolesti (osma kuća), prošlih dugova (dvanaesta kuća) ili zla (badak znak).

## 4.5 Planetarni status

Računanje graha avaste (stanja i raspoloženja planete) treba proučiti iz đotiš klasika. Postoje tri tipa avasti: baladi avaste zasnovane na starosti; đagratadi avaste zasnovane na usmerenosti na cilj, i šajanadi avaste zasnovane na raspoloženju. Lista opštih rezultata šajanadi avasti data je u nastavku:

- dipta: rađajoga, bogatstvo, krotkost, pokroviteljstvo, učenje;
- svasta: dobrobiti od starih tradicija (poput parampare), religiozni obredi, komfor, zdravlje, bogatstvo;

- mudita: naklonost kralja, moć, svetovna zadovoljstva;
- šanta: dobro zdravlje, prosperitet, pokroviteljstvo od države, preduzimljivog duha;
- šakta: učenje, obrazovanje, novac, strogost, natprirodne sposobnosti (sidhi), dobrotvorni rad;
- pidita: opasnost od lopova, neprijatelja, gubici braći/sestrama u vezi sa državom i bliskim saradnicima;
- dina: siromaštvno i nevolje;
- vikala: nevolje i bolesti;
- khala: mentalna patnja;
- bhita: ustrašen, strah od neprijatelja i pretnje životu.

## 4.6 Upagraha (pod-grahe[5])

30) **Mandi**: planeta u jutiju sa Mandijem ili vladar znaka u kom se Mandi nalazi donosi lošu karmu i patnju.

31) **Gulika**: daša planete u čijoj nakšatri se nalazi Gulika nosi ime Gulika daša. Ova daša može doneti smrtne patnje.

## 4.7 Daša praveš čakra

Nacrtajte čart za trenutak početka daše (mesto tj. latituda/longituda je mesto rođenja osobe). Ovakav čart nosi ime daša praveš čart (DPČ).

32) Ukoliko je vladar lagne DPČ smešten u prvoj, desetoj ili jedanaestoj kući, ta planeta tokom daše daje obećanje rasta i dobre sreće kroz adekvatne napore.

33) One varge (podelni čartovi) u kojima lagnom vlada daša planeta će sigurno doživeti procvat tokom pomenute daše.

34) Ukoliko se lagna nalazi u kendri ili u trigonu od natalne lagne, to obećava plodonosan period. Ukoliko je lagna DPČ u dustanu od natalne lagne, mogu se očekivati problemi i nazadovanja tokom date daše.

---

5    Koristimo prisilnu definiciju planeta za grahe koje podrazumevaju sva tela ali i matematičke tačke poput čvorova.

## Procena rezultata

35) Glavno područje fokusa daše je obično kuća kojom vlada vladar hore (sata) u vreme formiranja DPČ.

36) Imajući u vidu daša planetu, na sličan način treba ispitati i tithi, jogu, itd.

37) Planete koje su prijateljske daša planeti, ukoliko su u vezi sa lagnom u DPČ vargi (D-čart), pomažu u unapređenju aktivnosti koje pripadaju datoj vargi.

38) Mesec je ključna planeta u horoskopu, sva sreća i tuga nalaze se u umu.

- Mesec u znaku koji je znak egzaltacije, svoj znak ili prijateljski znak daša planete u DPČ, obećava period sreće.

- Mesec smešten u sedmoj, petoj, devetoj od daša planete u DPČ obećava sreću i finansijski uspeh/prosperitet.

- Mesec smešten u upačaji od daša planete u DPČ obećava rast i postizanje ciljeva.

- Mesec smešten u osmoj kući od daša planete najavljuje veliko zlo i patnju.

- Kuća u kojoj se nalazi Mesec (gledano od DPČ lagne) prosperira ili pati, u zavisnosti od dobroćudnog/zloćudnog stanja Meseca koje se određuje na osnovu gore navedenih pravila od (a) do (d).

39) Išta i kašta fala, kao i sva ostala pitanja, mogu se proceniti od daša planete u DPČ. Ukoliko postoji odstupanje, između DPČ i natalnog čarta, treba ga pripisati dobroj ili lošoj karmi nastaloj tokom ovog rođenja.

**Savet:** ukoliko đotiši nije u mogućnosti da tačno izračuna daša balans za određivanje tačnog momenta početka daše (koristeći solarnu godinu od $360^0$) beskorisno je pokušati primeniti DPČ. Za osetljiv daša sistem, kao što je to Vimšotari daša, čak i minut ili pak par sekundi promene vremena rođenja može doneti ogromni pomak u početku daše. Tako upotreba daša praveš čakre nije preporučljiva sve dok đotiši ne dostigne visok nivo perfekcije, kao i spremnost da provede neophodnu količinu vremena za

## Vimšotari i Udu daše

rektifikaciju čarta sve do u najbliži sekund. Zarad neophodne vežbe, pokušaćemo navedeno da primenimo na naredni primer.

### 4.8 Gočara (tranziti)

40) Udu daše, ili bilo koji drugi daša sistem zasnovan na Mesecu, koriste koncept manifestacije dešavanja iz desete kuće, zarad finijeg podešavanja daše u prediktivne svrhe. Koncept je zasnovan na činjenici da deseta kuća od bilo koje kuće pokazuje uspešan završetak aktivnosti vezanih za datu kuću (Karma Vipaka). Na primer, peta kuća je deseta od osme kuće i pokazuje kraj dugovečnosti, koja je jedno od pitanja osme kuće.

- Saberite udu daša period vladara pete kuće sa periodom drugih planeta koji su u vezi sa petom kućom. Podelite dobijeni rezultat sa dvanaest. Ostatak će pokazati znak u kom će biti Sunce (u tranzitu) u vreme smrti (*Đataka Pariđata*).

- Saberite udu daša periode vladara lagne i vladara pete kuće (ili planeta povezanih sa njima). Podelite dobijeno sa 30. Ostatak će pokazati broj dana do smrti, brojano od sankrantija (*Đataka Pariđata*).

- Na ovaj način se mogu izvršiti kalkulacije i za ostale kuće.

41) Ostala pravila za tranzite treba proučiti iz đotiš klasika. Bitno je uzeti u obzir tranzite Saturna, Rahua i Jupitera. U nastavku su navedena neka retka pravila za procenu rezultata. Njih treba prostudirati kao dodatak standardnim pravilima za procenu gočara:

- Saturn: aspekt Saturna na desetu kuću je veoma nepovoljan za finansije i karijeru. Kada Saturn tranzitira prvu, četvrtu, osmu ili desetu kuću, on šalje aspekt ili je u konjukciji sa desetom kućom, što uzrokuje kantaka Šani ili nevolje nalik trnu u nozi, zbog kojeg čak i slon šepa. Smanjenje aktivnosti i gubitak posla, kao i mentalna uznemirenost, samo su neke od manifestacija. Tranzit treba sagledati u odnosu na lagnu, Aruda lagnu, kao i na Mesečev znak.

- Jupiter: tranzit Jupitera je ogroman blagoslov, posebno kada se nalazi u trigonu od lagne i kendrama od Aruda lagne (Ćandra Kala Nadi). U kendri od Aruda lagne, Jupiter poboljšava imidž i finansijske okolnosti, dovodi do ostvarenja ciljeva i uopšte prosperiteta. Na sličan način treba razumeti i tranzit u odnosu na ostale aruda pade.

- Sunce: tranzit Sunca u trigonu od bilo koje aruda pade je unapređuje ili uništava, u zavisnosti od njegovog odnosa sa karakom. Kada Sunce tranzitira trigon, sedmu ili paka raši Aruda lagne, obećava uspeh na poslu, dok sličan tranzit u odnosu na mritju padu (A8) donosi smrt.

- Mesec: tranzit Meseca preko pete, devete i dvanaeste kuće od bilo kog znaka unapređuje date aktivnosti. Tako aruda pada prosperira u vreme Mesečevog tranzita preko datih znakova. Aktivnosti određene bave će sigurno imati uspeh u vreme Mesečevog tranzita preko pomenutih znakova u odnosu na njegovu arudu.

### Čart 11: Rak
Dugovečnost:

- Lagna + Hora lagna = pokretni (Ovan) + pokretni (Jarac) = dug život

- Vladar lagne + vladar osme = dvojni (Ve – Ribe) + pokretni (Su[6]- Ovan) = kratak život

- Mesec + Saturn = pokretni (Mn) + fiksni (Sa) = srednji život

## 4.9 Aštakavarga

42) Smeštenost u znaku čija aštakavarga ima broj tačaka iznad proseka, ukazuje na podršku društva iz životnih sfera koje su pokazane planetama koje doprinose datom znaku.

43) Ukoliko je planeta neprijateljska vladaru lagne (pančada sambanda) i znak u kom se nalazi ima nisku aštakavargu (SAV), tada kuća u kojoj se planeta nalazi biva uništena tokom daše date planete.

---
6     Pošto su vladar lagne i osme kuće ista planeta, Venera, treba videti vladara osme od Venere. Venera se nalazi u Ribama i osmi znak (prema vridha karikama – videti Đaimini Maharaši Upadeša Sutre istog pisca) je Lav. Sunce je u pokretnom znaku ovna.

## 4.10 Čara karaka

44) Atmakaraka je kralj horoskopa i sve njegove povoljne/nepovoljne indikacije se vremenom menjaju. Ono što se dešava tokom povoljne daše jeste da duša (koju predstavlja atmakaraka) zauzima povoljan stav što omogućava daša planeti blagosiljanje srećom i prosperitetom (ĐP, pog. 18.13).

45) Dispozitor(i) i vladari kuća u kojima se nalazi atmakaraka sprovode svoje naredbe. Na primer, ukoliko je atmakaraka u osmoj kući u navamši, ona najavljuje zla i dugotrajne bolesti koje je teško izlečiti. Daša vladara šeste će uvek manifestovati ove bolesti.

46) Neophodno je ispitati pačakadi sambandu za atmakaraku budući da samo tako astrolog dobija saznanje o svrsi rođenja, kao i o silama prirode koje podržavaju ili opstruiraju takav cilj.

## 4.11 Satjačarjin princip

Sunce, Mesec i lagna, kao naisargika karake ili prirodni signifikatori za dušu, um i telo, datim redom, mogu inicirati dašu. Otuda Satjačarja savetuje iniciranje Vimšotari i ostalih daša na osnovu najjačeg između Sunca, Meseca i lagne. Ovo je dalje elaborirano i u Đataka Pariđati gde dobijamo savet da dašu treba otpočeti od snažnijeg između Meseca i lagne[7]. Dakle, postaje očito da se gleda snažniji između Sunca i lagne kod čartova začeća, i Meseca i lagne kod natalnih čartova.

Dalje, daša planeta postaje privremeni kralj čarta, poput atmakarake, i potrebno je pažljivo ispitati poziciju ove planete od Sunca u dodatku solarnim jogama. Antardaša planeta je poput *mane* (uma) i potrebno je videti njenu poziciju od Mesečevog znaka. Na sličan način treba videti poziciju pratiantar planete od lagne u dodatku vladarstvima, jogama, itd.

## 4.12 Daša-antardaša

47) Ukoliko su dve planete međusobni prijatelji (treba napraviti sambanda čakru) i imaju šadbal, periodi koje indikuju njihove daše i antardaše pokazaće se povoljnima.

---
7   Više detalja sledi u narednom poglavlju.

48) Planeta daje svoje efekte u kući u kojoj se nalazi, u zavisnosti od svoje prirode. Benefične planete donose povoljne rezultate za kuće u kojima se nalaze, dok malefične planete donose malefične rezultate. Neki astrolozi misle suprotno tj. da su benefici nepovoljni za kuću u kojoj se nalaze i povoljni za kuće koje aspektuju, i da je obrnuto za malefike. Ipak, ovo mišljenje ne podržava klasična literatura [videti: ĐP 18.17, Faladipika].

49) Kada su malefična i benefična planeta u konjukciji, malefična planeta gubi svoj žalac i donosi benefične i povoljne rezultate, dok benefična planeta postaje nemoćna i neutralna.

50) Metali i ostali predmeti u vezi sa prirodnim odlikama planete, naisargika karake, rastu tokom svojih povoljnih daša, ili daša planeta koje su povoljno postavljene. Ukoliko je posmatrana karaka nepovoljna ili malefična za čart (i povezana sa dvanaestom od Aruda lagne ili lagne), tada metali i ostali predmeti nestaju. Karaka je ta koja daje ili uzima, dok vladari kuća rade za karaku.

51) Planete smeštene u međusobnom šastastaka odnosu (šestoj i osmoj kući jedna od druge) doprinose zlu i patnji tokom svojih međusobnih daša-antardaša perioda. Savet: potrebno je uzeti u obzir prirode planeta, na primer ukoliko je Merkur u šestoj ili osmoj od Saturna, kao i u dustanu od lagne, tada tokom Saturnove daše i Merkurove antardaše dolazi do rađajoge koja do kraja perioda biva uništena.

## 4.13 Ezoterične tabele (čakra)

### 4.13.1 *Navtara čakra*

Navtara čakra je pripadnost nakšatre jednoj od tri grupe od po devet nakšatri, brojano od lagne i đanma nakšatre. Čakra nacrtana od lagna nakšatre nosi ime lagna navtara čakra, dok se čakra od Mesečeve nakšatre naziva đanma navtara ili jednostavno, navtara čakra.

52) Tri grupe se zovu đanmarkša, karmakša i adanarkša, pokrivajući time devet nakšatri od prve, desete i devetnaeste datim redom.

53) Ne postoji "hotlajn" veza između planete i osobe, gde poruke koje se kreću u nadzemaljskom prostoru bivaju dekodirane u mozgu, kao što oni sa malo đotiš znanja mogu pomisliti. Planete (grahe) donose promene u skladu sa dominantnom gunom i panča tatvom. Ovo donosi promene u stavovima, kao i u načinu razmišljanja, što rezultira dobrim ili lošim emocijama tokom različitih perioda. Daše su alati za procenu ovih promene i manifestacija.

54) Ove promene se dešavaju tokom *paka* (daša) ili *aphara* (antara) planete. Ukoliko je planeta u đanmarakša grupi, promene se mogu manifestovati i pre samog početka daše (obično par meseci pre, u vreme tranzita Sunca) ili na početku perioda.

55) Ukoliko je planeta u karmakša grupi, manifestacije se javljaju sredinom perioda.

56) Ukoliko je planeta u adhanarkša grupi, promene se mogu manifestovati na kraju perioda ili mogu u potpunosti izostati.

57) Ova informacije je veoma korisna za tajming početka delovanja joga koje čine da se osoba priključi duhovnom pokretu, ili manifestaciji mahapuruša joga. Planete u adharkša grupi koje donose manifestaciju ovih joga ukazuju na to da ona ne mora trajati dugo, i sledeći periodi planeta u đanarkša/karakša grupi koje opstruiraju ove joge ili pokazuju suprotno, mogu doneti pad i kraj mahapuruša jogi. Obično pomenute joge koje počinju tokom daše/antardaše planeta u đanmarkša grupi prevladavaju u preostalom delu života.

58) Lagna navtara čakra se posebno koristi za ajurdaju (dugovečnost). Ukoliko je malefik postavljen u đanmarkši i sposoban je da donese smrt, on će to uraditi tokom alpa ajus kande, ovakvi malefici u karmarkša grupi će doneti smrt tokom madja ajus kande, i u adhanarkša grupi, oni će doneti smrt tokom purna ajus kande. Postoje astrolozi koji smatraju da je ovo znanje najpogodnije uz Tribagi dašu.

Procena rezultata

| Tabela | Vimšotari | Aštotari |
|---|---|---|
| Alpa ajus | 0-40 | 0-36 |
| Madja ajus | 40-80 | 36-72 |
| Purna ajus | 80-120 | 72-108 |

## 4.14 Primeri

### Čart 12: Napoleon Bonaparte

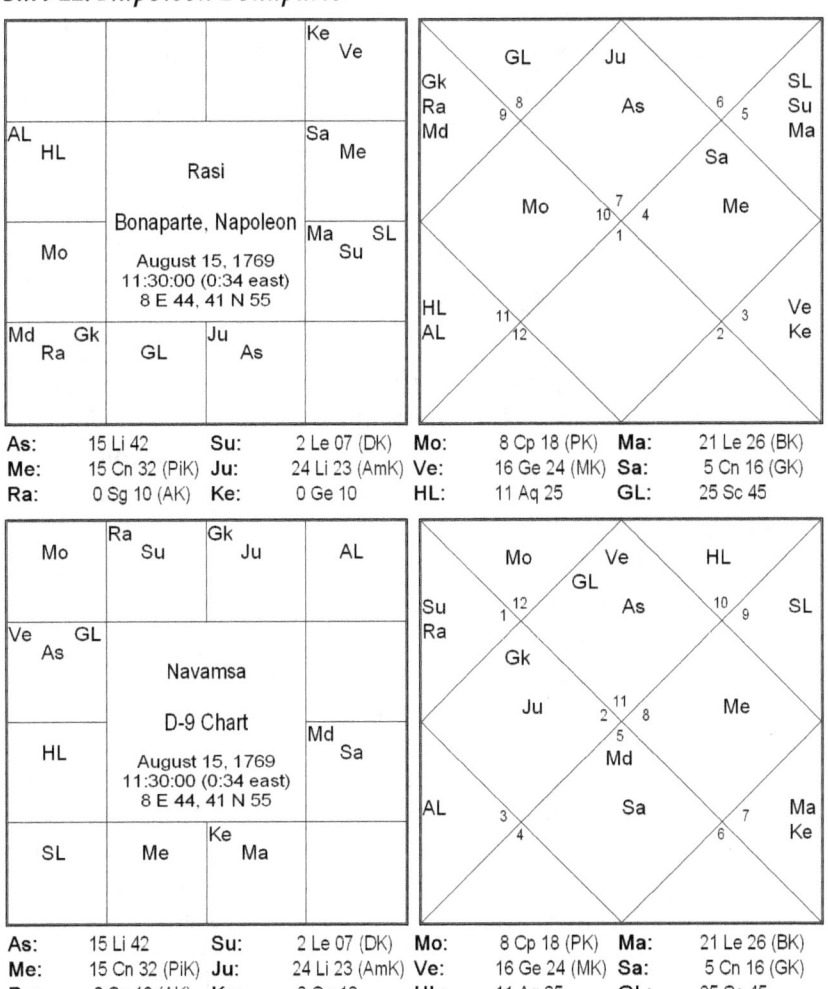

## Vimšotari i Udu daše

**Raši sandi i čara karaka:** atmakaraka, Rahu, se nalazi u raši sandiju i Mula gandanti, budući da je na prelazu između vatrenog i vodenog znaka, Strelca i Škorpije, i to na prvom stepenu. Mula gandanta je ekstremno nepovoljna i ovakva pozicija atmakarake ne donosi dobro za duhovni razvoj duše, čak ni kada je to Rahu[8].

Rahu je vladar pete kuće i upravlja potomstvom, a nalazi se u raši sandiju, što ukazuje na destrukciju pete kuće ili, drugim rečima, osoba može ostati bez potomstva.

*Dakle, možemo zaključiti da u slučaju kada je planeta smeštena u raši sandiju, osobe (fizička tela) koje su predstavljene vladavinom te planete neće preživeti ili se neće ni manifestovati u ovom životu. Ovo ne mora značiti uništenje ostalih neživih stvari koje su predstavljene datom kućom.*

**Joga:** Atmakaraka je suvladar navamša lagne i ne nalazi se na navamša lagni, što govori da će, iako je i rođen u plemenitoj porodici, napredovati do vrtoglavih visina zbog povezanosti AK sa navamša lagnom. Pošto je AK u konjukciji sa Suncem u marsovom znaku Ovnu, to pokazuje da će rast uslediti kroz rat, a njegova konjukcija sa egzaltiranim Suncem obećava siguran rast i rađajogu. Snaga Sunca u raši i navamša čartu, kao i njegov aspekt na lagnu u oba čarta, obećava rađa jogu visokog ranga. Ipak, konjukcija Rahua i Sunca pokazuje vatre, bombe i barut. Njegovom ocu je pošlo za rukom da ga upiše na vojnu akademiju

---

8   Obično Rahu kao atmakaraka čini osobu duhovnom i osoba ne može prevariti druge, čak ni onda kada doživi prevare u svom životu. Ovo nalazimo u čartovima mnogih svetaca poput Šrila Parbhupade i Šri Ramakrišna Paramhamse. U pomenutim čartovima, Rahu AK je povoljno postavljen u Biku (Ramakrišna) i u Vodoliji (Prabhupada), što pokazuje da čak i onda kada su prevareni nebrojeno puta, oni sami neće pasti u takvo iskušenje, već će duhovno biti dovoljno jaki da prevaziđu ove karmičke obrasce.

## Procena rezultata

u Brijanu, odakle je Napoleon poslat u "ecole de militare de Paris", ili vojnu akademiju u Parizu. Diplomirao je kao oficir artiljerije[9], 28. oktobra 1785. godine [Marsova daša, Venerina antardaša, Rahuova pratiantara].

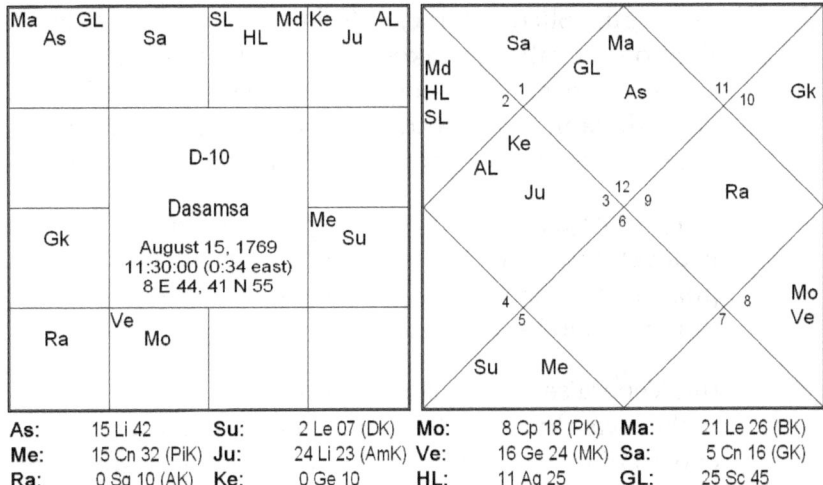

| As: | 15 Li 42 | Su: | 2 Le 07 (DK) | Mo: | 8 Cp 18 (PK) | Ma: | 21 Le 26 (BK) |
| Me: | 15 Cn 32 (PiK) | Ju: | 24 Li 23 (AmK) | Ve: | 16 Ge 24 (MK) | Sa: | 5 Cn 16 (GK) |
| Ra: | 0 Sg 10 (AK) | Ke: | 0 Ge 10 | HL: | 11 Aq 25 | GL: | 25 Sc 45 |

Rahu igra ključnu ulogu u njegovom rastu i vojnoj karijeri, dok će duhovni rezultati očekivani od AK potpuno izostati iz ove joge, kao i raši sandi pozicije AK. Rahuova daša, od 1787. do 1805. godine, donosi rapidan rast do visoke pozicije i moć.

Saturn se, kao šubapati[10], nalazi u Raku, na tronu[11], i donosi moćnu rađa jogu nalik onoj u čartu Adolfa Hitlera. Tokom Rahuove daše i Saturnove antardaše, ostvaruje svoju prvu brilijantnu pobedu u Tulonu (1793. godine) i dobija unapređenje na rang generala. U dašamši (D-10 čart) su obe ove planete debilitirane[12] i u međusobnom trigonu u arta[13] trikoni[14].

9     Videti specifičnu kombinaciju Rahua i Sunca u Ovnu.
10    U prevodu, dispozitor, koji je uvek povoljan održavalac; planeta koja vlada znakom u kom se nalazi Mesec, prirodni održavalac horoskopa postaje šubapati u čartu.
11    Deseta kuća je presto horoskopa i lagna se smatra prestolom budući da njima upravljaju devate Indra (deseta kuća) i Pradapati (lagna). Jupiter smešten u Ribama, ili Saturn u Raku, donosi radsimhasanajogu. Razlika između moći koja je stečena i degustirana zavisi od planeta koje su umešane. Jupiter donosi velike povoljnosti, dok Saturn donosi previše kontrole, razmirica i uništenje.
12    Tasmin ucche neeche va srimantah. (J.S.) Za sva pitanja u vezi sa artašastrom (finansije i politika), planete u znaku egzaltacije ili debilitacije su uvek povoljne.
13    Darma, arta, kama i mokša su četiri ajane (cilja) ljudskog života. Čanakja navodi da je ljudsko biće bez jednog od ovih ciljeva nalik životinji. Četiri kendre (1, 10, 7 i 4 kuća datime redom) pokazuju ove ciljeve.
14    Arta trikona se odnosi na trigon od desete kuće tj. na 10, 2. i 6. kuću.

## Vimšotari i Udu daše

**Dispozitor:** Hajde da ispitamo raspored planeta u Rahuovoj daši.

(i) Rahu je u Strelcu debilitiran, i njegov dispozitor, Jupiter (*pakeša*), se nalazi na lagni i donosi ničabanga rađajogu. Slično tome, Merkur, kao vladar znaka Rahuove egzaltacije, takođe je smešten u kendri i dodaje snazi ničabanga rađajoge i obećava iznenadni rast i napredovanje kroz destrukciju neprijatelja. Smeštenost pakeša u kendri obećava dobro zdravlje i fizičku snagu.

(ii) Jupiter je u Vagi i njegov dispozitor, Venera, se nalazi u devetoj kući, kući dobre sreće i nezavisnosti. Dobra pozicija pakešovog dispozitora obećava održavanje i plodove, kao i sredstva za dobro zdravlje i fizičku sreću.

(iii) Venera se nalazi na navamša lagni u znaku Vodolije i obećava dobar vid i kapacitet za naporan rad na ostvarenju ciljeva. Ovako dobro postavljen dispozitor pokazuje dobru inteligenciju i sposobnost za dobre zamisli i njihovo ostvarenje.

(iv) Rahu se nalazi u Ovan navamši i njegov dispozitor, Mars (*amšeša*), je u znaku Lava u raši čartu u jedanaestoj kući (kuća dobitaka) u kraljevskom znaku Lavu sa Suncem koje obećava sjajnu vojnu karijeru sa bliskim političkim vezama. Povoljna postavljenost amšeše pokazuje dobru karmu iz prošlog života što rezultira uspehom.

(v) Rahu je u Mula nakšatri i njegov dispozitor, Ketu (prema Vimšotari daša šemi), postaje điva i nalazi se u devetoj kući, kući dobre sreće. Povoljna smeštenost đive pokazuje snažan i napredan um koji je u harmoniji, što donosi uspeh u svim aktivnostima.

**Brak:** Dakle, postaje očigledno da će se Rahuova daša pokazati uspešnom. Njegov brak sa Jozefine, 9. marta 1796. godine (Rahuova daša, Merkurova antaraša, Venerina pratiantara), donosi mu bitne veze sa aristokratijom. Opservacija jednog istoričara savremenika: *"Njemu, baš kao i svima ostalima danas, trebaju veze. Da bi ovo postigao*

## Procena rezultata

*on se morao oženiti. Udovica generala Beauhrnajsa je bila idealan kandidat. Jozefine je postala udovica jer je puno republikanskih sledbenika moralo umreti u vreme oluje revolucije, i kada je general pogubljen njegova sablja je bila konfiskovana. Tako je Jozefina upoznala Napoleona. Sin mrtvog generala je došao kod Napoleona da traži očevu sablju nazad, i on ju je rado dao. Jezefine je došla da mu zahvali i par se zaljubljuje, ili bar tako kaže priča. Jozefine, koja je bila aristokrata, prirodno vidi u mladom generalu priliku za sticanje sigurnosti u vreme revolucionarnih patnji. Poznato je i da je lider direktorata, Baras, podržao ovu vezu. On je svakako hteo da zauzda Napoleona, a najbolji način za to je da se desi brak između njega i Jozefine, koja mu je bila ljubavnica. Venčanje je održano 9. marta 1796. godine. Bila je to mala ceremonija, održana ne u crkvi već u opštini. Napoleon je kasnio čak dva sata, što govori samo za sebe o dubini njegovih emocija. Jedanaestog se završava medeni mesec i Napoleon odlazi u Italiju gde je imenovan za komandanta vojske Italije. Suvišno je reći da Jozefine nije bila usamljena u vreme njegovog odsustva".*

Rahu, koji pokazuje udovce, aspektuje vladara sedme, Marsa, kao i sedmu kuću, Ovna, u raši čartu; Rahu je u jutiju sa vladarom sedme, Suncem, i aspektuje sedmu kuću, Lava, u navamša čartu. Upapada je u Biku i njen vladar, Venera, prima Rahuov aspekt. Sve ovo potvrđuje brak sa udovicom. Vladar sedme, Mars, je u Purva Falguni nakšatri kojom vlada Venera (Vimšotari šema) i tako Venera postaje điva za sedmu kuću.

Za sva pitanja u vezi sa vezom/brakom sa udovicom, mora postojati povezanost sa osmom kućom. Merkur se nalazi u osmoj kući od Rahua i u raši i u navamša čartu. Dakle, tokom Rahuove daše, Merkurove antardaše i Venerine pratiantardaše, sklopljen je brak.

**Upagraha:** Dve upagrahe, Mandi i Gulika, pokazuju one 'koje mi trujemo' i 'one koji truju nas', datim redom. U ovom čartu, obe upagrahe su u Strelcu i u jutiju sa Rahuom. Dakle, Rahu pokazuje oboje – i one koji ubijaju druge, kao i one koji su ubijeni. Pošto je u pitanju atmakaraka, teški teret mnogobrojnih smrti pašće mu na dušu. Tokom Rahuove daše, njegova vojska donosi mnoge smrti i političke nemire. Bili su brojni i pokušaji atentata. Dobar primer ovih pokušaja dogodio se u decembru 1800. godine u Rue Saint-Niklas (Rahuova daša, Venerina antardaša, Saturnova pratiantardaša). Bomba je ubila 22 ljudi, ranila 57 i oštetila 42 kuće. Napoleon je neposredno pre događaja prošao tuda. Krivica je pripisana jakobistima i jedan od osuđenih je bio slikar, Kerači, Napoleonov prijatelj iz detinjstva. Drugu poznatu i kobnu zaveru protiv Napoleona predvodio je general Pičegru i Džordž Kadaudalin. Ovo je dalo izgovor za hapšenje mladog vojvode Engiensa, koji je bio Burbon. Francuski vojnici su ga uhvatili u drugoj zemlji i doveli u Francusku na suđenje. Nisu pronađeni dokazi, ali je vojvoda svejedno pogubljen. Ovo jasno demonstrira grozan uticaj koji Mandi ima na Rahua. Konačno, u Jupiterovoj daši i Rahuovoj antardaši, on umire.

**Om Tat Sat**

# 5

# Vimšotari daša

*Mudrost učimo na tri načina: prvo refleksijom što je najplemenitije; drugo ponavljanjem, što je najlakše; i treće iskustvom, što je najgorče.*
                                                                    Konfučije

## 5.1  Šema daše

Parašara preporučuje upotrebu Vimšotari daše za sve svrhe, pošto je u pitanju najbolja udu daša. Ugaona udaljenost od 120 stepeni od $0^0$ Ovna do $120^0$ Raka podeljena je na devet Mesečevih kuća pod imenom nakšatre ili jednostavnije, konstelacije. Slično tome, dva preostala seta od po devet nakšatri prostiru se od $0^0$ Lava do $30^0$ Škorpije, i $0^0$ Strelca do $30^0$ Riba, datim redom (Slika 1). Navagrahe[1] Ketu, Venera, Mesec, Mars, Rahu, Jupiter, Saturn i Merkur su vladari devet konstelacija, brojano od Ašvini. Ovaj redosled planeta na isti način predstavlja vladavinu nad nakšatrama i u druge dve grupe nakšatri. Podela 27 nakšatri na 3 seta od po devet nakšatri zove se Navtara[2] čakra.

## 5.2  Redosled daša

Redosled daša prati sekvencu redosleda konstelacija. Daše pokreću planete koje vladaju konstelacijama. Na primer, ukoliko prva daša počinje od Barani (2), tada prvu dašu pokreće Venera, vladar Barani nakšatre. Redosled konstelacija je: Barani (2), Kritika (3), Rohini (4), Mrigašira (5), Ardra (6), Punarvasu (7), Pušja (8), Ašleša (9), Makha (10), itd. Dakle, sledi da je redosled daša Venera (Bharani), Sunce (Kritika), Mesec (Rohini), Mars (Mrigašira), Rahu (Ardra), Jupiter (Punarvasu), Saturn (Pušja), Merkur (Ašleša) i Ketu (Makha).

---

[1] Devet planeta, gde se planeta koristi u odsustvu bolje definicije za grahu.
[2] *Nav* znači devet i *tara* znači zvezda, dakle navtara znači devet zvezda.

## 5.3 Početak daše

Postala je ustaljena praksa da se Vimšotari daša inicira od Mesečeve nakšatre. Ipak, postoje konkretna pravila za određivanje početne konstelacije.

### 5.3.1 *Falita đotiš*

Za prediktivne svrhe životnih događaja, potrebno je odrediti narednih pet konstelacija:

a) **Lagna nakšatra:** konstelacija koja se nalazi na početnom stepenu ascedenta zove se lagna nakšatra, i daša koja se inicira od ove nakšatre nosi ime Lagna Vimšotari.

a) **Đanma nakšatra:** konstelacija u kojoj se nalazi Mesec u horoskopu zove se đanma nakšatra. Vimšotari daša koja se pokreće od ove nakšatre zove se Đanma Vimšotari ili prosto Vimšotari daša.

b) **Utpana nakšatra:** peta konstelacija, brojano od one u kojoj se nalazi Mesec na rođenju, nosi ime utpana nakšatra. Vimšotari daša koja se pokreće od ove konstelacije zove se Utpana daša.

c) **Nakšatra imena:** konstelacija/pada koju indikuje početno slovo imena osobe (videti tabelu – apendiks I).

d) **Prašna nakšatra:** konstelacija u kojoj je Mesec u vreme postavljanja pitanja ili analize horoskopa.

*Snažnija između nakšatre imena i prašna nakšatre koristi se za određivanje daše u vezi sa prašna čartom, a snažnija između lagna nakšatre, đanma nakšatre i utpana nakšatre koristi se za određivanje daša za natalni čart (horoskop).*

Iako postoje razne metode za utvrđivanje snage konstelacija, u nastavku su navedena neka od pravila.

- Odrediti broj planeta u kendri (kvadratu) od znaka u kom je nakšatra. Veći broj planeta u kendri pokazuje snažniju nakšatru. Konstelacije se mogu prostirati preko dva znaka i tada treba uzeti poziciju lagne ili Meseca kao odlučujući faktor za određivanje znaka. Na primer, ukoliko je konstelacija Punarvasu (Blizanci $20^0$ do Raka $3^020'$) i Mesec se nalazi u Raku na $2^0$, tada treba uzeti znak Rak za procenu planeta u kendri.

- Ukoliko je jednak broj planeta u kendrama, ili ukoliko su konstelacije u međusobnim kendrama, tada veza sa Jupiterom, Merkurom ili vladarom konstelacije ili njihov aspekt doprinosi snazi. Ovo je slično drugom izvoru snage koje navodi Đaimini[3], a kasnije objašnjava Varahamihira[4].

- Kad god se javi sumnja, treba uzeti Mesečevu nakšatru za manušja đataku (horoskop/čart ljudi) jer Mana (um) koju predstavlja Mesec određuje sreću.

- Ukoliko postoje četiri ili više planeta u kendri od lagne, tada je primenljiva Tara daša[5] (ili modifikovana Vimšotari daša).

## 5.3.2 Ajus đotiš

Vimšotari daša koja se inicira od sledećih konstelacija[6] koristi se za određivanje dugovečnosti. Detaljno objašnjenje može se videti u paragrafu 4.8.

a) **Đanma nakšatra**: Prema par. 4.31 (b)

e) **Utpana nakšatra**: Prema par. 4.31 (c)

f) **Kšema nakšatra**: Četvrta nakšatra od one u kojoj se nalazi Mesec na rođenju zove se kšema nakšatra. Vimšotari daša koja je inicirana od ove nakšatre (tj. vladar ove nakšatre pokreće prvu dašu) zove se Kšema daša.

g) **Adana nakšatra**: osma nakšatra od one u kojoj se nalazi

---

3   Mahariši Đaimini Upadeša Sutra istog autora.
4   *Brihat Đataka*
5   Videti pog. 5, Vimšotari varijacije. Tara je supruga **Jupitera (Brihaspatija) koji je ujedno i guru Vimšotari daše**. Zato su sabrani periodi Sunca i Meseca jednaki periodu trajanja Jupitera tj. Sunce (6) + Mesec (10)=Jupiter (16). Sa druge strane, **Venera (Šukračarja) je guru Aštorari daše** pošto su periodi Sunca (6) i Meseca (15) jednaki periodu Venere (21) u Aštorari daši.
6   *janmarkṣātparatastu pañcamavā'thotpannasañjñā dāsa syādādhānadāśā'pyatoṣṭamabhavā kṣemānmahākhyā dāśā|āsāṁ caiva dāśāvasānasamaye mṛtyupradā syānnanāṁ svalpānalpasamāyuṣāṁ trivadhapañcarkṣeṣadāyantime||* (Jataka Parijatha 18-35)

Mesec na rođenju zove se adana nakšatra. Vimšotari daša koja je inicirana od ove nakšatre (tj. vladara ove nakšatre pokreće prvu dašu) zove se Adana daša.

*Balarišta* se odnosi na smrt dece (od 0 do 12 godina). Ukoliko je ovo suđeno, tada će već prva daša doneti smrt. *Jogarišta* se odnosi na smrt tinejdžera u periodu od 12. do 20. godine života. *Alpa ajus* se odnosi na preranu smrt i to do 36. godine života. Madja ajus se odnosi na srednji deo života gde je raspon dugovečnosti od 36. do 72. godine. Druga klasifikacija navodi da je ovaj raspon između 40. i 80. godina. *Purna ajus,* pun životni vek, se odnosi na dugovečnost raspona između 72 i 108 godina. Druga klasifikacija je 80 do 120 godina. Za više detalja o dugovečnosti, videti autorov prevod *Mahariši Đaimini Upadeša Sutri*.

## 5.4 Period daša

### 5.4.1 *Daša (glavni period)*

Parašara navodi periode planeta (sledećim redom): Sunce – 6 godina, Mesec – 10 godina, Mars – 7 godina, Rahu – 18 godina, Jupiter – 16 godina, Saturn – 19 godina, Merkur – 17 godina, Ketu – 7 godina i Venera – 20 godina.

### 5.4.2 *Antardaša (potperiod)*

Daša svake planete ima devet antardaša za svaku od planeta, redosledom vladavina nad nakšatrama, kao što je prethodno pomenuto u paragrafu 4.2. Potperiodi će biti u proporciji sa svojim daša periodima. Prva antardaša će biti ista planeta koja je pokrenula dašu.

Na primer, recimo da Mesečeva daša počinje 15. januara 1936. godine u nekom horoskopu. Ukoliko treba da odredimo Jupiterovu antardašu unutar Mesečeve daše, podelićemo čitav raspon Mesečeve daše na 120 delova i dodeliti prvih deset delova (daša Meseca traje 10 godina) Mesecu. Sledećih sedam delova (Marsova daša traje 7 godina) dodeljeno je Marsu, i sledećih 18 delova pripada Rahuu (Rahuova daša traje 18 godina). Jupiterova antardaša pokriva 16 delova posle toga. Dakle, datum početka Jupiterove antardaše dobijen je dodavanjem delova njegovih prethodnika (32 dela = Mesec 7 + Mars 7 + Rahu 18).

(32/120) X 10 godina = 2 godine, 8 meseci, 0 dana. Dodavanjem ovog perioda na datum početka Mesečeve daše, dobijamo datum inicijacije Jupiterove antardaše u daši Meseca. Period Jupiterove antardaše je (16/120) X 10 godina = 1 godina, 4 meseca, 0 dana.

|  | Godina | Mesec | Dan |  |
|---|---|---|---|---|
| Početak Mesečeve daše | 1936. | 1. | 15. |  |
| Period početka Jupiterove antardaše | 2 | 8 | 0 | + |
| Datum početka Jupiterove antardaše | 1938. | 9. | 15. |  |
| Trajanje Jupiterove antardaše | 1 | 4 | 0 | + |
| Datum završetka Jupiterove antardaše | 1940. | 1. | 15. |  |

### 5.4.3 *Pratiantar daša*

Ovo je treći nivo daše i proces određivanja ovih perioda je u potpunosti identičan kao onaj za antardašu. Period bilo koje antardaše (potperioda) podeljen je na 120 delova. Devet planeta, počevši od planete koja vlada antardašom, vladaju i pratiantar dašom. Ovi periodi su u proporciji sa svojim dašama i to standardnim redosledom [Sunce-Mesec-Mars-Rahu-Jupiter-Saturn-Merkur-Ketu-Venera].

### 5.4.4 *Sukšma, prana i deha antardaša.*

Sukšmaantar daša je četvrti nivo daše, prana antar daša (ili prana daša) je peti nivo, i deha antar daša (ili deha daša) je šesti nivo. Proces određivanja ovih perioda i njihov redosled identičan je onom za određivanje pratiaantar daše.

### 5.5 Kalkulacije i tabele daša

### 5.5.1 *Balans daše*

Nakon što smo odredili snažniju konstelaciju koja pokreće Vimšotari dašu, sledeći logičan korak je određivanje daša balansa.

**Korak 1:** Odredite tačnu longitudu lagne ili Meseca[7] u zavisnosti

---

7   Longituda lagne se koristi u lagna Vimšotari a longituda Meseca se koristi u svim ostalim Vimšotari dašama.

## Vimšotari i Udu daše

od čarta (recimo M).

**Korak 2:** Obrisati longitudu početne tačke konstelacije (recimo N) odatle. Dakle, imamo M-N pređenih unutar konstelacije.

**Korak 3:** pošto je raspon konstelacije $13°20'$ ili $800'$, treba obrisati raspon pređen u konstelaciji određen prethodnim korakom od ovog raspona, kako bi se odredio pokriveni balans konstelacije tj. $13°20' - (M-N)$.

**Korak 4:** balans daše je dobijem množenjem daša perioda vladara konstelacija sa raciom dobijenog balansa konstelacije koji treba pokriti (korak 3) i kompletirati raspon

Tj. balans daše = daša period X $\{13°20' - (M-N)\} / 13°20'$

Ili balans daše = daša period X $\{1- [(M-N)/13°20']\}$

### 5.5.2 *Primer đanma daše*

Hajde da odredimo početak daše, balans daše i Vimšotari dašu u narednim primerima.

*Čart 13: Ćandra Vimšotari (falita)*
Muškarac rođen: 12. novembra 1934. godine, u 6:20h.

| | | | | | | | | |
|---|---|---|---|---|---|---|---|---|
| AL | | GL Glk Asc | Mnd | | Mnd | GL Glk | | |
| | | | | Ket | 3 4 | Asc | 1 12 | AL |
| | | Rasi | Ket | | | | 2 | |
| Sat Rah Moo SL | | Chart 7 November 12, 1934 18:20:00 (5:30 east) 85 E 50, 20 N 30 | Mar | | Mar | 5 8 | 11 | SL Rah Moo Sat |
| | | HL | Mer Jup Sun Ven | | 6 7 Jup Sun Ven Mer | | HL 9 10 | |

| Asc: | 16 Ta 39 | Sun: | 26 Li 31 (AmK) | Moon: | 5 Cp 51 (DK) | Mars: | 21 Le 40 (MK) |
|---|---|---|---|---|---|---|---|
| Merc: | 10 Li 00 (GK) | Jup: | 14 Li 05 (PK) | Ven: | 24 Li 54 (BK) | Sat: | 28 Cp 47 (AK) |
| Rahu: | 11 Cp 55 (PiK) | Ketu: | 11 Cn 55 | HL: | 8 Sc 58 | GL: | 28 Ta 25 |

### Vimšotari daša
## ODREĐIVANJE POČETKA FALITA DAŠE

- Lagna nakšatra: Rohini (4) u Biku

- Đanma nakšatra: Utarašada (21) u Jarcu

- Utpana nakšatra: peta od đanma nakšatre, Purvabadra (25) u Vodoliji

*Iako Vaidjanat (Đataka Pariđata) konkretno navodi utpana nakšatru, nisam naišao na njenu upotrebu u falita đotišu. Primena ovog znanja se savetuje samo kod ajur đotiša.*

Sedam planeta smešteno je u kendrama od Mesečevog znaka, Jarca, što donosi najveću snagu. Mesec tako odlučuje da je početna nakšatra Utarašada (21). Vladar ove konstelacije je Sunce, koje inicira prvu dašu posle rođenja.

## RAČUNANJE BALANSA DAŠE

Daša period Sunca = 6 godina

Longituda Meseca = 10s $5°51'13''$ = $305°51'13''$ (M)

Longituda početne tačke Utarašade = 9s $26°40'$ = $296°40'$ (N)

Dakle, balans daše = daša period X { 1- [(M-N)/ $13°20'$] }

= 6 X {1- [($305°51'13''$ – $296°40'$)/$13°20'$]}

= 6 X {1- [$9°11'13''$/$13°20'$]}

= 6 X {1- [$33073''/48000''$]}

= 6 X $0.31098$[8]

= 1.865875

= 1 godina, 10 meseci, 11 dana, 17 hr, 9 min, 36 sek.

---

8     Ovaj racio od 0.31098 zove se daša bajat (ostatak daše).

## Vimšotari i Udu daše

Dakle, prva Vimšotari daša (đanma daša) je Sunčeva daša. Ona počinje sa momentom rođenja i datum kraja daše je sledeći:

|  | Godina | Mesec | Dan | Sat | Min | Sek |
|---|---|---|---|---|---|---|
| Rođenje: | 1936. | 11. | 12 | 18 | 20 | 00 |
| Plus, Balans daše Sun +) | 1 | 10. | 11 | 17 | 9 | 36 |
| Mesec datum početka daše | 1937. | 9. | 24 | 11 | 29 | 36 |

Datum početka Mesečeve daše je 24. septembar 1793. godine i vreme početka je 11-29'-36" ujutro, što treba posebno zabeležiti u svrhe računanja daša praveš čakre (čart iniciranja daše).

*Tabela 13: Đanma (Vimšotari) daša*

|  |  |  |  | Datum početka | | | Datum kraja | | |
|---|---|---|---|---|---|---|---|---|---|
|  | Navtara čakra | Daša | Period | G | M | D | G | M | D |
| 1 | Ati-mitra | Sunce | 1-10-11 | 1936. | 11. | 12. | 1937. | 9. | 24. |
| 2 | Đanma | Mesec | 10 | 1937. | 9. | 24. | 1947. | 9. | 24. |
| 3 | Sampat | Mars | 7 | 1947. | 9. | 24. | 1954. | 9. | 24. |
| 4 | Vipat | Rahu | 18 | 1954. | 9. | 24. | 1972. | 9. | 24. |
| 5 | Kšema | Jup | 16 | 1972. | 9. | 24. | 1988. | 9. | 24. |
| 6 | Pratja | Sat | 19 | 1988. | 9. | 24. | 2007. | 9. | 24. |
| 7 | Sadha | Merkur | 17 | 2007. | 9. | 24. | 2024. | 9. | 24. |
| 8 | Vadha | Ketu | 7 | 2024. | 9. | 24. | 2031. | 9. | 24. |
| 9 | Mitra | Ven | 20 | 2031. | 9. | 24. | 2054. | 9. | 24. |

## 5.5.3 Primer lagna daše

*Čart 14: Šri Aurobindo*
Rođen 15. avgusta 1872. godine, u 5:08h.

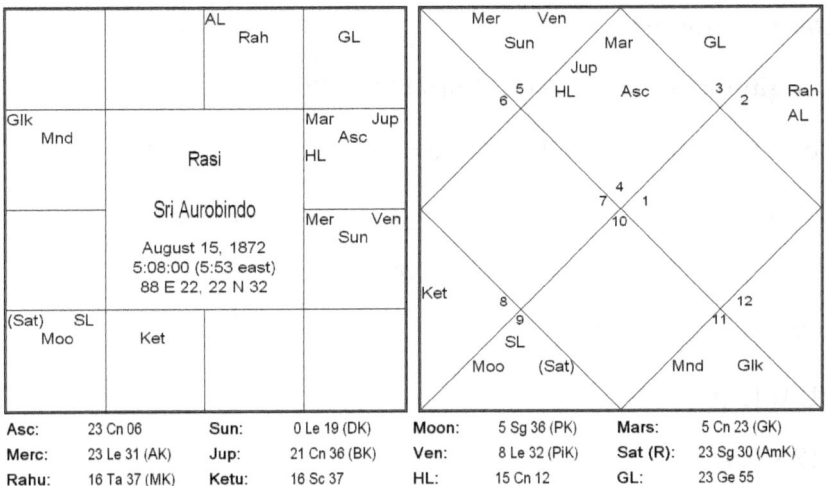

| Asc: | 23 Cn 06 | Sun: | 0 Le 19 (DK) | Moon: | 5 Sg 36 (PK) | Mars: | 5 Cn 23 (GK) |
|---|---|---|---|---|---|---|---|
| Merc: | 23 Le 31 (AK) | Jup: | 21 Cn 36 (BK) | Ven: | 8 Le 32 (PiK) | Sat (R): | 23 Sg 30 (AmK) |
| Rahu: | 16 Ta 37 (MK) | Ketu: | 16 Sc 37 | HL: | 15 Cn 12 | GL: | 23 Ge 55 |

### ODREĐIVANJE POČETKA FALITA DAŠE

- Lagna nakšatra: Ašleša (9) u Raku.

- Đanma nakšatra: Mula (19) u Strelcu.

- Utpana nakšatra: peta od đanma nakšatre, Daništa (23), Mesec je u Strelcu na 5°36' i Mula nakšatra počinje na 0° Strelca. Daništa počinje od 23°20' Jarca.

Ovom treba dodati da je Mesec prešao 5°36' kako bi dobili utpana sputa (tj. ekvivalent vrhu Meseca u utpana nakšatri) kao 28°56' Jarca. [Beleška: ukoliko suma prelazi 30 stepeni, tada je utpana sputa u sledećem znaku i treba umanjiti sumu za 30 stepeni].

U čartu 14, lagna je Rak sa dve planete, Jupiterom i Marsom, u kendrama. Mesec u Strelcu je zajedno sa Saturnom u kendri, i Vimšotari daša će biti inicirana od longitude lagne. Ovo se zove lagna Vimšotari, ili jednostavno, lagna daša.

## Vimšotari i Udu daše

Bitno je primetiti da je utpana nakšatra u Jarcu i da ima jednak broj planeta (dve, Jupiter i Mars) u kendrama, baš kao i lagna nakšatra. Ipak, ovo se ignoriše na osnovu ranijih iskustava autora.

Lagna nakšatra: Ašleša – vladar Merkur

Daša: 17 godina

Longituda lagne: $23^0 06'04''$ Rak=$113^0 6'4''$(N)

Longituda početne tačke Ašleše =3S $16^0 40'$ = $106^0 40'$ (N)

Dakle, balans daše = daša period: x {1-[(M-N)/$13^0 20'$]}

=17 x {1-[($113^0 6'4''$ – $106^0 40'$)/$13^0 20'$]}

=17 x {1-[$6^0 26'4''$/$13^0 20'$]}

=17 x {1-[6.4344/13.333]

=17 x 0.517417

=8.79608 godina

=8 godina, 9 meseci, 16 dana, 14 sati, 9 min, 35 sekundi

Dakle, prva Vimšotari daša (lagna daša) je Merkurova daša. Ona počinje od samog rođenja i završava ovako:

|  | Godina | Mesec | Dan | Sat | Min | Sek |
|---|---|---|---|---|---|---|
| Rođenje | 1872. | 8. | 15. | 5 | 8 | 0 |
| Plus, balans Merkurove daše | 8 | 9. | 16. | 14 | 9 | 35 |
| Ketu, datum početka daše | 1881. | 5. | 31. | 19 | 17 | 35 |

*Tabela 14: Lagna (Vimšotari) daša*

|  |  |  |  | Datum početka | | | Datum kraja | | |
|---|---|---|---|---|---|---|---|---|---|
| Navtara čakra |  | Daša | Period | G | M | D | G | M | D |
| 1. | Ati-mitra | Mer | 8-9-16 | 1872. | 8. | 15. | 1881. | 5. | 31. |
| 2. | Đanma | Ketu | 7 | 1881. | 5. | 31. | 1888. | 5. | 31. |
| 3. | Sampat | Ven | 20 | 1888. | 5. | 31. | 1908. | 5. | 31. |

Vimšotari daša

| 4. | Vipat | Sun | 6 | 1908. | 5. | 31. | 1914. | 5. | 31. |
|---|---|---|---|---|---|---|---|---|---|
| 5. | Kšema | Mes | 10 | 1914. | 5. | 31. | 1924. | 5. | 31. |
| 6. | Pratja | Mars | 7 | 1924. | 5. | 31. | 1931. | 5. | 31. |
| 7. | Sadha | Rahu | 18 | 1931. | 5. | 31. | 1949. | 5. | 31. |
| 8. | Vadha | Jup | 16 | 1949. | 5. | 31. | 1965. | 5. | 31. |
| 9. | Mitra | Sat | 19 | 1965. | 5. | 31. | 1984. | 5. | 31. |

## 5.5.4 *Primer ajus daše*

Proceni dugovečnosti treba pristupiti primenom tradicionalnih alata. Mogu se izračunati odvojene Vimšotari daše od pete, četvrte i osme konstelacije od đanma nakšatre. One se zovu utpana daša (peta zvezda), kšema daša (četvrta zvezda) i adana daša (osma zvezda). Treba uporediti datume završetka ovih daša, kao i đanma Vimšotari (definisano u prethodnom poglavlju). Ukoliko su datumi završetka blizu, oni mogu ukazati na kraj životnog veka.

*Čart 15: Odrediti utpana, kšema i adana dašu*

Prvi primer, muškarac rođen 7. avgusta 1963. godine, u 9:15h.

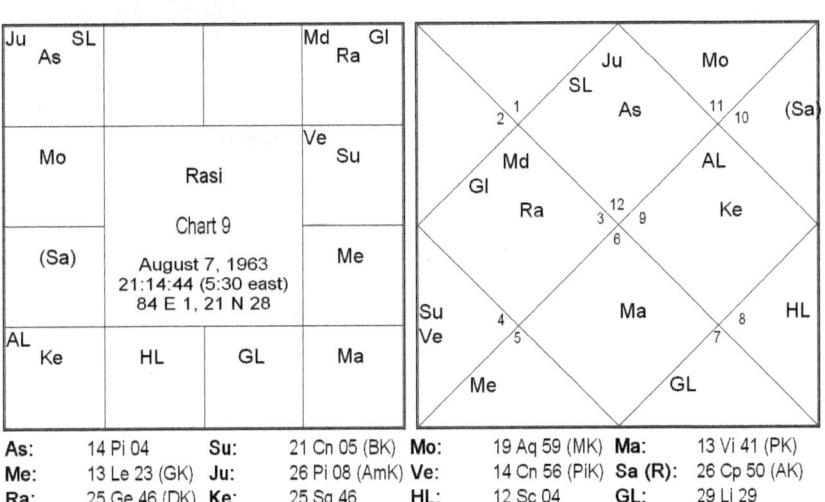

U čartu 15, đanma nakšatra je Satabišađ (24) i kšema zvezda (četvrta od Satabišađ) je Revati (27) kojom vlada Merkur; utpana zvezda (peta od Satabišađ) je Ašvini (1) kojom vlada Ketu i adana zvezda (osma od Satabišađ) je Rohini (4) kojom vlada Mesec. Nakšatra balans je 0.001157, i ovim računanje daša balansa postaje jednostavno.

### BALANS KŠEMA DAŠE

Pun perioda Merkurove daše = 17 godina.

Balans Merkurove daše = 17 X 0.001157 = 0.019669 godina

= 0 godina, 0 meseci, 7 dana

Dakle, datum kraja (Merkur) = 1963-08-07 (datum rođenja YYYY-MM-DD)

(+) 0-00-07 (dodati)

= 1963-08-14(YYYY-MM-DD) ili 14. avg 1963.

### BALANS UTPANA DAŠE

Pun period Ketu daše = 7 godina.

Balans Merkurove daše = 7 X 0.001157 = 0.008099 godina

= 0 godina, 0 meseci, 3 dana

Dakle, krajnji datum (Ketu) = 1963-08-07 (datum rođenja YYYY-MM-DD)  (+) 0-00-03 (dodati)

= 1963-08-10(YYYY-MM-DD) ili 10. avg 1963.

### BALANS ADANA DAŠE

Pun period Mesečeve daše = 10 godina.

Balans Mesečeve daše = 10 X 0.001157 = 0.01157 godina

= 0 godina, 0 mesec, 4 dana

Dakle, krajnji datum (Mesec) = 1963-08-07 (datum rođenja YYYY-MM-DD)

Vimšotari daša

(+)  0-00-04 (dodati)

= 1963-08-11(YYYY-MM-DD) 11. avg 1963.

*Tabela 15: Kšema daša*

| Daša | Planeta | Period | Godine | Datum početka | | | Datum kraja | | |
|---|---|---|---|---|---|---|---|---|---|
| | | | | G | M | D | G | M | D |
| 4 Kšema | Merkur | 0-0-7 | 0 | 1963. | 8. | 7. | 1963. | 8. | 14. |
| 5 Pratja | Ketu | 07 | 07 | 1963. | 8. | 14. | 1970. | 8. | 14. |
| 6 Sadha | Venera | 20 | 27 | 1970. | 8. | 14. | 1990. | 8. | 14. |
| 7 Vadha | Sunce | 06 | 33 | 1990. | 8. | 14. | 1996. | 8. | 14. |
| 8 Mitra | Mesec | 10 | 43 | 1996. | 8. | 14. | 2006. | 8. | 14. |
| 9 Ati-mitra | Mars | 07 | 50 | 2006. | 8. | 14. | 2013. | 8. | 14. |
| 1 Đanma | Rahu | 18 | 68 | 2013. | 8. | 14. | 2031. | 8. | 14. |
| 2 Sampat | Jupiter | 16 | 84 | 2031. | 8. | 14. | 2047. | 8. | 14. |
| 3 Vipat | Saturn | 19 | 103 | 2047. | 8. | 14. | 2066. | 8. | 14. |

*Tabela 16: Utpana daša*

| Daša | Planeta | Period | Godine | Datum početka | | | Datum kraja | | |
|---|---|---|---|---|---|---|---|---|---|
| | | | | G | M | D | G | M | D |
| 5 Pratja | Ketu | 0-0-3 | 0 | 1963. | 8. | 7. | 1963. | 8. | 10. |
| 6 Sadha | Venera | 20 | 20 | 1963. | 8. | 10. | 1983. | 8. | 10. |
| 7 Vadha | Sunce | 06. | 26. | 1983. | 8. | 10. | 1989. | 8. | 10. |
| 8 Mitra | Mesec | 10. | 36. | 1989. | 8. | 10. | 1999. | 8. | 10. |
| 9 Ati-mitra | Mars | 07. | 43. | 1999. | 8. | 10. | 2006. | 8. | 10. |
| 1 Đanma | Rahu | 18. | 61. | 2006. | 8. | 10. | 2024. | 8. | 10. |
| 2 Sampat | Jupiter | 16. | 77. | 2024. | 8. | 10. | 2040. | 8. | 10. |
| 3 Vipat | Saturn | 19. | 96. | 2040. | 8. | 10. | 2059. | 8. | 10. |
| 4 Kšema | Merkur | 17. | 113. | 2059. | 8. | 10. | 2076. | 8. | 10. |

*Tabela 17: Adana daša*

| Daša | Planeta | Period | Godine | Datum početka | | | Datum kraja | | |
|---|---|---|---|---|---|---|---|---|---|
| | | | | G | M | D | G | M | D |
| 8 Mitra | Mesec | 0-0-4 | 0 | 1963. | 8. | 7. | 1963. | 8. | 11. |
| 9 Ati-mitra | Mars | 07 | 7 | 1963. | 8. | 11. | 1970. | 8. | 11. |
| 1 Đanma | Rahu | 18 | 25 | 1970. | 8. | 11. | 1988. | 8. | 11. |
| 2 Sampat | Jupiter | 16 | 41 | 1988. | 8. | 11. | 2004. | 8. | 11. |
| 3 Vipat | Saturn | 19 | 60 | 2004. | 8. | 11. | 2023. | 8. | 11. |
| 4 Kšema | Merkur | 17 | 77 | 2023. | 8. | 11. | 2040. | 8. | 11. |
| 5 Pratja | Ketu | 7 | 84 | 2040. | 8. | 11. | 2047. | 8. | 11. |
| 6 Sadha | Venera | 20 | 104 | 2047. | 8. | 11. | 2067. | 8. | 11. |
| 7 Vadha | Sunce | 6 | 110 | 2067. | 8. | 11. | 2073. | 8. | 11. |

Napomena: utpana, kšema i adana daše se uvek računaju na osnovu longitude Meseca, čak i kada je lagna snažnija od Meseca, kao što je to slučaj u ovom čartu.

## POREĐENJE DAŠA

Četiri daše (tj. đanma, kšema, utpana i adana) pažljivo se posmatraju zarad određivanja podudarnosti u datumu završetka ovih daša. Ukoliko su ovi datumi isti u bar dve od pomenutih daša, tada se u toj daši mogu očekivati loše zdravlje, nezgode, prerana smrt ili druge nepogode.

1) Poređenjem tabele 15. i 16, nalazimo da se peta daša u obe završava 2006. godine, što pokazuje opasnost. Sada treba uporediti dužinu daša u obe tabele. Peta daša u tabeli 15. je Mesečeva daša, duga deset godina, dok je daša u tabeli 16. Marsova daša, duga sedam godina. Treba uzeti kraći period, i tako svesti ovaj opasan period na period od 1999. godina do 2006. godine.

2) Poređenjem tabele 15. i tabele 17, nalazimo da prva daša u oba slučaja završava 1970. godine i da pokazuje opasnost. Potom treba uporediti dužinu daša u obe tabele. Prva daša u tabeli 15. je Ketuova daša, duga sedam godina, dok je u tabeli 17. Marsova daša, duga takođe sedam godina. Uzimamo kraći

period i tako možemo suziti opasan period na period od 1963. do 1970. godine. Tokom ovog perioda on je imao puno kritičnih situacija, a u jednoj je, još kao beba, pao sa brane u vodu odakle je spašen pravovremenom intervencijom njegove bake koja je zaronila da bi ga spasila. Kasnije, u februaru 1969. godine, doživeo je opasan ujed psa zbog čeka se morao podvrći tretmanu narednih nekoliko meseci. Ove nesreće predstavljaju planete koje imaju kšema dašu [Ketu u Venerinoj konstelaciji jasno pokazuje opasnosti od psa, posebno kuje) i adana daša (Mars u Mesečevoj konstelaciji pokazuje opasnost od nesreće (Mars) u vodi (Mesec) dok se osoba koja je spasilac može videti iz sedme kuće. Mars u sedmoj se nalazi u četvrtoj (majka/tetka) od četvrte kuće (majka) što pokazuje baku.

3) Poređenjem tabela 16. i 17, nalazimo da u obe tabele sedma daša završava 2040. godine, što pokazuje opasnost ili preranu smrt. Sada uporedite dužine daša u obe tabele. Sedma daša u tabeli 16. je Jupiterova daša duga šesnaest godina, dok je daša u tabeli 17. Merkurova daša duga sedamnaest godina. Uzimamo kraći period i tako dobijamo precizniji period od 2024. do 2040. godine. Na ovaj način se mogu odrediti opasni periodi, i nakon računanja dugovečnosti, može se odrediti i daša koja donosi smrt.

## 5.6 Ajur daša

Četvrta, peta i osma nakšatra od one u kojoj se nalazi Mesec na rođenju (đanmarša) zovu se kšema, utpana i adana datim redom. Tri pojedinačne Vimšotari daše koje su inicirane od ovih nakšatri zovu se kšema daša (inicirana od četvrte nakšatre), utpana daša (inicirana od pete nakšatre) i adana daša (inicirana od osme nakšatre). Balans daše za svaku od ovih zasnovan je na istom raciju koji se koristi kod nakšatre rođenja tj. longitude ostatka nakšatre koju Mesec prelazi, podeljen na $13°20'$ i pomnožen sa periodom daše.

1) Navedite datume (početka) za svaku dašu i antardašu u đanma, utpana, kšema i adana daši. Ukoliko se krajnji datum bilo koje dve daše poklapa, to može biti fatalno. Čak i u slučaju kada su datumi kraja blizu, to može doneti kraj života.

2) Odredite snažnijeg između lagna nakšatre i đanma nakšatre. Vimšotari (ili druga udu) daša inicira se od ove nakšatre. Pripremite navtara čakru od Mesečeve nakšatre, ukoliko je daša od lagne, i obrnuto. Udu daša prve, treće, pete ili sedme nakšatre pokazane navtara čakrom može biti pogubna.

3) **Karaka joga**: postoje brojni signifikatori za smrt i patnju. Glavni među njima je Saturn i kuće koje on predstavlja (šesta, osma i dvanaesta). Šula daša – veći malefik između vladara druge i osme kuće od fiksnog signifikatora (stira karake) postaje Rudra (devata odgovorna za smrt). Za samu osobu, ovi vladari druge i osme kuće treba da se odrede u odnosu na lagnu. Daša Rudra planete ili njenog dispozitora donosi smrt i patnju. Remedijalna mera je recitovanje Šri Rudram.

- Daša vladara šeste kuće može doneti patnju u kući, posebno tokom antardaše vladara osme kuće kada i sama osoba može umreti[9]. Slično tome, daša vladara osme i antardaša vladara šeste mogu doneti smrt.

- Snažniji među vladarima druge ili osme zove se Rudra, i njegova daša, ili povezanost sa njom, može doneti smrt osobi[10]. Slično tome, Rudra planete za roditelje određuju se u odnosu na Sunce ili Veneru (za oca) i Meseca ili Marsa (za majku).

- Daša planete u raši sandiju[11] (posebno u gandanti) može doneti tugu i bolesti ili čak i smrt. Ukoliko je na poslednjem stepenu znaka, tada ova daša može doneti smrt[12].

---

9 षष्ठेशस्य दशाविलापकरणी मृत्युर्विनाशप्रभोरस्तव्योमचरस्य बन्धुमरणं पाकेऽपहारेऽथवा। (Đ. P. 18-25)

10 दिनेशाविनशुक्रौ च राजारौ कारकाः स्मृत्ताः। लारलसु त्रोस्जूलर्क्षे यदा चरति या दशा॥ ३८॥

विक्रमाष्टमाधिपवशाज्जातस्यायुः। पितृकारकौ रविशुक्रौ मातृकारकौ चन्द्रकुजौ। (Đ.P. 18-38) Odnosi se na stira karake ili fiksne signifikatore koji se koriste u ajur daši ili proceni dugovečnosti.

11    Spajanje dva znaka – generalno prihvaćeno kao prva i poslednja šastjamša (30' luka) svakog znaka.

12    राशिसन्धिगदाये तु शोकरोगादिपीड्नम्। त्रिंशद्भागमनुक्रान्तदशा मृत्युफलप्रदा॥ २७॥ (Đ.P. 18-27)

## Vimšotari daša

4) **Nirjana daša**[13]: drugi metod utvrđivanja tačne daša-antardaše koja može da donese smrt naziva se nirjana daša. Ukoliko je rođenje dnevno, potrebno je dodati longitude Sunca i Saturna, ukoliko je rođenje noćno, potrebno je dodati longitude Meseca i Rahua[14]. Daša koju pokazuje zbir longituda (tj. vladar nakšatre će pokazati dašu, dok će deo nakšatre pokazati antardašu) će doneti smrti ili smrtne patnje [Đ.P. 18.36].

5) **Gulika daša**: odredite nakšatru u kojoj se nalazi Gulika. Daša vladara te nakšatre zove se Gulika daša, i ona može biti fatalna. Vladari rašija i navamše u kojoj se Gulika nalazi, kao i planete u vezi sa Gulikom, mogu doneti smrt. Gulika je Saturnov sin, i on je zli deo Saturna koji pokazuje širenje otrova kroz telo i kroz um. Gulika ima bitnu ulogu u određivanju adana čarta u matematičkom delu koji se odnosi na Saturna. Time je povezan sa gresima iz prošlosti za koje bivamo kažnjeni.

*Čart 16: Nobelov laurat Rabindranat Tagore*

Rođen je 7. maja 1861. godine, u 2:51 ujutro, na Krišna pakša trajodaši (kojim upravlja Jupiter) u Vedskom mesecu Caitra. Rabindaranat Tagore bio je veliki obožavalac Višnua, i moguće jedan od najvećih pesnika svih vremena. Na lagni se nalazi Mesec i, bilo koju metodu da primenimo, nalazimo da je Mesec bitan za pokretanje Vimšotari daše.

---

13    Ona se razlikuje od nirjana šula daše. Nirjana daša je definisana kao period koji donosi smrt unutar Vimšotari daše (ili druge udu daše) na osnovu sledeće šloke iz Đataka Pariđate (Đ. P. 18-36): जातोऽहनि चेद्रकशनसिफुटैक्यतारादनिरियाणदशा परकलूप्या । तारेशराहुसफुट्योगतारा पूर्वा दशा रष्टिकरा रजनयाम्‌ ॥ ३६ ॥
14    Sunce i Saturn su ljuti neprijatelji, ali i naisargika karake (prirodni signifikatori) za prvu i osmu kuću. Dakle, zbir njihovih longituda pokazuje tačku smrti, ili slične patnje za noćno rođenje. Sledeća planeta je Mesec iza Sunca, dok je Rahu posle Saturna, što je prirodan redosled planeta na osnovu dana u nedelji. Dakle, njihove longitude su sabrane, i zbir predstavlja mesto smrti. Čak i u slučaju da se smrt ne dogodi, nesreća je sigurna. Ostale opcije znače posmatranje Sunca i Saturna za muški čart, i Meseca i Rahua za ženski. U svakom slučaju ovo je bitan koncept za određivanje efekata planeta. Na sličan način možemo dodati longitude drugih signifikatora sa Suncem/Mesecom kako bi se odredila daša-antardaša njihove manifestacije.

Vimšotari i Udu daše

| | | | |
|---|---|---|---|
| Mo  HL As | Me  Ve Su | | Ke  Ma |
| | Rasi  Tagore, Rabindranath  May 7, 1861  4:02:00 (5:53 east)  88 E 22, 22 N 32 | | SL  Ju |
| GL | | | Sa |
| Ra | AL  Md | Gk | |

| | | | |
|---|---|---|---|
| | Me  Su | Ve  HL  Mo | |
| | 2  1 | As | 11  10  GL |
| | Ke | | |
| | Ma | 12  3  9  6 | Ra |
| Ju  SL | 4  5 | 8  7 | Md  AL |
| | Sa | Gk | |

| | | | | | | | |
|---|---|---|---|---|---|---|---|
| As: | 28 Pi 08 | Su: | 24 Ar 23 (AmK) | Mo: | 21 Pi 07 (MK) | Ma: | 0 Ge 11 (DK) |
| Me: | 7 Ar 56 (PK) | Ju: | 25 Cn 57 (AK) | Ve: | 23 Ar 08 (BK) | Sa: | 10 Le 45 (PiK) |
| Ra: | 24 Sg 51 (GK) | Ke: | 24 Ge 51 | HL: | 11 Pi 46 | GL: | 9 Cp 11 |

Jako je teško objasniti smrt Rabindranata Tagore tokom Jupiterove daše, Jupiterove antardaše, posebno kada znamo da je Jupiter vladar lagne i egzaltiran u devetoj kući od Aruda lagne. Ipak, Gulika se nalazi u Višaka nakšatri kojom vlada Jupiter, i zbog toga Jupiter isporučuje rezultate Gulike, i Jupiterova daša, od septembra 1940. do septembra 1956. godine, nosi naziv Gulika daša umesto Jupiterova daša. Sa dolaskom Jupiterove daše i antardaše, Tagore  umire. Naravno, postoje i drugi faktori, Jupiter je dispozitor debilitiranog Rahua i vladar druge kuće od Aruda lagne. Jupiter je takođe atmakaraka, i može doneti veliku patnju sam po sebi.

Vimšotari daša
*Tabela 18: Vimšotari daša Rabindranata Tagore:*
Planeta Početni datum i vreme – Datum i vreme kraja daše

Mer: 1855-09-05 (21:21:02) - 1872-09-05 (05:55:42)

Ket: 1872-09-05 (05:55:42) - 1879-09-06 (00:55:00)

Ven: 1879-09-06 (00:55:00) - 1899-09-06 (03:59:03)

Sun: 1899-09-06 (03:59:03) - 1905-09-06 (16:49:22)

Mes: 1905-09-06 (16:49:22) - 1915-09-07 (06:21:06)

Mar: 1915-09-07 (06:21:06) - 1922-09-07 (01:28:43)

Rah: 1922-09-07 (01:28:43) - 1940-09-06 (16:06:42)

Jup: 1940-09-06 (16:06:42) - 1956-09-06 (18:32:47)

Sat: 1956-09-06 (18:32:47) - 1975-09-07 (15:19:51)

6) **Mritju daša**: vladari druge i sedme kuće (planete u vezi sa ovim vladarima ili planete u ovim kućama) od bilo koje bave u rašiju i posmatranom podelnom čartu, mogu doneti smrt tokom svojih perioda. Remedijalna mera leži u recitovanju Mritjunđaja mantre i Rudrabišeku[15].

4) **Podelni čartovi:** smrt osobe se može prostudirati u rašiju i trimšamši, dok se smrt rodbine može videti iz drugih podelnih čartova. Parašara navodi da je drekana (D-3) za braću i sestre, saptamša (D-7) za decu, navamša (D-9) za partnera, dašamša (D-10) za one u vezi sa profesijom, dvadašamša (D-12) za roditelje i starije, vimšamša (D-24) za gurua i šišje (upasana), čaturvimšamša (D-24) za učitelje i učenike (sidhi) itd.

---

15   Ritualno nuđenje vode i mleka Gospodu Šivi na Šiva lingu (falički symbol) uz istovremeno recitovanje Mritjunđaja mantre. Za više detalja videti *Vedske remedijalne mere* istog autora.

## 5.7 Primeri

### 5.7.1 *Frenklin Delano Ruzvelt*

Čart 17: *Frenklin Delano Ruzvelt*
Rođen 30. januar 1882. godine, u 20:07h.

| | | | |
|---|---|---|---|
| SL | Sa Ju | Ke | (Ma) AL Mo |
| HL Me | Rasi F.D.Roosevelt January 30, 1882 20:07:00 (4:55 west) 73 W 59, 40 N 43 | | |
| Ve Su | | Md As | Gl |
| | Ra | | GL |

| | | | |
|---|---|---|---|
| | GL 7 6 | Md Gl As | AL 4 3 Mo (Ma) |
| | Ra | 5 8 2 11 HL | Ke |
| | 9 10 | Me | 12 1 Ju Sa |
| | Su | Ve | SL |

| As: | 23 Le 26 | Su: | 18 Cp 54 (AmK) | Mo: | 13 Ge 43 (PK) | Ma (R): | 4 Ge 47 (DK) |
|---|---|---|---|---|---|---|---|
| Me: | 4 Aq 57 (GK) | Ju: | 24 Ar 43 (AK) | Ve: | 13 Cp 49 (PiK) | Sa: | 13 Ar 53 (MK) |
| Ra: | 13 Sc 28 (BK) | Ke: | 13 Ta 28 | HL: | 14 Aq 38 | GL: | 24 Vi 02 |

**Uvod**: Frenklin Delano Ruzvelt (1882-1945) bio je 32. predsednik Amerike. FDR rođen je u Hajd Parku, Njujorku, u Springvudu, porodičnom seoskom imanju. Bio je povezan sa predsednikom Teodorom Ruzveltom. Njegovo aristokratsko poreklo se jasno vidi iz Lav ascedenta koga aspektuju vladar lagne, Sunce, i atmakaraka, Jupiter (raši drištijem). Slična situacija ponovljena je i u navamši sa vladarom lagne, Marsom, i AK Jupiterom na lagni – kralj je rođen.

**Primenljivost daše**: postoje tri planete u kendri od asecedenta, i jedna (Mars) u kendri od Meseca. Ascedent je snažniji i Vimšotari dašu treba inicirati od stepena ascedenta.

**Kalkulacije**: Vrh ascedenta: 23°26′26″ Lava u Purva Falguni kojom upravlja Venera. Purva Falguni, 11. konstelacija prostire se od 13°20′ – 26°40′ Lava.

Vimšotari daša

Balans Venerine daše = (26°40') − (23°26'26")  
13°20'  
×20

= 3.2261 × 20 / 13.3333 = 4.8392

= 4 godine, 10 meseci, 2 dana, 2 hr, 30 min (približno).

Kraj Venerine daše : 1882-1-30-20-07  
4-10-2-2-30(+)  
1886-12-2-22-37

Tačna kalkulacija koristi 360° solarne godine date u tabeli.

**Tabela 19: FD Ruzvelt, lagna Vimšotari daša**

|  | Početak | | | | Kraj | | | |
|---|---|---|---|---|---|---|---|---|
| Daša | G | M | D | Vreme | G | M | D | Vreme |
| Ven: | 1866, | 12. | 05. | (04:12:26) | 1886, | 12. | 05. | (07:07:56) |
| Sun: | 1886, | 12. | 05. | (07:07:56) | 1892, | 12. | 04. | (20:11:44) |
| Mes: | 1892, | 12. | 04. | (20:11:44) | 1902, | 12. | 06. | (09:43:43) |
| Mar: | 1902, | 12. | 06. | (09:43:43) | 1909, | 12. | 06. | (04:47:27) |
| Rah: | 1909, | 12. | 06. | (04:47:27) | 1927, | 12. | 06. | (19:33:52) |
| Jup: | 1927, | 12. | 06. | (19:33:52) | 1943, | 12. | 06. | (21:58:46) |
| Sat: | 1943, | 12. | 06. | (21:58:46) | 1962, | 12. | 06. | (18:58:11) |
| Mer: | 1962, | 12. | 06. | (18:58:11) | 1979, | 12. | 07. | (03:38:46) |
| Ket: | 1979, | 12. | 07. | (03:38:46) | 1986, | 12. | 06. | (22:41:41) |

**Tabela 20: Antardaše u Marsovoj maha daši**

| Daša | G | M | D | Vreme | G | M | D | Vreme |
|---|---|---|---|---|---|---|---|---|
| Mar: | 1902, | 12. | 06. | (09:43:43) | 1903, | 05. | 01. | (22:38:32) |
| Rah: | 1903, | 05. | 01. | (22:38:32) | 1904, | 05. | 19. | (20:04:26) |
| Jup: | 1904, | 05. | 19. | (20:04:26) | 1905, | 04. | 25. | (06:53:22) |
| Sat: | 1905, | 04. | 25. | (06:53:22) | 1906, | 06. | 04. | (23:51:13) |
| Mer: | 1906, | 06. | 04. | (23:51:13) | 1907, | 06. | 02. | (02:44:04) |
| Ket: | 1907, | 06. | 02. | (02:44:04) | 1907, | 11. | 01. | (00:07:00) |
| Ven: | 1907, | 11. | 01. | (00:07:00) | 1908, | 12. | 29. | (12:27:26) |
| Sun: | 1908, | 12. | 29. | (12:27:26) | 1909, | 05. | 04. | (13:56:01) |
| Mes: | 1909, | 05. | 04. | (13:56:01) | 1909, | 12. | 06. | (04:47:27) |

## DETINJSTVO I OBRAZOVANJE

Frenklin Delano Ruzvelt bio je sin Džejmsa Ruzvelta i njegove druge žene, Sare Delano. Nije imao braće ili sestara osim dvadeset šest godina starijeg polubrata. U Springvudu je rastao privilegovano, ali usamljeno. Sunce je osamljenik po prirodi i njegova daša, od 1886-92. godine, učinila ga je usamljenim. Jedanaesta kuća od Aruda lagne u konjukciji je sa Saturnom (debilitiranim) i sa Jupiterom, što pokazuje jednog, mnogo starijeg, brata.

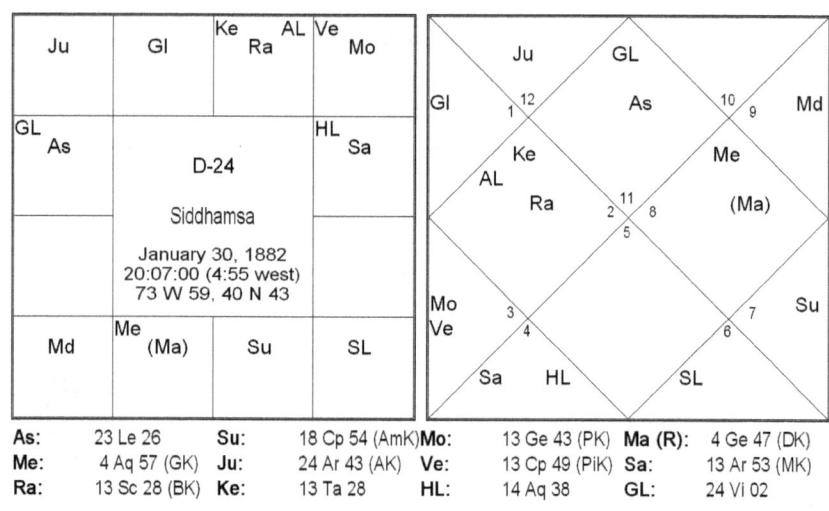

U sidamši (D-24 chart) čvorovi su u četvrtoj kući i Sunce je debilitirano i neprijateljski postavljeno u šestoj kući odatle. Dakle, baš kao i većina bogate aristokratke dece iz Hadson doline, rano obrazovanje stiče kod kuće sa privatnim tutorima. Brojano od Bika (kuće formalnog obrazovanja), Mesec je drugi i daje šuba argalu (neometenu, pošto nema planeta u dvanaestoj kući) i Jupiter je takođe smešten u jedanaestoj kući (šuba argala), bez opstrukcija iz treće kuće (argale gledano u odnosu na posmatranu kuću). Dakle, tokom Mesečeve daše i Jupiterove antardaše (četrnaesta godina), njegovo formalno obrazovanje počinje u Groton školi (prestižan internat za dečake u Masačusetsu). Posle četiri godine Mesečeve daše i Ketuove antardaše, završava školu (1900) i odlazi na Harvard, gde je i diplomirao 1903. godine. Univerzitetsko obrazovanje se posmatra iz devete kuće i iz sidamše (D-24 čartu),

Venera kao vladar devete je u jutiju sa Mesecom i obećava kontinuitet i diplomu tokom Mesečeve daše. Sa dolaskom Marsove daše, 1903. godine, Frenklin Delano Ruzvelt dolazi na Pravnu školu Kolumbija Univerziteta. Mars šalje argalu na devetu kuću, budući da je u drugoj od nje, i aspektuje vladara devete, Veneru, svojim specijalnim osmim aspektom. Dakle, Marsova daša takođe obećava visoko obrazovanje. Sve studije (preko fakulteta) vide se u drugoj kući tj. u šestoj (upačaja, rast) od devete kuće, baš kao što je deveta kuća (kuća fakulteta) šesta (upačaja – prirodan rast) od četvrte (škola). Primetite da je ovaj koncept rasta u svakih šest kuća zasnovan na Brahmi i Brahma daši (Đaimini). Jupiter je vladar druge kuće u kojoj je i smešten. Jupiter takođe aspektuje vladara daše, Marsa. Tokom Marsove daše (dec. 1902 – dec. 1999) obećane su studije prava.

Franklin D Roosevelt

Kraj obrazovanja se vidi u desetoj kući pošto je u pitanju maraka (ubica) za obe, četvrtu i devetu kuću (sedma od četvrte i druga od devete). Mars je takođe smešten u desetoj kući a pošto je u pitanju vladar desete, on će pokazati kraj obrazovanja tokom svoje daše. Merkur, koji je ujedno i vladar osme kuće i u jutiju je sa Marsom u desetoj kući, donosi svoje rezultate. Dakle, tokom Marsove daše i Merkurove antardaše, Frenklin Delano Ruzvelt napušta Pravnu školu Kolumbije bez diplome (napomena: Merkur je vladar osme i ne daje priznanja/diplome). Ipak, on polaže Njujork Bar ispit 1907. godine, i otpočinje svoju karijeru u pravnoj firmi.

## BRAK I SUPRUGA

Upapada (UL) je u Biku i njen vladar, Venera, se nalazi u šestoj kući od lagne (*marana karaka stana*). Upapada pokazuje stanje i status partnerove porodice, kao i dobrobiti od braka. Pošto je Venera smeštena u ovako opasnoj kući, ona donosi smrt partnerovim roditeljima i time potvrđuje da će supruga

## Vimšotari i Udu daše

biti siroče u vreme ulaska u brak. Eleonor Ruzvelt je rođena 11. oktobra 1884. godine. Imala je teško detinjstvo pošto je izgubila majku u svojoj osmoj godini a nestabilnog oca alkoholičara u desetoj godini. Ipak, konjukcija Sunca sa vladarom Upapade povezala je Franklina Ruzvelta sa jedanaest bivših predsednika SAD-a, kako rođenjem tako i brakom.

|  |  | Ke<br>Ve | Su |
|---|---|---|---|
| HL<br>Mo |  | Navamsa<br>F.D.Roosevelt (D-9)<br>January 30, 1882<br>20:07:00 (4:55 west)<br>73 W 59, 40 N 43 | Gl |
|  |  |  | GL   SL<br>AL  Sa |
|  | (MaRa Me<br>As<br>Ju |  | Md |

|  |  |  | (Ma)<br>Me Ra<br>Ju   As | Md |
|---|---|---|---|---|
| HL<br>Mo |  |  | SL<br>AL   Sa | GL |
|  |  |  | Ke<br>Ve |  |
|  |  |  | Su |  |

| As: | 23 Le 26 | Su: | 18 Cp 54 (AmK) | Mo: | 13 Ge 43 (PK) | Ma (R): | 4 Ge 47 (DK) |
| Me: | 4 Aq 57 (GK) | Ju: | 24 Ar 43 (AK) | Ve: | 13 Cp 49 (PiK) | Sa: | 13 Ar 53 (MK) |
| Ra: | 13 Sc 28 (BK) | Ke: | 13 Ta 28 | HL: | 14 Aq 38 | GL: | 24 Vi 02 |

U navamši znak u kom se nalazi vladar sedme ili sedmu kuću tretiramo kao lagnu partnera za sve vremenske predikcije. Venera je vladar sedme i nalazi se u u znaku Bika, zajedno sa vargotama Ketuom. Supruga će biti veoma uporna i časna osoba, blagoslovena dobrim kvalitetima glave i srca. Aspekt Saturna na Veneru i Ketua formira tapasvi jogu (tj. daje onog ko će požrtvovano težiti ostvarenju nemogućih ciljeva). Četvrta kuća od Bika je Lav i pokazuje Eleonorinu majku (tj. Ruzveltovu taštu). Sunce je vladar ovog znaka i dobro je postavljen u jedanaestoj kući odatle. Sunce nema sklonosti ka ubistvu. Mesec je vladar dvanaeste od Lava i nalazi se u sedmoj odatle, što ga kvalifikuje za maraku. Dakle, sa dolaskom Mesečeve daše, Mesečeve antardaše, Eleonorina majka umire. Slična je situacija i sa njegovim tastom, vladar devete od Venere je Saturn (vladar Jarca), nalazi se u

## Vimšotari daša

četvrtoj kući i pokazuje slabog oca. Mesec je vladar sedme kuće od Jarca, i nalazi se u drugoj kući odatle, u Vodoliji, i time postaje ubica. Rahu, koji je suvladar druge kuće, Vodolije, je debilitiran[16] i u jutiju sa *badakešom*, Marsom, u *badak znaku* (za Jarac, pokretni znak, fiksni znak u jedanaestoj kući (Škorpija) je badak znak prepreka). Konjukcija Jupitera i Rahua ne donosi olakšanje za Jarca, jer je Jupiter vladar malefičnih kuća, treće i dvanaeste. Dakle, Mesečeva daša i Rahuova antardaša donose smrt Eleanorinom ocu (tj. Ruzveltovom tastu).

Da se vratimo na pitanja braka. Vladar sedme kuće u raši čartu, Saturn, smešten je u devetoj kući u debilitaciji, ali je zajedno sa Jupiterom (veliki benefik za znak Lava) i pokazuje da će brak biti povezan sa višim školovanjem (deveta kuća) kao i sa zaljubljivanjem/romansom (Jupiter je vladar pete kuće). Vladar sedme od Venere je Mesec koji se nalazi u Merkurovom znaku (rođaka – Eleanor je bila rođaka peto koleno), u jutiju sa Marsom. Upoznali su se na Harvardu u jesen 1902. godine, a pri kraju Mesečeve daše su se zbližili. Tek posle dolaska Marsove daše Ruzvelt je i zaprosio (1903). Mars je ujedno i čara darakaraka. U navamši Venera, Ketu, Jupiter, Mars i Rahu su u jutiju ili aspektuju sedmu kuću. Jupiter je atmakaraka i nalazi se na navamša lagni što obećava aristokratiju i veoma bitne veze. Brak je sklopljen 17. marta 1905. godine, u Marsovoj daši i Jupiterovoj antardaši. Mladu je predao Teodor Ruzvelt, tadašnji predsednik SAD (1901-1909). Jupiter je tranzitirao preko natalnog vladara sedme kuće, Saturna, dok je Saturn tranzitirao Vodoliju i aspektovao svoju natalnu poziciju.

### DECA

U prvih jedanaest godina braka, Eleanor je rodila šestoro dece, od kojih je petoro preživelo rano detinjstvo. Fizičke sposobnosti za začeće se mogu videti iz A3 ili A9 (aruda pada treće i devete kuće, koja god da je snažnija). A3 je u Jarcu zajedno sa Suncem i Venerom, dok A9 nije u konjukciji sa planetama. Održavanje trudnoće se vidi od AS3 ili AS9 (aruda pada treće ili devete kuće od Sunca, koja god da je snažnija). AS3 je pada Riba u Biku zajedno sa Ketuom, a AS9 je pada Device u Raku. Nijedna od AS3 ili AS9 nije

---

[16] Za sva pitanja dugovečnosti treba uzeti znak Škorpije kao znak debilitacije Rahua.

## Vimšotari i Udu daše

u šastastaka (međusobnom 6/8 odnosu) od Sunca, niti su u jutiju sa Merkurom i Venerom. Dakle, potvrđena je fizička sposobnost za dobijanje potomstva i duhovna sposobnost održavanja trudnoće.

Jarac lagna u saptamši pokazuje obrnuto brojanje dece (tj. pojedinačne trudnoće se broje obrnutim smerom). Peta kuća, brojano unazad, je Devica i **Merkur**, njen vladar, je u debilitaciji što pokazuje ćerku. Prva ćerka, Ana, rođena je 1906. godine, u Marsovoj daši i **Merkurovoj antardaši**.

Sledeće dete (treća od Device u obrnutom smeru tj. Rak) se ne mora začeti jer Rahu-Ketu osa leže na osi Lav-Vodolija i prekidaju kretanje. Ipak, pošto je Mesec, kao vladar Raka, u jutiju sa Jupiterom, efekat čvorova je pobeđen i donosi sina (Jupiter). Drugo dete, Džejms, rođen je u Marsovoj daši Ketuovoj antardaši (1907). Ketu je u Rohini nakšatri kojom vlada Mesec i nema konjukciju niti prima aspekt od ostalih graha u raši čartu. Dakle, Ketu će dati rezultate Meseca koji je vladar druge trudnoće. Ovo jasno i tačno ukazuje na vreme rođenja drugog deteta.

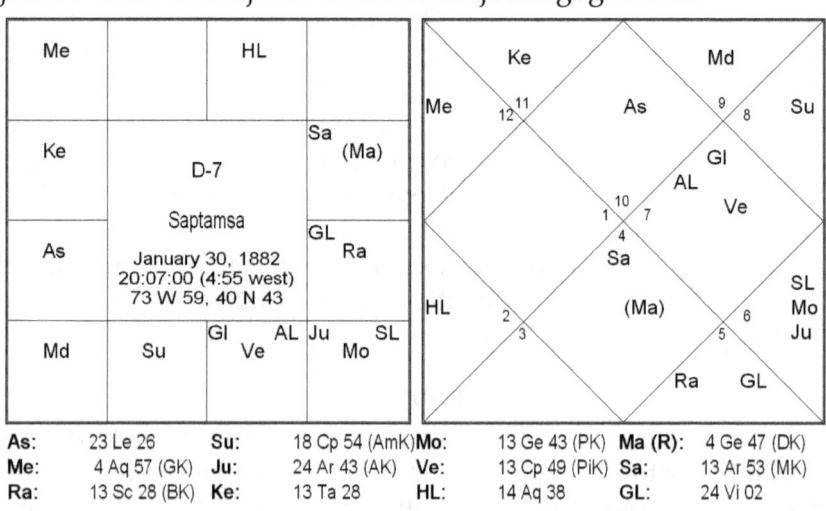

Sledeća trudnoća se vidi iz Bika, koji je treća od Raka, obrnutim brojanjem. Vladar, Venera, smešten je u plodnom znaku Vage. U oba čarta, raši i saptamša čartu, Rahu aspektuje Veneru sa ¾ aspekta (aspekt treće kuće) i formira neometenu argalu na Veneru. Tokom Rahuove daše i Rahuove antardaše rođeno je treće dete, Eliot (1910).

Vimšotari daša

Sledeća trudnoća se vidi iz znaka Riba, treća od Bika, brojano unazad. Njen vladar, Jupiter, je u jutiju sa Mesecom i formira gađakešari jogu. Čista gađakešari joga obično pokazuje rođenje srećnog sina, i Frenklin D. Junior rođen je u Rahuovoj daši, Jupiterovoj antardaši i Marsovoj pratiantari (17. avgusta 1914. godine). Mesec je bio u Blizancima u kendri od saptamša Meseca (Devica).

Sledeća trudnoća se vidi iz Jarca, treća kuća od Riba, brojano unazad. Njen vladar, Saturn, u jutiju je sa Marsom i pokazuje još jednog sina, Džona, rođenog u Rahuovoj daši, Saturnovoj antardaši i Venerinoj pratiantardaši (13. mart 1916. godine). Za razliku od gađakešari joge (Mesec i Jupiter) koju smo videli u drugoj i četvrtoj trudnoći, a koje je donela dobre rezultate, ova kombinacija Saturna i Marsa pokazuje da će peta (Jarac – Saturn) ili šesta (Škorpija – Mars) trudnoća preživeti. Dakle, jedno dete umire kao novorođenče, a petoro dece je preživelo. Bitno je primetiti da je i u ovom slučaju, Mesec, Džonov đanma raši, bio u Blizancima, u kendri od saptamša Meseca Frenklina Delana Ruzvelta (Devica).

*Tabela 21: Antardaše u Rahuovoj maha daši*

| Daša | G | M | D | Vreme | G | M | D | Vreme |
|---|---|---|---|---|---|---|---|---|
| Rah: | 1909. | 12. | 06. | (04:47:27) | 1912. | 08. | 18. | (20:46:32) |
| Jup: | 1912. | 08. | 18. | (20:46:32) | 1915. | 01. | 10. | (20:06:52) |
| Sat: | 1915. | 01. | 10. | (20:06:52) | 1917. | 11. | 18. | (11:21:54) |
| Mer: | 1917. | 11. | 18. | (11:21:54) | 1920. | 06. | 04. | (13:57:10) |
| Ket: | 1920. | 06. | 04. | (13:57:10) | 1921. | 06. | 23. | (16:27:01) |
| Ven: | 1921. | 06. | 23. | (16:27:01) | 1924. | 06. | 23. | (10:46:41) |
| Sun: | 1924. | 06. | 23. | (10:46:41) | 1925. | 05. | 17. | (02:35:25) |
| Mes: | 1925. | 05. | 17. | (02:35:25) | 1926. | 11. | 18. | (18:46:40) |
| Mar: | 1926. | 11. | 18. | (18:46:40) | 1927. | 12. | 06. | (19:33:52) |

## KARIJERA

U proleće 1907. godine on napušta karijeru pravnika, a posle položenog državnog ispita u Njujorku, zapošljava se u pravnoj firmi na Vol Stritu, Karter, Ledjard i Milburn. Frenklin Delano Ruzvelt je posao smatrao dosadnim i negodovao je zbog rutine.

## Vimšotari i Udu daše

| Su    Me    |         | AL          |
|  As         | Ke      | HL          |
| Md          | D-10    | (Ma)        |
| GL  Ve      | Dasamsa<br>January 30, 1882<br>20:07:00 (4:55 west)<br>73 W 59, 40 N 43 | Sa |
| SL  Ju      | Gl  Ra  | Mo          |

|         |         |         |         |
|---------|---------|---------|---------|
| Ke  2 1 | Su Me   | As      | Md  11 10  Ve GL |
| AL      |         |         | SL      |
| HL   3  12  9 |   |       | Ju      |
|         |     6   |         |         |
| (Ma)  4 |         |         | 8  Ra Gl |
|       5 |         |       7 |         |
| Sa      |         | Mo      |         |

| As: | 23 Le 26       | Su: | 18 Cp 54 (AmK) | Mo: | 13 Ge 43 (PK) | Ma (R): | 4 Ge 47 (DK)  |
| Me: | 4 Aq 57 (GK)   | Ju: | 24 Ar 43 (AK)  | Ve: | 13 Cp 49 (PiK) | Sa:    | 13 Ar 53 (MK) |
| Ra: | 13 Sc 28 (BK)  | Ke: | 13 Ta 28       | HL: | 14 Aq 38      | GL:     | 24 Vi 02      |

Vladar desete od natalnog Meseca je znak Riba i vladar, Jupiter, nije samo atmakaraka (kralj horoskopa), već je smešten i u kraljevskom znaku, u Ovnu, u devetoj kući koja upravlja zakonom i vlašću. Politička karijera bila je njegova sudbina i to najviša, jer je Jupiter, u dodatku, ujedno i vladar prve i desete kuće u dašamši (D-10 čartu) i nalazi se na tronu, u desetoj kući. Ipak, tokom Marsove daše (Mars je debilitiran u dašamši) morao je proći kroz period službe. Sa dolaskom Rahuove daše, 1910. godine, počinje i njegova politička karijera. Rahu je debilitiran u četvrtoj kući, a malefici debilitirani u kendri daju rađa jogu. Ovaj rast će svejedno proći i kroz veoma tešku situaciju iz koje se očekuje i izlaz. Rahu je vargotama i doprinosi politici jer se nalazi u devetoj kući u dašamši (D-10 čart) i aspektuje i Sunce i Jupitera. Iz raši čarta, Rahu daje rezultate jogakarake Marsa, njegovog dispozitora, u odsustvu punog planetarnog aspekta.

U horoskopima političara, posebno u slučaju kada su čvorovi u kendrama, jedna polovina njihove daše je povoljna. Daša se može podeliti na dve polovine, jedna koja počinje od Rahuove daše, Rahuove antardaše pa sve do Ketuove antardaše, i drugi deo koji počinje od Ketuove antardaše, pa sve do kraja. Prva faza od Rahua do Ketua [1909. dec – 1920. jun] mu donosi rast, dok je druga faza od Ketua do kraja [1920. jun – 1927. dec] donela politički zastoj i regeneraciju. Rahu je smešten u devetoj kući, koja je kuća starijih,

## Vimšotari daša

ostvarenih praksi, u dašamša čartu, i donosi buntovništvo protiv korumpirane Tamani Hol, političke mašine koja je upravljala Njujorkom u to vreme. Iako mu je Rahu doneo Njujork (1910), on gubi od strane Tamani Hola (Rahu debilitiran u šestoj od Aruda lagne donosi pobedu korumpiranoj strani). Izglasan je za senatora 1912. godine u Jupiterovoj antardaši, i ovaj put, zahvaljujući AK statusu Jupitera u jedanaestoj od AL i devetoj od lagne, dobija podršku Vilsona (Nju Džerzi) tokom nominacije za predsednika, nasuprot Tamani Hola. Ovaj put Jupiter osigurava sigurnu pobedu za predsednika Vilsona i Tamani Hol biva ponižen. Iako je bio prikovan za krevet i sa tifusom (Jupiter je vladar osme kuće), on je ponovo je izabran za državnog senatora.

Veliki Jupiter, predsednik Vilson, ga je učinio pomoćnikom Sekretara mornarice (1913-1920), a to je pozicija koja ga je dovela na političku scenu i donela mu mogućnost sklapanja prijateljstava u celim SAD, posebno u Vašingotnu. Bitna naučena lekcija tokom ovih godina bila je "mudrost političkog kompromisa", posebno sa Tamani Holom. Njegovo glavno dostignuće bilo je u Severnom moru gde je na brani konačno porazio nemačke podmornice u Prvom Svetskom ratu (Mars na AL sa Mesecom – poznati ratnik).

Iako se bitno promenio i politički sazreo, izgubio je potpredsedničke izbore 1920. godine i proveo deceniju fokusiran na privatni život (1920-1927, druga faza Rahuove daše). Oformio je pravničku firmu i postao potpredsednik Fideliti i Depozit kompanije Merilenda, jemstvene firme.

*Tabela 22: Antardaše u Jupiter mahadaši*

| Daša | G | M | D | Vreme | G | M | D | Vreme |
|---|---|---|---|---|---|---|---|---|
| Jup | 1927. | 12. | 06. | (19:33:52) | 1930. | 01. | 22. | (11:14:34) |
| Sat | 1930. | 01. | 22. | (11:14:34) | 1932. | 08. | 06. | (11:54:04) |
| Mer | 1932. | 08. | 06. | (11:54:04) | 1934. | 11. | 12. | (21:01:28) |
| Ket | 1934. | 11. | 12. | (21:01:28) | 1935. | 10. | 20. | (03:38:38) |
| Ven | 1935. | 10. | 20. | (03:38:38) | 1938. | 06. | 17. | (17:59:22) |
| Sun | 1938. | 06. | 17. | (17:59:22) | 1939. | 04. | 04. | (12:58:42) |
| Mes | 1939. | 04. | 04. | (12:58:42) | 1940. | 08. | 06. | (13:01:51) |
| Mar | 1940. | 08. | 06. | (13:01:51) | 1941. | 07. | 12. | (16:27:22) |

Vimšotari i Udu daše

| Daša | G | M | D | Vreme | G | M | D | Vreme |
|---|---|---|---|---|---|---|---|---|
| Rah | 1941. | 07. | 12. | (16:27:22) | 1943. | 12. | 06. | (21:58:46) |

Sa dolaskom Jupiterove daše, odnosi ubedljivu pobedu i postaje guverner Njujorka (1928). Uprkos velikoj depresiji, njegova dinamičnost i vizija dovode do toga da bude ponovo izabran 1930. godine, sa istorijski velikom prednošću. I dok su mu Jupiterova i Saturnova antardaša tokom najpovoljnije Jupiterove daše donele guvernerstvo, Merkur mu je doneo titulu.

Merkur je gnati karaka i osigurava pobedu. Umešan je u šrimanta jogu, i kao vladar bogatstava (druga kuća) smešten u sedmoj kući. On je ujedno i rađa jogada pošto vlada gatika lagnom, a nalazi se na hora lagni i u sedmoj je od lagne (baš kao i Jupiter koji se nalazi u sedmoj od GL i aspektuje HL i lagnu). Dakle, Jupiterova daša i Merkurova antardaša nose najveća postignuća u ovom čartu. U dašamši, Merkur ima ničabangu na lagni, dok je Jupiter veoma snažan kao vladar lagne i desete kuće smešten u desetoj kući. On se nije samo kandidovao već je i pobedio na predsedničkim izborima, u Jupiterovoj daši i Merkurovoj antardaši [4. mart 1933. godine, inauguracija]. On je ponovo izabran za predsednika u Jupiter – Venera periodu (1936), i onda ponovo u Jupiter – Mars (1940) periodu. Uprkos sumnjama nacije (Rahu) u vezi sa njegovim zdravljem, u Jupiterovoj daši i Rahuovoj antardaši, on pobeđuje zbog strateške pozicije i Jupiterovih blagoslova u čartu. Različite institucije i zakonodavstva koja su učinila SAD svetskom super silom, duguju svoj nastanak ovoj Jupiterovoj daši iz Ruzveltovog čarta.

**BOLEST KOJA GA JE UČINILA BOGALJEM**

Ruzvelt dobija polio 10. avgusta 1921. godine, bolest koja ga je učinila bogaljem. Rahu je debilitiran u šestoj kući od AL i aspektuje Ribe, osmu kuću graha drištijem. Rahu takođe aspektuje raši drištijem debilitiranog malefika, Saturna, u devetoj kući (kontrolor nogu – Đaimini Sutre). Venera je u marana karaka stanu. Dakle, tokom Rahuove daše, Venerine antardaše i Venerine pratiantardaše snašla ga je ova smrtonosna i obogljujuća bolest. Čart tranzita pokazuje da je Jupiter u malefičnoj trećoj kući od Meseca i AL, dok je Venera tranzitirala natalni Mesec. Tranzit

## Vimšotari daša

Meseca bio je u Škorpiji preko Rahua, dok su Rahu i Saturn zajedno u Devici i Saturn aspektuje AL (kantaka). Vredno je pomena da je natalni roga stan (tačka bolesti) sa Rahuom na 309' Škorpije.

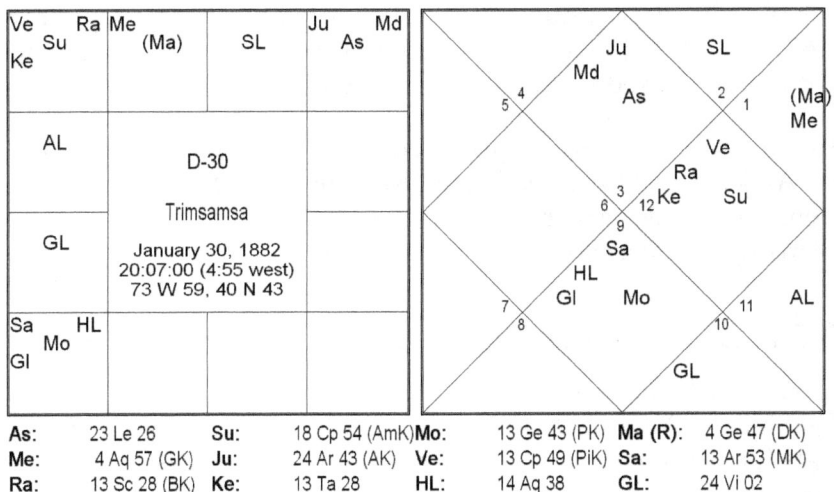

| As: | 23 Le 26 | Su: | 18 Cp 54 (AmK) | Mo: | 13 Ge 43 (PK) | Ma (R): | 4 Ge 47 (DK) |
| Me: | 4 Aq 57 (GK) | Ju: | 24 Ar 43 (AK) | Ve: | 13 Cp 49 (PiK) | Sa: | 13 Ar 53 (MK) |
| Ra: | 13 Sc 28 (BK) | Ke: | 13 Ta 28 | HL: | 14 Aq 38 | GL: | 24 Vi 02 |

U trimšamša čartu koji se koristi za određivanje svih zala, Venera je u jutiju sa Rahuom u Ribama. Ribe su osma kuća u natalnom čartu, i čvorovi koji afliktuju Veneru prete trajnom i neizlečivom bolešću dok je Sunce, kao prirodna deha karaka, signifikator za telo, takođe nepovoljno postavljeno u ovom znaku.

## KRAJ

Bez ulaska u detalje u vezi sa Drugim Svetskim ratom, dovoljno je reći da Jupiter i Saturn na šatru padi (A6) i sa aspektom na treću kuću (mesto smrti) od AL, pokazuju da će i osoba, ali i osobin neprijatelj (Adolf Hitler) biti ubijeni. Vredno je pomena da su Ruzvelt i Hitler umrli u razmaku od svega par nedelja.

Vrata koja se otvaraju za novo rođenje bivaju otvorena i u vreme smrti. Ruzvelt je rođen u Venerinoj daši i Saturnovoj antardaši, a umro je u Saturnovoj daši, Saturnovoj antardaši i Venerinoj pratiantardaši. Vidimo poziciju Venere u marana karaka stanu, dok je njen dispozitor, Saturn, debilitiran u badak znaku. I Saturn i Venera aspektuju znak Lava raši drištijem. Samo par nedelja pre predaje Nemačke, 12. aprila 1945. godine, Ruzvelt je

## Vimšotari i Udu daše

doživeo kolaps i umro od izliva krvi na mozak. U dodatku ovom, bitno je napomenuti da pozicija Sunca u navamši Blizanaca jasno ukazuje na srčane probleme.

**Tranziti**: Tranzit Saturna i Rahua preko AL (u vreme zaraze poliom bili su zajedno, dok je Saturn aspektovao AL), Jupitera u trećoj od AL u Lavu, Sunce u trigonu od sedme kuće (snažnija između prve i sedme kuće) od mritju pade (A8).

**Incident**: Napravljen je njegov portret (Venera, Lav koji je treća od AL je ujedno i natalna lagna). Kada je planeta (u ovom slučaju Venera) u marana karaka stanu, lične aktivnosti u vezi sa tom planetom donose zlo.

### 5.7.2 Džon Ficdžerald Kenedi

Džon Ficdžerald Kenedi (DŽFK), trideset peti predsednik Sjedinjenih Američkih Država, rođen je 29. maja 1917. godine. Zabeleženo vreme je 15 časova posle podne, a to je kasnije korigovano na 14:51h na osnovu dostupnih informacija. Dve planete (Rahu i Ketu) su u kendri od lagne, dok su tri planete u kendri od Meseca. Vimšotari dašu treba izračunati od Meseca (tabela 22).

*Čart 18: Džon Ficdžerald Kenedi*

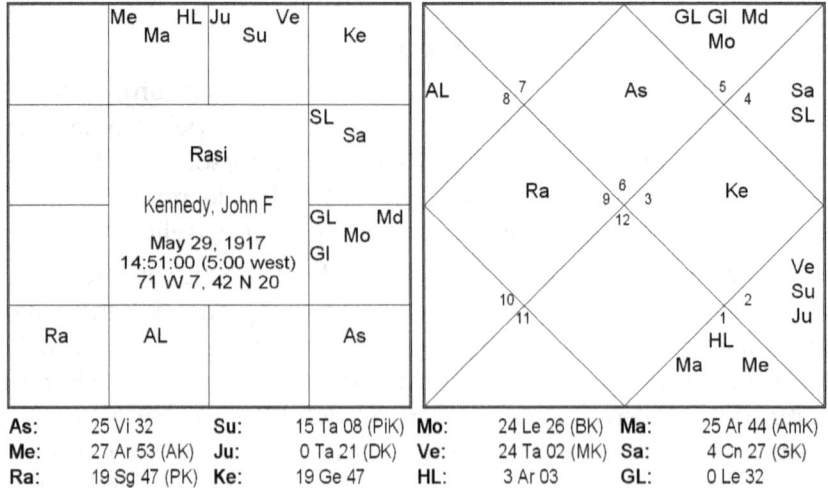

## Vimšotari daša

*Tabela 23: Vimšotari daša (od Meseca): Maha daše:*

Ven: 1900-10-08 (12:31:58) - 1920-10-08 (08:55:58)

Sun: 1920-10-08 (08:55:58) - 1926-10-08 (19:51:10)

Mes: 1926-10-08 (19:51:10) - 1936-10-08 (06:03:10)

Mar: 1936-10-08 (06:03:10) - 1943-10-08 (22:47:34)

Rah: 1943-10-08 (22:47:34) - 1961-10-08 (07:33:10)

Jup: 1961-10-08 (07:33:10) - 1977-10-08 (04:40:22)

Sat: 1977-10-08 (04:40:22) - 1996-10-07 (19:15:10)

Mer: 1996-10-07 (19:15:10) - 2013-10-07 (22:11:34)

Ket: 2013-10-07 (22:11:34) - 2020-10-07 (14:55:58)

## UVOD

Njegov deda Patrik, irskih korena, započeo je karijeru kao krčmar da bi kasnije postao politički lider Bostona. Za dedinu lagnu treba uzeti petu kuću u dvadašamši (D-12). Dakle, kraljevsko Sunce u Škorpiji pokazuje političke ambicije dece, dok Saturn u desetoj kući daje skromne početke.

Otac Jozef studirao je na Harvardu i potom postao bankar (Merkur u devetoj kući u D-12) već u svojoj dvadeset petoj godini. Znak Riba treba tretirati kao lagnu oca. Vladar pete, Mesec, je egzaltiran i formira gađakešari jogu zajedno sa vladarom lagne i desete kuće – Jupiterom. Tokom Sunčeve daše (1920-26) u devetoj kući, i Mesečeve daše (1926-36), otac je akumulirao veliko bogatstvo špekulacijama (Mesec je vladar pete) i uspešnim investicijama u Holivudu (Venera, vladar Bika, vlada zabavom). Mars, jogakaraka za Ribe, se nalazi u dvanaestoj kući od Riba u jutiju sa Venerom (prirodni signifikator za vozila – putovanja) u Saturnovom, vazdušnom znaku. Joga za putovanja i boravke u inostranstvu je u potpunosti zadovoljena, tim pre što Saturn aspektuje ovu kombinaciju Marsa i Venere. Tokom Marsove daše, njegov otac bio je ambasador u Francuskoj i Britaniji.

## Vimšotari i Udu daše

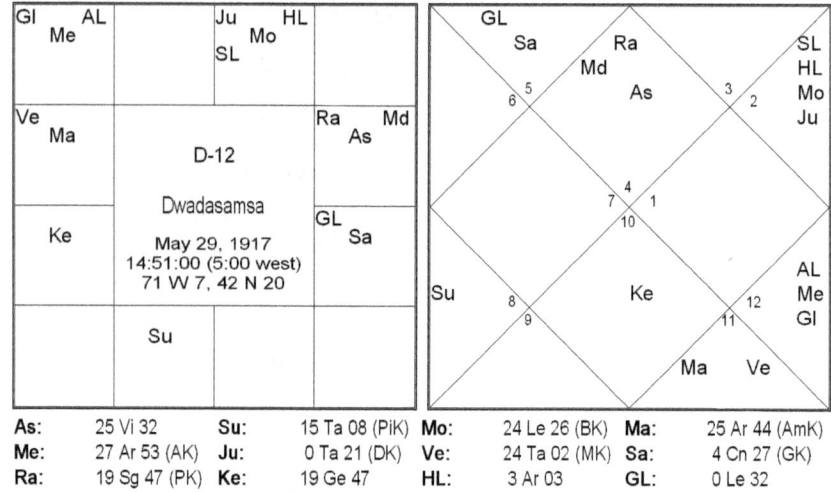

| As: | 25 Vi 32 | Su: | 15 Ta 08 (PiK) | Mo: | 24 Le 26 (BK) | Ma: | 25 Ar 44 (AmK) |
|---|---|---|---|---|---|---|---|
| Me: | 27 Ar 53 (AK) | Ju: | 0 Ta 21 (DK) | Ve: | 24 Ta 02 (MK) | Sa: | 4 Cn 27 (GK) |
| Ra: | 19 Sg 47 (PK) | Ke: | 19 Ge 47 | HL: | 3 Ar 03 | GL: | 0 Le 32 |

## BRAĆA I SESTRE

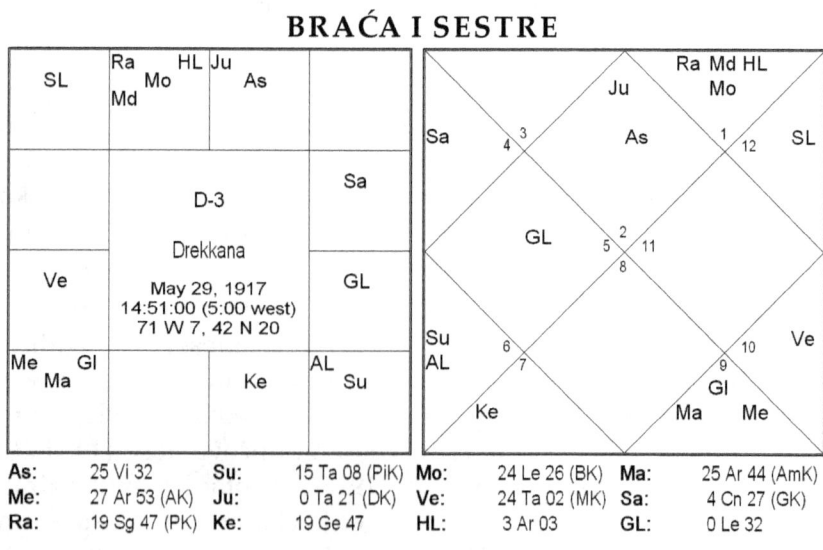

| As: | 25 Vi 32 | Su: | 15 Ta 08 (PiK) | Mo: | 24 Le 26 (BK) | Ma: | 25 Ar 44 (AmK) |
|---|---|---|---|---|---|---|---|
| Me: | 27 Ar 53 (AK) | Ju: | 0 Ta 21 (DK) | Ve: | 24 Ta 02 (MK) | Sa: | 4 Cn 27 (GK) |
| Ra: | 19 Sg 47 (PK) | Ke: | 19 Ge 47 | HL: | 3 Ar 03 | GL: | 0 Le 32 |

Džon je drugo od ukupno devetoro dece. Njegov stariji brat Jozef bio mu je uzor, posebno na fakultetu, gde je bio bolji u svakom pogledu. Kada je Saturn sam u jedanaestoj kući, osoba će imati jednog starijeg brat koji neće biti dugovečan (Đaimini Sutra). U drekani (D-3 čartu) jedanaesta kuća (brojano unazad, jer je Bik parni znak) je Rak i vladar Mesec je u jutiju sa Rahuom (muško) u Ovnu (muško) i pokazuje starijeg brata Jozefa. Saturn u

Raku na lagni starijeg brata je sigurna rađa joga [Saturn u Raku ili Jupiter u Ribama u prvoj ili desetoj kući daje rađa jogu]. Nažalost, u Rahuovoj daši, Rahuovoj antardaši i Saturnovoj pratiantardaši, njegov stariji brat Jozef umire u Drugom Svetskom ratu (druga polovina 1994. godine). Bitno je primetiti da obe planete afliktuju ili Rak ili njegovog vladara, i aspektuju drugu ili vladaju drugom i sedmom kućom od Raka.

### RANO DOBRA

Džon je imao srećno detinjstvo tokom kog se, sa rastom očevog uspeha, vremenom selio u bolje kuće (Venera, Jupiter i Sunce u devetoj kući u znaku Bika u raši čartu, obećavaju veliku sreću ocu). Pohađao je privatnu osnovnu školu, van parohije (Merkur je povoljno postavljen u svom znaku Blizancima u četvrtoj kući D-24 čart). Proveo je godinu dana u Kentenburi školi, Nju Milford, tokom Mesečeve daše, Jupiterove antaradše (Jupiter je vladar četvrte u devetoj kući i deo je gađakešari joge sa Mesecom u raši čartu i moćnom parivartana jogom u sidamši (D-24 čartu). Sledeće četiri godine (1931-1935) na početku Mesečeve daše, Saturnove antardaše (Saturn je egzaltiran u D-24 čartu) proveo je u Koate školi, Velingford, gde završava školovanje (Mesečeva daša, Venerine antardaša, a Venera je vladar osme u D-24 čartu i donosi kraj obrazovanju).

Usled istog uticaja Venere (smeštene u devetoj kući u rašiju i dvanaestoj u sidamši), leto 1935. godine provodi u Londonskoj školi ekonomije. Ovo je bilo uspešno budući da je Venera faktor koji donosi putovanja u inostranstvo. Ipak, njegove nade za pohađanje Prinston Univerziteta kome je pristupio na jesen 1935. godine (Mesec – Venera) bivaju uništene jer ubrzo potom oboleva od žutice.

## Vimšotari i Udu daše

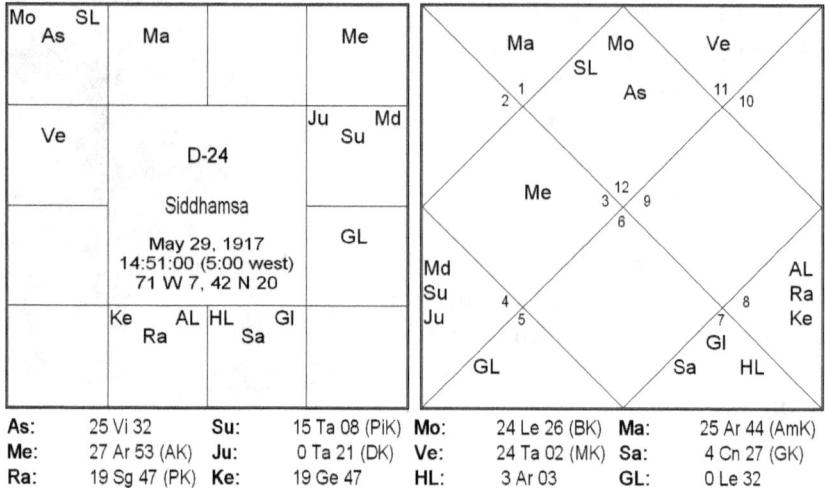

| Mo SL As | Ma | | Me |
|---|---|---|---|
| Ve | D-24 Siddhamsa May 29, 1917 14:51:00 (5:00 west) 71 W 7, 42 N 20 | Ju Su | Md |
| | | | GL |
| | Ke AL Ra | HL Sa | Gl |

| As: | 25 Vi 32 | Su: | 15 Ta 08 (PiK) | Mo: | 24 Le 26 (BK) | Ma: | 25 Ar 44 (AmK) |
|---|---|---|---|---|---|---|---|
| Me: | 27 Ar 53 (AK) | Ju: | 0 Ta 21 (DK) | Ve: | 24 Ta 02 (MK) | Sa: | 4 Cn 27 (GK) |
| Ra: | 19 Sg 47 (PK) | Ke: | 19 Ge 47 | HL: | 3 Ar 03 | GL: | 0 Le 32 |

Venera je vladar druge u raši čartu i afliktuju je badakeš Jupiter i vladar dvanaeste (bolnice), Sunce. Mesec je takođe u dvanaestoj kući u Lavu koji pokazuje predeo stomaka. Zbog ovog u decembru 1935. godine on biva prisiljen da napusti Prinston. Bitno je primetiti aflikcije nad devetom kućom, koja je kuća fakultetskog obrazovanja, od strane čvorova u sidamša čartu. Ipak je Mars, kao vladar devete kuće, povoljno smešten u multrikona znaku, Ovnu, što obećava više studije. Sa dolaskom Marsove daše upisuje se na Harvard Univerzitet, na jesen 1936. godine. Mars je dispozitor vladara lagne i desete kuće, Merkura. On je u jutiju sa hora lagnom, koja pokazuje bogatstvo, i aspektuje gatika lagnu, koja pokazuje moć, raši drištijem, čime obećava i bogatstvo i moć. Posećuje Evropu 1937. i 1939. u vreme kad mu je otac bio ambasador u Britaniji, tokom Rahuove antardaše (1937) i Saturnove antardaše (1939). Primetimo da je Mars vladar treće kuće, kuće kratkih putovanja i đalapata sahama (Škorpija 6-04, prelazak okeana), i da se nalazi u pokretnom znaku Ovna, koji pokazuje velike razdaljine i pokazuje regiju Evrope od Engleske do Nemačke. Aspektuju ga Rahu, petim drištijem iz Strelca, i Saturn, desetim drištijem iz Raka. Bitno iskustvo iz Evrope u predvečerje Drugog svetskog rata, pomaže mu u pisanju teze na završnoj godini na temu analize britanske politike (Rahu pokazuje stranu politiku) koja je dovela do potpisivanja u Minhenu 1938. godine.

## Vimšotari daša

Teza je objavljena u formi knjige 1940. godine (Marsova daša, Merkurova antardaša – Merkur je signifikator za pisanje i objavljivanje). U dašamši (D-10 čartu), Merkur je u jutiju sa vladarom dvanaeste, Jupiterom (san), dok se Mars (koji predstavlja Englesku) nalazi u dvanaestoj kući (kući spavanja) – nesumnjivo, otuda i naslov knjige *Zašto je Engleska prespavala?* ( naslov originala *Why England slept*). Knjiga je dobro prihvaćena od strane kritičara koji su najviše hvalili njegov nepristrasan sud. Džon Kenedi je diplomirao na Harvardu u junu 1940. godine (Marsova daša, Merkurova antardaša), ali je nastavio više studije na Univerzitetu Poslovnih nauka u Stanfordu, u Kaliforniji (Mars je vladar devete kuće u sidamši i promovisaće svoje aktivnosti).

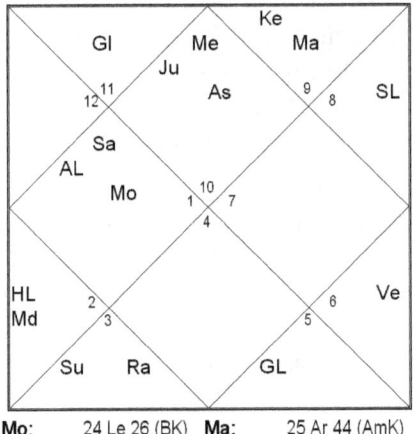

| As: | 25 Vi 32 | Su: | 15 Ta 08 (PiK) | Mo: | 24 Le 26 (BK) | Ma: | 25 Ar 44 (AmK) |
| Me: | 27 Ar 53 (AK) | Ju: | 0 Ta 21 (DK) | Ve: | 24 Ta 02 (MK) | Sa: | 4 Cn 27 (GK) |
| Ra: | 19 Sg 47 (PK) | Ke: | 19 Ge 47 | HL: | 3 Ar 03 | GL: | 0 Le 32 |

Vimšotari i Udu daše
## DRUGI SVETSKI RAT

Džon Kenedi je snažno podržao naoružavanje Sjedinjenih država (Mars je dispozitor i u jutiju je sa vladarom lagne, Merkurom, u kraljevskom borbenom znaku – Ovnu). Prijavio se u armiju kao dobrovoljac tokom Marsove daše, Merkurove antardaše (proleće 1941. godine) i Saturnove pratiantare. U dašamši, Merkur je u jutiju sa Jupiterom na lagni i favorizuje aktivnosti u pravcu književnosti, kao i mirovne misije radije nego rat. Saturn je u jutiju sa Mesecom, u četvrtoj kući, debilitiran (četvrta kuća je sedma, maraka, od desete). Njegov zahtev odbijen je zbog slabih leđa. Umesto da odustane, odlučuje se za vežbe za fizičku snagu (Marsova daša, Ketuova antardaša) i konačno stupa u mornaricu u Marsovoj daši i Venerinoj antardaši (jesen 1941). Sa ulaskom u Mesečevu antardašu u Marsovoj daši (mart 1943), kao poručnik uzima komandu nad torpednim brodom na Solomonovim ostrvima. Dok su krstarili zapadno od Nove Džordžije u noći 2. avgusta 1943. godine (Marsova daša, Mesečeva antardaša, Merkurova pratiantardaša i Rahu sukšmadaša) bivaju pogođeni i potopljeni od strane Japanaca. Rahu se nalazi na šatru padi (A6) i u trigonu od Merkura i Marsa u osmoj kući. Sve navedene planete nalaze se u trigonu od šatru pade. Tada je pokazao nesavladiv duh i hrabrost, kada je, i pored ozbiljnih povreda leđa, uspeo da povede preživele na ostrvo, tokom čega je lično vukao ranjenika tri milje. Narednih nekoliko dana izlagao je život opasnostima, plivajući u opasnim vodama u nameri da pronađe spasilački brod.

Planeta u devetoj kući od Aruda lagne najveća je zaštita u čartu. Ovde se Saturn nalazi u devetoj od AL i pokazuje narod. U jedanaestoj je kući (kuća prijatelja) od lagne. Džon Kenedi sklopio je prijateljstvo sa dvojicom lokalnih ostrvljana i preko njih poslao poruku za pomoć. Poruka je bila ucrtana na kokosu (Saturn). Ovo im je donelo spas posle čega je Džon primio Purpurno srce, kao i medalju mornarice. Ova situacija bila je prekretnica za njegovu sreću i učinila ga je narodnim herojem. Punja saham (Vodolija 4°43') nalazi se u Danište nakšatri i upravlja ornamentima.

Ipak, povreda leđa se pogoršava, a posle toga dobija i malariju. Posle operacije na leđima, biva otpušten kući 1945. godine (Rahu – Rahu – Merkur).

Vimšotari daša

## KARIJERA

Merkur, planeta pisanja, nikad ne bi podržao vojnu karijeru i zato, posle otpuštanja iz vojske, on počinje da radi kao reporter za Herst novine (Merkur). Ovo ga nije ispunilo pošto Sunce i Rahu dominiraju arta trikonama u dašamši. Biznis nije opcija jer je šesta kuća (kuća službe) zajedno sa Suncem (politika/vlada) i snažnija je od prazne sedme kuće (kuće biznisa). Posle perioda samopreispitivanja, bira političku karijeru i vraća se u Boston. Tada zamenjuje brata Džozefa koji je, sa svim predispozicijama za politiku, izgubio život u Drugom Svetskom ratu.

Rahu (ili drugi prirodni malefici) debilitiran u kendri daje rađa jogu u svojoj daši. Smešten na šatru padi (A6) donosi poniženje i poraz opoziciji ili konkurentima. U dašamši, Rahu je u jutiju sa planetom politike, Suncem (čije će rezultate i isporučiti), egzaltiran je u Blizancima i aspektuje desetu kuću. Rađa saham (zodijačka tačka za kraljevstvo) je u Strelcu 14-15' u jutiju sa Rahuom u Purva Šada nakšatri. Primenom Satjačarjinog principa, treba proceniti dašu planete od znaka u kom se nalazi natalno Sunce. Sunce je u Biku i Rahu je vladar desete (politika, itd). Pošto je njegov dispozitor, Jupiter, u jutiju sa Suncem, Rahu će težiti da isporuči rezultate nalik ničabanga rađa jogi. Pošto se Vimšotari daša računa od Meseca, potrebno je izraditi navtara čakru od lagna nakšatre. Lagna je u Ćitri (14) a navtara čakra je prikazana u narednoj tabeli.

*Tabela 24: Navtara čakra*

| Navtara | | Nakšatra | | Nakšatra | | Nakšatra | | Daša |
|---|---|---|---|---|---|---|---|---|
| 1 | Đanma | Ćitra | 14 | Danište | 23 | Mrigašira | 5 | Mars |
| 2 | Sampat | Svati | 15 | Satabišađ | 24 | Ardra | 6 | Rahu |
| 3 | Vipat | Višaka | 16 | P. Badrapada | 25 | Punarvasu | 7 | Jupiter |
| 4 | Kšema | Anurada | 17 | U. Badrapada | 26 | Pušja | 8 | Saturn |
| 5 | Pratja | Đešta | 18 | Revati | 27 | Ašleša | 9 | Merkur |
| 6 | Sada | Mula | 19 | Asvini | 1 | Makha | 10 | Ketu |
| 7 | Bada | P. Šada | 20 | Barani | 2 | P. Falguni | 11 | Venera |
| 8 | Mitra | U. Šada | 21 | Kritika | 3 | U. Falguni | 12 | Sunce |
| 9 | Ati Mitra | Šravana | 22 | Rohini | 4 | Hasta | 13 | Mesec |

Evidentno je da je Rahuova daša sampat daša i da donosi povoljne rezultate. U Rahuovoj daši, Rahuovoj antardaši i Sunčevoj pratiantari, Džejms Krli napušta svoje mesto u Predstavničkom domu i postaje gradonačelnik Bostona, dok Džon Kenedi najavljuje svoju kandidaturu početkom 1946. godine. U junu, na izborima za demokratkog predstavnika, tokom Rahuove daše, Rahuove antardaše i Marsove pratiantare, Džon dobija gotovo duplo više glasova u odnosu na svog najbližeg takmaca. Njegovi izbori u novembru 1946. godine bili su samo formalnost (Rahu – Rahu – Saturn). Ponovo je izabran za Predstavnički dom u novembru 1948. godine (Rahu – Saturn – Mars). Saturn je vladar dašamša lagne i nalazi se u jedanaestoj od Rahua. Kao takav, Saturn je povoljno smešten u devetoj od AL u Raku u raši čartu. Primenom Satjačarjinog principa, Saturn je zli vladar šeste i sedme kuće od Meseca i, sa pozicijom u dvanaestoj od Meseca i osmoj od daša planete, Rahua, donosi viparita rađa jogu. U svakoj od ovih pobeda, Džon Kenedi se uveliko oslanja na svoju organizaciju/ grupu (Saturn u devetoj od AL i jedanaestoj od lagne).

Američki senat: u aprilu 1952. godine (Rahu – Merkur – Venera) Kenedi najavljuje svoju kandidaturu za američki senat protiv republikanca Hurija Lodža. Još jednom je njegova organizacija naporno radila i, uprkos republikanskom talasu koji je postavio Dvajta Ajzenhauera na mesto predsednika, on osvaja mesto za demokrate sa 70, 000 glasova. Merkur je lagneša, AK i maha jogada (povezan je sa lagnom, hora lagnom i gatika lagnom). Njegova pozicija u petoj od vladara daše je povoljna. Primenom Satjačarjinog pravila za antardaša planetu, nalazimo da je Merkur prirodni benefik, kao i da je kao vladar druge i jedanaeste od natalnog Meseca, povoljno postavljen u devetoj odatle.

Nažalost, tokom izbora tekla je Mesečeva pratiatara daša, a to je malefični vladar jedanaeste od lagne, smešten u dvanaestoj kući, kući gubitaka, i najavljuje talas protiv demokrata tj. prorepublikanski. Pošto je Mesec u devetoj od A6, republikanci formiraju vladu ali, pošto se nalazi u desetoj kući od AL, on uspeva da iznese ličnu pobedu.

Počevši sa 1956. godinom, Džon Kenedi postavlja sebi za cilj ulazak na visoku poziciju kada se nominuje kao oponent na potpredsedničkim izborima. Venera je joga karaka u raši i dašamša čartu, ali je debitirana u dašamši. Ipak, u Rahuovoj daši, Sunčevoj antardaši, 1958. godine, Džon je ponovo izabran za

Senat sa ogromnom većinom. Obe planete su od vitalnog značaja za određenje njegove karijere u šestoj od dašamše. Sunce, u jutiju sa Jupiterom i Venerom u devetoj kući, daje dobre rezultate, dok će Venera dati osrednje rezultate a Jupiter će biti malefik.

U januaru 1960. godine (Rahuova daša, Mesečeva antardaša, Saturnova pratiantara) najavljuje svoju kandidaturu na predsedničkim izborima. U Rahuovoj daši, Marsovoj antardaši i Rahuovoj pratiantari pobeđuje sa malom razlikom. Brojano od natalnog Meseca u Lavu, Mars je joga karaka i smešten je u devetoj kući (multrikona) čime formira viparita jogu. Njegova pozicija u petoj kući od Rahua je veoma povoljna za moć i autoritet.

## NAJVEĆI ŠAMPION DEMOKRATIJE

**Zaliv svinja:** Saturn, kao i planeta koja predstavlja generala, Mars, aspektuju lagnu i tako ga čine najsnažnijim šampionom demokratije na celoj zemaljskoj kugli. Pomenuta viparita joga Rahuove daše i Marsove antardaše delovala je u njegovu korist (tj. u pravcu uništenja konkurencije) u Rahuovoj pratiantari (gde Rahu, kao vladar šeste od lagne, pokazuje da su neprijatelji/konkurenti uništeni). Međutim, tokom Merkurove pratiantardaše (vladar lagne) Džon Kenedi će osetiti vatru ove kombinacije na svojoj koži. Kriza na Kubi, Zaliv svinja, eskalirala je u aprilu 1961. godine. Merkur, kao vladar lagne u osmoj kući, pokazuje da će predsednik Kenedi napraviti veliki rizik, kockati se i izgubiti, budući da Merkura afliktuju Rahu i Mars koji upravljaju dašom i antardašom. Ovaj pokušaj uklanjanja komunizma (neverničke političke doktrine) sa Kube prošao je neuspešno.

**Berlinski zid:** Hladni rat između Kenedija i Hruščova počeo je u proleće 1961. godine (Rahu – Mars – Merkur). Sve planete nalaze se u šatru padi (A6), ili u petoj odatle, zbog čega nastaje situacija nalik kocki/pokeru, dok su se američki i sovjetski lideri ubacili u debatu u vezi sa pravima oko Berlina. Kriza je umanjena kad su komunisti podigli Berlinski zid kako bi sprečili beg stanovništva iz Istočnog Berlina u Zapadni Berlin. Sa dolaskom Jupiterove daše, Hruščov nije potpisao mirovni sporazum sa Istočnim Berlinom i problem se smirio. Kao vladar sedme, Jupiter igra vitalnu ulogu u smirivanju neprijatelja.

Pozicija snažnog benefika, poput Jupitera, u sedmoj od AL daje trajnu slavu Džonu Kenediju, dok njegova pozicija u šestoj od A6 donosi strah/odricanje od ciljeva na strani neprijatelja.

**Kubanska kriza**: Trka za nelegalnim naoružanjem dostigla je opasne razmere kada je SSSR počela tajnu proizvodnju nuklernog oružja na Kubi. Džonu Kenediju su pokazani izveštaji obaveštajne službe (Ketu), kao i slike iz vazduha (Ketu), 16. oktobra 1962. godine, u Jupiterovoj daši, Jupiterovoj antardaši i Ketuovoj pratiantari. Džon Kenedi ispoljava izuzetnu hrabrost i odlučnost uspostavljanjem karantina na ofanzivno naoružanje sa Kube, 22. oktobra 1962. godine. Priroda osobe prolazi kroz suptilne promene sa svakom promenom daše. Efekti su daleko vidljiviji ukoliko planeta aspektuje lagnu i/ili se nalazi u trigonu. Jupiter aspektuje lagnu i nalazi se u devetoj kući. Hrabrost i snažna unutrašnja želja za uspostavljanjem istine i svetskog mira (Jupiter) vremenom će promeniti njegovu prirodu. Pošto je Jupiter u Biku, doneće mu nepokolebljivu upornost. Sa dolaskom Venerine pratiantar daše (takođe u devetoj kući) SSSR je poklekla i Sovjetske trupe su brodovima vratile oružje u SSSR, posle Hruščovljeve odluke (28. oktobra 1962. godine) da demontira i povuče ofanzivno oružje sa Kube. Od Aruda lagne se oba benefika, i Jupiter i Venera, nalaze u sedmoj kući i obećavaju uspeh i trajnu slavu Kenediju, dok su istovremeno u šestoj od A6 (Strelca), čime pokazuju predaju neprijatelja. Vredno je pomena da su i Venera i Jupiter, debilitirani u trigonu od dašamše.

**Rat Indo-Kine:** Kada su se najveće sile svetske demokratije (SAD) i komunizma (SSSR) suočile, u oktobra 1962. godine, u rat su ušle i najveća komunistička i najveća demokratska država (Indija i Kina). Agresija Kine bila je neočekivana i ničim isprovocirana. Premijer Indije Pt. Džavaharlal Nehru bio je u potpunosti nepripremljen, kao usred pesme 'Hindi-Chini Bhai-Bhai' (Indija i Kina su braća)! Komunistička Kina nije mogla naći bolji tajming, Kenedijeva pomoć u naoružanju, transportovana vazdušnim putem, bila je nedovoljna da bi sprečila pobedu komunista. Gubitak iz 1962. godine doneo je dominaciju komunista (Kineza) na jugoistoku Azije, sve do

## Vimšotari daša

danas.

Sporazum o zabrani nuklernih testova, što je bio prvi korak ka svetskom miru i nuklearnom razoružanju, potpisan je 5. avgusta 1963. godine (Jupiterova daša, Jupiterova antardaša i Rahuova pratiantara). Rahu na A6 u debilitaciji može oštetiti imidž i sreću neprijatelja.

## BRAK

Kenedi se oženio Žaklinom Buvije, 12. septembra 1953. godine, u Rahuovoj daši, Merkurovoj antardaši i Jupiterovoj pratiantari. Upapada (UL) je u Škorpiji i tranzit Jupitera preko Blizanaca baca raši drišti na drugu kuću od upapade (neophodan uslov za trajan brak). I raši i antardaša planete, Rahu i Merkur, aspektuju Marsa ili su u jutiju sa Marsom, vladarom upapade. Jupiter, vladar pratiantar daše, vladar je sedme kuće (braka) od lagne, i ujedno i čara darakaraka.

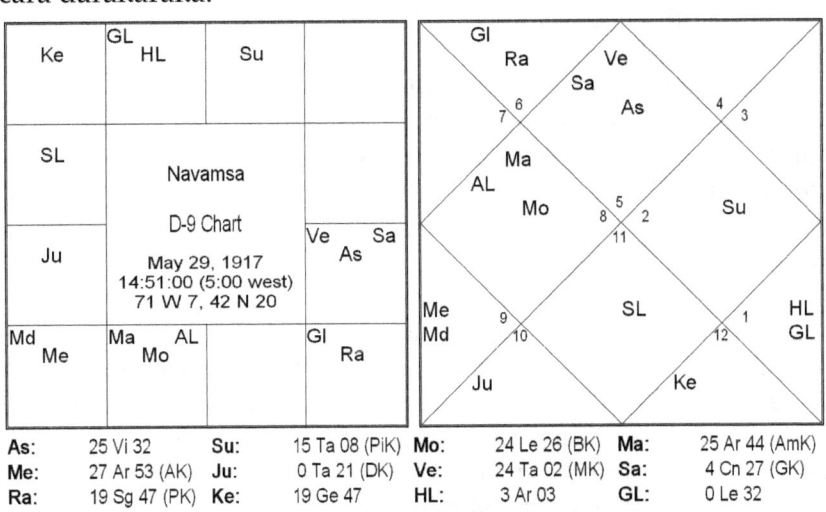

Darapada (A7) je u zajedno sa Saturnom u Raku, odakle aspektuje Aruda lagnu (AL) i upapadu (UL) u Škorpiji, i pokazuje ljubavne veze od kojih će najbitnija biti veza sa njegovom suprugom. Rahu je debilitiran u drugoj od upapade, dok je njen vladar, Jupiter, u jutiju sa Venerom i pokazuje vanbračne veze i dosta neverstava. Pošto veliki broj planeta (Jupiter, Sunce, Venera,

Saturn i Mesec) utiče na A7 ili je aspektuje, on je imao mnogo veza od rane mladosti. Pošto Ketu aspektuje drugu od navamša lagne, on će zaustaviti ili umanjiti ove ekscese. Njegova pozicija u osmoj od Aruda lagne i navamša lagne, kao i vladarstvo nad trećom od lagne, pokazuje da do ovog može doći usled bolesti. Tokom Rahuove daše i Ketuove antardaše (od aprila 1954. do aprila 1955) njegovo zdravlje slabi, a Žaklina mu pruža veliku podršku. Tokom antardaša planeta koje se nalaze u sedmoj kući od daša planete, mogu se aktivirati zdravstveni problemi. Pošto su Rahu i Ketu uvek u međusobnom odnosu 1-7, kombinacije njihovih daša i antardaša bez razlike donose zdravstvene probleme. Tokom Rahuove pratiantardaše (oktobar 1954), i Saturnove pratiantaraše (februar 1955), Kenedi prolazi kroz operaciju kičme. Tokom dugog perioda oporavka napisao je knjigu. U Venerinoj antardaši u toku Rahuove mahadaše, objavljena je njegova knjiga *Profili hrabrosti* (1956) za koju je dobio Pulicerovu nagradu za biografiju 1957. godine. Venera u prvoj ili petoj kući od navamša lagne daje autora i dobrog kritičara sa okom za detalje.

## DECA

Saptamša lagna je Lav (neparni znak – redovno brojanje) sa Rahuom u devetoj kući odatle što ukazuje na tri trudnoće/deteta (peta, sedma i deveta kuća redom za prvo, drugo i treće dete). Vladar pete, Jupiter, nalazi se u Škorpiji (žensko) bez jutija sa drugim planetama i pokazuje da će prva trudnoća doneti žensko dete. Njihovo prvo dete, ćerka Karolina Buvije, rođena je 27. novembra 1957. godine u Rahuovoj daši, Venerinoj antardaši i Merkurovoj pratiantardaši. Sunce je tranzitiralo Škorpiju dok je Mesec prelazio preko Jarca (videti natalni Mesec u saptamši u Jarcu). Trajala je Rahuova daša, a Rahu aspektuje petu kuću od lagne, dok su Jupiter i Sunce u trigonu od saptamša lagne. Venera je, kao antardaša planeta, takođe u trigonu od saptamša lagne i u jutiju je sa dispozitorom vladara pete od Meseca u raši čartu.

## Vimšotari daša

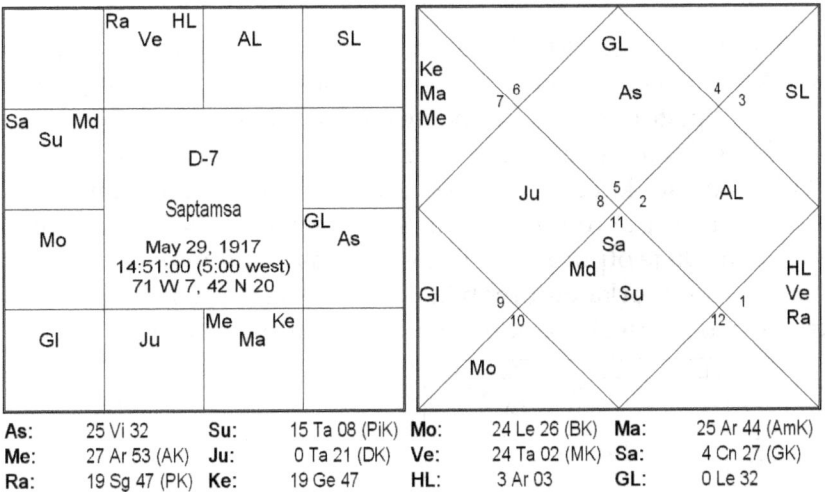

| | | | | | | | |
|---|---|---|---|---|---|---|---|
| **As:** | 25 Vi 32 | **Su:** | 15 Ta 08 (PiK) | **Mo:** | 24 Le 26 (BK) | **Ma:** | 25 Ar 44 (AmK) |
| **Me:** | 27 Ar 53 (AK) | **Ju:** | 0 Ta 21 (DK) | **Ve:** | 24 Ta 02 (MK) | **Sa:** | 4 Cn 27 (GK) |
| **Ra:** | 19 Sg 47 (PK) | **Ke:** | 19 Ge 47 | **HL:** | 3 Ar 03 | **GL:** | 0 Le 32 |

Druga trudnoća se vidi od vladara sedme kuće u D-7 čartu. Vodolija ima dva vladara – Saturna i Rahua. Prvi je snažan i u jutiju je sa vladarom saptamša lagne, Suncem, što pokazuje muško dete. Pošto vladar saptamša lagne pokazuje oca, ovaj sin će imati slično ime – Džon Junior. Dečak je rođen 25. novembra 1960. godine u Rahuovoj daši, Marsovoj antardaši i Rahuovoj pratiantari, istovremeno sa proglašenjem Džona F. Kenedija za predsednika Amerike. Deca mogu doneti sreću, posebno kada je u pitanju vladar lagne.

Treća trudnoća se vidi od vladara devete ili od devete kuće u saptamši. Vladara devete, Marsa, aflikuju Ketu i Merkur jutijem i Rahu aspektom. Treće dete, Patrik, rodio se 7. avgusta 1963. godine i umro drugog dana po rođenju u Jupiterovoj daši, Jupiterovoj antardaši i Rahuovoj pratiantardaši.

Jupiter je vladar badaka (prepreka) i njegova pozicija u devetoj kući u raši sandiju (na prelazu znakova) nije poželjna. On je i dispozitor debitiranog Rahua. U odnosu na petu kuću, Jupiter je veliki neprijatelj, i prvo dvoje dece rođeno je u Rahuovoj daši. Gledano od Sunca, Jupiter je malefični vladar osme i jedanaeste kuće. Jedanaesta se smatra ubicom dece.

*Vimšotari i Udu daše*

# KRAJ

Treća kuća od Aruda lagne je znak Jarca i prima aspekte badakeša Jupitera (koji je slab zbog raši sandija), Venere (vozila) i Sunca (pištolj/metak). Jarac upravlja južnim pravcem. Znak aspektuje i Mesec (sa Mandijem) i pokazuje javno okupljanje. Vladari osme kuće od lagne, Aruda lagne i atmakarake su postavljeni u pokretnom znaku što ukazuje na bitnu udaljenost od doma. On je otputovao u Dalas (Teksas) u južnom pravcu i dok je njegova povorka automobila (videti Veneru – vozila) prolazila kroz masu (Mesec) pogođen je hicem (Sunce) i ubijen.

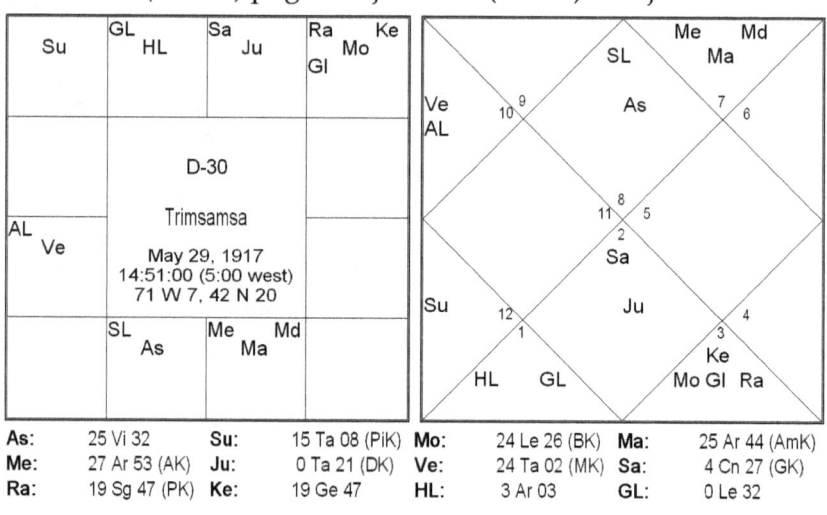

U raši čartu, Jupiter je vladar sedme kuće i badakeš i pokazaće svoje negativne strane tokom nepovoljnih daša. U odnosu na Sunce, Jupiter je vladar osme i dispozitor debilitiranog Rahua u osmoj kući. Antardaša Saturna, vladara sedme kuće od Meseca, postaje điva planeta za badak i marak planetu, Jupitera, koji se nalazi u pušja nakšatri, kojom Jupiter vlada. Dalje, obe planete, Jupiter i Saturn, smeštene su u maraka sedmoj kući u trimšamša čartu. Atentat se dogodio u Jupiterovoj daši, Saturnovoj antardaši i Saturnovoj pratiantari 22. novembra 1963. godine, u 12:30h posle podne u Dalasu, država Teksas. Obe planete smeštene se u sedmoj kući (maraka) u trimšamša čartu (D-30 čart). Upucan je u vrat i u potiljak. Fizički deo tela se vidi iz znaka u kom se nalazi vladar osme kuće – Mars je vladar osme kuće i nalazi se u osmoj, u Ovnu koji predstavlja glavu. Vladar osme od atmakarake je takođe Mars koji potvrđuje isto.

## 5.7.3 Dirubai Ambani (tajkun)

Čart 19: Dirubai (Dirađlal) Hiračand Ambani

Rođen u Guđaratu, 28. decembra 1932. godine u 6:57h.

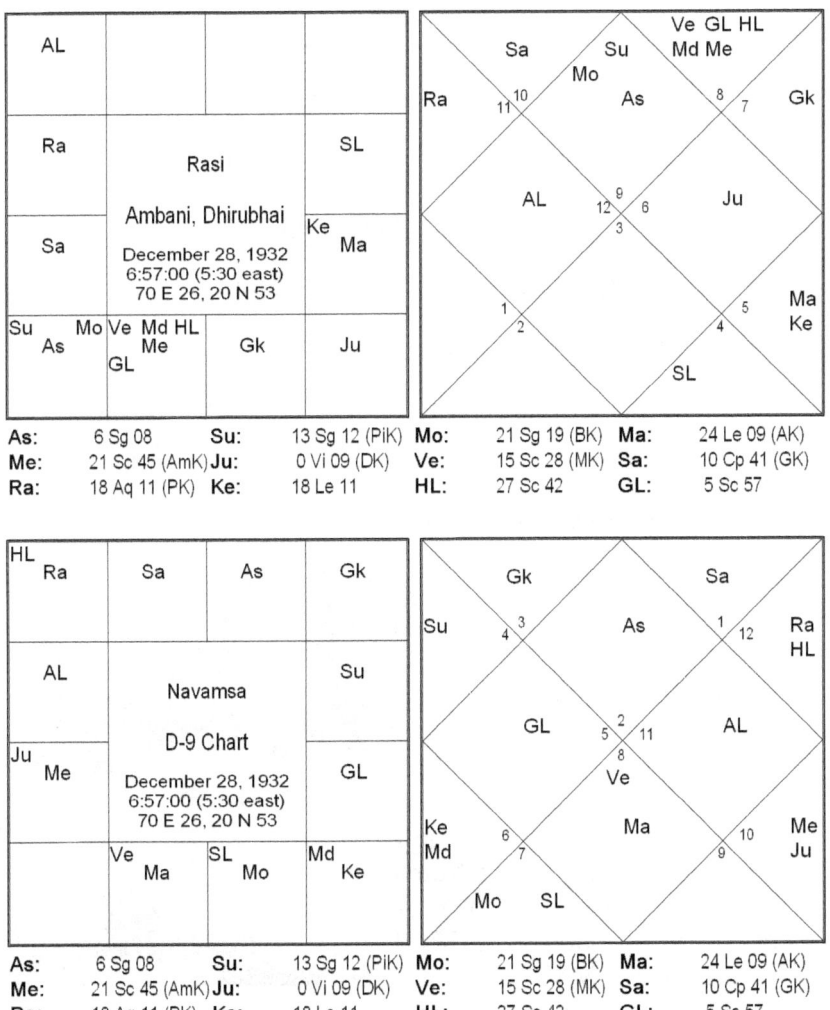

## Vimšotari i Udu daše

*Tabela 25: Dhirubai Vimšotari daša*

Maha daša: (početak od Meseca):

Ven: 1921-01-04 (04:44:29) - 1941-01-04 (07:45:37)

Sun: 1941-01-04 (07:45:37) - 1947-01-04 (20:38:32)

Mes: 1947-01-04 (20:38:32) - 1957-01-04 (10:13:04)

Mar: 1957-01-04 (10:13:04) - 1964-01-05 (05:30:04)

Rah: 1964-01-05 (05:30:04) - 1982-01-04 (20:05:41)

Jup: 1982-01-04 (20:05:41) - 1998-01-04 (22:41:34)

Sat: 1998-01-04 (22:41:34) - 2017-01-04 (19:32:59)

Mer: 2017-01-04 (19:32:59) - 2034-01-05 (04:20:14)

Ket: 2034-01-05 (04:20:14) - 2041-01-04 (23:16:01)

Čart najvećeg poslovnog tajkuna veka, može se posmatrati iz ugla mnogobrojnih rađa joga. Vladar Sunčevog znaka, Mesečevog znaka (šubapati), lagne i Aruda lagne je Jupiter, koji se nalazi u desetoj kući i obećava moćnu rađa jogu tokom svoje daše. Istovremeno je prisutna i kala sarpa joga, koju prekida Mesec na lagni što ukazuje na maha-šanka jogu. Ove osobe će biti pioniri u svojoj struci i biće instrumenti za otpočinjanje novih stvari, aktivnosti i poduhvata. Kala sarpu takođe prekida prisustvo Marsa sa Ketuom. Budući da je u pitanju atmakaraka, pozicija Marsa je od vitalnog značaja i pokazuje napredovanje uz podsticaj ličnih ciljeva i napora. Mars je ujedno i vladar hora lagne (bogatstvo) i gatika lagne (moć) što govori da će novac i moć ići ruku pod ruku u njegovom preduzetništvu. Njegov život je neverovatna

## Vimšotari daša

priča, od dronjaka do bogatstva, od ničega do 6500 milijardi rupija industrijskog imetka. Vladar navamša lagne, Venera, loše je smeštena u sedmoj kući, u Škorpiji, i pokazuje skromne početke, ali je u jutiju je sa atmakarakom, Marsom, što daje predispozicije za samorealizaciju, kao i najviša postignuća, posebno ako imamo u vidu da Mars prekida KSJ i da je povoljno smešten u kendri u navamša čartu.

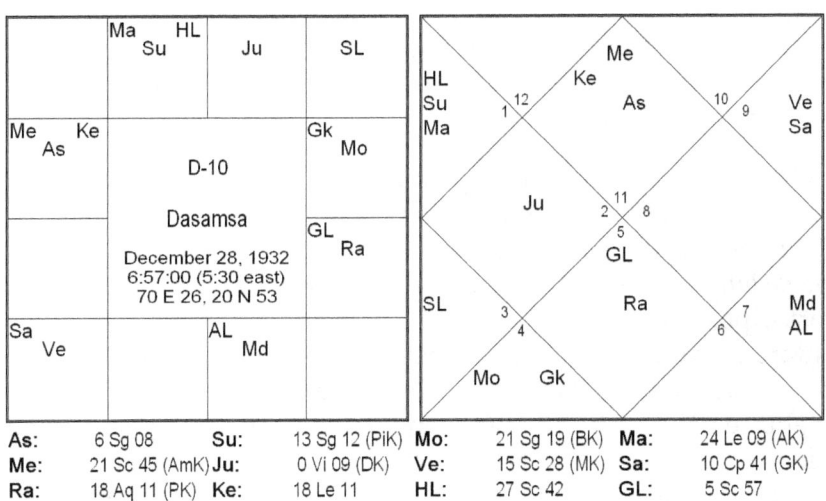

| | | |
|---|---|---|
| **As:** 6 Sg 08 | **Su:** 13 Sg 12 (PiK) | **Mo:** 21 Sg 19 (BK) | **Ma:** 24 Le 09 (AK) |
| **Me:** 21 Sc 45 (AmK) | **Ju:** 0 Vi 09 (DK) | **Ve:** 15 Sc 28 (MK) | **Sa:** 10 Cp 41 (GK) |
| **Ra:** 18 Aq 11 (PK) | **Ke:** 18 Le 11 | **HL:** 27 Sc 42 | **GL:** 5 Sc 57 |

1949. godine, sa sedamnaest godina (Mesečeva daša, Rahuova antardaša), odlazi u Aden (trenutno deo Jemena) i zapošljava se kod ABC&Co, jedinog distributera Šela (kompanije koja se bavi trgovinom benzina, itd). U dašamši (D-10 čart), koja se koristi za analizu karijere i progesije, Mesec se nalazi u šestoj kući, kući službe, a Rahu je u sedmoj kući, kući biznisa. Dakle, pokazani su i služba i biznis, i oba znaka su jednake snage, svaki sa po jednim planetom. U takvom slučaju, osoba će početi sa zaposlenjem, ali će kasnije sigurno preći u privatni biznis, u vreme kada su uslovi za to povoljniji.

**1958:** vraća se u Bombaj i osniva Poslovnu korporaciju, trgovinu robom i kuću izvozne robe. Kao što je to ranije pokazano, atmakaraka, Mars, je veoma povoljno postavljena i njegova daša će doneti rapidan rast (u konjukciji je sa vladarom navamša lagne, kao i sa egzaltiranim vladarom sedme kuće u dašamši koji pokazuje biznis) i nezavisnost (nalazi se u devetoj kući). Marsova daša je počela 1957. godine i u narednih par godina on donosi odluku da se vrati u Indiju kako bi započeo svoje biznise.

**1966:** pokreće fabriku tekstila u Narodi, Ahmedabar, što je bio prvi korak u strategiji obrnute integracije (backward-integration). Strategiju sprovedenu u cilju poslovnog uspeha pokazaće planeta koja se nalazi u sedmoj kući u dašamši. Rahu se nalazi u sedmoj kući i, kao suvladar dašamša lagne, kreće se unazad ili u obrnutom pravcu, i u tom pravcu ima i pogled (planira/vidi). Rahuova daša je počela 1964. godine, a u narednih par godina je primenjena i obrnuta integracija.

**1977:** korporacija izlazi u javnost. Od 58000 investitora, ova korporacija danas ima četiri miliona jednakih kapitalista. *Bhavarta Ratnakara navodi da udruženi periodi Saturna (ili Rahua) i Venere mogu biti veoma nepovoljni za sve lagne osim za Jupiterove.* U raši čartu, pošto je u pitanju Danu lagna, Rahuova daša i Venerina antardaša su se pokazale blagoslovom poput viparita rađa joge, jer su vladari treće (Rahu) i šeste kuće (Venera) smešteni u dustanu (Rahu se nalazi u trećoj kući, Venera u dvanaestoj), zbog čega oni oštete jedno drugo što osobi donosi povoljnosti. U dašamša čartu, Venera je jogakaraka u jutiju sa vladarom lagne, Saturnom, i pod aspektom Rahua. Venera aspektuje petu kuću, kuću akcija i kocke. Prve javne indijske akcije isplatile su se, i korporacija beleži novo postignuće.

**1982:** obrnuta integracija zarad proizvodnje PFJ. Jupiter je veliki benefik za čart i, kao što je to ranije pomenuto, dispozitor lagne, AL, Sunca i Meseca, i obećava tokom svojih perioda životna postignuća poput Indrinog kraljevstva.
**1986:** grana se na područje hemikalija. Doživljava moždani udar i sinovima Mukešu i Anilu poverava veće odgovornosti. Saturn je u jutiju sa Venerom, koja predstavlja hemikalije, u dašamši i zato on u toku Jupiterove daše i Saturnove antardaše ulazi u posao sa hemikalijama. Saturn je ujedno i vladar druge kuće (maraka), gde je i smešten. Saturn se nalazi u trećoj kauluki što ukazuje na krvni pritisak i probleme u vezi sa srcem i krvlju. Tako, tokom Saturnove antardaše u Jupiterovoj daši, doživljava moždani udar posle čega ostaje delimično paralizovan. Saturn je vladar saptamša lagne i

## Vimšotari daša

pokazuje da će tokom njegovih perioda deca imati dobrobiti i, tokom tog perioda, on prenosi veće odgovornosti na svoje sinove. Ovako trajnu bolest pokazuje pozicija Saturna, vladara lagne u trimšamša čartu (D-30) u osmoj kući.

**1991:** 9000-krora rupija (10 miliona) je procena vrednosti postrojenja gasa Hazira. Razgranava se na infrastrukturu. Mega projekti iz Jupiterove daše se nastavljaju i, tokom Venerine antardaše, sve se ovo postiže. U dašamši je Venera u jutiju sa Saturnom u jedanaestoj kući, u Strelcu, kojim vlada Jupiter, dok je Jupiter smešten u Biku, kojim vlada Venera. Ova parivartana joga između dva gurua je velika rađa joga, što je rezultiralo ogromnim Hazira projektom.

**1992:** korporacija postaje prva indijska kompanija za podizanje novca na globalnom tržištu sa GDR-om. Baš kao i 1977. godine, antardaša Venere koja je joga karaka i aspektuje petu kuću, kuću špekulacija i akcija, u dašamši, još jednom pokazuje svoje boje. Jupiterova daša i Venerina antardaša donose globalni nastup sa GDR temom.

**1995:** postaje prva indijska firma sa neto profitom od 1000 krora rupija. Bila je ovo antardaša atmakarake Marsa, tokom Jupiterove daše. Pošto je u pitanju vladar hora lagne koji se nalazi u devetoj kući, bio je ovo period samorealizacije posle kog se Dirubai više ne može ni sa kim porediti.

**1997:** najveći svetski "miltifif kreker" naručen je u Haziri; postaju prva azijska firma sa stogodišnjim dugom. Počinje sa uslugama u mobilnoj telefoniji. Dašamša: Rahu je suvladar lagne i aspektuje egzaltirano Sunce što pokazuje taj najveći svetski kreker, iz Hazire. Smešten u sedmoj kući, Rahu aspektuje osmu kuću, kuću dugova, svojim specijalnim aspektom, kao i vladara osme, Merkura, koji se nalazi na lagni u Vodoliji. Pošto je Merkur ujedno i vladar pete kuće, on predstavlja oblik dugovanja ili akcija. Snažan uticaj Vodolije na sve posmatrane vladare kuća, kao i aspekt Saturna na Merkura, osigurava uspeh u ovom tzv. stogodišnjem dugu. Mobilna telefonija i ostale komunikacije pod upravom su Merkura koji prima samo aspekt Rahua, svog dispozitora, kao i vladara antardaše.

## Vimšotari i Udu daše

**1999:** najveća svetska rafinerija u Đamnagaru. Sa dolaskom Saturnove daše, od 1998. godine, poslovne uzde postepeno dospevaju u ruke njegovih sinova budući da je Saturn vladar saptamša lagne. Saturn takođe upravlja naftom i povoljno je postavljen u jedanaestoj kući, u Strelcu, u dašamša čartu. Dakle, tokom Saturnove daše i Saturnove antardaše, zamisao ove fantastična zgrade rafinerije je ostvarena. Tačna je glasina da je ovaj plan u rekordno vreme realizovao njegov sin Mukeš Ambani, kao što je to Saturn, kao vladar saptamša lagne, i obećao.

**2002:** 6. jula 2002. godine, u 11:50 naveče u Bombaju, ispušta poslednji dah u bolnici, čemu je prethodio moždani udan, 8. jula 2002. godine u 22h. Ovo je bilo praćeno sa dva srčana udara u ambulatnim kolima na putu do bolnice. Ako se osvrnemo na mritju dašu, vladari druge i sedme kuće su Saturn i Merkur, datim redom. Saturn se nalazi u trećoj kauluki[17] Jarca, što pokazuje unutrašnju bolest srca/krvi. Zbog toga je udar bio fatalan. U trimšamši (D-30 čartu), prisutna je izmena između Saturna i Merkura koja uključuje osmu (dugovečnost/smrt) i dvanaestu kuću (bolnica).

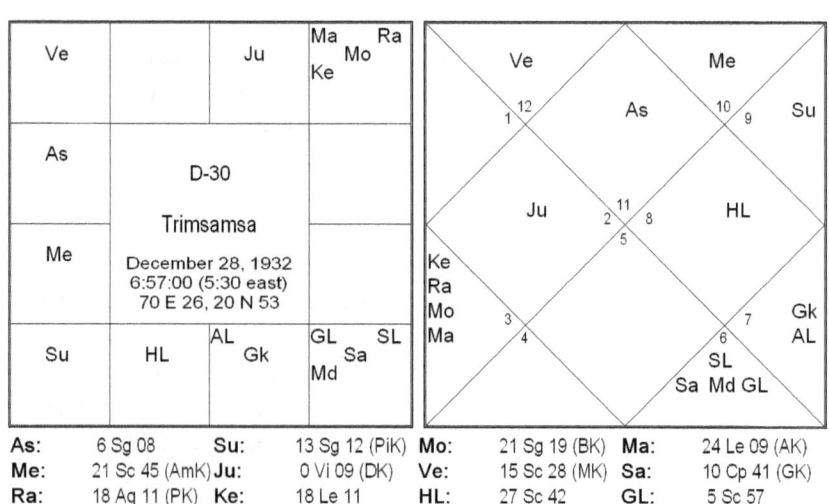

---

17    Svaka kauluka je šastijamša raspona od pet stepeni; svaki znak podeljen je na tri drekane od po deset stepeni, prva drekana svakog znaka odnosi se na deo tela iznad vrata; druga ispod vrata ali iznad struka; i treća drekana se odnosi na deo tela ispod struka. Svaka drekana ima dve kauluke – prva kauluka pokazuje unutrašnji problem ili bolest, dok se druga odnosi na spoljnu bolest koja se može videti promenom u veličini ili oštećenju dela tela.

## 5.8 Analiza događaja i predikcija

Primarno pravilo za analizu događaja počiva na životnom principu trojstva a sa fokusom na (a) kući, (b) vladaru, (c) signifikatoru (karaki) i (d) podelnom čartu. Dašu, antardašu i pratiantardašu planete treba ispitati od (a) Sunca, Meseca i lagne, datim redom, kao i od (b) atmakarake, Aruda lagne i lagne.

### 5.8.1 *Pramod Mahađan – određivanje vremena rađa joge*

**Čart 20:** *Pramod Mahađan (ministar)*
Rođen 30. oktobra 1948. godine u 9:21h u Hajerbadu, Indija.

**Pregled čarta:** u kendrama su smeštena četiri benefika koji tako formiraju moćnu dala jogu (nabasa joga) koja obećava dobrobiti i sreću tokom života. Vladar lagne i četvrte kuće, Merkur, egzaltiran je u kendri i formira moćnu Badra mahapuruša jogu. Ova joga je utoliko snažnija jer je Merkur šubapati (povoljan dispozitor Meseca), kao i vladar Aruda lagne (AL). Jedna egzaltirana planeta na lagni može vinuti osobu na ogromne visine i doneti uspeh u životu. Venera je u jutiju sa Mesecom i Merkurom na AL, u znaku debilitacije.

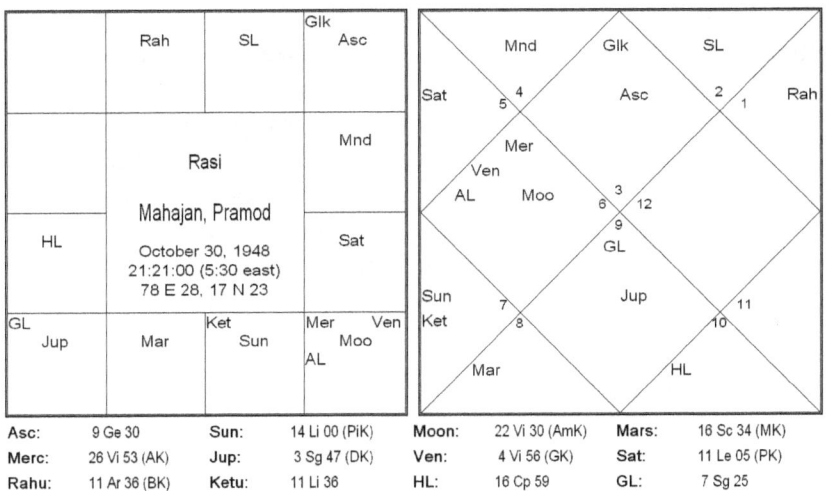

| Asc: | 9 Ge 30 | Sun: | 14 Li 00 (PiK) | Moon: | 22 Vi 30 (AmK) | Mars: | 16 Sc 34 (MK) |
| Merc: | 26 Vi 53 (AK) | Jup: | 3 Sg 47 (DK) | Ven: | 4 Vi 56 (GK) | Sat: | 11 Le 05 (PK) |
| Rahu: | 11 Ar 36 (BK) | Ketu: | 11 Li 36 | HL: | 16 Cp 59 | GL: | 7 Sg 25 |

## Vimšotari i Udu daše

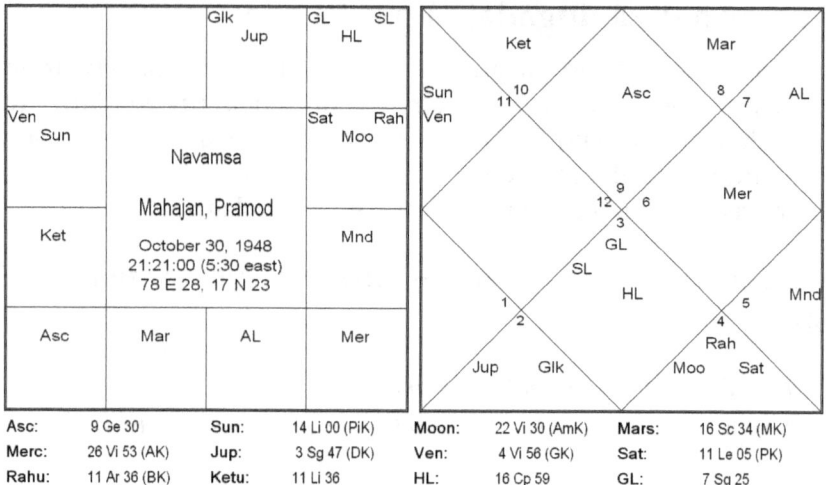

|      |              | Glk        | GL  SL |
|      |              | Jup        | HL     |
| Ven  |              | Sat        | Rah    |
| Sun  | Navamsa      | Moo        |        |
|      | Mahajan, Pramod |         |        |
| Ket  | October 30, 1948 | Mnd     |        |
|      | 21:21:00 (5:30 east) |     |        |
|      | 78 E 28, 17 N 23 |         |        |
| Asc  | Mar          | AL         | Mer    |

| Asc: | 9 Ge 30 | Sun: | 14 Li 00 (PiK) | Moon: | 22 Vi 30 (AmK) | Mars: | 16 Sc 34 (MK) |
| Merc: | 26 Vi 53 (AK) | Jup: | 3 Sg 47 (DK) | Ven: | 4 Vi 56 (GK) | Sat: | 11 Le 05 (PK) |
| Rahu: | 11 Ar 36 (BK) | Ketu: | 11 Li 36 | HL: | 16 Cp 59 | GL: | 7 Sg 25 |

Ipak, Venera dobija poseban status zbog ničabange (poništenja debilitacije) i rađa joge (postizanje vladajuće pozicije) pošto se i (a) Jupiter, vladar znaka u kome je Venera egzaltirana, smešten u kendri od lagne i Meseca; (b) i Merkur, koji je vladar znaka u kome je Venera debilitirana a ujedno je i planeta koja je egzaltirana u Devici, Venerinom znaku debilitacije, nalaze u kendri od lagne i Meseca. Dakle, ničabanga je kompletna i, tokom Venerinog perioda, osoba će iskusiti poništenje debilitacije. Rađajoga je potvrđena jer su obe planete koje donose poništenje debilitacije, Merkur i Jupiter, vladari prve/sedme kuće od gatika lagne/lagne i deo su najmoćnijih mahapuruša joga (Merkur – badra mahapuruša i Jupiter – hamsa mahašuruša joga). Ovako moćna pozicija planeta pokazuje da će osoba biti veoma moćna, te da će steći trajnu slavu. Joge za slavu su: (a) Jupiter u sedmoj kući od lagne, (b) vladar lagne Merkur egzaltiran, (c) vladar Aruda lagne egzaltiran, kao i egzaltiran benefik na AL, (d) Mesec na AL.

## Vimšotari daša

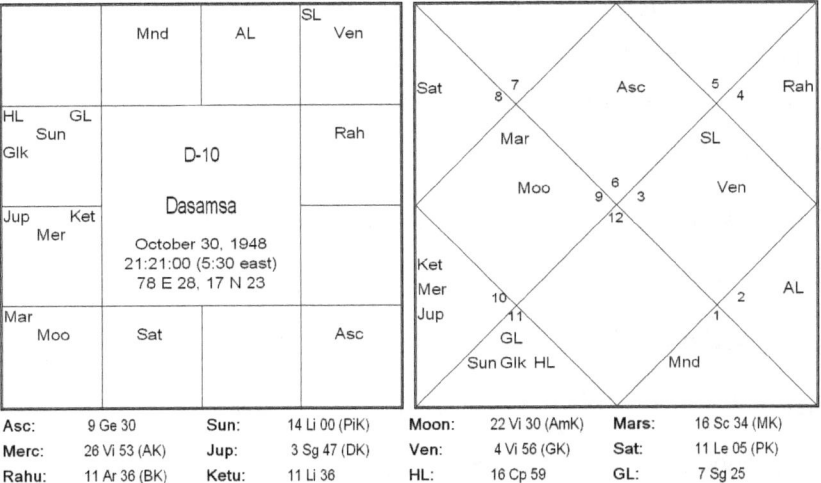

|       |       |       |       |
|-------|-------|-------|-------|
|       | Mnd   | AL    | SL Ven |
| HL GL Sun Glk | | Rah | |
| | D-10 Dasamsa October 30, 1948 21:21:00 (5:30 east) 78 E 28, 17 N 23 | | |
| Jup Ket Mer | | | |
| Mar Moo | Sat | | Asc |

| Asc: | 9 Ge 30 | Sun: | 14 Li 00 (PiK) | Moon: | 22 Vi 30 (AmK) | Mars: | 16 Sc 34 (MK) |
|------|---------|------|----------------|-------|----------------|-------|---------------|
| Merc: | 26 Vi 53 (AK) | Jup: | 3 Sg 47 (DK) | Ven: | 4 Vi 56 (GK) | Sat: | 11 Le 05 (PK) |
| Rahu: | 11 Ar 36 (BK) | Ketu: | 11 Li 36 | HL: | 16 Cp 59 | GL: | 7 Sg 25 |

Debilitirano Sunce se nalazi u petoj kući i, kao vladar treće u petoj, pokazuje rad u vladi. Sunce dobija ničabangu zbog Venerine pozicije u kendri od lagne i od Meseca. Dakle, ovakvo Sunce će samo nastaviti sa Venerinom rađa jogom i neće samo po sebi doneti egzaltaciju ili uspeh ukoliko Venerin period, koji prethodi periodu Sunca, to već nije uradio. Ketu u jutiju sa Suncem takođe daje rezultate Sunca, dok će se Rahu pokazati nepovoljnim pošto je u pitanju veliki malefik u osmoj kući od Aruda lagne. Saturn je ekstremno povoljno postavljen u trećoj kući od lagne i dvanaestoj od AL. Dalje je i Mars povoljno postavljen u šestoj od lagne i trećoj (parakrama) od AL.

Dašamša (D-10 čart) ima Devica lagnu sa joga karakom, Venerom, smeštenom u desetoj kući, što obećava rađa jogu, kao i osobu koja će raditi u privatnom preduzeću sa puno entuzijazma. Sunce u arta trikoni daje političku karijeru i, pošto se nalazi u šestoj kući, pokazuje da će se osoba uzdići u odnosu na ostale kao partijski radnik. Vladar pete je Saturn koji aspektuje petu kuću i obećava moć i autoritet. Jupiter, Merkur i Ketu su u petoj kući sa debilitiranim Jupiterom (obećanje moći nije ispunjeno ili je ispunjeno na neobičan način kroz pad druge osobe). Ketu i Merkur su dobro smešteni u Jarcu. Mesec i Mars aspektuju desetu kuću i Rahu je ponovo loše postavljen u jedanaestoj kući.

Vimšotari i Udu daše
# REZULTATI VIMŠOTARI DAŠE

*Tabela 26: Vimšotari daše: Pramod Mahađan*

Vimšotari daša (početak od Meseca):

Mes: 1939-06-16 (08:14:33) - 1949-06-15 (21:58:18)

Mar: 1949-06-15 (21:58:18) - 1956-06-15 (16:54:44)

Rah: 1956-06-15 (16:54:44) - 1974-06-16 (07:34:06)

Jup: 1974-06-16 (07:34:06) - 1990-06-16 (10:04:17)

Sat: 1990-06-16 (10:04:17) - 2009-06-16 (06:57:18)

Mer: 2009-06-16 (06:57:18) - 2026-06-16 (15:32:12)

Ket: 2026-06-16 (15:32:12) - 2033-06-16 (10:31:55)

Ven: 2033-06-16 (10:31:55) - 2053-06-16 (13:36:21)

Sun: 2053-06-16 (13:36:21) - 2059-06-17 (02:18:15)

*Tabela 27: Antardaše u Saturn MD*

Sat: 1990-06-16 (10:04:17) - 1993-06-19 (07:59:42)

Mer: 1993-06-19 (07:59:42) - 1996-02-26 (10:06:05)

Ket: 1996-02-26 (10:06:05) - 1997-04-05 (20:53:04)

Ven: 1997-04-05 (20:53:04) - 2000-06-06 (13:32:49)

Sun: 2000-06-06 (13:32:49) - 2001-05-19 (01:42:49)

Mes: 2001-05-19 (01:42:49) - 2002-12-20 (06:32:04)

Mar: 2002-12-20 (06:32:04) - 2004-01-27 (19:39:07)

Rah: 2004-01-27 (19:39:07) - 2006-12-05 (13:01:05)

Jup: 2006-12-05 (13:01:05) - 2009-06-16 (06:57:18)

## Vimšotari daša

Sve do kraja Rahuove daše (1974, do njegove 26. godine) karijera nije imala bitnijeg značaja. Tokom Jupiterove daše, postaje bitan zbog snažne povezanosti sa svojom partijom (BĐP), sa Šiv Senom, i dobija upravne moći pred kraj Jupiterove daše. Sa dolaskom Saturnove daše u mantra padi, obećana moć garantovano dolazi.

U Saturnovoj daši, Saturnovoj antardaši i Venerinoj pratiantari, 6. decembra 1991. godine, Babri struktura Ajodje (UP, Indija) pada. Indikacije su jasne, i Venera ga snažno gura ka rađa jogi. Tokom Saturnove daše, benefici koji se nalaze u trećoj i osmoj odatle daju odlične rezultate. Ukoliko su ovi benefici ujedno i u kendri od lagne, tada će rađa joga trajati. Venera je u osmoj kući od Saturna u dašamši i obećava moć. Ketu je u trećoj kući od Saturna i u trigonu od lagne i takođe obećava moć, ali juti sa debilitiranim Jupiterom preti padom ili nestabilnostima. U Saturnovoj daši, Ketuovoj antardaši i Venerinoj pratiantari (Venera ponovo!) postaje ministar odbrane Indije, ali usled manjka podrške u partlamentu, ostaje tu svega trinaest dana (videti beleške u vezi sa Ketuom)!

U ovo vreme autor knjige sreće Šri Mahađana i daje predikcije (napismeno, jer je insistirano na dokazu o tačnosti Đotiša) koje su se, sa blagoslovima Šri Đaganat Mahaprabua, pokazale tačnim.

Predikcija je glasila:

1) <u>Da će partija doći na vlast tokom Venerine antardaše, posle izbora.</u> Razlozi su očigledni, Venera daje ničabanga rađa jogu i ovo se može dogoditi samo tokom te antardaše.

2) <u>Da BĐP neće moći samostalno da oformi vladu, kao što je to pokazano čartom formiranja BĐP, kao i da će biti neophodne prinudne koalicije. Ovo će biti dobro za narod jer će predstavljati stanovišta mnogih.</u> Venera je signifikator za brak, koalicije i sva pitanja sedme kuće, i ovaj tip veza će biti neophodan za dobijanje vlasti, kao i za njeno trajanje.

3) <u>Šri Mahađan će lično postati moćan ministar.</u> Venera mu osigurava moć jer je to jasno indikovano čartom. Ipak, inicijalni peh je bio od pomoći (kabinetski rank) premijeru Šri A. B. Vađpaji, pošto je u dašamši Sunce u šestoj kući (službe) u Saturnovom znaku (sluge/asistenti).

Vimšotari i Udu daše

Na ovaj način se može vremenski precizirati početak, kao i trajanje perioda rađa joge.

## 5.8.2 P. V. Narsimha Rao - viparita rađa joga

**Čart 21: P. V. Narsimha Rao (bivši premijer Indije)**
Rođen: 28. juna 1921. godina, u 12:49h u Karimnagaru, Indija.

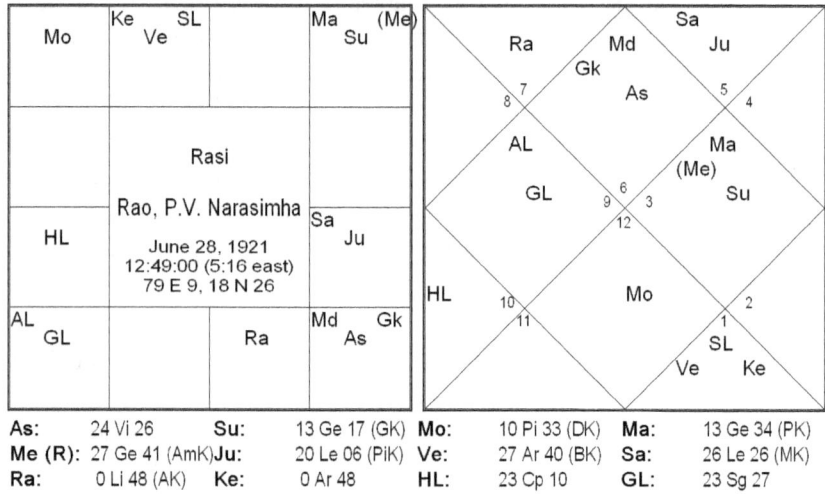

| | | | | |
|---|---|---|---|---|
| **As:** | 24 Vi 26 | **Su:** | 13 Ge 17 (GK) | **Mo:** 10 Pi 33 (DK) **Ma:** 13 Ge 34 (PK) |
| **Me (R):** | 27 Ge 41 (AmK) | **Ju:** | 20 Le 06 (PiK) | **Ve:** 27 Ar 40 (BK) **Sa:** 26 Le 26 (MK) |
| **Ra:** | 0 Li 48 (AK) | **Ke:** | 0 Ar 48 | **HL:** 23 Cp 10 **GL:** 23 Sg 27 |

*"Uprkos svim izgledima, on će sigurno kompletirati petogodišnji mandat kao premijer Indije.",* predikcija koji je autor knjige (1993. godine) zasnovao na čartu koji se pokazao tačnim.

U pitanju je Devica lagna sa vladarima treće i osme (Mars) i dvanaeste kuće (Sunce) u jutiju, čime se formira viparita rađa jogu. Ipak, ova konjukcija se nalazi u kendri i uslov iz paragrafa 2(b) gore primenljiv je ukoliko su pomenute planete snažne, samo tad će doneti dugovečan politički život.

Vimšotari daša

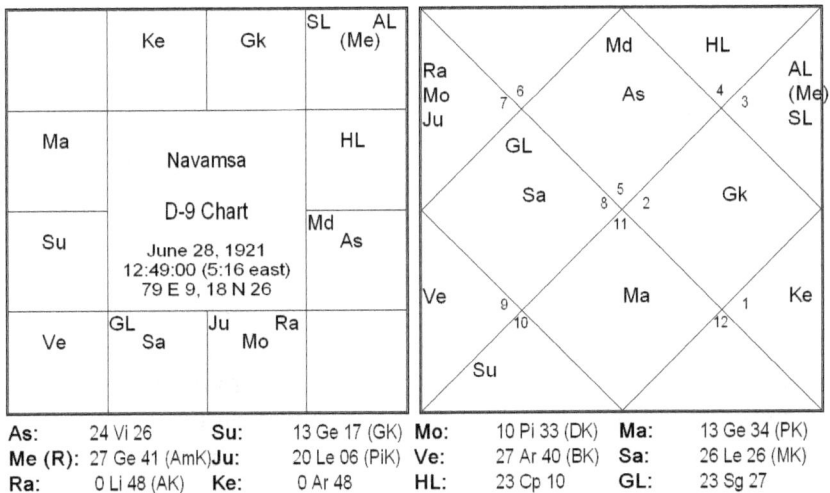

| As: | 24 Vi 26 | Su: | 13 Ge 17 (GK) | Mo: | 10 Pi 33 (DK) | Ma: | 13 Ge 34 (PK) |
| Me (R): | 27 Ge 41 (AmK) | Ju: | 20 Le 06 (PiK) | Ve: | 27 Ar 40 (BK) | Sa: | 26 Le 26 (MK) |
| Ra: | 0 Li 48 (AK) | Ke: | 0 Ar 48 | HL: | 23 Cp 10 | GL: | 23 Sg 27 |

    Osim pomenutih planeta, u jutiju se nalazi i vladar lagne što govori o transferu moći VRJ na pojedinca. Sunce i Mars imaju digbal (direktivnu snagu) u desetoj kući, i daju ogromne izvršne sposobnosti. Šri Narasimha Rao imao je renome najsmelije liberalne politike na polju indijske ekonomije. Bitno je primetiti da je Mars u veoma bliskoj konjukciji sa Suncem i da je usled ovog spaljen i oslabljen. Šri Narasimha Rao nosio je crveni koral u zlatnom prstenu za jačanje Marsa, na desnoj ruci domalom prstu, budući da se planete nalaze u arta trikoni (trigon od druge kuće) i utiču na 'madjama' prst (srednji prst: videti *Vedske remedijalne mere u astrologiji*, istog autora). Prsten se može videti na slici dole.

    Mesec je vladar sedme kuće od hora lagni i aspektuje gatika lagnu i lagnu (raši drištijem), čime se kvalifikuje kao savršena jogada. Dalje, Mars je moćnija jogada pošto ima graha drišti (planetarni pogled) na lagnu (specijalni pogled na četvrtu kuću), gatika lagnu (sedmi pogled) i hora lagnu

(specijalni osmi pogled). Sunce je na relativno nižem mestu u odnosu na Mesec i na Marsa, ali njegova pozicija u desetoj kući uključuje VRJ i aspekt na GL i lagnu raši drištijem, pored jutija sa vladarom lagne.

Hajde da ispitamo njegovu političku karijeru i delovanje viparita rađa joge.

* **Generalni sekretar AICC:** postaje Generalni sekretar AICC (All India Congress Committee) u dva navrata, tokom Sunčeve daše i Marsove antardaše (manifestacije vaparita rađa joge), i ponovo tokom Sunčeve daše i Rahuove antardaše. Rahu je doneo dobre rezultate u konjukciji sa Suncem ili Marsom, zbog svoje konjukcije sa ovim planetama u dašamša čartu. Osim toga, Rahu iz druge kuće šalje drišti na ove planete smeštene u desetoj kući.

* **Glavni ministar Andra Pradeša:** postaje glavni ministar Andra Pradeša tokom daše Sunca, što demonstrira efektnost VRJ, posebno kada su te planete povezane sa gatika lagnom. Ovo je veliko postignuće ako imamo na umu da je karijeru započeo kao skromni službenik u istom sekretarijatu.

* **Ministar odbrane (od maja 1984. do decembra 1985. godine):** dolazak Mesečeve daše mu osigurava glavnu ulogu u političkim dešavanjima pošto je Mesec jogada. Postaje ministar odbrane Indije tokom Mesečeve daše i Saturnove antardaše. Saturn se nalazi u vatrenom Lavu u konjukciji sa Jupiterom (badakeš u dvanaestoj kući) i ujedno je i vladar lagne u dašamši u Marsovom znaku Ovnu (odbrana).

* **Ministar spoljnjih poslova (od decembra 1987. do sredine 1989. godine):** tokom Mesečeve daše i Venerine antardaše, postaje ministar spoljnjih poslova Indije. Venera je u konjukciji sa Ketuom (čvorovi pokazuju strana pitanja), vladar je pete kuće smešten na lagni u dašamša čartu, i pokazuje puno nezavisnosti i bliske saradnje sa pokojnim premijerom Rađivom Gandijem.

* **Premijer Indije:** sa dolaskom Marsove daše, 1990. godine, VRJ se ponovo aktivira i to u novom maniru budući da je

## Vimšotari daša

Mars jogada prvog reda. Kao što je to ranije pokazano, Rahu mu je doneo odlične rezultate svojom pozicijom u desetoj kući sa Suncem i Marsom u dašamši. Tako tokom Marsove daše i Rahuove antardaše, Indija doživljava rapidan politički razvoj. Rađiv Gandi (bivši premijer i blizak saradnik Narasimha Rao) ubijen je od strane terorista u eksploziji bombe. Primetimo da su uslovi za VRJ dati za 2 (b). Narasimha Rao se okrenuo na drugu stranu i penzionisao iz sveta politike i počeo osnivati svoju biblioteku u rodnom gradu u AP. Nivo unutrašnjih mahinacija koje je uzrokovao Rahu bio je takav da kongresna partija nije mogla naći prihvatljivog lidera za sve delove partije! Tako je Šri Narasimha Rao morao da bude pozvan nazad (kao najbezopasniji čovek!!) na mesto premijera. Istorija pokazuje i drugu stranu priče. Iako je bilo puno špekulacija na temu da li će morati napustiti kancelariju pre isteka petogodišnjeg perioda, ja sam ostao kod svoje predikcije da će sigurno nastaviti mandat zbog Marsove snage (kao i zbog dodatne snage prstena sa crvenim koralom).

✻ **Rahu daša:** šula daša traje od njegove 81. do 90. godine (od juna 2002. do juna 2011). Ovu dašu aspektuju Mesec i Mars koji formiraju Rudra jogu. Ovo je ujedno i Aruda lagna. Rahu se nalazi u drugoj kući i takođe prima aspekt vladara druge kuće, Venere. Ona je vladar treće od Aruda lagne (mesto poslednjeg daha) i aspektuje Vodoliju. Vodoliju aspektuju Venera i Ketu (planete povezane sa putovanjima) u osmoj kući, kao vladari devete i treće (putovanja/inostranstvo).

## 5.8.3 Naven Patnaik: Viparita rađa joga - navamša

Čart 22: Naven Patnaik, Glavni ministar Orise
"Najpovoljnija daša, Merkurova daša i Merkurova antardaša, počinje u martu 2000. godine i on će sigurno postati sledeći glavni ministar Orise." Objavljena predikcija koja se pokazala tačnom, donesena uz pomoć aruda i viparita rađa joga.

Rođen 16. oktobra 1946. godine, u 1:00h, u Kataku, Indija.

| | | | |
|---|---|---|---|
| Gk | Md | HL AL<br>Ra | SL<br>Mo |
| | Rasi<br>Patnaik, Naveen<br>October 16, 1946<br>1:00:00 (5:30 east)<br>85 E 50, 20 N 30 | | Sa<br>As |
| | | | |
| | Ke<br>Ve | Me Ju<br>Ma<br>GL | Su |

| **As:** | 22 Cn 41 | **Su:** | 28 Vi 44 (AK) | **Mo:** | 5 Ge 46 (DK) | **Ma:** | 21 Li 22 (AmK) |
|---|---|---|---|---|---|---|---|
| **Me:** | 18 Li 27 (BK) | **Ju:** | 11 Li 11 (PiK) | **Ve:** | 6 Sc 38 (GK) | **Sa:** | 14 Cn 37 (MK) |
| **Ra:** | 21 Ta 07 (PK) | **Ke:** | 21 Sc 07 | **HL:** | 5 Ta 58 | **GL:** | 3 Li 01 |

| | | | |
|---|---|---|---|
| Gk<br>Me | Ma | | SL |
| HL | Navamsa<br>D-9 Chart<br>October 16, 1946<br>1:00:00 (5:30 east)<br>85 E 50, 20 N 30 | Md<br>Ra | |
| Ju Ke<br>As | | | Ve |
| | Sa<br>Mo | GL | AL<br>Su |

| **As:** | 22 Cn 41 | **Su:** | 28 Vi 44 (AK) | **Mo:** | 5 Ge 46 (DK) | **Ma:** | 21 Li 22 (AmK) |
|---|---|---|---|---|---|---|---|
| **Me:** | 18 Li 27 (BK) | **Ju:** | 11 Li 11 (PiK) | **Ve:** | 6 Sc 38 (GK) | **Sa:** | 14 Cn 37 (MK) |
| **Ra:** | 21 Ta 07 (PK) | **Ke:** | 21 Sc 07 | **HL:** | 5 Ta 58 | **GL:** | 3 Li 01 |

Vimšotari daša
## RAĐA JOGA

Horoskop Šri Naven Patnaika ima Rak lagnu, sa Saturnom na lagni. Ovo je samo po sebi jedna od najmoćnijih rađa joga koja može biti prisutna u bilo kom čartu, jer *"Saturn u Raku ili Jupiter u Ribama na tronu[18] mogu dati veoma moćnu rađa jogu"*. Ova kombinacija prisutna u čartovima preminulog premijera Indire Gandi i Adolfa Hitlera bila je odgovorna za njihov dramatičan rast i za moć koju su uživali. Presto implicira prvu ili desetu kuću i ukoliko je ovo na lagni, tada će osoba biti rođena u porodici koja ima političku moć (Saturn na tronu) ili religioznu/finansijsku moć (Jupiter na tronu). Naven Patnaik je dostojan sin slavnog Biđu Patnaika (bivšeg glavnog ministra Orise). Ipak, bračni život onih čiju rađa jogu donosi Saturn, može biti oštećen ili može u potpunosti izostati. Indira Gandi je bila odvojena od svog supruga, Hitler se oženio neposredno pre svoje smrti, dok Naven Patnaik, iz gornjeg primera, ostaje neoženjen.

Konjukcija vladara devete i desete kuće rezultira drugom veoma moćnom rađa jogom pod imenom darma-karmaadipati joga (DKJ) i pokazuje osobu koja će igrati ključnu ulogu u obnovi darme (istine i ispravnih društvenih vrednosti) i vladaće zemljom poput dobrog državnika. Merkur je poput deteta i daje rezultate bilo koje planete sa kojom se nalazi u jutiju umesto svojih rezultata. Dalje, mesto planeta koje su uključene u DKJ pokazuje područja gde će se ovo manifestovati. Pošto se joga nalazi u četvrtoj kući, jasno pokazuje zemlju porekla i rodni grad, i odnosi se na Orisu, Indija. Planete koje su u jutiju sa vladarom desete, Marsom, i aspektuju desetu kuću, Ovna, donose rezultate DKJ rađa joge. Ovo su Merkur i Jupiter.

### SNAGA RAĐA JOGE

Planete koje donose rađa jogu treba da su snažne, bar u navamši, a ovde nalazimo da su i Merkur i Jupiter debilitirani u navamši. Dakle, kako možemo predvideti rađa jogu i njeno trajanje?

Za ovo je neophodno ispitati ARUDA LAGNU, koja je sedište iluzije (maja pite) nasuprot sedištu istine (satja). Klasični tekstovi poput *Brihat Parašara Hora Šastre*, Đaimini Sutri, itd. navode da malefične planete u trećoj i šestoj kući od lagne daju hrabrost i,

---

18    Tron/presto definisan je kao prva kuća (lagna- Pradapati) ili deseta kuća (Indra).

## Vimšotari i Udu daše

posledično, zaposlenost u vojsci, dok prirodni benefici smešteni u trećoj i šestoj kući čine osobu kukavicom. Ipak, prirodni benefici smešteni u trećoj i šestoj od ARUDA LAGNE ne čine osobu kukavicom, već donose veru u ahimsu (tj. put nenasilja) i ukazuju na duhovnost i na svece. Različite pozicije planeta u šestoj od Aruda lagne mogu dovesti do nastanka različitih situacija, i to su:

- Jedna planeta u šestoj kući od AL: ukoliko se prirodan malefik nalazi sam u šestoj od AL, oformiće se joga tokom perioda date planete koja će rezultirati rastom imovine, dobrom žetvom i poljoprivredom, fizičkim junaštvom i uspehom u bitkama. Ipak, Parašara dodaje da će osoba primiti nelegalnu nadoknadu, poput crnog novca. Dakle, prirodni malefik, poput Marsa, u šestoj od Aruda lagne daje veoma dobre rezultate u materijalnom svetu. Slično tome, prirodni benefik u šestoj od Aruda lagne daje duhovnost, odricanje od svetovnog i praktikovanje ahimse.

- Dve ili više planeta u šestoj od AL

  - Isključivo benefične planete u šestoj kući od AL: dva moćna benefika u šestoj od AL, posebno Jupiter, Merkur ili Venera, mogu doneti moćnu pravrađa jogu (odricanje) posebno kada su snažni, poput egzaltacije u rašiju/navamši.

  - I benefične i malefične planete u šestoj od AL: dok benefici u šestoj daju pravrađa jogu, malefici ovde postavljeni negiraju to isto i daju uspeh u bitkama. Kada su prisutne i benefične i malefične planete, prevladavaju pomešani uticaju i osoba je rastrzana između materijalnog sveta i duhovnosti. Ukoliko benefičnu planetu ne afliktuje samo malefik, već je istovremeno i oslabljena debilitacijom u rašiju/navamši, garantovana je moćna viparita rađa joga.

U čartu Šri Naven Patnaika, Sunce se nalazi u trećoj kući od lagne i daje mu hrabrost i galantnost. Istovremeno su planete Merkur, Jupiter i Mars u jutiju, smeštene u šestoj od Aruda lagne. Dakle, možemo primeniti pravilo 2 (b). Merkura i Jupitera, kao prirodne benefike, ne samo da afliktuje Mars, već su ujedno i slabi zbog debilitacije u navamši, i time stiču sposobnost za manifestovanje moćne rađa joge. Ovo je i neka vrsta viparita rađa joge, kao što je pomenuto, i zbog toga posle očeve smrti, tokom Saturnove daše, Jupiterove antardaše, Naven biva prinuđen da preuzme liderstvo nad Đanata Dalom, koji je nastao kao ogranak Biđu Đanata Dala (BĐD). Saveznici se mogu videti iz darapade (A7) koja je u Vagi sa Jupiterom i Merkurom. Dakle, sa podrškom Lotosa (Jupiter – BĐP) iznenada se izdiže na mesto ministra u vladi Indije.

## HORA, GATIKA I VARNADA

Hora lagna (sedište bogatstva) je u Biku sa Aruda lagnom, i prima raši drišti (trajni pogled) Jupitera, Marsa, Merkura i Saturna iz pokretnih znakova. Gatika lagna (sedište moći) ima konjukciju darma-karmaadipati joge (Mars i Jupiter) i Merkura. Varnada lagna je u drugoj kući i pokazuje veoma visok status i poziciju. Ova pozicija varnada lagne veliki je doprinos čartu, nalik onom u čartu kraljice Viktorije.

Naven Patnaik postaje Ministar u vladi tokom Saturnove daše i Jupiterove antardaše, posle izbora 1998. godine, posle čega nastavlja sa svojom prednošću, a tako stiče i uslove za povratak na vlast u funkciji ministra na izborima 1999. godine, u skladu sa predikcijom. *Najpovoljnija daša, Merkurova daša i Merkurova antardaša, počinje u martu 2000. godine i on će sigurno postati sledeći glavni ministar Orise. Ukoliko se izabere dobro vreme za davanje zakletve, tada će ova vlada doneti prosperitet Orisi, kao i procvat njene bogate kulturne baštine.*

## 5.8.4 Majčina smrt

**Čart 23:** *Službenik u vladi*

Muškarac rođen: 5. februara 1947. godine, u 22:40h (korigovano sa 22:35h, na osnovu činjenice da radi kao vladin službenik).

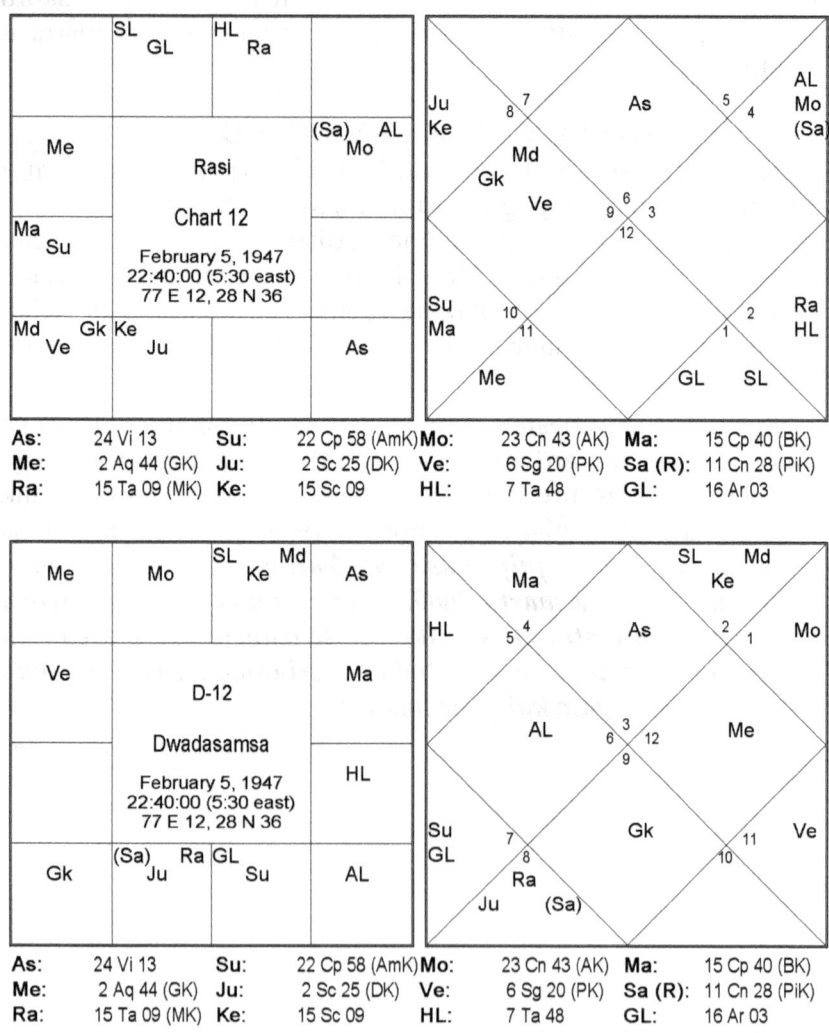

**Raši čart**: za sva pitanja u vezi sa majkom, posmatra se četvrta kuća.

## Vimšotari daša

- Četvrta kuća je Strelac sa Venerom, što govori da će majka imati robusno zdravlje i da će biti puna života. Saturn se nalazi u jedanaestoj kući (tj. osmoj od četvrte) i govori o majčinoj dugovečnosti. Između vladara prve, desete i osme od četvrte kuće, Jupiter (vladar prve) je loše postavljen i afliktuju ga čvorovi; Merkur (vladar desete) je takođe loše postavljen ali bez aflikcija graha drištijima; Mesec, vladar osme, je snažan i ima ulogu atmakarake. Dakle, majka će umreti u srednjem dobu, u periodu od osobine 36. do 72. godine.

- Vladara četvrte (Jupitera) afliktuje Ketu. Ova aflikcija je utoliko gora jer je Ketu veliki neprijatelj Meseca (Mesec je prirodni signifikator za majku).

**Prirodni signifikator**: Mesec je prirodni signifikator za majku, dok četvrta kuća i vladar četvrte od Meseca donose vezu osobe sa majkom (baš kao što vladar sedme od Venere donosi partnera). Maraka (ubica) planete od ovih nose odgovornost za odvajanje od majke (ili majčinu smrt).

- Četvrta kuća od Meseca je Vaga, a planete povezane sa drugom/sedmom kućom od Vage su Mars, Ketu i Jupiter (svojom pozicijom i vladavinom).

- Vladar četvrte, Venera, nalazi se u Strelcu a planete povezane sa drugom/sedmom odatle su Sunce i Mars (pozicijom), i Merkur i Saturn (vladavinom).

**Fiksni signifikator**: ako uporedimo Marsa i Mesec vidimo da je, iako je Mars egzaltiran, Mesec ipak snažniji jer je atmakaraka. Vladari druge i osme kuće od Meseca (u Raku) i Sunca (vladar Lava) su Saturn i Rahu (suvladari Vodolije). Merkur se nalazi u osmoj kući od Meseca i Marsa u jutiju sa Rudra planetom – Suncem.

**Daša**: u periodu između 36. i 72. godine života, tekle su daše Sunca, Meseca, Marsa i Rahua. Baš kao što je to ranije naglašeno, najverovatnija daša je Marsova daša. Za dalju potvrdu, treba da analiziramo dvadašamšu (D-12 čart). Četvrta kuća je Devica i vladari prve, desete i osme kuće odatle su Merkur i Mars. Obe pomenute planete debilitirane su i nalaze se, ili aspektuju, sedmu (Merkur) i drugu (Mars) od Device. Iako je Sunce takođe smešteno u drugoj kući (od Device) u debilitaciji, Mars, koji aspektuje ovo Sunce, pretenduje ka ostvarenju svojih namera. Venera, vladar druge od Device, nalazi se u marana karaka avasti, baš kao i vladar sedme od Device, Jupiter. Dakle, tokom Marsove daše kvalifikuju se antardaše Merkura, Sunca, Jupitera i Venere. Ipak, iz raši čarta je evidentno da Jupiter i Venera imaju tendenciju da zaštite majku i održe vezu sa njom. Sunce nije malefik, budući da nije u konjukciji sa Marsom (raši čart), i ne prima njegov aspekt (dvadašamša), a umesto njega se Mars kvalifikuje kao maraka.

**Daša-antar:** tokom nepovoljne daše vladara treće i osme kuće, antardaše planeta povezanih sa lagnom/vladarom lagne donose nevolje osobi. U Marsovoj daši i Merkurovoj antardaši (2001) otkriveno je kamenje u njegovoj žučnoj kesi i zakazana je hitna operacija. Baš u vreme njegove hospitalizacije, umire mu majka. Donji stomak se vidi u znaku Device, u šestoj kući i od Merkura. U ovom čartu Merkur se nalazi u šestoj kući (kao vladar lagne) u Vodoliji (blokada – Saturn, kamenje – Rahu), jer se Rahu nalazi u marana karaka avasti. Majčin kraj je bio miran. Mritjupada (A4) je u Vagi i Venera smeštena u trećoj odatle u Jupiterovom znaku, bez ikakvog uticaja malefičnih aspekata, obećava bezbolan kraj.

I konačno, događaj treba potvrditi u odnosu na atmakaraku (daša), AL (antar) i lagnu (pratiantar). Mesec je atmakaraka: Mars je joga karaka od Raka i nalazi se u sedmoj kući (maraka karaka avasta) i ujedno je i maraka (nepovoljni vladar druge/sedme kuće ili pozicija tu) od četvrte kuće i od vladara četvrte od atmakarake. Aruda lagna je takođe u Raku; Merkur je malefični vladar treće i dvanaeste i nalazi se u osmoj kući, u drugoj od Marsa. Kao takav, vladar treće kuće može doneti smrt roditeljima.

## 5.8.5 *Smrt oca i krunisanje*

Krišnarađa Vadijar, nekadašnji Maharađa Misore, bio je poslednji od velikih kraljeva Indije. Hajde da ispitamo njegov čart zarad nalaženja vremena smrti oca, kralja Misori države (savremena Karnataka), i njegovog kasnijeg krunisanja.

## Vimšotari daša

### Čart 24: Krišna Rađa Vadijar

| SL Ke | | Me Sa Su GL | |
|---|---|---|---|
| | Rasi Krishnaraja Wadiyar June 4, 1884 10:18:00 (5:06 east) 76 E 38, 12 N 0 | | Ju Ve As |
| | | | Gk Ma |
| | HL AL Mo | Md Ra | |

| | | | | | | | |
|---|---|---|---|---|---|---|---|
| **As:** | 26 Cn 12 | **Su:** | 21 Ta 42 (AK) | **Mo:** | 1 Li 29 (PK) | **Ma:** | 7 Le 27 (MK) |
| **Me:** | 1 Ta 15 (DK) | **Ju:** | 10 Cn 01 (BK) | **Ve:** | 1 Cn 27 (GK) | **Sa:** | 21 Ta 25 (AmK) |
| **Ra:** | 28 Vi 09 (PiK) | **Ke:** | 28 Pi 09 | **HL:** | 12 Li 06 | **GL:** | 13 Ta 01 |

## SMRT OCA

Tretirajući devetu kuću kao očevu lagnu, vladari prve, desete i osme kuće su Jupiter i Venera. Jupiter je egzaltiran i treba da donese madja ajus, pokazujući očevu dugovečnost između 36-72 godine života osobe.

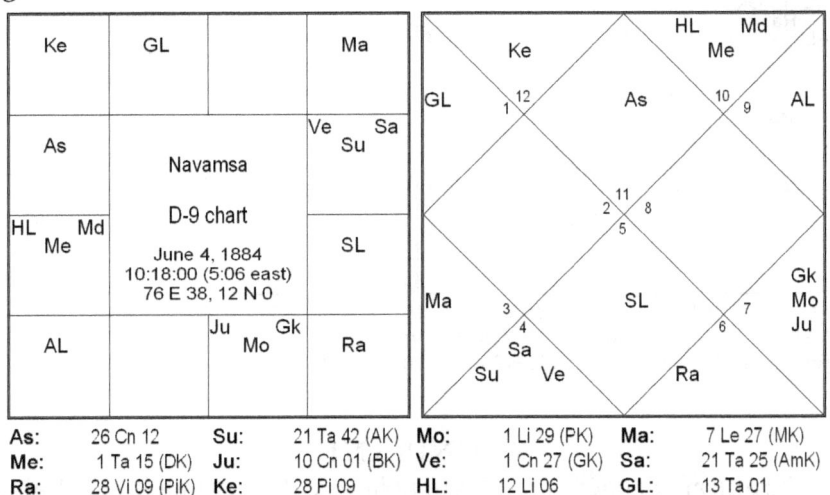

| | | | | | | | |
|---|---|---|---|---|---|---|---|
| **As:** | 26 Cn 12 | **Su:** | 21 Ta 42 (AK) | **Mo:** | 1 Li 29 (PK) | **Ma:** | 7 Le 27 (MK) |
| **Me:** | 1 Ta 15 (DK) | **Ju:** | 10 Cn 01 (BK) | **Ve:** | 1 Cn 27 (GK) | **Sa:** | 21 Ta 25 (AmK) |
| **Ra:** | 28 Vi 09 (PiK) | **Ke:** | 28 Pi 09 | **HL:** | 12 Li 06 | **GL:** | 13 Ta 01 |

Ipak, Ketu u devetoj kući i Mesec u osmoj (marana karaka) od devete skraćuju dugovečnost. Dalje, konjukcija Sunca i Saturna

## Vimšotari i Udu daše

nije povoljan indikator za sreću oca. Tim pre što se nalaze u sedmoj kući (maraka) od pitri pade (A9). Rahu i Saturn su malefični vladari dvanaeste od devete kuće i nalaze se u sedmoj i trećoj kući, datim redom. Rahu u sedmoj aspektuje Saturna u trećoj, i tako se Rahuova daša i Saturnova antardaša kvalifikuju da donesu očevu smrt. Kada su Jupiter i Venera u konjukciji kao vladari prve i osme kuće, Jupiter, kao vladar lagne, može isporučiti rezultate Venerine vladavine osmom kućom. Ovo je potvrđeno, jer Jupiter prima aspekt Saturna koji je u konjukciji sa vladarom sedme od Riba. Dakle, Jupiter će samo izvršiti naredbu Saturna (karake za osmu kuću) i Venere (vladara osme kuće) od Riba.

Ako devetu kuću u dvadašamši, Jarca, tretiramo kao lagnu oca, oba vladara prve i osme kuće, Saturn i Sunce, nalaze se u jutiju u prvoj kući. Dakle, Saturn je kvalifikovan da isporuči loše rezultate vladara osme, Sunca. Rahu je vladar druge kuće (maraka) i nalazi se u osmoj kući. Jupiter je malefični vladar treće i dvanaeste kuće i nalazi se u badak znaku. Otac umire tokom Rahuove daše, Saturnove antardaše i Jupiterove pratiantare.

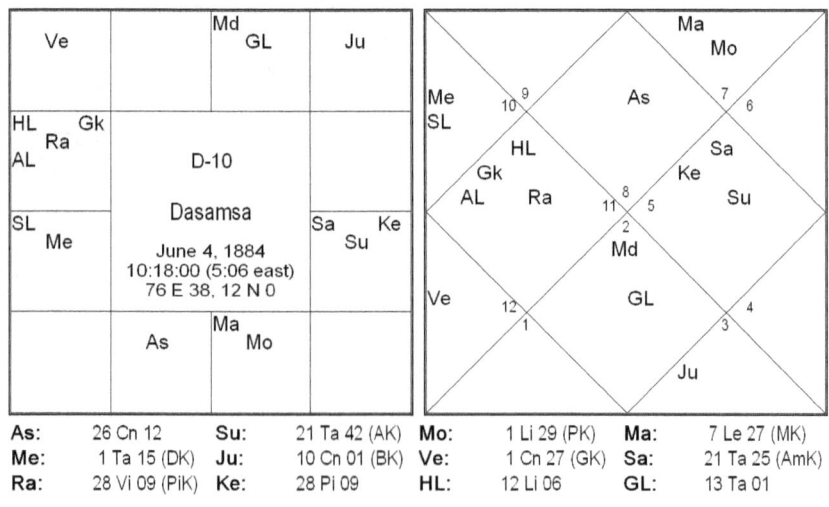

## KRUNISANJE

Krunisanje znači rađa[19] jogu, koja se vidi iz gatika lagne. Rahu aspektuje GL i Merkur se nalazi na GL. Rahu je takođe smešten u Merkurovom znaku i time ove planete u trigonu od GL imaju

---

[19] Kontrola ili vlasništvo nad većim imetkom.

## Vimšotari daša

pozitivan uticaj kao benefici u znaku Bika, gde se GL nalazi.

U dašamši, GL je ponovo u znaku Bika sa egzaltiranim vladarom, Venerom. Merkur je u trigonu i šalje aspekt raši drištijem, dok se Rahu nalazi u desetoj odatle. Venera, dispozitor GL je u petoj kući, kući moći i autoriteta. Rahu aspektuje petu kuću svojim specijalnim dvanaestim pogledom (pogledom na drugu). Vladar pete, Jupiter, nalazi se u Merkurovom znaku, u osmoj kući, i pokazuje autoritet dobijen nasleđem. Ketu je u jutiju sa vladarom desete (moć/status – rađa joga), Suncem, i vladarom četvrte, Saturnom (imovina – rađa joga), i manifestovaće njihove rezultate tokom Rahuove daše, Merkurove antardaše i Ketuove pratiantare. Ketu je ujedno i suvladar lagne u desetoj kući.

### 5.8.6 Smrt braće i sestara

**Čart 25: Smrt braće (vreme događaja)**

Muškarac rođen 23. novembra 1954. godine, u 10:45h.

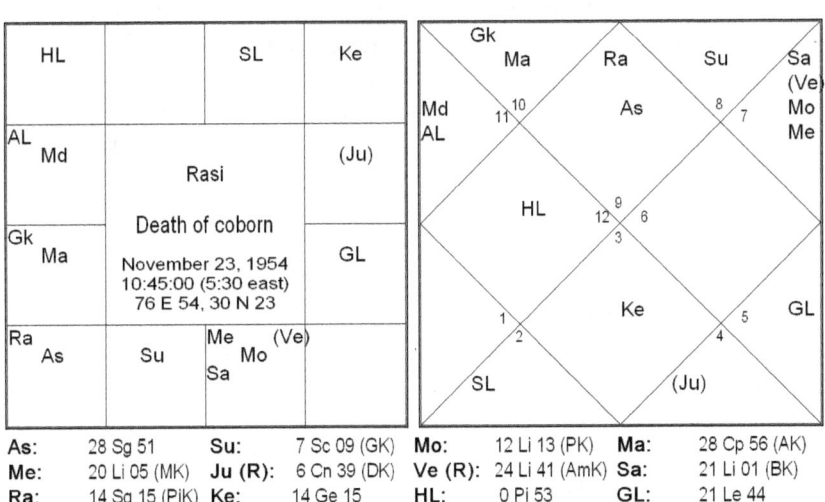

## Vimšotari i Udu daše

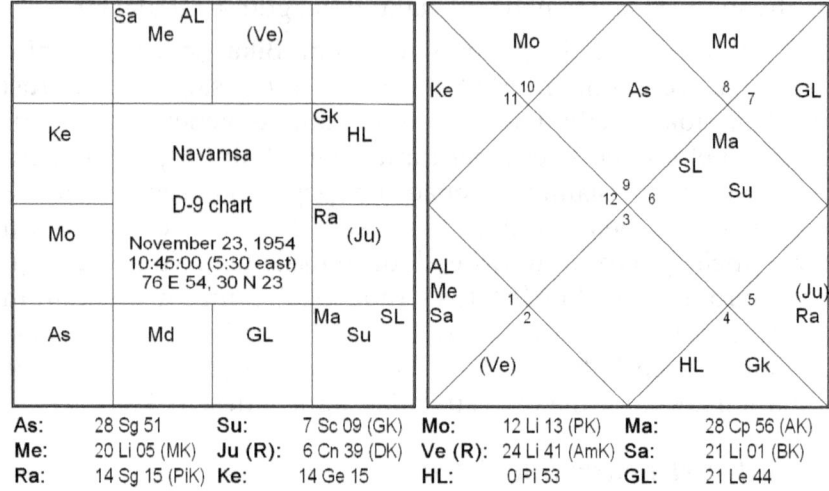

| As: | 28 Sg 51 | Su: | 7 Sc 09 (GK) | Mo: | 12 Li 13 (PK) | Ma: | 28 Cp 56 (AK) |
| Me: | 20 Li 05 (MK) | Ju (R): | 6 Cn 39 (DK) | Ve (R): | 24 Li 41 (AmK) | Sa: | 21 Li 01 (BK) |
| Ra: | 14 Sg 15 (PiK) | Ke: | 14 Ge 15 | HL: | 0 Pi 53 | GL: | 21 Le 44 |

Treća kuća je znak Vodolije, a vladar Vodolije, Rahu, se nalazi na lagni u znaku debilitacije, što ne čini dobro braći/sestrama. Aruda lagna je u Vodoliji i sreća mlađih braće/sestara se može videti iz treće kuće odatle. U trećoj kući je znak Ovna, koji aspektuju debilitirani badakeš, Rahu i egzaltirani badakeš, Saturn.

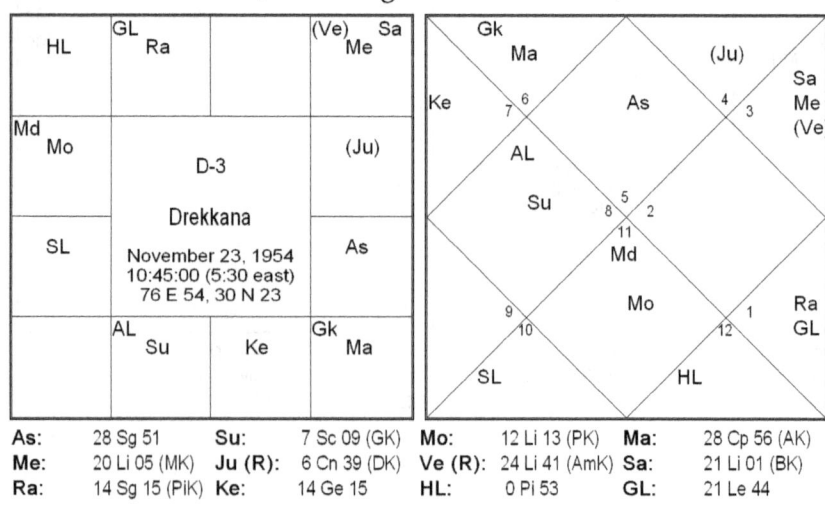

| As: | 28 Sg 51 | Su: | 7 Sc 09 (GK) | Mo: | 12 Li 13 (PK) | Ma: | 28 Cp 56 (AK) |
| Me: | 20 Li 05 (MK) | Ju (R): | 6 Cn 39 (DK) | Ve (R): | 24 Li 41 (AmK) | Sa: | 21 Li 01 (BK) |
| Ra: | 14 Sg 15 (PiK) | Ke: | 14 Ge 15 | HL: | 0 Pi 53 | GL: | 21 Le 44 |

Obično daša čara karaka nije povoljna za posmatrane osobe. Na primer, Vimšotari daša atamakarake može biti teška za samu osobu, dok daša bratrikarake može biti teška ili opasna za braću/

sestre. U ovom primeru je Saturn bratrikaraka. Dalje, Rahua takođe aspektuje Saturn koji se nalazi u sedmoj (maraka) od Ovna. I dok je ova pozicija dovoljna da prouzrokuje nesreće i padove tokom udruženih perioda Saturna i Rahua, obično ne pokazuje smrt, ali u datom primeru postoji i jasan uticaj Marsa (karaka za mlađu braću/sestre) koji se nalazi u dvanaestoj (gubici, rana smrt) od Aruda lagne. Merkur je malefični vladar treće i šeste kuće u jutiju sa vladarom sedme Venerom (brojano od Ovna), takođe u konjukciji sa Mesecom i Saturnom. Dakle, tokom Saturnove daše, Rahuove antardaše i Merkurove pratiantare, mlađa braća pomenute osobe nastradala su u saobraćajnoj nesreći.

U drekana čartu, primarni malefici (maraka planete) za braću/sestre su Saturn i Rahu, budući da su veliki neprijatelji Marsa. Đaimini podučava da ove planete (Saturn/Rahu) povezane sa trećom kućom mogu doneti smrt mlađoj braći, dok u jedanaestoj to mogu učiniti starijima. Drekana lagna je neparni znak i braća/sestre se računaju regularnim brojanjem. Prvi mlađi brat se može videti iz znaka Vage. Venera, vladar Vage je u jutiju i pod aflikcijama Saturna, dok Vaga prima aspekt Rahua. Dakle, tokom Saturnove daše i Rahuove antardaše ovaj mlađi brat umire. Sledeći mlađi se vidi iz treće kuće od Vage ili Strelca. Ovaj znak prima aspekte Rahua i Saturna što takođe pokazuje ranu smrt i ovog brata. Merkur je vladar sedme i nalazi se u sedmoj kući koju takođe afliktuje Saturn. Tokom Saturnove daše, Rahuove antardaše i Merkurove pratiantare oba mlađa brata su se vozili motorom kada se kobna saobraćajna nesreća dogodila.

Primenom Satjačarjinog principa, Sunce (atmakaraka/čara karaka) se pokazuje kao vladar daše. U datom primeru je Saturn vladar daše i ujedno i čara bratrikaraka (privremeni signifikator za mlađu braću) te je Saturnova daša veći malefik za braću/sestre.

## 5.8.7 Problemi sa imovinom

**Čart 26: Problem sa imovinom (biznismen)**

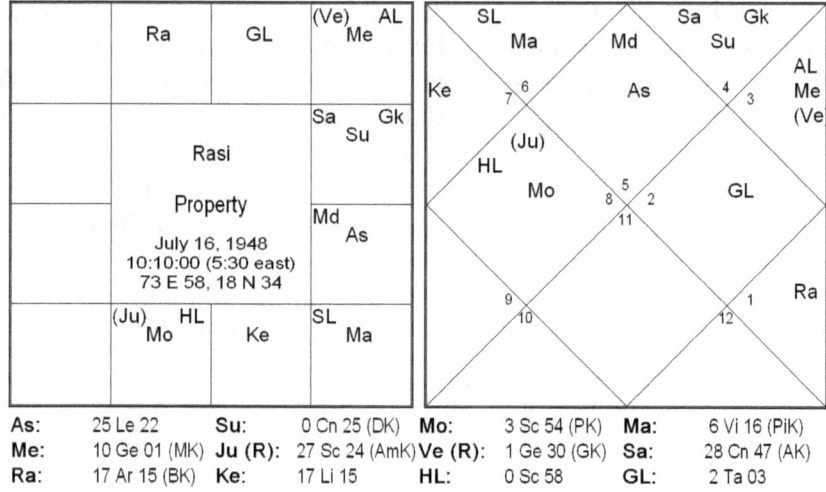

| As: | 25 Le 22 | Su: | 0 Cn 25 (DK) | Mo: | 3 Sc 54 (PK) | Ma: | 6 Vi 16 (PiK) |
| Me: | 10 Ge 01 (MK) | Ju (R): | 27 Sc 24 (AmK) | Ve (R): | 1 Ge 30 (GK) | Sa: | 28 Cn 47 (AK) |
| Ra: | 17 Ar 15 (BK) | Ke: | 17 Li 15 | HL: | 0 Sc 58 | GL: | 2 Ta 03 |

Četvrta kuća je Škorpija sa Jupiterom i Mesecom koji formiraju gađakešari jogu. Vladar četvrte se nalazi u drugoj kući (Mars) i obećava bogatstvo u formi imovine i zemlje. Četvrta kuća od AL je Devica sa Marsom. Merkur, kao vladar prve i četvrte od AL, nalazi se na AL i obećava status zbog ovih poseda. Pošto je Merkur signifikator za biznis, osoba će posedovati imovinu u vezi sa biznisom ili posede koji će mu donositi prihod (Merkur je ujedno i vladar jedanaeste u jedanastoj kući).

## Vimšotari daša

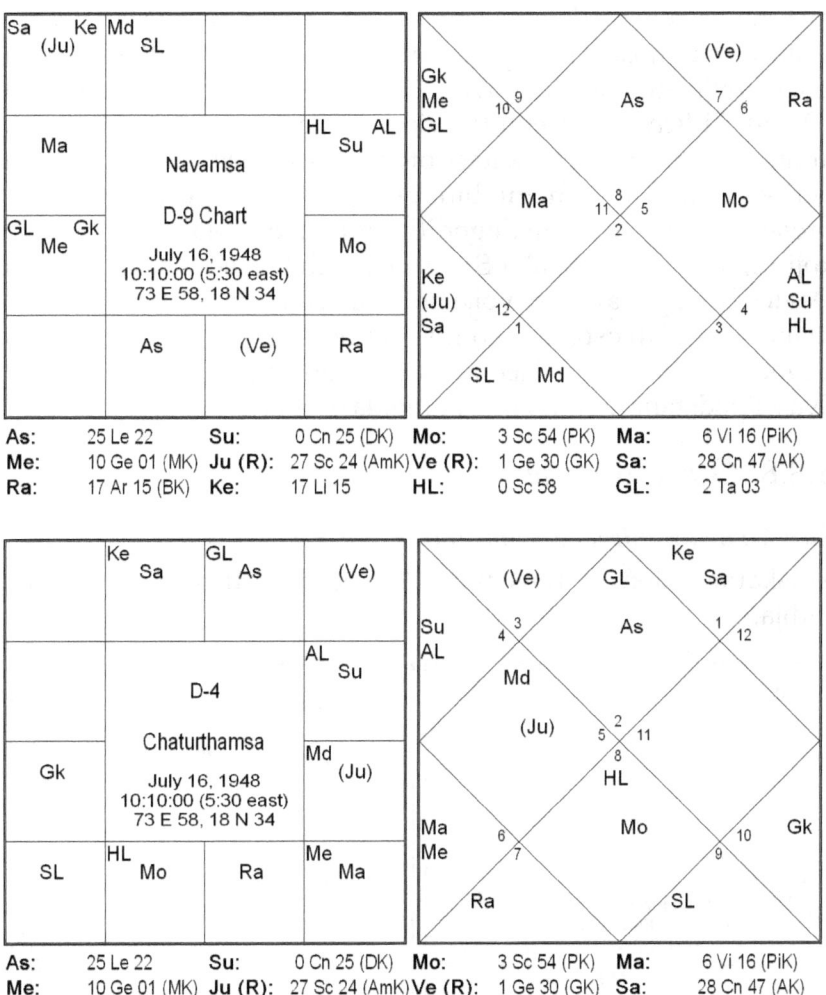

| | | | |
|---|---|---|---|
| Sa (Ju) | Ke | Md SL | |
| Ma | | | HL AL Su |
| GL Me | Gk | Navamsa D-9 Chart July 16, 1948 10:10:00 (5:30 east) 73 E 58, 18 N 34 | Mo |
| | As | (Ve) | Ra |

**As:** 25 Le 22    **Su:** 0 Cn 25 (DK)    **Mo:** 3 Sc 54 (PK)    **Ma:** 6 Vi 16 (PiK)
**Me:** 10 Ge 01 (MK)    **Ju (R):** 27 Sc 24 (AmK)    **Ve (R):** 1 Ge 30 (GK)    **Sa:** 28 Cn 47 (AK)
**Ra:** 17 Ar 15 (BK)    **Ke:** 17 Li 15    **HL:** 0 Sc 58    **GL:** 2 Ta 03

| | Ke Sa | GL As | (Ve) |
|---|---|---|---|
| | | | AL Su |
| Gk | D-4 Chaturthamsa July 16, 1948 10:10:00 (5:30 east) 73 E 58, 18 N 34 | | Md (Ju) |
| SL | HL Mo | Ra | Me Ma |

**As:** 25 Le 22    **Su:** 0 Cn 25 (DK)    **Mo:** 3 Sc 54 (PK)    **Ma:** 6 Vi 16 (PiK)
**Me:** 10 Ge 01 (MK)    **Ju (R):** 27 Sc 24 (AmK)    **Ve (R):** 1 Ge 30 (GK)    **Sa:** 28 Cn 47 (AK)
**Ra:** 17 Ar 15 (BK)    **Ke:** 17 Li 15    **HL:** 0 Sc 58    **GL:** 2 Ta 03

U čaturtamši (D-4) Jupiter je dana karaka i nalazi se u četvrtoj kući, kući imovine, i kao vladar jedanaeste pokazuje rast i ekspanziju poseda. Merkur i Mars u petoj kući čine dana argalu na četvrtu kuću i ukazuju na to da će se imovina koristiti u poslovne svrhe (Mars – vladar sedme, Merkur – karaka za biznis). Suvladar sedme kuće je Ketu koji se nalazi u jutiju sa vladarom devete, Saturnom, u dvanaestoj i pokazuje da će imovina, ili deo imovine, biti iznajmljen drugim stanarima. Vredno je pomena da su ova dva znaka, Ovan (iznajmljeni deo) i Devica (korišteni deo), u šastastaka odnosu, i time pokazuju da će osoba koristiti imovinu ili je iznajmljivati. Planete u ovim znacima favorizuju iznajmljivanje (Ovan), ili ličnu upotrebu (Devica). Dalje, Saturn je debilitiran u jutiju sa Ketuom i preti katastrofom podstanarima tokom sličnih perioda, kada oni mogu biti prisiljeni da napuste pomenute prostorije. Ovo se može dogoditi samo tokom Marsovih perioda, koji se, kao vladar znaka Saturnove debilitacije, Ovna, nalazi u Devici, čime pokazuje nevolje podstanarima čiji će rezultat biti da se imovina vrati osobi. Tokom Venerine daše i Marsove antardaše dogodila se katastrofa i jedan od podstanara je sebi oduzeo život. Sva tri podstanara su do kraja predala osobi renovirane prostorije.

## 5.8.8 Obrazovanje

Čart 27: Briljiranje u obrazovanju

Muškarac rođen 12. novembra 1934. godine, u 18:15h u Kataku, Indija.

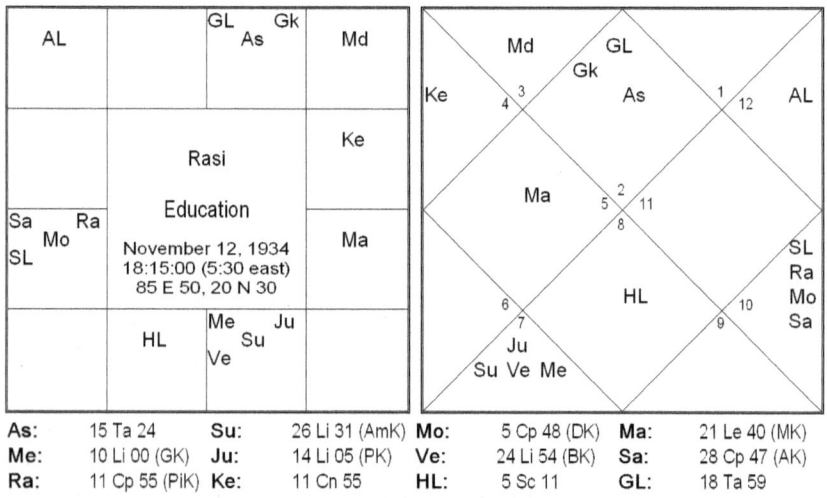

Vladar četvrte kuće se nalazi u šestoj kući u debilitaciji i naglašava probleme tokom osnovnog obrazovanja. Pozicija Venere (vladara lagne) u kendri od Meseca donosi ničabangu vladaru četvrte, što govori da će osoba uložiti puno rada i neće ostaviti nijedan deo svog obrazovanja nepokrivenim.

## Vimšotari daša

| AL<br>Ve | Ra<br>Me | Ke | Su | Sa |
|---|---|---|---|---|
| | | | Ju | As |
| | D-24<br>Siddhamsa | | | |
| Ma | November 12, 1934<br>18:15:00 (5:30 east)<br>85 E 50, 20 N 30 | | | |
| Gk<br>SL | HL<br>Mo | Md<br>GL | | |

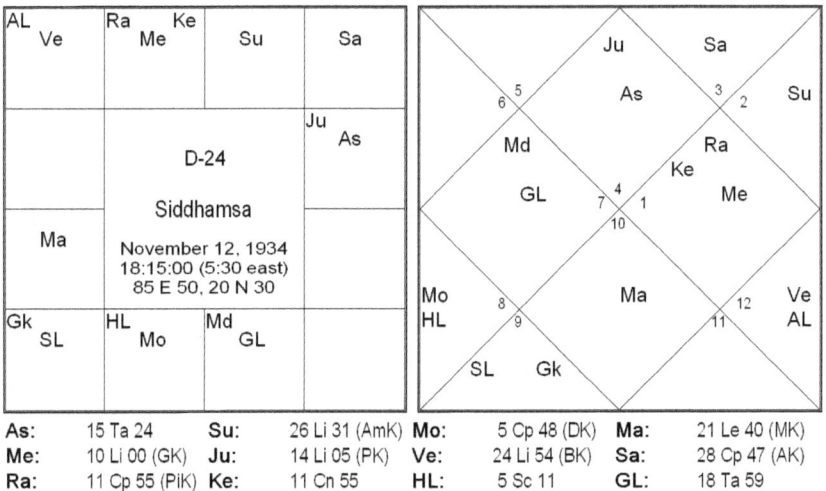

| As: | 15 Ta 24 | Su: | 26 Li 31 (AmK) | Mo: | 5 Cp 48 (DK) | Ma: | 21 Le 40 (MK) |
|---|---|---|---|---|---|---|---|
| Me: | 10 Li 00 (GK) | Ju: | 14 Li 05 (PK) | Ve: | 24 Li 54 (BK) | Sa: | 28 Cp 47 (AK) |
| Ra: | 11 Cp 55 (PiK) | Ke: | 11 Cn 55 | HL: | 5 Sc 11 | GL: | 18 Ta 59 |

Smeštenost Marsa, kao vladara sedme kuće, u kendri od lagne pokazuje da će mu promisao priteći u pomoć tokom obrazovanja. Dakle, ničabanga Sunca ili vladara četvrte kuće, rezultirala je kompletiranjem obrazovanja uprkos naizgled nemogućoj situaciji za obrazovanje. Od četvrte kuće Mesec se nalazi u šestoj i prima aflikcije Saturna i Rahua u badak stanu od lagne i pokazuje loše zdravlje (male boginje), što može otežati obrazovanje. U sidamši, Mesec je vladar lagne debilitiran u petoj kući, čime pokazuje da, iako obrazovanje teče, postoji mnogo problema.

Tokom Marsove daše osoba je osigurala drugo mesto na državnom ispitu, a potom prvo mesto na ispitima iz nauke, posle čega dobija državnu školarinu, kao i mesto na fakultetu inženjerstva. Mars je doneo ničabangu vladara četvrte, jer je smešten u četvrtoj kući. U sidamši je joga karaka egzaltirana u kendri i aspektuje vladara devete, Jupitera (više obrazovanje), čime pokazuje veliki uspeh, kao i prijem na studije inženjerstva. Rahu je malefični vladar osme kuće u sidamši, i smešten je u desetoj kući (maraka od devete) i pokazuje kraj obrazovanja. Tokom Rahuove daše je moguće kompletiranje obrazovanja. On je imao želju da nastavi svoje studije, što pokazuje Sunce, vladar druge u sidamši smešteno u jedanaestoj kući. Ipak, ovo se nije materijalizovalo zbog toga što je Sunce u badak stanu od lagne i afliktuje ga Rahu (vladar daše) iz desete kuće.

## 5.8.9 Brak(ovi)

### Čart 28: Elizabet Tejlor

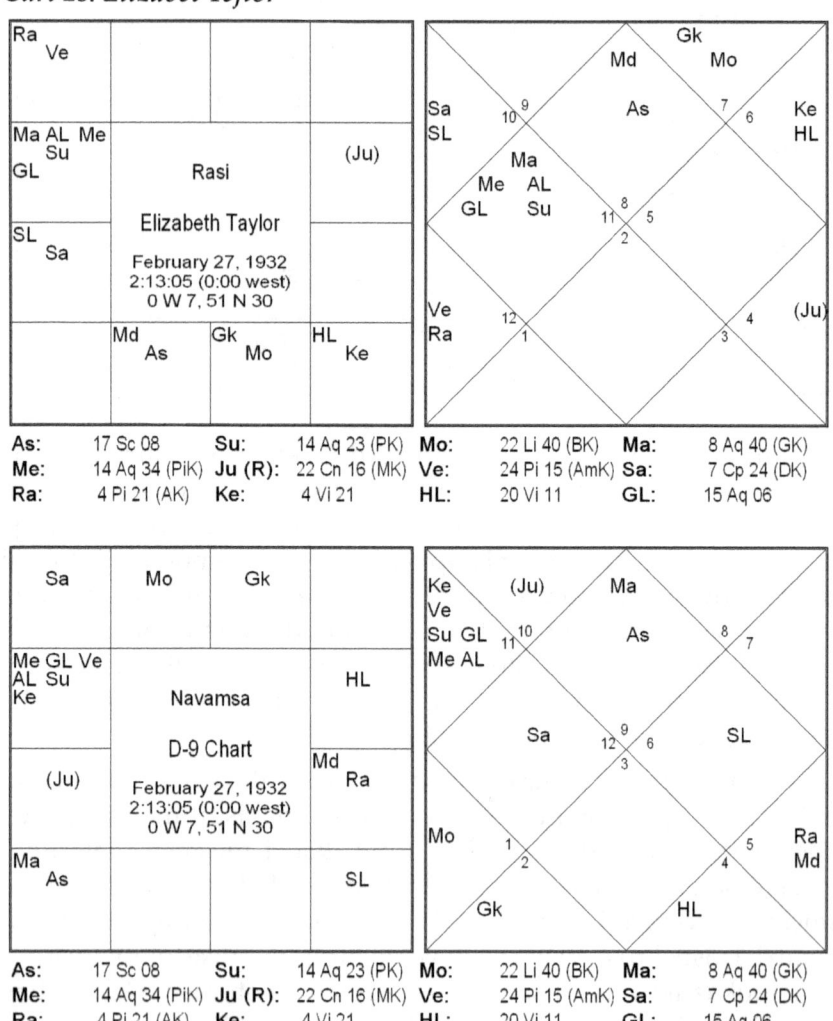

| | | | | |
|---|---|---|---|---|
| Ra Ve | | | | |
| Ma AL Me Su GL | Rasi<br>Elizabeth Taylor<br>February 27, 1932<br>2:13:05 (0:00 west)<br>0 W 7, 51 N 30 | | (Ju) | |
| SL Sa | | | | |
| | Md As | Gk Mo | HL Ke | |

| As: | 17 Sc 08 | Su: | 14 Aq 23 (PK) | Mo: | 22 Li 40 (BK) | Ma: | 8 Aq 40 (GK) |
|---|---|---|---|---|---|---|---|
| Me: | 14 Aq 34 (PiK) | Ju (R): | 22 Cn 16 (MK) | Ve: | 24 Pi 15 (AmK) | Sa: | 7 Cp 24 (DK) |
| Ra: | 4 Pi 21 (AK) | Ke: | 4 Vi 21 | HL: | 20 Vi 11 | GL: | 15 Aq 06 |

| | Sa | Mo | Gk | |
|---|---|---|---|---|
| Me GL Ve AL Su Ke | | | | HL |
| | Navamsa<br>D-9 Chart<br>February 27, 1932<br>2:13:05 (0:00 west)<br>0 W 7, 51 N 30 | | Md Ra | |
| (Ju) | | | | |
| Ma As | | | SL | |

| As: | 17 Sc 08 | Su: | 14 Aq 23 (PK) | Mo: | 22 Li 40 (BK) | Ma: | 8 Aq 40 (GK) |
|---|---|---|---|---|---|---|---|
| Me: | 14 Aq 34 (PiK) | Ju (R): | 22 Cn 16 (MK) | Ve: | 24 Pi 15 (AmK) | Sa: | 7 Cp 24 (DK) |
| Ra: | 4 Pi 21 (AK) | Ke: | 4 Vi 21 | HL: | 20 Vi 11 | GL: | 15 Aq 06 |

Vimšotari daša (početak od lagne): primetimo da su tri planete u kendri od lagne i samo dve u kendri od Meseca, dakle lagna Vimšotari je primenljiva.

## Vimšotari daša

**Tabela 28: Lagna Vimšotari daša (Elizabet Tejlor)**

Mer: 1931-07-26 (15:31:09) - 1948-07-26 (00:12:30)

Ket: 1948-07-26 (00:12:30) - 1955-07-26 (19:06:40)

Ven: 1955-07-26 (19:06:40) - 1975-07-26 (22:06:23)

Sun: 1975-07-26 (22:06:23) - 1981-07-26 (11:16:19)

Mes: 1981-07-26 (11:16:19) - 1991-07-27 (00:33:09)

Mar: 1991-07-27 (00:33:09) - 1998-07-26 (19:31:08)

Rah: 1998-07-26 (19:31:08) - 2016-07-26 (10:29:37)

Jup: 2016-07-26 (10:29:37) - 2032-07-26 (12:48:07)

Sat: 2032-07-26 (12:48:07) - 2051-07-27 (09:35:31)

Hajde da ispitamo bračni život Elizabet Tejlor do današnjeg dana. Vladar sedme je Venera i nalazi se u petoj kući (kući ljubavnih afera), u znaku egzaltacije, i u jutiju sa Rahuom pokazuje višestruke brakove. Dalje, Venera je prešla osam navamši u znaku, što pokazuje mogućnost stupanja u osam brakova. Upapada je u Lavu i njen vladar, Sunce, je u konjukciji sa Merkurom i Marsom u Vodoliji, znaku čiji je suvladar Rahu, čime ponovo ukazuje na mogućnost višestrukih brakova. Darapada (A7) je u Jarcu sa Saturnom, u dvanaestoj od Aruda lagne, i pokazuje da Elizabet Tejlor neće preferirati tajne veze, i da će umesto toga, budući da ujedno aspektuje i upapadu u Lavu, ove veze radije pretvoriti u brakove. Osnovna slabost u čartu leži u činjenici da je darapada (fizički odnosi ili seksualni život) u dvanaestoj kući od Aruda lagne, što pokazuje da neće imati jaku vezanost niti će doživeti sreću sa bilo kojim od svojih partnera. Situacija je pogoršana pozicijom upapade u sedmoj od Aruda lagne, i pokazuje neslaganje sa partnerom usled njihove dominacije (vladar upapade na Aruda lagni). U ovom kontekstu treba ispitati svaki od brakova, kao i njihove plodove.

## Vimšotari i Udu daše

**1.1.1.1 Prvi brak**: 6. juna 1950. godine udaje se za bogataša Rikija Hiltona. Brak je trajao kraće od godinu dana. U raši čartu Ketu aspektuje Veneru i nalazi se u nakšatri Sunca, vladara upapade, i time postaje điva za upapadu. On je suvladar Škorpija lagne i povezuje lagnu sa ovim aktivnostima, čime donosi i brak. Mesec je smešten u dvanaestoj kući (krevet) i može doneti brak, tim pre jer je u pitanju dispozitor Jupitera, prirodnog signifikatora za supruga u ženskom čartu. U navamši se Ketu nalazi u trigonu od sedme kuće i u jutiju je sa vladarom sedme, Merkurom, i zato daje rezultate, dok je Mesec u trigonu od lagne. Dakle, brak se dogodio tokom Ketuove daše, Mesečeve antardaše i Mesečeve pratiantar daše. Vladar antadaše, Mesec, pokazuje osobu koja dolazi u naš život.

Dugovečnost braka se vidi iz druge i osme kuće od upapade. Drugu od upapade je afliktuje Ketu i pokazuje da će tokom tri godine[20] ili sve do rođenja deteta[21] postojati bračna disharmonija, budući da je Ketu mokšakaraka i promoviše celibat, kao i prosvetljenje. Ipak, Ketu je ujedno odgovoran i za dobrobiti Kule i neće stvarati nevolje posle rođenja deteta. Nažalost, antardaša Meseca se završila u januaru 1951. godine, što je pratio i razvod braka.

Bitno je obratiti pažnju na bračne tranzite u čartu tranzita M1. Čvorovi se vraćaju na svoju natalnu poziciju i pokazuju karmičko ispunjenje, dok Jupiter nema vezu sa drugom od upapade (Devica). Jupiter tranzitira preko Vodolije u kojoj se nalazi Venera (vladar sedme i signifikator) u navamši natalnog čarta. Dakle, fizička potreba je zadovoljena, ali brak nije potrajao. Konjukcija Marsa sa Ketuom u Devici doprinosti nepovoljnostima i donosi prekid braka tokom sledeće, Ketuove daše i Marsove antardaše.

---

20    Trogodišnjim periodom vlada Jupiter koji upravlja brojem '3'.
21    Rođenjem deteta upravlja Jupiter, kao signifikator za potomstvo.

## Vimšotari daša

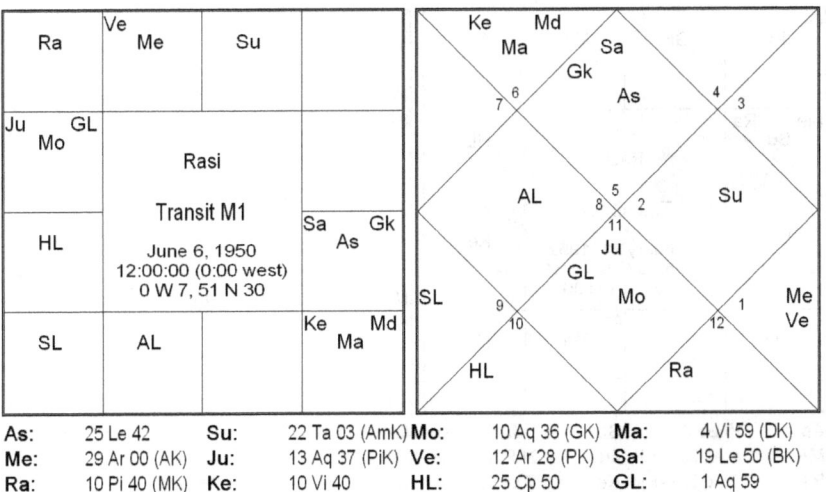

| As: | 25 Le 42 | Su: | 22 Ta 03 (AmK) | Mo: | 10 Aq 36 (GK) | Ma: | 4 Vi 59 (DK) |
| Me: | 29 Ar 00 (AK) | Ju: | 13 Aq 37 (PiK) | Ve: | 12 Ar 28 (PK) | Sa: | 19 Le 50 (BK) |
| Ra: | 10 Pi 40 (MK) | Ke: | 10 Vi 40 | HL: | 25 Cp 50 | GL: | 1 Aq 59 |

**1.1.1.2  Drugi brak:** 21. februar 1952. godine, udaja za Majkla Vildinga. Brak je potrajao pet godina tokom kojih je rodila svoje prvo dete, dečaka, koji je rođen 6. januara 1953. godine, u 23:47h u Santa Moniki, Kalifornija, SAD.

Drugi brak se vidi iz osme kuće od upapade i osme od sedme kuće. Osma kuća od upapade je znak Riba sa Venerom i Rahuom koji primaju aspekat Saturna iz Jarca, i pokazuje brak sa starijom osobom (Saturn – Majkl je bio devetnaest godina stariji). Pošto su Ribe plodan znak, pokazano je rođenje sina, tim pre što je Jupiterov tranzit aspektovao drugu kuću od upapade. Ipak, konjukcija Venere i Rahua na ovoj upapadi, kao i činjenica da je u pitanju drugi znak od Aruda lagne, zajedno sa Suncem (beleška: Sunce i Rahu se ne slažu) ukazuju na to da ni ovaj brak neće dugo potrajati. Pošto čvorovi dominiraju znakom Riba, brak se dogodio tokom Ketuove daše i Rahuove antardaše.

## Vimšotari i Udu daše

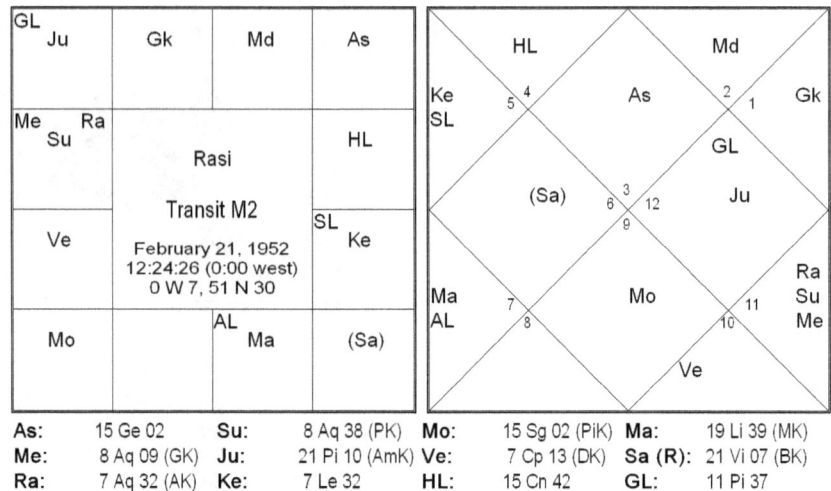

| | | | |
|---|---|---|---|
| **As:** | 15 Ge 02 | **Su:** | 8 Aq 38 (PK) |
| **Me:** | 8 Aq 09 (GK) | **Ju:** | 21 Pi 10 (AmK) |
| **Ra:** | 7 Aq 32 (AK) | **Ke:** | 7 Le 32 |

| | | | |
|---|---|---|---|
| **Mo:** | 15 Sg 02 (PiK) | **Ma:** | 19 Li 39 (MK) |
| **Ve:** | 7 Cp 13 (DK) | **Sa (R):** | 21 Vi 07 (BK) |
| **HL:** | 15 Cn 42 | **GL:** | 11 Pi 37 |

Rođenje sina je potvrđeno kroz saptamšu. Deca se smatraju plodom braka (jedanaesta od sedme tj. peta kuća). Međutim u slučaju višestrukih brakova, decu treba posmatrati iz jedanaeste kuće od kuće braka sa datim partnerom. U skladu sa tim, drugi brak se vidi u drugoj kući (osma od sedme) i deca iz ovog braka se vide u jedanaestoj od druge tj. u dvanaestoj kući. Vladar dvanaeste, Mesec, u saptamša (D-7) čartu nalazi se u znaku Riba, i pokazuje rođenje sina. Ketu je u trigonu od saptamša lagne i nalazi se u devetoj kući sa vladarom devete, Marsom (primarna kuća za potvrdu dece u ženskom horoskopu). Jupiter je vladar Riba (kao dispozitor Meseca) i pokazuje osobu koja dolazi u njen život preko vladara antardaše. Sin je rođen tokom Ketuove daše i Jupiterove antardaše. Iz navedenog je očigledno da osa Ribe-Devica i Mesec pokazuju dete. Sin je rođen sa Devica lagnom i Mesecom na lagni! Dakle, genetski kod koji pokazuje saptamša nalazi svoj put do čarta deteta.

1.1.1.3 **Treći brak:** 2. februara 1957. godine, ulazi u brak za Majkom Todom, dvadeset jednu godinu starijim od nje, rođenim 11. juna 1911. godine u jedan ujutro u Mineapolisu, SAD. Majk je poginuo u avionskoj nesreći 23. marta 1958. godine, dok je putovao na ceremoniju gde je trebao da primi nagradu 'Zabavljač godine'.

## Vimšotari daša

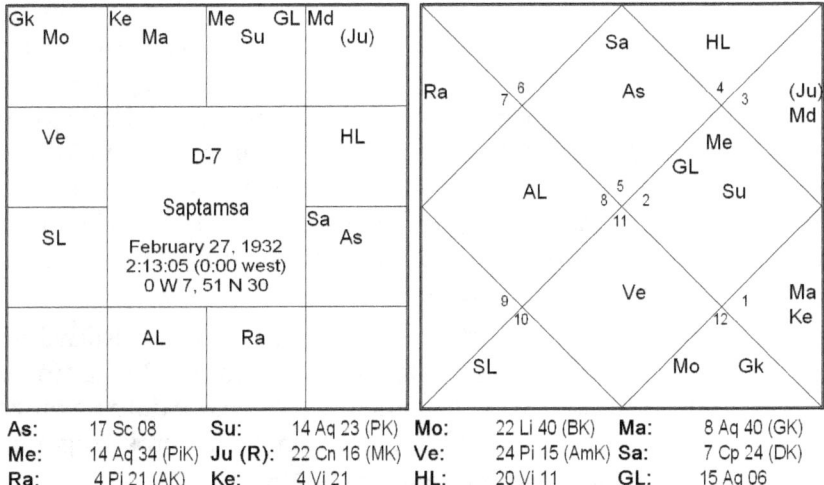

| | | | | | | | |
|---|---|---|---|---|---|---|---|
| **As:** | 17 Sc 08 | **Su:** | 14 Aq 23 (PK) | **Mo:** | 22 Li 40 (BK) | **Ma:** | 8 Aq 40 (GK) |
| **Me:** | 14 Aq 34 (PiK) | **Ju (R):** | 22 Cn 16 (MK) | **Ve:** | 24 Pi 15 (AmK) | **Sa:** | 7 Cp 24 (DK) |
| **Ra:** | 4 Pi 21 (AK) | **Ke:** | 4 Vi 21 | **HL:** | 20 Vi 11 | **GL:** | 15 Aq 06 |

Treća upapada je u Vagi[22], sa Mesecom, i pokazuje brak sa slavnom osobom. Egzaltirana Venera pokazuje profesiju zabavljača i Majk Tod je bio poznati šoumen. Venera u jutiju sa Rahuom pokazuje trajanje braka. U navamši se treći brak vidi iz osme od druge kuće tj. iz devete kuće. Rahu se nalazi u devetoj kući i aspektuje Veneru u trećoj kući. Brak se dogodio tokom Venerine daše, Venerine antardaše i Rahuove pratiantare. Okolnosti suprugove smrti mogu se videti iz trećeg znaka od posmatrane upapade. Treći znak od Vage je Strelac i pokazuje 'pad sa visine'. Ovo aspektuju Venera i Rahu iz Riba, i to pokazuje vozila ili putovanje (Venera) i nesreće ili lošu smrt (Rahu). Ipak, vreme ovog događaja može se utvrditi iz navamše. Ako tretiramo devetu kuću kao lagnu trećeg supruga, onda su u sedmoj kući, koja je maraka, četiri planete, uključujući i Veneru, dok je Saturn njen vladar. Suprug umire na putovanju tokom Venerine daše, Venerine antardaše i Saturnove pratiantare.

1.1.1.4  **Četvrti brak:** 12. maja 1959. godine ulazi u brak sa Edijem Fišerom, koji napušta svoju ženu kako bi bio sa njom. On je rođen 10. avgusta 1928. godine, u 7:42 ujutro, u Filadelfiji, Pensilvanija, SAD. Tokom ovog braka usvajaju ćerku rođenu 6. avgusta 1957. godine u 12:03 popodne u Njujorku, SAD. Do današenjeg dana, Edi Fišer je imao pet brakova.

---

22  Osma kuća od upapade (Ribe) je Vaga.

Četvrti brak se vidi iz osme kuće od treće upapade, a osma kuća od Vage je Bik, kojim vlada Venera. U navamši je osma kuća od devete znak Riba, i četvrta kuća predstavlja četvrtog partnera. U Ribama se nalazi Saturn i prisutna je izmena (parivartana joga) između Saturna u Ribama i Jupitera u Jarcu. Saturn pokazuje 'krađu' ili odnošenje i, u ovom braku, Elizabet je doslovno ukrala tuđeg supruga. Sunce je druga planeta u konjukciji sa vladarom sedme u navamši. Brak se dogodio tokom Venerine daše, Sunčeve atardaše i Jupiterove pratiantare.

1.1.1.5 **Peti brak**: 15. marta 1964. godine, brak sa Ričardom Bartonom. Barton je rođen 10. novembra 1925. godine u Pontridufenu, Vels, a vreme rođenja koja je dato ne može se uzeti kao tačno. Ova javna romansa i brak trajali su deset godina pre razvoda, 1974. godine.

Peti brak se vidi iz osme kuće od četvrte upapade, a osma kuća od Bika je Strelac, kojim vlada Jupiter. Jupiter je egzaltiran u devetoj kući i pokazuje veoma slavnog, srećnog i zgodnog muža, kao i to da će brak potrajati. U navamši je osma kuća od četvrte Vaga, a jedanaesta kuća pokazuje petog muža. Vaga nema planeta i prima pun aspekt Meseca (svetao i dobrog izgleda) iz Ovna (ima imidž borca/ratnika). Brak se dogodio tokom Venerine daše i Rahuove antardaše, sa obe planete koje snažno utiču na vladara sedme i u raši i u navamša čartu. Ovaj brak trajao je sve do kraja Venerine daše, a razveli su se tokom poslednje Ketuove antardaše. Dijabolična uloga Ketua u uništenju njenih brakova je i ovde primetna.

1.1.1.6 **Šesti brak**: 10. oktobra 1975. godine ponovo se udaje za Ričarda Bartona. Ovaj put je brak potrajao svega četiri meseca pre ponovnog razvoda. Pre nego što je umro od izliva krvi na mozak, 5. avgusta 1984. godine, on je imao pet brakova, od kojih su dva braka bila sa Elizabet Tejlor.

Šesti brak se vidi iz osme kuće od pete upapade, i osma kuća od Strelca je znak Raka, sa egzaltiranim Jupiterom. Pošto Jupiter dominira petom i šestom upapadom, velika je verovatnoća da će u pitanju biti ista osoba, Ričart Barton. Dakle, šesti brak je bio sa istom osobom! U navamši je osma kuća od jedanaeste Bik, i šesta kuća pokazuje šestog muža. Njen vladar, Venera, je u konjukciji sa Suncem, dok Jupiter aspektuje znak Bika. Sa dolaskom Sunčeve daše i Sunčeve antardaše, ona se ponovo udaje za Ričarda Bartona.

Ipak, sa završetkom Venerine daše (Venera upravlja zabavljačima i filmskim zvezdama) i sa dolaskom daše Sunca koje vlada političarima i top industrijalcima, kao i ljudima sa kraljevskim vezama, ona više ne može ostati srećna u braku sa filmskom zvezdom. Brak se uskoro i završio.

**1.1.1.7 Sedmi brak:** 4. decembra 1976. godine stupa u brak sa Džonom Varnerom, američkim političarem poznatim po svom privlačnom izgledu. Varner je rođen 18. februara 1927. godine, u 13:55h u Vašingotonu, SAD. Izabran je u Senat 7. novembra 1978. godine. Rastali su se 21. decembra 1981. godine, a kasnije su se i razveli.

Sedmi brak se može videti iz osme kuće od šeste upapade, i osma kuća od Raka je Vodolija. Ovo je Aruda lagna i pokazuje moć i status sa Suncem, Merkurom i Marsom u istom znaku. Njen vladar, Rahu, je u jutiju sa egzaltiranom Venerom. U navamši je osma kuća od šeste znak Strelca, ili prva kuća, i pokazuje sedmog partnera. Mars je veoma snažan u Jupiterovom znaku i pokazuje partnera lepe spoljašnjosti, a očito je i da će efekti Sunca na sedmoj upapadi dominirati i dovesti je u blizak odnos sa političarem. Ona se udala za senatora Džona Varnera tokom Sunčeve daše, Rahuove antardaše i Jupiterove pratiantare.

Brak je trajao sve do kraja daše Sunca, a sa dolaskom Mesečeve daše se rastaju, a kasnije i razvode. Mesec vlada osmom kućom u navamši i, tokom ove daše, osoba radije ostaje podalje od suprotnog pola i braka. Tokom Mesečeve daše, od 1981. do 1991. godine, ona se odlučuje da ostane van braka.

**1.1.1.8 Osmi brak:** 6. oktobra 1991. godine ulazi u brak sa Larijem Fortneskim, dvadeset godina mlađim muškarcem. Ovaj brak trajao je sve do 30. avgusta 1995. godine.

Osmi brak se vidi iz osme kuće od sedme upapade, i osma kuća od Vodolije je Devica. Ketu je smešten u Devici, kojom vlada Merkur, i pokazuje mladića (Lari je bio dvadeset godina mlađi). U navamši je osma kuća od prve Rak i osma kuća pokazuje osmog muža. Saturn se nalazi sam u trigonu od Raka i prima aspekt Marsa sa lagne. Brak je sklopljen u Marsovoj daši, Marsovoj antardaši i Saturnovoj pratiantari.

Brak je trajao četiri godine sve do Merkurove antardaše, tokom Marsove daše. Ovo je poslednji brak, i to ne samo zbog Venere (kalatra karaka i vladar sedme u raši čartu) koja je prešla osam navamši u Ribama, već i zbog toga što je ova upapada u konjukciji sa čvorom. Čvorovi obično pokazuju poslednjeg supruga ili poslednje dete.

---

**Om Tat Sat**

# 6

# Vimšotari varijacije

*Mudrost mudrih i iskustvo godina ovekovečeni su citatima.*
*Bendamin Dizreli*

## 6.1 Tara daša

U prethodnim poglavljima dotakli smo se 'internih varijacija' Vimšotari daše zasnovanih na pet mogućnosti za otpočinjanje daše – dva tipa (lagna i đanma daša) za generalne rezultate, i tri tipa (utpana, kšema i adana daše) za dugovečnost. U ovom poglavlju posmatraćemo varijacije koje mogu doneti promene u redosledu Vimšotari daša ili u periodu daša. Parašara je napravio aluzije na ove varijacije u kojima eksplicitno navodi da je Tara daša varijacija Vimšotari daše. Jupiter je guru Vimšotari daše (videti Apendiks II) a Tara je supruga Brihaspatija (Jupitera). Kad kažemo Tara mislimo na Jupiterovu 'šakti' koja pokazuje savršenu inteligenciju (Boga) koja upravlja svetom. Tara daša donosi strukturalne promene u redosledu daša, dok periodi ostaju nepromenjeni. Druga varijacija nosi ime Mula daša[1] i ona prati redosled Tara daše, ali deli period na dva dela, od kojih prvi nosi ime 'Mula' ili 'koren' i odnosi se na rezultate prošle karme koje osoba mora da iskusi tokom ovog rođenja. Za razliku od Tara daše, koja je primenljiva u veoma ograničenim uslovima, Mula daša je primenljiva u svim čartovima. Druga varijacija Vimšotari daše je Tribagi daša, koja je identična sa Vimšotari dašom, ali su njeni periodi podeljeni na tri dela. Naglasak je na dvadeset sedam nakšatri. U ovom poglavlju ćemo prostudirati pomenute tri varijacije.

### 6.1.1 Primenljivost Tara daše

Tara daša je primenljiva u čartovima koji imaju planete u kendrama (svim) tj. neophodno je prisustvo bar jedne planete u

---

[1] Videti Kalijan Verma, Saravali

svakoj od kendra kuća (1, 4, 7. i 10). Veruje se da su osobe rođene sa ovom kombinacijom rođene zarad ispunjenja snažne želje ili karmičke kletve iz prethodne inkarnacije.

### 6.1.2 Šema

Među planetama koje se nalaze u kendra kućama (1, 4, 7. i 10), najsnažnija pokreće prvu dašu. Sledeća daša je daša sledeće planete po snazi, i tako redom, sve dok sve planete koje se nalaze u kendrama ne pokrenu svoju dašu.

Posle toga, planete koje se nalaze u kućama koje slede (panaparama ili 2, 5, 8. i 11) pokreću svoje daše redom od najnažnije ka najslabijoj u pomenutim kućama.

Nakon što su sve planete u panapara kućama pokrenule svoju dašu, planete u kućama koje slede (apoklima kuće ili 3, 6, 9. i 12) pokreću svoje daše redom njihove relativne snage od najsnažnije do one sa najmanje snage.

### 6.1.3 Period i nomenklatura

Periodi daša i antardaša su identični onima kod Vimšotari daše. Balans početka daše određen je na osnovu longitude ascendenta u nakšatri u kojoj se nalazi. Na primer, ukoliko je početna daša u bilo kom čartu Jupiterova daša, i lagna se nalazi u Revati nakšatri na otprilike $21°10'$ Riba, tada je balans Jupiterove daše na rođenju određen na sledeći način:

| | | |
|---|---|---|
| Raspon Revati nakšatre | : | Ribe 16040'-300 |
| Pređeni deo nakšatre | : | Lagna-početak nakšatre |
| | | = Pi 21010' – Pi 16040' |
| | | = 4030' |
| Preostali deo nakšatre | | |
| | | = 13020-4030' |
| | | = 8050' |
| Balans Jupitera (16 god) | | 8050    X 16 |
| Daša na rođenju | | 13020' |
| | | = 10 god 7 meseci 6 dana. |

Postoje razlike u upotrebi nomenklature u daši. Navtara čakra za Tara dašu se uvek računa od nakšatre natalnog Meseca (đanma nakšatre). Nakšatre u odnosu na nakšatru Meseca nose imena: đanma (1), sampat (2), vipat (3), kšema (4), pratja (5), sada (6), bada (7), mitra (8) i ati-mitra (9). U prethodnom primeru, ukoliko je natalna nakšatra Meseca bila Ćitra (14), tada se daša Jupitera, iako je u pitanju prva daša, može nazvati vipat dašom, budući da nakšatra kojom Jupiter vlada pada u drugu nakšatru od nakšatre natalnog Meseca. Navtara čaka od Ćitre data je u nastavku zarad kasnije reference.

Rezultate daše treba razumeti (tj. u dodatku na njihove indikacije pozicijom i aspektima) i u odnosu na imena koja nose. Na primer, vipat daša donosi nepogode; pratja daša (peta zvezda) predviđa zlo; bada daša (sedma zvezda) pokazuje previše prepreka; đanma daša (prva nakšatra) može doneti loše zdravlje; sampat daša (druga nakšatra) obećava bogatstvo i žitarice; mitra i ati-mitra donose obećanje podrške od strane prijatelja i sreću. Ove generalne indikacije bitno su modifikovane na osnovu vladavine, smeštenosti i aspekata planeta koje upravljaju nakšatrama, kao i planeta koje se nalaze u nakšatrama kojima vlada daša planeta.

Pravila za određivanje snaga prikazana su kod analize čartova.

## Primer

### Čart 29: Određivanje snage

Muškarac rođen: 7. avgusta 1963. godine, u 9.15h u Sambalpuru, Indija.

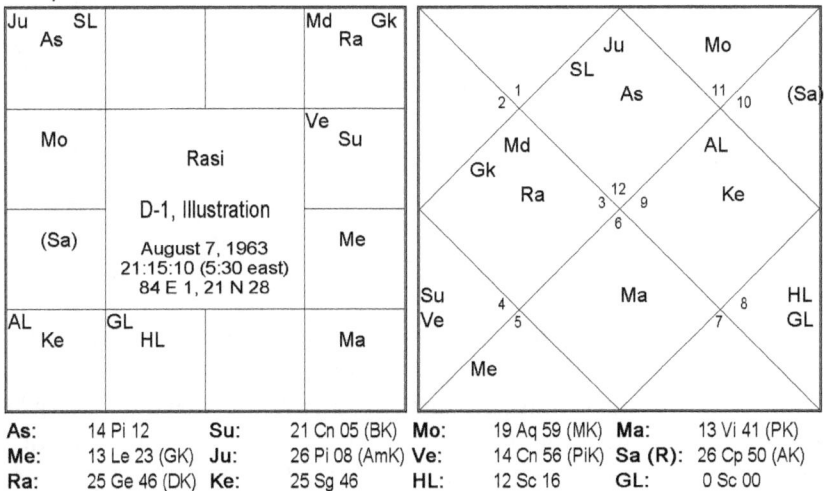

## Vimšotari i Udu daše

U sve četiri kendra kuće nalaze se planete iz čega sledi da je Tara daša primenljiva u ovom čartu. Od četiri planete u kendra kućama (Jupiter, Rahu, Mars i Ketu), čvorovi, Rahu i Ketu, su egzaltirani i otuda snažniji od Jupitera i Marsa (primetimo da Jupiterov aspekt slabi čvorove, ovako suptilna pravila se retko uzimaju u obzir kod Narajana daše). Između čvorova, Ketu je snažniji, jer se nalazi u Strelcu koji prima aspekt Jupitera (vladara Strelca), dok Blizanci ne primaju aspekt Merkura. Određivanje balansa Ketuove daše.

Lagna nakšatra : Utar Badrapada (Ribe $3°20'$ do $16°40'$)
Lagna sputa (vrh) : Ribe $14°12'13''$
Pređeni deo nakšatre : $=14°12'12''-3°20'$
$=10°52'13''$
Preostali deo nakšatre $=13°20'-10°52'13''$

$=2°27'47''$

Balans Ketuove daše $= \dfrac{2°27'47''}{13°20'} \times 7$ godina

$=1$ godina, $3$ meseca, $16$ dana
Navtara čakra : Đanma nakšatra Satabišađ (24)

*Tabela 29: Navtara čakra*

| Đanma | 24 | Satabišađ | 6 | Ardra | 15 | Svati | Rahu |
|---|---|---|---|---|---|---|---|
| Sampat | 25 | P. Badrapada | 7 | Punarvasu | 16 | Višaka | Jupiter |
| Vipat | 26 | U. Badrapada | 8 | Pušja | 17 | Anurada | Saturn |
| Kšema | 27 | Revati | 9 | Ašleša | 18 | Đešta | Merkur |
| Pratja | 1 | Ašvini | 10 | Magha | 19 | Mula | Ketu |
| Sada | 2 | Barani | 11 | P.Falguni | 20 | P.Ašada | Venera |
| Bada | 3 | Kritika | 12 | U.Falguni | 21 | U.Ašada | Sunce |
| Mitra | 4 | Rohini | 13 | Hasta | 22 | Šravana | Mesec |
| Ati-Mitra | 5 | Mrigašira | 14 | Ćitra | 23 | Danište | Mars |

**Redosled daša**: Ketua prate Rahu (egzaltiran), Jupiter (u svom znaku) i Mars. Između tri planete u kućama koje slede (panapara), Venera i Sunce su snažniji od Saturna, a Sunce je jače od Venere jer se nalazi na višem stepenu. Dakle, Marsovu dašu prati daša Sunca, Venere i Saturna. Konačno, planete u apoklima kućama pokreću dašu i između Meseca i Merkura, Mesec je snažniji (drugi izvor snage). Dakle, dašu Saturna prati daša Merkura, i potom Meseca.

*Tabela 30: Tara daša*

| Daša | Planeta | Period | Od | Do |
|---|---|---|---|---|
| Pratja | Ketu | 1-3-16 | 1963-8-7 | 1964-11-23 |
| Đanma | Rahu | 18-0-0 | 1964-11-23 | 1982-11-23 |
| Sampat | Jupiter | 16-0-0 | 1982-11-23 | 1998-11-23 |
| Ati-Mitra | Mars | 7-0-0 | 1998-11-23 | 2005-11-23 |
| Bada | Sunce | 6-0-0 | 2005-11-23 | 2011-11-23 |
| Sada | Venera | 20-0-0 | 2011-11-23 | 2031-11-23 |
| Vipat | Saturn | 19-0-0 | 2031-11-23 | 2050-11-23 |
| Kšema | Merkur | 17-0-0 | 2050-11-23 | 2067-11-23 |
| Mitra | Mesec | 10-0-0 | 2067-11-23 | 2077-11-23 |

Beleške:

1. Iako Parašara nije eksplicitno pomenuo određivanje daša balansa, mudrac navodi da je Tara daša poput Vimšotari daše, i otuda se određivanje daša balansa radi na isti način kao što je to slučaj kod Vimšotari daše.

2. Koristi se svih devet planeta (od Sunca do Ketua), kao što to Parašara izričito navodi.

3. Iako smo probali ovu dašu, nalazimo da ona ne daje jednako jasne rezultate kao što je to slučaj sa Mula dašom. Nalazimo da je Mula daša definitivno tačnija od Tara daše.

4. Tara daša je poput lagna kendradi graha daše, ali na svim ostalim nivoima u pitanju je varijacija Vimšotari daše.

## 6.2 Mula daša

### 6.2.1 *Uvod*

Lagna kendradi graha daša, takođe poznata i kao Mula daša (videti: *Saravali*, Kalijan Verme), je veoma bitan daša sistem u Vedskoj astrologiji. U pitanju je srodna daša, ili izvod iz Vimšotari daše, i smatra se osnovama u đotišu. I iako je ovo poznato već neko vreme, ovo će biti prvi put da se tajna tradicije iznese u pisanoj formi. Ova daša odgovara na neka od najosnovnijih pitanja u đotišu. Na primer, svi se pitaju zašto je Bagavan Šri Rama Ćandra bio prognan u šumu na početku Saturnove daše, kada je u vreme Njegovog rođenja (pojave na ovom svetu) Mesec bio u Raku, a ta se daša završila u vreme Njegovog povratka iz šume. Spisi kažu da je ovaj period *Vanva* (boravak u šumi) trajao četrnaest godina. Ovo se uveliko razlikuje od dobro poznatog perioda od devetnaest godina koliko traje Saturnova daša. Mula daša daje ključna rešenja. Primetno je da su rišiji bili veoma oprezni kod upotrebe imena daša, jer ovo samo po sebi otkriva ključni deo objašnjenja te daše. Ovde je reč 'MULA' skraćenica od 'MULTRIKONA' a važnost ovog možemo videti kasnije kod izvođenja daša perioda.

## 6.2.2 Šema daše

'Lagna' znači ascedent, 'kendra' znači kvadrati/kendra kuće i 'adi' se odnosi na 'ostale' što uključuje panapare (2, 5, 8. i 11) i apoklime (3, 6, 9. i 12). Ova daša je ključna za otkrivanje rezultata prošlih karmi sa kojima se svaki pojedinac susreće, bilo u obliku patnje ili blagoslova, u zavisnosti od karme pojedinca.

Baš kao što to i samo ime sugeriše, daša počinje od lagne, ili bilo koje druge kendre, koja god da je snažnija, i ima planetu/e, dok iza nje sledi druga kendra (koja ima planetu(e) u sebi) u skladu sa njihovim snagama. Nakon što su kompletirani periodi planeta u kendrama, daša prelazi na planete koje se nalaze u četiri znaka u paraparama, a potom na one u apoklimama.

Sledeća pravila su primenljiva kod donošenja odluke o tome koje kuće – panapare ili apoklime - slede početnu dašu planeta u kendrama:

1) Ukoliko je lagna u neparnom znaku, daše planeta u panaparama (2, 5, 8. i 11) prate daše posle kendra.

2) Ukoliko je lagna parni znak, daše planeta u apoklimama (3, 6, 9. i 12) prate daše planeta iz kendra kuća.

3) Ukoliko se Saturn nalazi na lagni, tada je, nezavisno od toga da li je lagna neparni ili parni znak, daša planeta iz kendra

kuća praćena dašama planeta iz panapara kuća (2, 5, 8. i 11).

4) Ukoliko je Ketu na lagni, nezavisno od toga da li je lagna neparni ili parni znak, daše planeta iz kendra praćene su dašama planeta iz apoklima kuća (3, 6, 9. i 12).

### 6.2.3 Redosled daša

1) Kod određivanja redosleda daša, snage planeta se određuje na osnovu standardnih pravila.

2) Parašara daje četiri pravila za određivanje snage znakova/planeta (poglavlje 46, šloka 161-164). To su:

   i. Znak sa planetom (ili više planeta) se smatra jačim od znaka bez planete (ili sa manjim brojem planeta).

   i. Ukoliko znaci imaju jednak broj planeta, tada treba uzeti u obzir status planeta poput egzaltacije, multrikona, svakšetra, itd. kako bi se odredio snažniji znak.

   ii. Ukoliko su i dalje jednake snage, ili bez planeta, tada je prirodna snaga dvojnih znakova veća od fiksnih, i fiksnih znakova veća od pokretnih.

   iii. Ukoliko su i dalje jednako snažni tada treba uzeti u obzir stepene. Planeta na višem stepenu (koji se koristi i kod čara karaka) je snažnija, i učiniće i znak snažnijim.

3) Izvore snaga treba detaljno proučiti i razumeti iz *Upadeša Sutra* Mahariši Đaiminija (videti autorov prevod).

### 6.2.4 Periodi daša

**Pravilo 1**: izbrojati broj znakova od tog znaka do multrikona znaka, i umanjiti dobijeni broj za jedan. Potom dobijenim brojem umanjiti broj godina dodeljen planetama u Vimšotari daša sistemu. Krajnji rezultat pokazuje broj godina Mula daše/lagna kendradi daše dodeljenih planeti.

> **Izuzetak 1:** dodati jednu godinu krajnjem zbiru ukoliko je posmatrana planeta egzaltirana, a oduzeti jedan ukoliko je planeta debilitirana.

> **Iznimak 2:** za svrhe ove daše u slučaju Rahua i Ketua treba odbrojati do Vodolije i Škorpije, datim redom, kao što je to slučaj u Narajana daši.

**Pravilo 2:** u slučaju kada treba oduzeti nekoliko godina, a taj isti broj godina je dodeljen u Vimšotari daša šemi, i kada bi krajnji rezultat bio nula, treba uzeti pun ciklus godina iz Vimšotari daše kao broj godina u Mula daši za prvi ciklus posmatrane planete. Na sličan način treba izračunati trajanje daša za ostale planete u svim kendrama, panaparama i apoklimama. Nakon što je isti proces ponovljen sa svih devet planeta, dobijamo prvi ciklus Mula daše za devet planeta. Ovo je neminovno manje od 120 godina (ili punog perioda Vimšotari daše).

**Pravilo 3:** ostatak godina preostalih posle prvog ciklusa daje pun period drugom ciklusu (param ajus čoveka je 120 godina; što znači 120 minus pun period Mula daše za svih devet planeta u prvom ciklusu). Dakle, drugi ciklus Mula daše za svaku od planeta prati isti redosled kao i prvi ciklus, i jednak je Vimšotari daša periodu planete minus njegov daša period tokom prvog ciklusa.

## 6.2.5 *Primeri*

Hajde da prostudiramo sledeći primer, horoskop Bagavana Šri Rama, kako iz ugla utvrđivanja perioda, tako i iz ugla bitnosti Mula daše u Njegovom životu.

### *Čart 30: Bagavan Šri Ram*
Raši: Lagna, Jupiter i Mesec u Raku; Saturn (R) u Vagi; Mars u Jarcu; Rahu u Strelcu; Venera u Ribama; Sunce u Ovnu; Merkur u Biku; Ketu u Blizancima.

## Vimšotari varijacije

|  |  |
|---|---|
| ![chart1] | ![chart2] |

Left chart (North Indian style):
- Top: Ketu; Lag, Jup, Moon (5); Merc (3, position 2)
- Right: Ven (position 12)
- Center-left: Sat R (position 7, with 4 and 1, 10); Sun AL UL
- Bottom: Mars (position 8, 9, 11); Rahu

Right chart (South Indian style):

| Ven | Sun AL UL | Merc | Ketu |
|---|---|---|---|
|  | Sri Rama | | Lag Jup Moon |
| Mars | | | |
| Rahu | | Sat R | |

**Korak 1**: odrediti najsnažniji znak u kendri, a potom i planetu koja pokreće prvu dašu.

Sve četiri kendre imaju planete, a znak Raka je sa dve planete najsnažniji. Između Meseca i Jupitera, Jupiter je egzaltiran i pokreće prvu dašu. Ovo je praćeno dašom Meseca. Dalje slede daše Marsa, Saturna i Sunca, koji su smešteni u kendrama.

**Korak 2**: odrediti parnost lagne. Ukoliko je lagna neparni znak, treba nastaviti sa procenom snage planeta u panaparama dok je, ukoliko je lagna parni znak, potrebno odrediti snagu planeta u apoklimama. Slično, ukoliko je Saturn na lagni, treba proceniti snagu planeta u panaparama dok je, ukoliko je Ketu smešten na lagni, potrebno odrediti snagu planeta u apoklimama. Ukoliko su i Saturn i Ketu smešteni na lagni, treba proveriti njihove stepene, i planeta koja je na višem stepenu odlučuje o tome da li će naredna daša biti daša planeta u panaparama (Saturn) ili u apoklimama (Ketu).

Lagna je Rak i nijedna od pomenutih planeta, Saturn ili Ketu, se ne nalazi na lagni. Dakle, Mula daša prati obrnuti smer i planete u apoklima kućama pokreću sledeću dašu. Znaci Devica, Strelac, Ribe i Blizanci se nalaze u apoklima kućama. Po jedna od planeta, Venera, Rahu i Ketu, se ovde nalazi u svakom od znakova. Venera je egzaltirana, dok su čvorovi debilitirani. Dakle, prva daša u ovoj grupi je daša Venere. Dalje, znaci Blizanci i Strelac deluju jednako snažni budući da imaju jednak broj planeta, oba su debilitirani i ne primaju aspekte vladara tih znakova. Longituda čvorova je uvek ista. U datom slučaju, treba uzeti u obzir dispozitora čvorova. Jupiter (dispozitor Rahua) se nalazi u parnom znaku, i Merkur se takođe nalazi u parnom znaku. Jupiter je egzaltiran i Strelac je zbog toga jači. Dakle, Rahu pokreće sledeću dašu, a nju sledi daša Ketua.

**Korak 3: Planete u preostala četiri znaka pokreću sledeću dašu.**

Nakon što smo pokrili apoklime i kendre, ostala je samo jedna planeta u panapara kućama, Merkur, i njemu pripada poslednja daša.

**Korak 4: Odredite pertiode za sve planete Mula daše.**

| Planeta | Vimšotari Dasa | Mula trikona | Minus jedan | Egzaltacija ili debilitacija | Redukcija | Mula daša |
|---|---|---|---|---|---|---|
| A | B | C | D=C-1 | E | F = D+ E | G= B-F |
| Jupiter | 16 | 6 | 6-1= 5 | +1 | 6 | 10 |
| Mesec | 10 | 11 | 11-1=10 | 0 | 10 | 10 |
| Mars | 07 | 4 | 4-1 =3 | +1 | 4 | 3 |
| Saturn | 19 | 5 | 5-1 =4 | +1 | 5 | 14 |
| Sunce | 06 | 5 | 5-1 =4 | +1 | 5 | 1 |
| Venera | 20 | 8 | 8-1 =7 | +1 | 8 | 12 |
| Rahu | 18 | 3 | 3-1= 2 | -1 | 1 | 17 |
| Ketu | 07 | 6 | 6-1=5 | -1 | 4 | 3 |
| Merkur | 17 | 5 | 5-1=4 | 0 | 4 | 13 |

Beleške:

1. Kolona E: +1 označava egzaltacije, -1 označava debilitacije i 0 označava nijedno od to dvoje.

2. Kolona za Mesec G= B-F = 10-10 = 0; ukoliko je rezultat 0, tada se uzima pun period od deset godina.

3. Ako je konačni rezultat negativna vrednost, tada treba zanemariti znak minus i uzeti dobijenu vrednost.

## Korak 5: Prikažite Mula dašu

Mula daša Bagavana Šri Rama počinje Mesečevom dašom, i prikazana je u narednoj tabeli. Čitaoci će sigurno znati da cene to što su periodi identični kao i oni u Ramajani. Šri Rama je bio proteran (vanvas) tokom Saturnove daše na period od četrnaest godina, koji je počeo od njegove 24. godine.

| Daša | Period | Starost | Napomene |
|---|---|---|---|
| Jupiter | 10 | 10 | Đanma (rođenje i detinjstvo) |
| Mesec | 10 | 20 | Sikša i Đanaki vivaha (učenje i brak) |
| Mars | 3 | 23 | Dikša (Višvamitra) |
| Saturn | 14 | 37 | Dandakaranija (Vanvas) izgnanstvo |
| Sunce | 1 | 38 | Simhasana (krunisanje) |
| Venera | 12 | 50 | Mantra pada (Sita je proterana i rođeni su sinovi – Luv i Kuš) |
| Rahu | 17 | 67 | Kraj svim rakšasama/demonima |
| Ketu | 3 | 70 | Uspostavljanje 'eka patni darme' (principa jedan čovek, jedna žena) u svetu |
| Merkur | 13 | 83 | Darma (uspostavljanje darme u svetu) |

Nakon što smo izračunali i predstavili Mula daša sistem, postaje jasno da samo ovaj daša sistem objašnjava vanvas, Ramino izgnanstvo u Dandaranijaku na četrnaest godina, i to tačno od Njegove dvadeset četvrte godine života, kao što je to zabeleženo i u spisima. Dakle, kada je Mahariši rekao da je period Saturnove daše trajao četrnaest godina, mislio je na Mula dašu. Ova vrsta preciznosti moguća je u Mula daši koja pokazuje rezultate karme iz prošlog života. Ona pokazuje tačan period manifestacije kletvi ili blagoslova. Kletva Narada Munija (kletva bramina) vidi se iz Jupiterove pozicije na lagni pod aspektima Marsa i Saturna, pod njihovim sedmim i desetim drištijem. Kuće kojima Saturn vlada pokazuju uzroke nastanka kletve. Saturn vlada sedmom i osmom kućom za Rak lagnu a drevni tekstovi navode da se Šri Višnu morao inkarnirati kao Šri Rama (avatar) zbog kletve Narada Munija, zato što je Bagavan prevario Naradu u pokušaju da ga spreči da uđe u brak. Bagavan je učinio da Narada dobije lice majmuna zbog čega ga je njegova mlada ostavila. Narada je bacio kletvu na Gospoda zbog koje će čak i On morati da oseti ogromnu tugu zbog odvojenosti od voljene (Sita je kidnapovana u šumi), i da će mu majmuni priteći u pomoć (Hanumanđi – Mars). Kombinacije za kletve, kao i za remedijalne mere, mogu se prostudirati u klasičnim tekstovima poput BPHŠ ili autorove knjige *Vedske remedijalne mere u astrologiji*.

### Čart 31: Vreme prarabde

Moguće je da je ovo je najfiniji metod određivanja vremena sličnih događaja, koje je veoma teško objasniti na drugi način osim izjavama poput 'manifestacija prošle karme'.

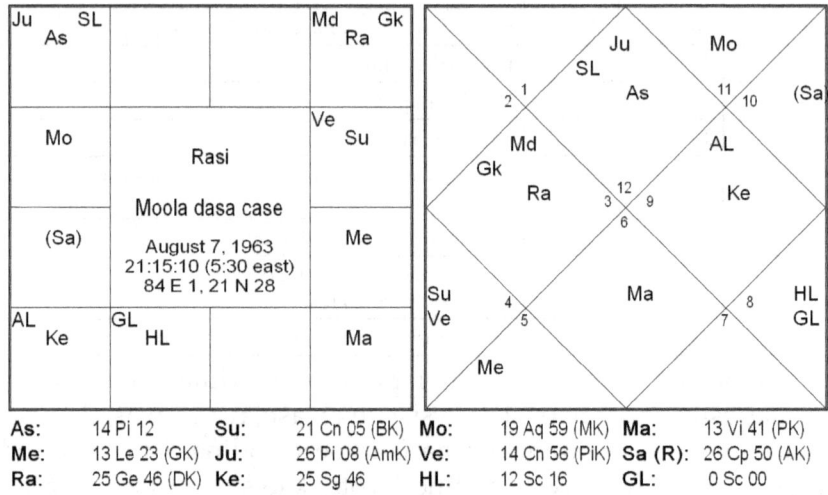

| As: | 14 Pi 12 | Su: | 21 Cn 05 (BK) | Mo: | 19 Aq 59 (MK) | Ma: | 13 Vi 41 (PK) |
| Me: | 13 Le 23 (GK) | Ju: | 26 Pi 08 (AmK) | Ve: | 14 Cn 56 (PiK) | Sa (R): | 26 Cp 50 (AK) |
| Ra: | 25 Ge 46 (DK) | Ke: | 25 Sg 46 | HL: | 12 Sc 16 | GL: | 0 Sc 00 |

Mula daša sistem pokazuje životne prekretnice na osnovu karmičkih zasluga iz prethodnog života i, u tom smislu, pruža bolju ideju o glavnim životnim promenama.

### Tabela 31: Mula daša
*Mahadaša pokazuje koren događaja – prošlu karmu*

Ket: 1963-08-07 (21:15:10) - 1968-08-07 (04:07:11)

Rah: 1968-08-07 (04:07:11) - 1977-08-07 (11:23:12)

Jup: 1977-08-07 (11:23:12) - 1984-08-07 (06:28:55)

Mar: 1984-08-07 (06:28:55) - 1991-08-08 (01:28:37)

Mer: 1991-08-08 (01:28:37) - 2007-08-08 (03:53:54)

## Vimšotari varijacije

Mes: 2007-08-08 (03:53:54) - 2014-08-07 (22:52:08)

Sun: 2014-08-07 (22:52:08) - 2019-08-08 (05:37:53)

Ven: 2019-08-08 (05:37:53) - 2036-08-07 (14:12:29)

Sat: 2036-08-07 (14:12:29) - 2054-08-08 (04:49:01)

Ket: 2054-08-08 (04:49:01) - 2056-08-07 (17:17:01)

Rah: 2056-08-07 (17:17:01) - 2065-08-08 (00:32:31)

Jup: 2065-08-08 (00:32:31) - 2074-08-08 (07:53:43)

Mar: 2074-08-08 (07:53:43) - 2074-08-08 (07:53:43)

Mer: 2074-08-08 (07:53:43) - 2075-08-08 (14:08:01)

Mes: 2075-08-08 (14:08:01) - 2078-08-08 (08:28:41)

Sun: 2078-08-08 (08:28:41) - 2079-08-08 (14:37:47)

Ven: 2079-08-08 (14:37:47) - 2082-08-08 (09:00:02)

Sat: 2082-08-08 (09:00:02) - 2083-08-08 (15:13:29)

☼ U prikazanom čartu, Rahu, veliki malefik za Ribe ascendent, nalazi se u četvrtoj kući. U jutiju je sa Gulikom i time pokazuje da će se efekti Gulike (širenje otrova u telu) manifestovati tokom ovog perioda. Tokom Rahuove daše i Rahuove antardaše osoba je doživela ozbiljan ujed psa lutalice, sa sumnjom na besnilo. Srećom, Jupiter se nalazi na lagni i lek je bio dostupan.

☼ Diktum: *"Kada je Sunce na bagjapadi pod aspektom Saturna (ili Rahua), otac će doživeti ozbiljan pad u životu zbog zanemarenih molitvi Višnuu"*. Sunce je na bagjapadi (A9) pod aspektima Saturna i Rahua. Sa dolaskom Rahuove daše i Sunčeve antardaše (od 21. februar 1973. do 23. avgusta 1973), otac osobe iz primera napušta veoma unosan posao u privatnom sektoru kako bi započeo lični biznis. Ovaj potez se pokazao katastrofalnim, i rezultirao je finansijskim krahom.

## Vimšotari i Udu daše

☼ Diktum: *"Kada je snažan Jupiter na lagni, jedan naklon ispred onog koji nosi trozubac, uklanja hiljade grehova"*. Jupiterova daša je bila najpovoljnija i, pošto Jupiter aspektuje i devetu kuću i vladara devete, osobin otac je pokrenuo ogroman biznis koji je rezultirao velikim sumama novca.

☼ Diktum: *"Ako je vladar devete u badaku, osoba će ispaštati zbog kletve devate koju je obožavala a potom zanemarila u svom prethodnom životu"*. Sa dolaskom Marsove daše, u avgustu 1984. godine (a Mars je ujedno i u marana karaka avasti) celokupan biznis je bio uništen u periodu od godinu dana i porodica ostaje u nemaštini.

☼ Diktum: *"Kada je vladar devete smešten u sedmoj kući, više obrazovanje neće biti od velike koristi"*. Tokom Marsove daše, osoba odlazi u Madras zarad inženjerskih studija. Sam predmet studija mu nije bio od velike koristi, jer se kasnije zaposlio u državnoj službi.

☼ Diktum: *"Kada je vladar sedme u šestoj kući, osoba ulazi u brak sa osobom iz siromašne familije, ili sa služavkom"*. Daša Merkura počinje u avgustu 1991. godine i, svega par meseci kasnije, on se ženi ženom koja dolazi iz, u poređenju sa njim, siromašne porodice.

☼ Diktum: *"Mesec u prvoj drekani pokretnog znaka, drugoj drekani fiksnog i trećoj drekani dvojnog znaka, sa Merkurom u kendri, daje Šarada jogu"*. Mesec je u drugoj drekani fiksnog znaka, pod aspektom Merkura koji se nalazi u kendri odatle, i tako se formira Šarada joga. Osoba je do sada napisala četiri knjige i provodi veći deo svog vremena podučavajući tradicionalno znanje.

Iz gore navedenog postaje očigledno da se tajming različitih diktuma, koji su dati u klasičnim đotiš tekstovima, pokazuje veoma efikasnim u situacijama kada primenimo ispravnu dašu na dati čart. Događaji koji se moraju manifestovati na osnovu indikacija u čartu, mogu se jednostavno vremenski predvideti korištenjem ovih fantastični (tajnih) alata iz tradicije Vedske astrologije.

## 6.3 Tribagi Vimšotari daša

Tribagi znači podela na jednu trećinu, i ova Tribagi Vimšotari daša se odnosi na metod podele Vimšotari daše na tri ciklusa od po 40 godina svaki, koji pokrivaju kratak, srednji i dug život.

### 6.3.1 *Primenljivost*

Tribagi Vimšotari daša primenljiva je u svim čartovima, poput čartova životinja i drugih bića, čija je dugovečnost kraća od 120 godina. Za ljubimce poput pasa ili koza, gde je dugovečnost kraća od 40 godina, koristi se samo jedan ciklus. Kod ljudskih bića, ova daša se koristi kako bi se bolje razumeli uticaji svih nakšatri u đanmarša[2], karmamša[3] i adanarša[4] grupama od po devet zvezda. Ova daša u celosti demonstrira upotrebu navtara čakre.

### 6.3.2 *Daša periodi*

Devet planeta, od Sunca do Ketua, pokreću daše koje traju tačno 1/3 originalne Vimšotari daše. Antardaše i druge kalkulacije potperioda identične su sa standardnim metodama računanja Vimšotari daša potperioda. Tabela koja prikazuje kalkulacije Tribagi Vimšotari daša balansa, kao i potperioda, data je u apendiksu.

*Tabela 32: Tribagi Vimšotari daša*

| Nakšatra | | | Daša | Godina | Mesec |
|---|---|---|---|---|---|
| 3 | 12 | 21 | Sunce | 2 | 0 |
| 4 | 13 | 22 | Mesec | 3 | 4 |
| 5 | 14 | 23 | Mars | 2 | 4 |
| 6 | 15 | 24 | Rahu | 6 | 0 |
| 7 | 16 | 25 | Jupiter | 5 | 4 |
| 8 | 17 | 26 | Saturn | 6 | 4 |
| 9 | 18 | 27 | Merkur | 5 | 8 |
| 10 | 19 | 1 | Ketu | 2 | 4 |
| 11 | 20 | 2 | Venera | 6 | 8 |
| | | | Ukupno: | 40 | 0 |

---

2       Prvih devet konstelacija brojano od Meseca ili od lagne.
3       Drugi set od devet konstelacija, brojano od desete nakšatre od Meseca ili od lagne.
4       Treći set od devet konstelacija, brojano od devetnaeste zvezde od Meseca ili od lagne.

## 6.3.3 Primeri

**Čart 32:** *Ašok Jadav (bivši ministar, UP, Indija)*
Rođen: 30. novembra 1953. godine, u 22:59h.

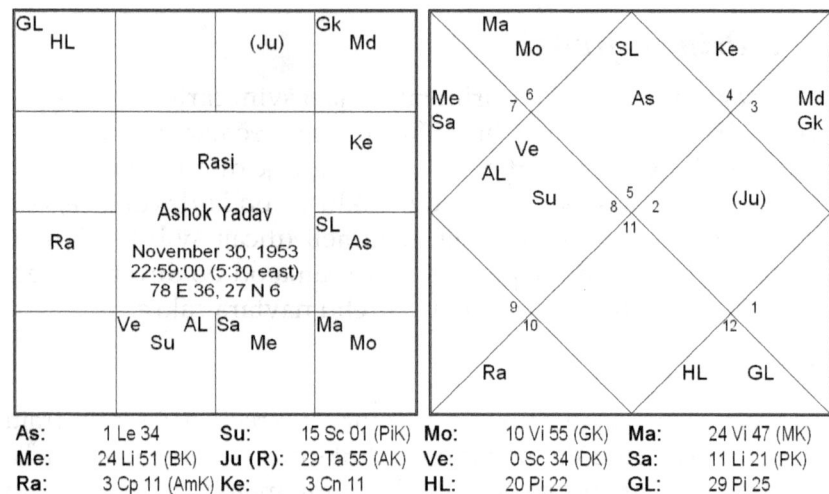

| As: | 1 Le 34 | Su: | 15 Sc 01 (PiK) | Mo: | 10 Vi 55 (GK) | Ma: | 24 Vi 47 (MK) |
| Me: | 24 Li 51 (BK) | Ju (R): | 29 Ta 55 (AK) | Ve: | 0 Sc 34 (DK) | Sa: | 11 Li 21 (PK) |
| Ra: | 3 Cp 11 (AmK) | Ke: | 3 Cn 11 | HL: | 20 Pi 22 | GL: | 29 Pi 25 |

U kendri od lagne su smeštene tri planete, dok je samo jedna planeta u kendri od Meseca. Vimšotari dašu treba pokrenuti od lagne. Lagna je u Maga nakšatri Lava. Dakle, Tribagi dašu treba pokrenuti od vrha lagne.

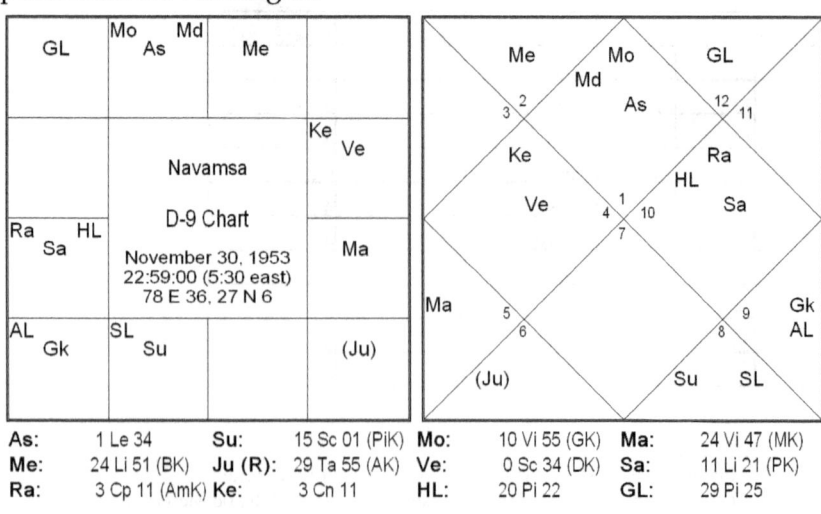

| As: | 1 Le 34 | Su: | 15 Sc 01 (PiK) | Mo: | 10 Vi 55 (GK) | Ma: | 24 Vi 47 (MK) |
| Me: | 24 Li 51 (BK) | Ju (R): | 29 Ta 55 (AK) | Ve: | 0 Sc 34 (DK) | Sa: | 11 Li 21 (PK) |
| Ra: | 3 Cp 11 (AmK) | Ke: | 3 Cn 11 | HL: | 20 Pi 22 | GL: | 29 Pi 25 |

## Vimšotari varijacije

Pošto Magom vlada Ketu, prva daša treba da je Ketuova daša i balans nakšatre koju je lagna prešla treba da pokaže balans Ketuove daše u svom prvom ciklusu od 2 godine i 4 meseca.

|   |   | Step | Min |
|---|---|---|---|
| 1 | Stepen lagne | 121 | 34 |
| 2 | Kraj nakšatre | 133 | 20 |
| 3 | Balans nakšatre [2-1] | 11 | 46 |
| 4 | Raspon nakšatre | 13 | 20 |
| 5 | Balans početne daše (Mesec) | = [3/4]x 2 godine 4 meseca | |
| 6 | Ketu balans | = 2 godine, 0 meseci, 21 dana, 18.54 sati | |
| 7 | Početni datum | = 11/30/53 22:59 | |
|   | Krajnji datum | = 12/23/55 12:46 | |

Gornje kalkulacije su samo približne jer koriste prosečnu solarnu godinu od 365 dana. Tačna kalkulacija daje sledeću Tribagi Vimšotari dašu:

*Tabela 33: Tribagi Vimšotari daša*

| Gr | Br. | Nakšatra | Planeta | Početak | | | Kraj | | |
|---|---|---|---|---|---|---|---|---|---|
| 1. ciklus (danmarša) | 10 | Maga | Ket | 1953 | 08 | 23 | 1955 | 12 | 22 |
| | 11 | P. Falguni | Ven | 1955 | 12 | 22 | 1962 | 08 | 23 |
| | 12 | U. Falguni | Sun | 1962 | 08 | 23 | 1964 | 08 | 23 |
| | 13 | Hasta | Mes | 1964 | 08 | 23 | 1967 | 12 | 22 |
| | 14 | Ćitra | Mar | 1967 | 12 | 22 | 1970 | 04 | 20 |
| | 15 | Svati | Rah | 1970 | 04 | 20 | 1976 | 04 | 20 |
| | 16 | Višaka | Jup | 1976 | 04 | 20 | 1981 | 08 | 23 |
| | 17 | Anuradha | Sat | 1981 | 08 | 23 | 1987 | 12 | 23 |
| | 18 | Đešta | Mer | 1987 | 12 | 23 | 1993 | 08 | 23 |
| 2. ciklus (karmamša) | 19 | Mula | Ket | 1993 | 08 | 23 | 1995 | 12 | 23 |
| | 20 | P. Ašada | Ven | 1995 | 12 | 23 | 2002 | 08 | 24 |
| | 21 | U. Ašada | Sun | 2002 | 08 | 24 | 2004 | 08 | 23 |
| | 22 | Šravana | Mes | 2004 | 08 | 23 | 2007 | 12 | 23 |
| | 23 | Danište | Mar | 2007 | 12 | 23 | 2010 | 04 | 21 |
| | 24 | Satabišađ | Rah | 2010 | 04 | 21 | 2016 | 04 | 20 |
| | 25 | P. Badrapada | Jup | 2016 | 04 | 20 | 2021 | 08 | 24 |
| | 26 | U. Badrapada | Sat | 2021 | 08 | 24 | 2027 | 12 | 23 |
| | 27 | Revati | Mer | 2027 | 12 | 23 | 2033 | 08 | 24 |

## Vimšotari i Udu daše

| 3. ciklus (adanarša) | 1 | Ašvini | Ket | 2033 | 08 | 24 | 2035 | 12 | 23 |
|---|---|---|---|---|---|---|---|---|---|
| | 2 | Barini | Ven | 2035 | 12 | 23 | 2042 | 08 | 24 |
| | 3 | Kritika | Sun | 2042 | 08 | 24 | 2044 | 08 | 24 |
| | 4 | Rohini | Mes | 2044 | 08 | 24 | 2047 | 12 | 23 |
| | 5 | Mrigašira | Mar | 2047 | 12 | 23 | 2050 | 04 | 21 |
| | 6 | Ardra | Rah | 2050 | 04 | 21 | 2056 | 04 | 21 |
| | 7 | Punarvasu | Jup | 2056 | 04 | 21 | 2061 | 08 | 24 |
| | 8 | Pušja | Sat | 2061 | 08 | 24 | 2067 | 12 | 23 |
| | 9 | Ašleša | Mer | 2067 | 12 | 23 | 2073 | 08 | 24 |

Venerina daša u drugom ciklusu, od decembra 1995. do avgusta 2002, pokazala se veoma povoljnom. Posmatrana nakšatra je Purvašada koja prima aspekte Meseca iz Haste i obećava period popularnosti – ono čemu se svaki političar i nada. Purvašada je mitra nakšatra (videti navčakru u nastavku) u đanmarša grupi, i veoma je povoljna. Venera je vladar daše i ujedno i vladar treće i desete kuće, u raši i u dašamša čartu. U raši čartu se nalazi na Aruda lagni, aspektuje desetu kuću graha drištijem i pokazuje želju za moći i za pozicijom. Ona pojačava ambiciju koja će se pokazati plodonosnom tokom perioda ove daše. Venera je dispozitor atmakarake, Jupitera, nalazi se u kendri i obećava blagoslove moćnih ljudi, kao i bolje prilike za unapređenje njegove političke karijere. Jupiter je vladar gatika lagne (GL – moć) i hora lagne (HL – bogatstvo) i nalazi se u kendri, u snazi, u najmoćnijoj, desetoj, kući. Dakle, političari koji će ga podržavati su ujedno i veoma moćne osobe. Venera je u Višaka nakšatri kojom vlada Jupiter, i postaje điva za kuće kojima Jupiter vlada (peta kuća, kuća moći i autoriteta, i osma kuća GL i HL). Venera pokazuje najveće sklonosti za isporučenje Jupiterovih obećanja u ovom čartu. Politička karijera ove osoba dosegla je svoj vrhunac tokom Venerine daše, od decembra 1995. do avgusta 2002. godine.

Negativnost leži u činjenici da se Venera nalazi u raši sandiju (0°34') i da ima tendenciju da uništi kuće kojima vladara – a to su treća kuća, kuća kraćih putovanja i deseta kuća, kuća lidera. Venera je u znaku Škorpije (četvrta kuća – vozila).

Merkur je vladar druge i jedanaeste kuće i dispozitor je Meseca (šubapati). Vlada sedmom kućom od HL i GL i aspektuje lagnu raši drištijem, čime se kvalifikuje za jogadu koja obećava moć i bogatstvo. Njegova pozicija u dvanaestoj od AL govori o trošenju na prijatelje, dok je aflikcija Saturna nepovoljna budući da je Saturn vladar šeste kuće (neprijatelj), sedme kuće (maraka – ubica) i dispozitor Rahua, što će isprovocirati Merkura da pokaže svoju vladavinu nad drugom kućom (maraka). Saturn i Merkur se nalaze u vazdušnom znaku Vage, a Saturn je u Svati nakšatri kojom upravlja Vaju devata (gospodar vazduha).

*Tabela 34: Navtara čakra – Ašok Jadav*

| | Navtara | | Đanmarša | | Karmarša | | Adanarša |
|---|---|---|---|---|---|---|---|
| 1 | Đanma | 14 | Hasta | 23 | Šravana | 5 | Rohini |
| 2 | Sampat | 15 | Ćitra | 24 | Danište | 6 | Mrigašira |
| 3 | Vipat | 16 | Svati | 25 | Satabišađ | 7 | Ardra |
| 4 | Kšema | 17 | Višaka | 26 | Purva badrapada | 8 | Punarvasu |
| 5 | Pratija | 18 | Anurada | 27 | Utara badrapada | 9 | Pušija |
| 6 | Sada | 19 | Đešta | 1 | Revati | 10 | Ašleša |
| 7 | Bada | 20 | Mula | 2 | Ašvini | 11 | Maga |
| 8 | Mitra | 21 | Purvašada | 3 | Barini | 12 | Purva Falguni |
| 9 | Ati Mitra | 22 | Utarašada | 4 | Kritika | 13 | Utar Falguni |

Tokom Venerine daše, Ašok je bio ministar u vladi Utara Pradeša. Ašok Jadav poleće na Šikohabad, UP, na helikopteru Bel 205, 17. aprila 2000. godine (Venerina daša, Saturnova antardaša, Saturnova pratiantara i Merkurova sukšmadaša). U 4:30h poslepodne, nakon što je obavio sastanke, napušta Bevar na severnoj putanji ka Delhiju, gde helikopter doživljava nasilan trzaj. Potom sledi miris paljevine, posle čega nastaje požar! Ispoljavajući retku hrabrost, ministar odlučuje da skoči. Naterao je svog rođaka, kao i pilota, da iskoče sa svojih sedišta pre nego što je i sam iskočio (250 metara pada!!) preko ogromnih naslaga žitarica koje su ležale na polju. Helikopter je eksplodirao minut posle njegovog skoka, a iverica mu je odsekla tri prsta na nozi. Bio je ovo čudesan beg i u slučaju da mu je inteligencija (dhi šakti) zatajila samo na sekund, sva trojica bi tada poginuli.

## Vimšotari i Udu daše

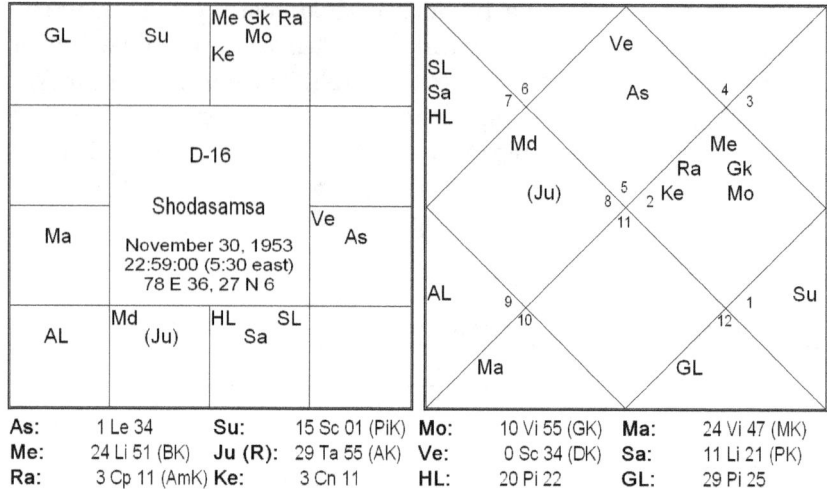

| | | | |
|---|---|---|---|
| **As:** | 1 Le 34 | **Su:** | 15 Sc 01 (PiK) |
| **Me:** | 24 Li 51 (BK) | **Ju (R):** | 29 Ta 55 (AK) |
| **Ra:** | 3 Cp 11 (AmK) | **Ke:** | 3 Cn 11 |

| | | | |
|---|---|---|---|
| **Mo:** | 10 Vi 55 (GK) | **Ma:** | 24 Vi 47 (MK) |
| **Ve:** | 0 Sc 34 (DK) | **Sa:** | 11 Li 21 (PK) |
| **HL:** | 20 Pi 22 | **GL:** | 29 Pi 25 |

U šodašamši (D-16 čartu) potrebno je ispitati četvrtu kuću, Škorpiju, za vozila. Venera je malefični vladar sedme i dvanaeste kuće od Škorpije. Saturn je drugi malefik smešten u dvanaestoj kući kojom vlada Venera, dok je Merkur tek drugi malefični vladar osme smešten u sedmoj kući, takođe pod vladavinom Venere. Merkura afliktuju čvorovi. Obe planete, Saturn i Merkur, imaju maraka moći od lagne u rašiju, kao i čaturtamši. Preciznosti radi, nezgoda se dogodila tokom Venerine daše, Saturnove antardaše, Saturnove pratiantare, Merkurove sukšmadaše, Saturnove pranadaše i Merkurove dehadaše. Srećom, Jupiter se, kao benefična atmakaraka, nalazi u četvrtoj kući i sigurno će zaštititi. Njegov dhi šakti (inteligencija kojom Jupiter upravlja) radila je tačno u sekund, i zbog toga je i preživeo ovu nezgodu.

Da bi se odredili rezultati planeta koje vladaju dašama, antardašama itd, treba ispitati njihove tranzite. Horoskop tranzita u vreme nezgode pokazuje da, iako je Venera egzaltirana, Saturn i Merkur vladaju različitim potperiodima i nalaze se u debilitaciji. Ovakav tranzit se može pokazati veoma opasnim i nepovoljnim, posebno na dane kada Mesec tranzitira trigone ili sedmi znak od loše aruda pade, kao i đanma, vipat, pratija ili bada nakšatre (prema navtara čakri).

Vimšotari varijacije

| | | | |
|---|---|---|---|
| Ve Me | Ma SL Ju Su Sa | | AL GL |
| HL | Rasi Transit April 17, 2000 16:30:00 (5:30 east) 79 E 18, 27 N 13 | | Ra |
| Ke | | Gk | Md |
| | | Mo As | |

| | | | |
|---|---|---|---|
| | | Gk Mo | Md |
| | 8 7 | As | 5 4 Ra |
| | | 6 9 3 | AL GL |
| | | 12 Ve | |
| Ke | 10 11 | Me | 2 1 |
| | HL | | Ju Su Sa Ma SL |

| As: | 6 Vi 18 | Su: | 3 Ar 53 (DK) | Mo: | 18 Vi 30 (PK) | Ma: | 24 Ar 34 (AK) |
|---|---|---|---|---|---|---|---|
| Me: | 13 Pi 09 (GK) | Ju: | 19 Ar 07 (PiK) | Ve: | 19 Pi 20 (MK) | Sa: | 23 Ar 37 (BK) |
| Ra: | 5 Cn 31 (AmK) | Ke: | 5 Cp 31 | HL: | 24 Aq 27 | GL: | 25 Ge 58 |

Mesec je tranzitirao Devicu, đanma raši i Hastu, đanma nakšatru. Tranzit preko đanma nakšatre može biti veoma opasan za telo. Smrt se nije dogodila zbog velikog Jupitera, atmakarake, koji je aspektovao lošeg Rahua kako bi uništio *dušta marana*[5] jogu.

## 6.4 Kompresovana Vimšotari daša

Sve daše se mogu kompresovati, kako bi odgovarale purna ajusu, podelom punog perioda na 120 godina, a potom množenjem sa maksimalnom dugovečnošću tela. Na isti način se kompresuju i daša periodi, kao i potperiodi.

### 6.4.1 *Primenljivost*

Kompresovana Vimšotari daša koristi se u mundanim čartovima, poput čartova zakletvi u čartovima ministara parlamenta gde je život izabranog tela fiksiran na recimo pet godina (Indija) ili četiri godine (SAD). Kompresovana Vimšotari daša može se koristiti i kod godišnjih čartova ali iskustvo pokazuje da ne daje dobre rezultate.

---

[5] Dušta marana znači loša smrt koju uzrokuju teroristi ili bombe, eksplozije, itd. Rahu smešten u trećoj ili osmoj kući od Aruda lagne ili od atmakarake može doneti ovu lošu jogu. Ukoliko Rahua aspektuje Sunce, to može doneti požare, dok Venera pokazuje nevolje u toku putovanja. Ukoliko je Jupiter malefik, može pokazati ubistvo dok će, ukoliko je u pitanju benefik, kao u datom primeru, dati sve od sebe da sačuva osobu.

## Vimšotari i Udu daše

Dr. B. V. Raman deli slično gledište i preporučuje druge daše, poput Parjajini daše, za tađaka čartove. Ipak, on preporučuje tithi Aštotari dašu[6] za Hindi sistem tithi praveša čakre, jer se pokazalo da daje odlične rezultate.

### 6.4.2 Šema i period

Šema je identična onoj za Vimšotari daše. Zapravo, Tribagi Vimšotari daša može da se posmatra kao oblik kompresovane Vimšotari daše.

### 6.4.3 *Primer*

*Čart 33: Vađpajeva vlada*

Trenutna Vađpaji vlada (13. Lok Sabha), vreme davanja zakletve 13. oktobar 1999. godine (sreda), u 10:31h, u Delhiju.

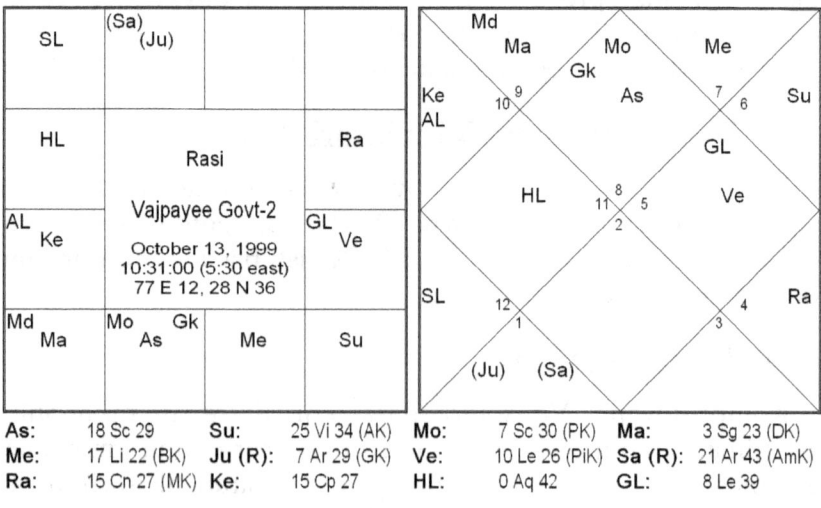

| | | | | |
|---|---|---|---|---|
| **As:** | 18 Sc 29 | **Su:** | 25 Vi 34 (AK) | **Mo:** 7 Sc 30 (PK) **Ma:** 3 Sg 23 (DK) |
| **Me:** | 17 Li 22 (BK) | **Ju (R):** | 7 Ar 29 (GK) | **Ve:** 10 Le 26 (PiK) **Sa (R):** 21 Ar 43 (AmK) |
| **Ra:** | 15 Cn 27 (MK) | **Ke:** | 15 Cp 27 | **HL:** 0 Aq 42 **GL:** 8 Le 39 |

---

[6] Detalji se mogu prostudirati u narednom poglavlju na temu Aštotari daše.

Vimšotari varijacije

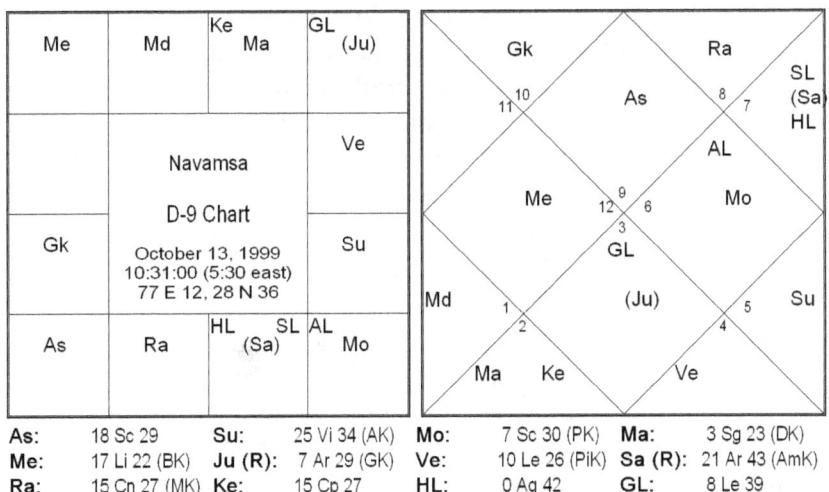

| | | | |
|---|---|---|---|
| Me | Md | Ke Ma | GL (Ju) |
| | Navamsa D-9 Chart October 13, 1999 10:31:00 (5:30 east) 77 E 12, 28 N 36 | | Ve |
| Gk | | | Su |
| As | Ra | HL (Sa) | SL AL Mo |

| | | | | | | | |
|---|---|---|---|---|---|---|---|
| **As:** | 18 Sc 29 | **Su:** | 25 Vi 34 (AK) | **Mo:** | 7 Sc 30 (PK) | **Ma:** | 3 Sg 23 (DK) |
| **Me:** | 17 Li 22 (BK) | **Ju (R):** | 7 Ar 29 (GK) | **Ve:** | 10 Le 26 (PiK) | **Sa (R):** | 21 Ar 43 (AmK) |
| **Ra:** | 15 Cn 27 (MK) | **Ke:** | 15 Cp 27 | **HL:** | 0 Aq 42 | **GL:** | 8 Le 39 |

*Tabela 35: Kompresovana Vimšotari daša*

Vimšotari daša (počevši od Meseca):

Maha daše:

Sat: 1999-10-13 (10:31:00) - 2000-04-25 (12:47:05)

Mer: 2000-04-25 (12:47:05) - 2001-01-10 (19:25:30)

Ket: 2001-01-10 (19:25:30) - 2001-04-25 (18:58:42)

Ven: 2001-04-25 (18:58:42) - 2002-02-24 (10:39:03)

Sun: 2002-02-24 (10:39:03) - 2002-05-27 (02:14:45)

Mes: 2002-05-27 (02:14:45) - 2002-10-29 (06:17:38)

Mar: 2002-10-29 (06:17:38) - 2003-02-09 (20:03:28)

Rah: 2003-02-09 (20:03:28) - 2003-11-13 (11:35:59)

Jup: 2003-11-13 (11:35:59) - 2004-07-12 (17:06:57)

## VAĐPAJEVO KOLENO

U čartu zakletve vlade, deseta kuća pokazuje lidera tj. predsednika ili premijera, kao glavnog odgovornog. Deseta kuća je znak Lava i vladar, Sunce, je atmakaraka i nalazi se u jedanaestoj kući, što pokazuje da će premijer biti zaštićen. Sunce

## Vimšotari i Udu daše

kao AK pokazuje da snaga vlade dolazi iz osnivanja hramova i sličnih institucija koje podržavaju moral društva. Saturn je veliki neprijatelj Lava budući da je nepovoljni vladar šeste kuće i da se nalazi u devetoj kući (badak znak) sa vladarom osme, Jupiterom. Slična kombinacija prisutna je i u natalnom čartu predsednika Ruzvelta[7], a rezultat je to što su njegove noge uništene. Tokom Saturnove daše razvili su se bolovi u kolenima. Hajde da primenimo Satjačarjine principe za predviđanje vremena događaja.

Tretirajući Sunčev znak, Devicu, kao prvu kuću, Blizanci u desetoj kući pokazuju premijera A. B. Vađapajea. Osma kuća odavde pokazuje hronične bolesti koje zahtevaju medicinsku intervenciju, i u pitanju je znak Jarac. Ipak, Merkur je vladar prve kuće (Blizanci) i Venera će, kao dispozitor Merkura, raditi u pravcu dobrog zdravlja. Lek, iako je u pitanju operacija (Mars aspektuje Ketua i Saturna) treba da se pronađe tokom daša ovih planeta, Merkura i Venere. I Merkur i Venera smešteni su u vodenoj navamši i pokazuju da će lek doći iz oblasti medicine i da neće biti prirodan. Merkur je, dalje, debilitiran u navamši i jasno pokazuje slabo zdravlje.

Mesec, kao vrhovni vladar nakšatri, pokazuje da će antardaše biti određene nakšatrama i principima koji njima vladaju. Kolena pokazuje znak Jarac, kojim vlada Saturn a koji se nalazi u šestoj kući, sa Ketuom. Planete u nakšatrama ovih dveju planeta će, tokom svojih daša skrenuti fokus nacije na premijerova kolena (Rahu se nalazi u Pušja nakšatri, kojom vlada Saturn, a Venera se nalazi u Maga nakšatri, kojom vlada Ketu).

Lagna određuje kuće i planete koje će prevladati u pružanju leka. Znak Lava možemo tretirati kao lagnu lidera, a dvanaesta kuća odavde je plodan Rak koji obećava adekvatnu medicinsku pomoć. Rahu, grozan malefik, nalazi se u dvanaestoj kući i preti nevoljama, ali će postati pozitivan ukoliko je lekar iz inostranstva. Dr. Caitarandan Ranavat je morao doputovati iz inostranstva (Njujork) kako bi obavio operaciju. Merkur se nalazi u Svati nakšatri, kojom vlada Rahu, i postaje điva za Rahua u dvanaestoj kući. Merkur pokazuje sklonosti lekara, poput mesta i vremena obavljanja operacije. Merkur je u Vagi i pokazuje zapadni pravac i, budući da je u pitanju pokretni znak, pokazuje da će i

---

7     Videti čart 17.

lekar i pacijent (premijer) prevaliti veliki put zbog operacije. Operacija je urađena u Brič Kendi bolnici u Bombaju (zapadni pravac za premijera).

Prva operacija je izvedena 10. oktobra 2000. godine u Merkurovoj daši, Rahuovoj antardaši i Merkurovoj pratiantari. Operacija levog kolena (zamena) je počela u 10:10 ujutro i uspešno je završena u 11:15h.

Druga operacije se dogodila 7. juna 2001. godine, u četvrtak ujutro, u 8:45h, i trajala je preko sat vremena. Do ove operacije je došlo tokom Venerine daše, Venerine antardaše i Merkurove pratiantare. Nadamo se da čitaoci cene različite metode korištene za određivanje svake od daša, antardaša i pratiantara na osnovu Satajačarjinih principa.

### HRAM ŠRI RAMA

Kao što je to ranije pomenuto, Sunce, kao atmakaraka, pokazuje da snaga Vlade dolazi iz osnivanja institucija koje podržavaju i učvršćuju moral društva. Jedna od takvih institucija je hram Šri Rama[8] u Ajodji. Tokom daše Sunca, između februara i maja meseca 2002. godine, pitanje Ram Đanmabumi je proključalo sa VHP[9] koji su napravili ozbiljanu distancu[10] udaljujući se od premijera. Bio je ovo pogrešan korak, budući da je Sunce vladar desete i tako pokazuje premijera. Dakle, na sva pitanja u vezi sa Ram hramom nije moguće pronaći rešenje bez umešanosti Sunca (tj. premijera). Usledilo je puno buke i plača, ali bez konačnog rezultata, jer Rahu u devetoj kući i Jupiter u šestoj pokazuju da će religiozno-političke mahinacije zaustaviti proces.

---

8     Rama se inkarnirao u solarnoj lozi Ajodje, UP, Indija i mnogi delovi društva hteli su izgradnju hrama zarad Njegovog obožavanja u Ajodji. Parašara navodi da Sunce predstavlja Rama i da se Sunce kao AK posebno odnosi na Šri Rama.
9     Višva Hindu Parišad, međunarodna organizacija.
10     Glavni sveštenik Višva Tirta Svamiđi, koji je bio deo VHP delegacije koja je prozvala ministra rečima da je Gospodin Vađpaje odbio njihov zahtev za predaju zemlje VHP-u, rečima da ne može postupati suprotno mandatu vladajuće Alijanse Nacionalne Demokratije. Šri Vađpaje je rekao da bi radije dao ostavku nego predao zemlju VHP-u.

Vimšotari i Udu daše
## TAJM MAGAZIN

Mesec je debilitiran (pad) na lagni (ime/slava/reputacija) i ovo Vladi donosi pad reputacije ili slave. Pošto je u pitanju dispozitor Rahua, uzroci će biti stranog porekla. Sa dolaskom daše Meseca, Tajm magazin objavljuje nelaskav članak o premijeru Atal Bihari Vađpaju u kom širi klevete u vezi sa njegovim zdravljem i sposobnošću da upravlja državom nuklearnog oružja. Kasnije, tokom Jupiterove antardaše u daši Meseca (od 11. jula 2002. do 1. avgusta 2002), zbog intevencije američkih Indijaca koji donose na uvid njegov zdravstveni karton kao dokaz o njegovom zdravlju, Tajm magazine izražava "duboko žaljenje". Druga polemika je buknula kada je Tajm magazin greškom e-mejlom identifikovao ministra spoljnih poslova Đasvant Singa kao izvor negativnih primedbi na Vađpajevo zdravlje. Službenica magazina, Glorija Hamond, izvinila se zbog greške navodeći da je do te greške došlo zato što je istovremeno pisala i odgovore na pitanja u vezi sa člankom, koje je isto poslala mejlom. Jupiter je uspešno zaštitio reputaciju zato što je gnati karaka ali i vladar autoriteta, pete kuće od lagne, kao i desete kuće, Lava.

## ZAJEDNIČKA SEDNICA AMERIČKE KUĆE I SENATA

Glavno obeležje premijerovih dostignuća bila je zajednička sednica Američke kuće i Senata, u novembru 2001. godine, što je redak događaj sa svega nekoliko osoba koje su imale čast da prisustvuju. Ovakav događaj zahteva da su rađa (deseta kuća) i rađapada (A10) pod povoljnim uticajima benefičnih planeta. Deseta kuća je znak Lava sa Venerom i pod aspektima je Jupitera, dok je rađapada u Vagi kojom vlada Venera, i ona pod aspektima Jupitera. Ovaj događaj je zahtevao premijerov put u inostranstvo a za to pratiantardaša treba da je povezana sa dvanaestom kućom, brojano od znaka u desetoj, Lava. Rahu je u Raku, u dvanaestoj od Lava. Tokom Venerine daše i Jupiterove antardaše reputacija Vlade, kao rastuće moći Azije, opada, a događaj se odvio 8. novembra 2001. godine u Rahuovoj pratiantardaši.

**Om Tat Sat**

# 7

# Aštotari daša

*Postoji mudrost glave, i... mudrost srca.*
*Čarls Dikens*

Aštotari daša je ardradi daša tj. šema ove daše počinje od Ardra nakšatre. Rig Veda nas uči da vatra Rudre počinje sa ulaskom Sunca u ovu nakšatru. Veda Vjasa nas uči da je planeta Ketu poput Rudre. Parašara posebno pominje 'Roudrabhadita' i time implicira vladavinu Rudre nad ovim daša sistemom (tj. vatrenim Ketuom). Vladar, koji je ujedno i vrhovni gospodar šeme, nema poseban period uticaja i umesto toga, poput predsednika, vlada celom šemom kao i periodom u celosti.

## 7.1   Šema Aštotari daše

Aštotari daša koristi sistem od 28 nakšatri. Vladavina nad nakšatrama počinje sa Ardrom[1] čija je devata Rudra. Prirodni malefici, poput Sunca, Meseca, Saturna i Rahua, predsedavaju nad četiri nakšatre svaki, dok prirodni benefici, Mesec, Merkur, Jupiter i Venera, predsedavaju nad tri nakšatre svaki. Ketu nije uključen u listu planeta koje pokreću daše u ovoj šemi, već je vladar celokupne šeme.

## 7.2   Daša period

Ketu nema ulogu u ovoj daši. Kao što je to pomenuto kod Vimšotari daše, devet planeta i lagna doprinose sa po 12 godina svaka kako bi dali ukupni period od 120 godina za Vimšotari dašu. U ovoj daši, lagna daša se ignoriše tj. lagna ne upravlja određenom dašom. Za Aštotari dašu, u dodatku, Ketu je uklonjen

---

[1] Kritikadi Aštorari daša danas više nije primenljiva budući da su pređene preko tri nakšatra juge od prvobitne kompilacije BPHŠ. Nakšatre su podeljene na vimsapada (neparno-nožnu) i samapada (parno-nožnu) grupu, sa po tri nakšatre brojano od Kritike (br. 3). Dakle, Kritika, Rohini i Mrigašira čine prvu grupu vimsapade praćenu Ardrom, Punarvasu i Pušja nakšatrom u drugoj grupi.

## Vimšotari i Udu daše

(kao vladar celokupne daše) i njegov primarni doprinost od 12 godina je izostavljen. Dakle, ostali smo sa osam planeta, od Sunca do Rahua, i ukupnim periodom (param ajus) od 108 godina (120-12=108). I dok je Jupiter 'guru' Vimšotari daše (tj. Sunce – 6 plus Mesec – 10 = Jupiter 16 godina), Venera je 'guru' Aštotari daše (tj. Sunce – 6 plus Mesec – 15= Venera – 21 godinu). Na sličan način se mogu odrediti i ostali periodi. Aštotari daša je veoma detaljna šema koja koristi 28 nakšatri i 8 planeta, kao što je to slučaj i kod kalačakre.

1.1.1.1 Periodi daša: periodi planeta i njihov redosled je sledeći: Sunce – 6 godina, Mesec – 15 godina, Mars – 8 godina, Merkur – 17 godina, Saturn – 10 godina, Jupiter – 19 godina, Rahu – 12 godina i Venera – 21 godinu. Bitno je obratiti pažnju na to da ovi periodi ne odgovaraju jednoj nakšatri već celokupnom rasponu od tri/četiri nakšatre, od slučaja do slučaja. Dakle, Sunce vlada nakšatrama Ardra, Punarvasu, Pušja i Ašleša, koje pokrivaju ukupni raspon od 53°20'. Celokupni raspon od 53°20' odgovara daši Sunca koja traje 6 godina.

1.1.1.2 Potperiodi: za razliku od Vimšotari daše gde je Jupiter guru, Venera je guru "leve ruke" tj. antardaše se računaju u obrnutom smeru, kao i kod svih ostalih pitanja u vezi sa Ketuom, koji vlada celokupnom dašom. Argale od Ketua se računaju u obrnutom pravcu i, u raši daši, redosled postaje anti-zodijački i prethodni znak postaje prvi u slučaju kad se Ketu nalazi na daša znaku. Slično tome, pošto je Ketu vladar Aštotari daše, antardaše se računaju unazad. Vladar daše pokreće poslednju antardašu i, na isti način, vladar antardaše pokreće poslednju pratiantardašu.

Prva antardaša je antardaša planete koja sledi posle vladara daše Aštotari daša redosledom. Druga antardaša je daša planete koja dolazi potom, i tako redom sve do poslednje antardaše čiji je vladar isti kao i daša vladar. Dakle, za dašu Sunca, prva antardaša je Venera, sledeća je Rahu, sledeća Jupiter i tako dalje, sve do poslednje antardaše kojom vlada Sunce. Uporedite ovo sa Vimšotari dašom kod koje je po redosledu uvek sledeća daša. Periodi antardaša su proporcionalni sa glavnim daša periodima planeta, a gotova tabela se može pronaći u prilogu.

## 7.3 Kalkulacije

Naredna tabela pokazuje vladavinu kao i zodijački raspon vladavine planeta.

*Tabela 36: Aštotari daša periodi*

| Planeta | Nakšatra | Od | Do | Raspon |
|---|---|---|---|---|
| Sunce | Ardra, Punarvasu, Pušja, Ašleša | Blizanci 6040' | Rak 3000' | 53020' |
| Mesec | Maga, P. Falguni, U. Falguni | Lav 000' | Virgo 1000' | 4000' |
| Mars | Hasta, Ćitra, Svati, Višaka | Devica 1000' | Škorpija 3020' | 53020' |
| Merkur | Anurada, Đešta, Mula | Škorpija 3020' | Strelac 13020' | 4000' |
| Saturn | P. Ašada, U. Ašada, Abiđit, Šravana | Strelac 13020' | Jarac 23020' | 4000' |
| Jupiter | Danište, Satabišađ, P. Badrapada | Jarac 23020' | Ribe 3020' | 4000' |
| Rahu | U. Badrapada, Revati, Ašvini, Barini | Ribe 3020' | Ovan 26040' | 53020' |
| Venera | Krittka, Rohini, Marigašira | Ovan 26040' | Blizanci 6040' | 4000' |

Savet: pošto je Abiđit dodata nakšatra i prostire se preko Utarašade i Šravane pozajmljujući 1/4 prve i 1/5 druge nakšatre, neophodno je izračunati ovu nakšatru.

- Korak 1: odrediti đanma nakšatru na osnovu sistema od 28 nakšatri i videti kojoj grupi pripada. Videti tabelu iz priloga.

- Korak 2: oduzeti stepen Meseca od krajnjeg stepena grupe, podeliti to sa ukupnim rasponom grupe i pomnožiti sa daša periodom planete.

- Korak 3: pretvoriti rezultate u godine, mesece, dane itd. kako bi se dobio balans daše na rođenju.

Kao primer uzeti kalkulaciju Aštotari daše za Prabhupada: rođen 1. septembra 1896. godine, u 15:24h, Kalkata, Indija.

Vimšotari i Udu daše

## Čart 34: Šrila Prabhupada - Aštotari

| AL    | Ma       |       |
| SL    | Mo       | HL    |
|-------|----------|-------|
| Ra    | Rasi<br>Srila Prabhupada<br>September 1, 1896<br>15:24:00 (5:53 east)<br>88 E 22, 22 N 32 | Ju   Ke<br>Su<br>GL |
| Md  Gk<br>As |  Sa | Ve   Me |

| As: | 28 Sg 22    | Su: | 16 Le 59 (MK) | Mo: | 27 Ta 46 (AmK) | Ma: | 16 Ta 56 (PiK) |
|-----|-------------|-----|---------------|-----|----------------|-----|----------------|
| Me: | 11 Vi 06 (PK) | Ju: | 2 Le 02 (GK)  | Ve: | 1 Vi 46 (DK)   | Sa: | 21 Li 47 (BK)  |
| Ra: | 1 Aq 10 (AK)  | Ke: | 1 Le 10       | HL: | 7 Ge 20        | GL: | 23 Le 27       |

Rođenje se dogodilo tokom Krišna pakša navami tithija, u mrigašira nakšatri. Zalazak sunca je bio u 18:15h.

Kriterijum 1: vladar lagne, Jupiter, se nalazi u fiksnom znaku, u Lavu, a Rahu je smešten u kendri, u drugom fiksnom znaku, Vodoliji.

Kriterijum 2: u pitanju je dnevno rođenje (pre zalaska Sunca) tokom Krišna pakše. Pošto su oba kriterijuma zadovoljena u potpunosti, Aštotari daša je primenljiva u horoskopu.

## RAČUNANJE DAŠA BALANSA

**Korak 1:** Mesec je u Mrigašira nakšatri koja upada u osmu grupu nakšatri kojima vlada Venera. Raspon nakšatri je od $26°40'$ Ovna do $6°40'$ Blizanaca. Mesec je u znaku Bika na $27°46'29''$.

**Korak 2:**

(a) Oduzeti stepen Meseca od krajnjeg stepena grupe.

=Blizanci $6°40'$ – Bik $27°46'29''$

=$66°40' - 57°46'29''$

Aštotari daša

$= 8°53'31''$

(b) Rezultat podeliti sa ukupnim rasponom grupe. Raspon grupe je 400'. Dakle,

$$= \frac{8°53'31''}{40°0'} = \frac{8.891944}{40.0} = 0.2222986$$

(c) Pomnožiti sa periodom daše. [Venera daša traje 21 godinu]

Dakle, $0.2222986 \times 21 = 4.668271$

**Korak 3**: Pretvoriti rezultat u godine, mesece i dane, itd.

Dakle, 4.668271 = 4 godine, 0.668271×12 meseci.
= 4 godine, 8 .01925 meseci
= 4 godine, 8 meseci, 0.01925×30 dana
= 4 godine, 8 meseci, 0.5775 dana
= 4 godine, 8 meseci, 1 dan.

Balans Vimšotari daše na rođenju je bio 4 godine, 8 meseci, 1 dan.

**Upotreba tabele**: ova kalkulacija se može pojednostaviti upotrebom tabela iz apendiksa.

**Korak - 1**: Mesec je u Mrigašira nakšatri na 27°46'29'' stepeni tj. 57°46'29''. Bitan deo tabele je prikazan u nastavku. Balans Venerine daše za 56°40' je 5 god, 3 mes, 1 d, 6h.

| 5 | Mrigašira | 1 | 53:20:00 | 56:40:00 | Venera | 7 | 0 | 0 | 0 |
|---|---|---|---|---|---|---|---|---|---|
| 5 |  | 2 | 56:40:00 | 60:00:00 |  | 5 | 3 | 1 | 6 |
| 5 |  | 3 | 60:00:00 | 63:20:00 |  | 3 | 6 | 2 | 12 |
| 5 |  | 4 | 63:20:00 | 66:40:00 |  | 1 | 9 | 3 | 18 |

**Korak - 2**: oduzeti stepen Meseca od najbližeg prethodnog nižeg broja.

$57°46' - 56°40' = 1°6'$. Neophodno je primeniti korekciju za ovu osu longitude.

## Vimšotari i Udu daše

| Long | Korekcija Venerine daše | | | |
|------|---|---|----|----|
| d:m  | g | m | d  | h  |
| 0:01 | 0 | 0 | 3  | 4  |
| 0:05 | 0 | 0 | 15 | 23 |
| 1:00 | 0 | 6 | 11 | 15 |
| 1:06'| 0 | 6 | 30 | 18 |

Ovo odgovara periodu od 6 meseci, 30 dana, 18h, koje treba oduzeti od 5 godina, 3 meseca, 1 dan, 6h kako bi se došlo do balansa daše od 4 godine, 8 meseci, 5 dana, 11h. Naravno, da smo računali na dodatnih 29", tada bi rezultat bio tačniji.

**Tabela daša**

Tabela daša pokazuje datum početka daše. I dok Venerina daša počinje rođenjem, sledeća daša će slediti datum dobijen dodavanjem balansa Venerine daše na datum rođenja.

| Planeta | Period  | Početak    | Kraj       |
|---------|---------|------------|------------|
|         | G-M-D   | G-M-D      | G-M-D      |
| Venera  | 4-8-0   | 1896-9-1   | 1901-5-01  |
| Sunce   | 6-0-0   | 1901-5-01  | 1907-5-01  |
| Mesec   | 15-0-0  | 1907-05-01 |            |

## 7.4 Primer

*Čart 35: Aštotari – slučaj 1.*
Muškarac rođen 20. aprila 1971. godine, u 4:20h, Indija.

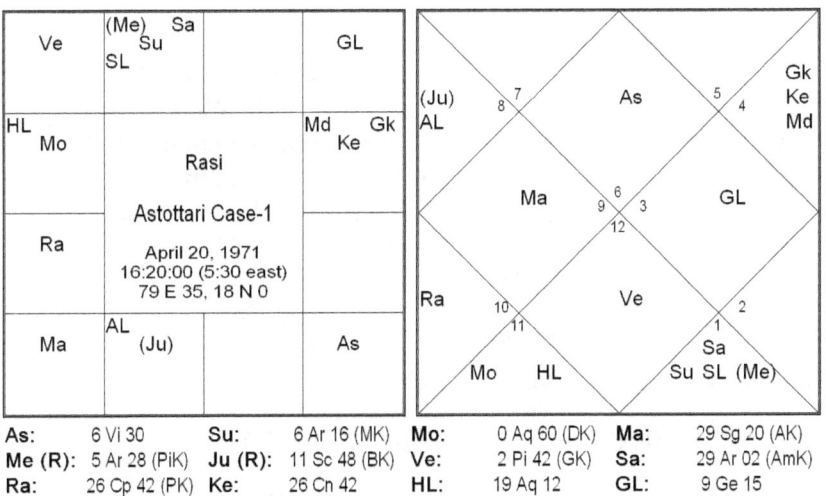

| | | |
|---|---|---|
| **As:** 6 Vi 30 | **Su:** 6 Ar 16 (MK) | **Mo:** 0 Aq 60 (DK) | **Ma:** 29 Sg 20 (AK) |
| **Me (R):** 5 Ar 28 (PiK) | **Ju (R):** 11 Sc 48 (BK) | **Ve:** 2 Pi 42 (GK) | **Sa:** 29 Ar 02 (AmK) |
| **Ra:** 26 Cp 42 (PK) | **Ke:** 26 Cn 42 | **HL:** 19 Aq 12 | **GL:** 9 Ge 15 |

**Primenljivost daše i tema:** *prvi uslov* je Rahu u kendri od lagneša, ali ne i na lagni, i on je zadovoljen – Rahu se nalazi u pokretnom znaku, u Jarcu, koji nije na lagni (lagna je Devica). Vladar lagne, Merkur, se nalazi u drugom pokretnom znaku, Ovnu, i nalazi se u kendri od Rahua. *Drugi uslov*: u pitanju je dnevno rođenje, izlazak sunca je bio u 5:53h ujutro a zalazak u 18:29h naveče a rođenje se dogodilo u 16:20h, tokom Krišna pakše. Dakle drugi uslov, rođenje tokom Krišna pakše u toku dana, je zadovoljen. Aštotari daša je u celosti primenljiva u čartu.

**Tema** mora imati vezu sa izvozom znanja, dobara ili usluga. Kao što je to pomenuto u trećem poglavlju, Ketu je vladar ove daše i, na osnovu pozicije i statusa Ketua, poznati su detalji u vezi sa životnom temom. Ketu se nalazi u jedanaestoj kući, kući prihoda i dobitaka, u nakšatri vladara dvanaeste – Sunca. Bitno je pomenuti i kombinaciju Sunca, Merkura i Saturna; u pitanju je joga vladara dvanaeste sa vladarom lagne u osmoj kući, u jutiju sa Saturnom koji garantuje boravke u inostranstvu. Na osnovu ovog čarta rečeno je da su boravci i život u inostranstvu deo sudbine.

## Vimšotari i Udu daše

Ketu prima aspekt Marsa (vatra, inženjering, tehničko znanje) vladara osme kuće (tajno znanje) i dispozitora kombinacije vladara lagne Merkura sa egzaltiranim Suncem (pokazuje poziciju, status, boravak u inostranstvu, kao vladar dvanaeste) i sa debilitiranim Saturnom (službe), i dispozitora Jupitera (odnosi se na znanje, inteligenciju i dom i brak, kao vladar četvrte i sedme kuće).

Ketu takođe prima aspekte Jupitera, vladara četvrte (obrazovanje) koji šalje aspekte na vladara devete i devetu kuću, kuću putovanja u inostranstvo i višeg obrazovanja. Primetna je i rađa joga nastala kombinacijom devete i sedme kuće, gde je Venera, vladar devete, egzaltirana u sedmoj kući a vladar sedme, Jupiter, aspektuje devetu kuću – supruga donosi sreću, a do braka može doći tokom viših studija.

*Tabela 37: Aštotari daša – primer - 1*
Aštotari daša, maha daše:

Jup: 1967-09-02 (17:36:28) - 1986-09-02 (14:27:15)

Rah:1986-09-02 (14:27:15) - 1998-09-02 (16:10:24)

Ven: 1998-09-02 (16:10:24) - 2019-09-03 (01:25:54)

Sun: 2019-09-03 (01:25:54) - 2025-09-02 (14:11:21)

Mes: 2025-09-02 (14:11:21) - 2040-09-02 (10:41:07)

Mar: 2040-09-02 (10:41:07) - 2048-09-02 (11:53:00)

Mer: 2048-09-02 (11:53:00) - 2065-09-02 (20:18:32)

Sat: 2065-09-02 (20:18:32) - 2075-09-03 (09:54:21)

**Putovanja i boravci u inostranstvu:** već smo došli do zaključka da je Sunce veoma bitna planeta za boravke u inostranstvu. Sunce je vladar devete u sidamši a nalazi se u drugoj kući i pokazuje post-diplomske studije[2] ili doktorat. Deveta kuća (Lav) je sa

---

[2] Dalji nivoi obrazovanja se mogu videti iz svake šeste kuće (upačaja – rast kroz posao) brojano od četvrte kuće. Četvrta kuća pokazuje osnovno školovanje; šesta od četvrte je deveta kuća, koja pokazuje fakultetski nivo obrazovanja; šesta od devete je druga kuća, koja pokazuje post-diplomske studije i rad na masteru ili doktoratu. Sledeći viši nivo ili dodatni nivoi kvalifikacija se mogu videti iz sedme i dvanaeste kuće.

## Aštotari daša

Mesecom, i prima aspekte Rahua i Jupitera. Vladar devete, Sunce, afliktovan je aspektima Saturna i Marsa koji pokazuju nenaklonost nadređenog (Mars pokazuje bes nadređene osobe, dok Saturn pokazuje kašnjenja i nevolje). Pomenuli smo da je otputovao u inostranstvo zarad viših studija tokom Jupiterove antardaše u Rahuovoj daši (od marta 1995. do aprila 1997). Potvrđeno je da je otputovao u inostranstvo na doktorske studije 1996. godine i da se od tada iz različitih razloga sretao sa nezadovoljstvom svog pretpostavljenog, te da mu doktorska diploma izmiče iz ruku.

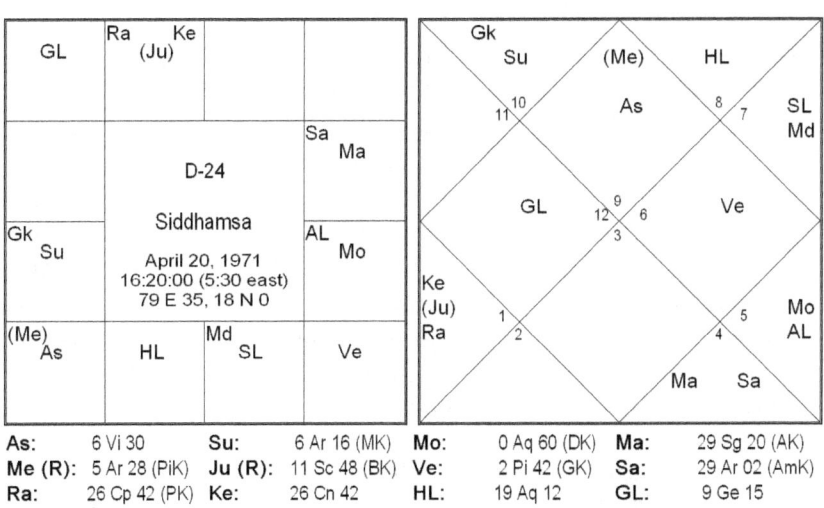

Mesec je u devetoj kući i prima argalu Venere (koju u potpunosti opstruiraju Saturn i Mars) i pokazuje priznanja, budući da ujedno aspektuje i Sunce. Mesec je dispozitor Marsa i Saturna i, tokom ovog perioda, efekti će se manifestovati u vidu smanjene malefičnosti Marsovog aspekta na Sunce, i zato će ljutnja i nezadovoljstvo nadređenog biti umanjeni. Saturn je ujedno i vladar druge u sidamši i, kao takav, neće uskratiti rezultate svoje kuće, već će podržati Mesec. Merkur je vladar desete kuće (maraka za devetu) i nalazi se na lagni u dvanaestoj (gubitak) od druge kuće. U raši čartu, Merkur u konjukciji sa maleficima neće preneti njihove nepovoljne rezultate (Saturn – odlaganje i Sunce – ego problemi). Sa druge strane, Saturn u konjukciji sa egzaltiranim Suncem i vladarom lagne i desete daje odlične rezultate u vezi sa

## Vimšotari i Udu daše

lagnom (slava i dobra reputacija) i desetom kućom (uspeh u svim poduhvatima).

Iako je 2001. godine tekla Venerina daša, Mesečeva antardaša i Merkurova pratiantara, ovo ne donosi doktorat, uprkos tome što bi mnogi bili gotovo sigurni u ovaj ishod. Jupiter je tranzitirao znak Bika koji ima prosečan broj BAV tačaka (4). Tek 2002. godine tekla je Venerina daša, Mesečeva antardaša i Saturnova pratiantara, a Jupiter je tranzitirao Blizance sa visokim BAV (6). Naša predikcija je glasila da će doktorat steći 2002. godine. Njegova majka je došla sa slatkišima nakon što su dobili rezultate.

**Brak:** Venera je egzaltirana u sedmoj kući i prima aspekt Jupitera, vladara sedme, iz treće kuće. Ovo govori da će osoba zavoleti devojku u toku višeg obrazovanja (studentski dani), i da će se kasnije njome i oženiti. Supruga će mu doneti sreću. U navamša čartu, vladar sedme je Sunce, a nalazi se u kendri i pokazuje da će supruga biti veoma učena i sposobna. Iako loše smeštena u navamši, Venera je joga karaka i u rašiju i u navamša čartu. Brak je sklopljen tokom Venerine daše, Sunčeve antardaše, ali usled marana karaka efekta[3] Venere u navamši, par je rastavljen u SAD u vreme kada su oboje bili okupirani traženjem karijere i obrazovanja zarad bolje budućnosti.

Čitaoci mogu primetiti Jupiterovu ključnu ulogu u ovom čartu budući da se on nalazi u znaku koji započinje graha malika jogu. Na osnovu ovog je savetovana odgovarajuća remedijalna mera sa ciljem da podrži njegov dalji uspeh na studijama (Jupiter aspektuje devetu kuću) i da ponovo spoji bračni par. Ovo se kasnije i dogodilo. Želimo im srećan zajednički život pod kišobranom Šri Vamana deva (Jupitera).

### 7.5 Tithi Aštotari daša

Tithi Aštotari daša je varijacija Aštotari daše. Pošto je Ketu isključen iz liste planeta i samo osam planeta se uzima u obzir za Aštotari dašu, ove planete se tretiraju kao osam latica lotosa koji formiraju kalačakru. Planete su povezane sa različitim simbolima, kao i tithijima - slika 9.

---

3   Venera u šestoj kući je u marana karaka stanu i njena značenja su time izgubljena u vargama, dok ukoliko je ovo bio slučaj u rašiju, oštetila bi kuće kojima vlada.

## Aštotari daša

**Slika 9: Planete i tithi**

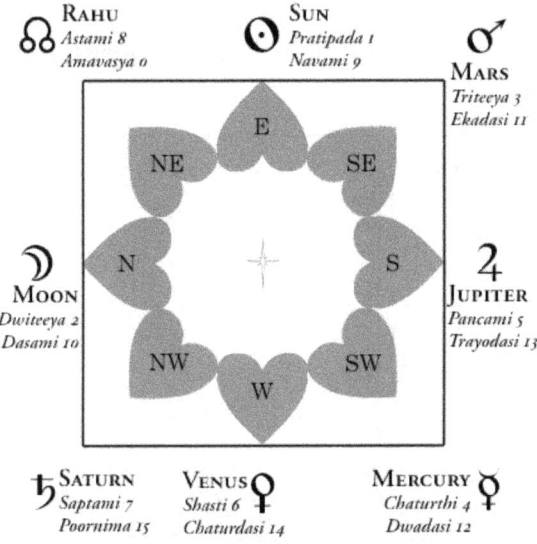

Tithi pomenut u vezi sa svakom od planeta predstavlja istovremeno tithi iz svetle i tamne polovine (pakše), osim u slučaju punog Meseca (purnime) kojim vlada Saturn, i mladog Meseca (amavasje) kojim vlada Rahu. Tithi u vreme rođenja ili prašne pokazuje planetu koja pokreće početnu dašu. Ovo je jedino odstupanje u odnosu na standardnu Aštotari dašu. Pređeni deo tithija i balansirani deo tithija koristi se za određivanje pređenog i balansiranog dela daše na rođenju. Daša, antardaša i drugi potperiodi, kao i njihov redosled, identični je onom u Aštotari daši.

**Primenljivost:** tithi Aštotari daša je primenljiva u svim čartovima, posebno kada se koristi u kombinaciji sa tithi praveš čakrom (hindu godišnji horoskop). Primenljiva je i u čartovima rođenja, bez ograničenja koja su prisutna za Aštotari dašu. Dakle, poput Vimšotari daše, ova daša je univerzalno primenljiva. Ne možete suditi o ukusu pudinga pre nego ga degustirate, i zato vas molimo da isprobate ovu dašu na velikom broju čartova, sve dok ne osetite zadovoljstvo spoznaje da je ovo jedan od najvećih dragulja hindu astrologije.

## 7.6 Primer tithi Aštotari

*Čart 36: Šri Krišna*
23/24. juna 3228. pre Hrista (19/20. jula 3228 pre Hrista OS), u 0:20h u Maturi, Indija.

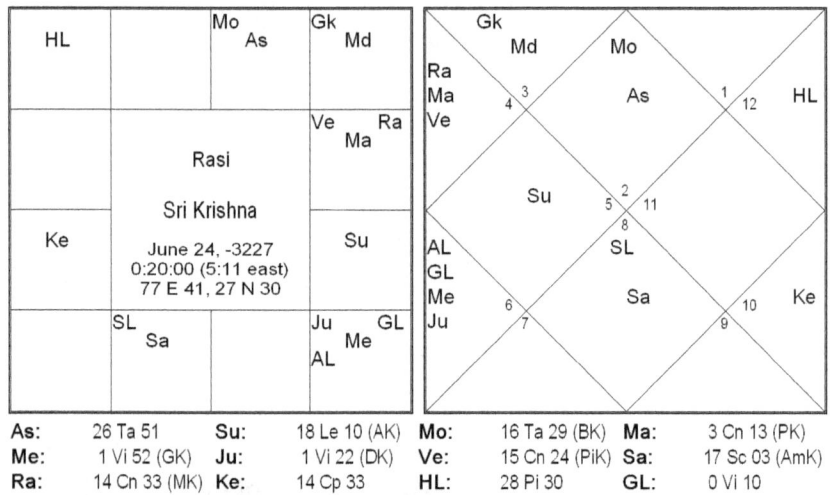

| As: | 26 Ta 51 | Su: | 18 Le 10 (AK) | Mo: | 16 Ta 29 (BK) | Ma: | 3 Cn 13 (PK) |
| Me: | 1 Vi 52 (GK) | Ju: | 1 Vi 22 (DK) | Ve: | 15 Cn 24 (PiK) | Sa: | 17 Sc 03 (AmK) |
| Ra: | 14 Cn 33 (MK) | Ke: | 14 Cp 33 | HL: | 28 Pi 30 | GL: | 0 Vi 10 |

Čart Bagavana Šri Krišne bio je predmet dugih debata i za ovu ilustraciju koristićemo čart koji je trenutno najprihvatljiviji. Lagna ima egzaltirani Mesec u Rohini nakšatri i, u slučaju da koristimo Vimšotari dašu, naišli bi na veliku dilemu pokušavajući da objasnimo zašto je tokom Njegovog detinjstva došlo do tolikog broja napada balarište? Zašto je toliko demona, poput Putane, pokušalo da ga ubiju u vreme dok je još bio beba? Egzaltirani Mesec smešten u svojoj omiljenoj Rohini nakšatri treba da donese bogatstvo, sreću i sva zadovoljstva u vezi sa imenom, slavom i bogatstvom. To je simbol Njegovog omiljenog Šri Somanata (Šiva) i kavač (talisman) čarta.

**Kalkulacija:** đanma tithi je bio Krišna pakša aštami kojim, prema slici 9, vlada Rahu. Dakle, prva daša je daša Rahua. U vreme rođenja, preostalo je 64.00% tithija i ovo govori da je preostalo 64% Rahu daše. U vezi sa tim, balans Rahuove daše na rođenju je 7 godina, 8 meseci, 5 dana. Tačan račun daše dobijen uz pomoć kompjutera dat je u nastavku.

## Aštotari daša

*Tabela 38: Tithi Aštotari daša*

Tithi Aštotari daša (korisna posebno u tithi praveš čartovima):

Rah: -3227[4]-06-24 (00:20:00) to -3219-02-23 (14:15:15)

Ven: -3219-02-23 (14:15:15) to -3198-02-23 (23:27:59)

Sun: -3198-02-23 (23:27:59) to -3192-02-24 (12:38:34)

Mes: -3192-02-24 (12:38:34) to -3177-02-24 (08:56:46)

Mar: -3177-02-24 (08:56:46) to -3169-02-24 (10:15:29)

Mer: -3169-02-24 (10:15:29) to -3152-02-24 (18:50:28)

Sat: -3152-02-24 (18:50:28) to -3142-02-24 (08:28:03)

Jup: -3142-02-24 (08:28:03) to -3123-02-24 (05:30:04)

Rah: -3123-02-24 (05:30:04) to -3111-02-24 (07:21:50)

**Detinjstvo:** napadi balarište događali su se tokom detinjstva, sve do Njegove devete godine. Osim demona Rakšase koji je pokušavao da ga napadne na različite načine, a po nalogu Njegovog ujaka Kamse, bila je tu i epizoda sa ogromnom zmijom Kalijom koja je mučila selo svojim prisustvom u seoskom jezeru, a koju je Krišna potčinio. Rahu upravlja zmijama i drugim sličnim otrovnim stvorenjima. Rahu, kao matri karaka, pokazuje da će pravi razlog za sve napade na Njegov život biti u vezi sa majkom, a u kavedamši (D-40 čartu koji se koristi za kletve i sl. sa majčine strane) Rahu je vladar znaka šeste kuće (majčin brat) – Vodolije.

**Činjenica da je majčina porodica bila moćna i uticajna može se videti iz Šuklapade (A4) koja se nalazi u Venerinom znaku, u Biku. Srećom, postoji parivartana joga (izmena) koja uključuje vladare treće (parakrama) i lagne, i svaki pokušaj da ga ubiju rezultirao je smrću napadača, jer je on koristio njihove lične taktike i šeme. Dakle, on se pokazao daleko inteligentnijim, čak i kao beba. Parivartana joga rezultirala je moćnom dimanta jogom koja donosi punu snagu Gajatri mantre za zaštitu lagne.**

---

4   Godina – 3227 pokazuje 3228 pne, i datum nije u OS.

## Vimšotari i Udu daše

Sa dolaskom Venerine daše, dug period od 21 godinu (3220-3199. pne), Krišna nije samo porazio i ubio Kamsu, već i oslobodio svoje roditelje i druge kraljeve i ljude od stega, i vremenom postavio osnove darme. Venera je u konjukciji sa viđaja jogom (Rahu i Mars) i tokom svog perioda biće bitaka, ali i pobeda. Ovo je suštinska tema čarta budući da ova joga uključuje vladara lagne a to znači da je lična umešanost stalno prisutna.

**Brak:** vladar sedme u trećoj kući sa Venerom je direktna kombinacija za brak iz ljubavi. Upapada je u Raku a vladar, Mesec, je egzaltiran i pokazuje da će partner pripadati uticajnoj ili kraljevskoj porodici. Mesec i Venera povezani sa suprugom pokazuju da je u pitanju niko drugi do sama Lakšmi. Brak se dogodio tokom Venerine daše i okolnosti u kojima se dešava beg sa mladom jasno pokazuje Venera, budući da je u bliskoj konjukciji sa Rahuom. Vladar devete u sedmoj kući pokazuje neslaganja sa ocem ili tastom u vreme stupanja u brak i, u ovom slučaju, tast je bio taj koji je, pun besa zbog Rukmini, napao Krišnu. Krišna nije imao probleme sa egom i, mudar kao i uvek, radije bi dozvolio da ga nazivaju Ranačor[5] nego da uđe u bitku sa tastom i bude uzrok tuge svoje voljene. U navamši, Venera je joga karaka smeštena u sedmoj kući od egzaltiranog i vargotama Meseca.

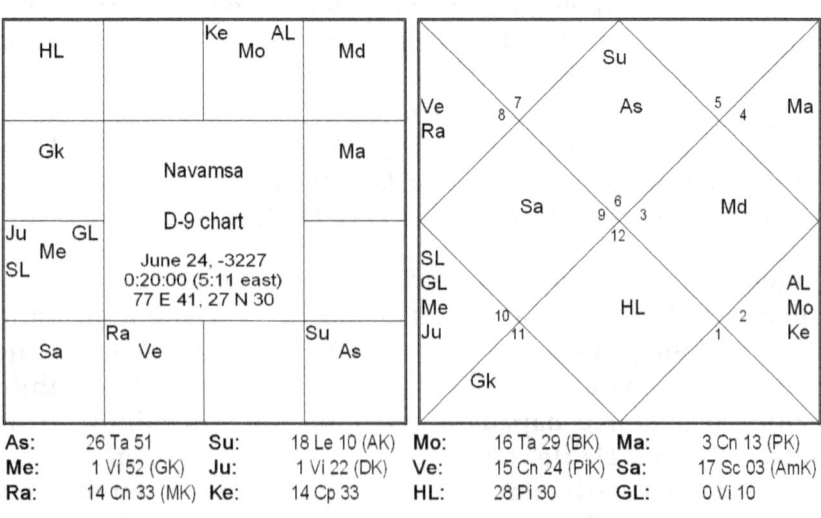

---

5    Rana znači bitka i chor znači lopov ili onaj koji se krije ili beži.

## Aštotari daša

**Duhovnost:** duhovna traženja se mogu vidi uz pomoć različitih faktora od kojih je atmakaraka primarni signifikator. Sunce je prirodna i čara AK u ovom čartu i nalazi se u Devica navamši. Povezanost lagnamše i karakamše pokazuje da je Krišna pripadao kraljevskoj porodici. Išta devata se vidi iz dvanaeste kuće od karakamše, znak Lav nema planeta, dok je vladar znaka AK i nalazi se na lagnamši. Dakle, atmakaraka je ujedno i išta devata, što pokazuje da je u pitanju duhovno veoma napredna osoba. Slična kombinacija se može videti i u čartu Šri Ćaitanja Mahaprabua[6], što govori o tome da je Šri Ćaitanja takođe bio Višnu avatar. Veoma je retka koincidencija da je Šri Ćaitanja Mahaprabu imao čak i kombinaciju Merkura i Jupitera (šišja i guru) u trigonu od lagnamše i karakamše, što pokazuje celokupno poznavanje spisa, i to da njihove inkarnacije treba da osiguraju nastavak Guru-šišja tradicije. Čitaoci mogu uporediti ova dva čarta i videti upadljive sličnosti u vezi sa atmom i svrhom. Najsvetija Šrimad Bagavat Gita je povezana sa Suncem[7] pošto je najpre data Vivasvanu (Bogu Sunca), a to je rezultiralo daljim prenošenjem znanja. Ovo je Vedanta. U ovom čartu, Sunce je AK i išta devata istovremeno, a ujedno i davalac Gite, te pokazuje da se Bagavan Šri Krišna pojavio kako bi isporučio Gitu i ponovo uspostavio i zaštitio guru-šišja tradiciju.

**Dvaraka i Somanat:** vladar četvrte je Sunce AK, i nalazi se u Lavu. Ova pozicija je ponovljena i na lagnamši. Dakle, kraljevski dom je deo obećanja čarta i Krišna jeste osnovao Dvarka grad u SZ pravcu[8] (danas Guđarat) i bio je kralj u njemu.

Sunce, AK, je u Lavu i osma kuća (vrida karika) je u Raku. Vladar osme je egzaltirani Mesec na lagni, i pokazuje da je Mesec oblik Šive. U pitanju je Đotirlinga Šiva, budući da je Mesec egzaltiran. Ovu đotirlingu je osnovao Gospod Somanat Šri Krišna. Velika je verovatnoća da se ovo dogodilo upravo tokom Mesečevog perioda, iako ovo treba potvrditi.

**Mahabarata:** po svoj prilici, Mahabharata se odigrala tokom jula-

---

6    Videti poglavlje Dvisaptati sama daša.
7    Sunce u petoj od karakamše pokazuje gita-gja, onog ko peva Bagavat Gitu i ko ju je osvestio.
8    Pravac pokazan Mesecom na lagni.

avgusta 3138. pne. Bilo je to tokom Jupiterove daše, Venerine antardaše i Venerine pratiantare. Jupiter je malefični vladar osme i jedanaeste kuće, i deo je graha jude sa Merkurom (nalaze se na manje od jednog stepena udaljenosti) u kojoj je poražen. Egzaltirani Merkur pokazuje kraljeve i uticajne ljude. Pošto je vladar pete, Merkur, u konjukciji sa Jupiterom, najvećim baktama (poštovaocima i sledbenicima) Šri Krišne će vladati Jupiter[9] i oni će biti u poraženom stanju. Ipak, snaga Meseca u egzaltaciji i vargotama na lagni, kao i njegova pozicija u devetoj (darma) od karakamše i lagnamše, pokazuje da će se zbog snage Meseca, bakte ponovo izdići i nastaviti sa bitkom i na kraju izaći kao pobednici. Ovo potvrđuje i to da Krišna nije direktno učestvovao u borbama Mahabharate, i umesto toga je izabrao mesto vozača bojnih kola za svog omiljenog bakta, Arđunu. Arđuna se smatra Indrinim sinom (Jupiter) i, iako se sam Arđuna smatra baktom Bagavana, Krišna ga je tretirao kao prijatelja (Jupiter je vladar jedanaeste). Pošto se ova graha juda (planetarna bitka) odigrala u Devici[10], što je Aruda lagna Šri Krišne, obeležiće Njegovu reputaciju i imidž na ovom svetu.

Pošto je Jupiter tako blisko uvezan u jogu (Guru-Buda joga) sa Merkurom u trigonu od lagnamše i karakamše, i pošto se nalazi u petoj kući odakle aspektuje mantrapadu u Blizancima i u jutiju je sa njihovim vladarom, Arđuna je podučen Šrimad Bagavat Giti tokom Jupiterove daše i ona je dalje prenesena kroz tradiciju kao simbol najviše istine i kao izvor mantre 'Om Tat Sat'. Ovo je mantra koja je učinila da se Arđuna izdigne poput lava i pobedi svoje neprijatelje. Mesto gde je podučena je bojno polje, jer su Jupiter i Merkur deo graha jude, pored toga što se nalaze u Jarac navamši (Kali juga). Vreme kad je ova mantra podučena je vreme daše i antardaše dva gurua, Jupitera i Venere.

**Kali juga i Krišna punja**: Krišnin odlazak sa ove planete označio je ulazak u Kali jugu, tokom 3102 pne. Pošto je Krišna bio na ovom svetu 125 godina, normalna dužina bilo koje udu daše (108 godina) u ovom slučaju neće raditi, i biće neophodno da se izračuna drugi

---

9    Ovo se dogodilo usled Raminog obećanja (prethodni avatar) Indri (Jupiter) nakon što je pogubio Balija, drugog Indrinog sina iz drugog perioda.
10   Pošto je Devica peta kuća sa vladarom pete tu - Merkurom umešanim u jogu za bitke, Krišnin sin je bio kidnapovan kao dečak i vratio se tek posle mnogo godina i odrastao.

## Aštotari daša

ciklus. Drugi ciklus tithi Aštotari daše je dat u nastavku:

*Tabela 39: Tithi Aštotari – drugi ciklus*

Maha daše:

Rah: -3111-02-24 (07:21:50) - -3099-02-25 (09:22:07)

Ven: -3099-02-25 (09:22:07) - -3078-02-25 (18:39:04)

Sun: -3078-02-25 (18:39:04) - -3072-02-26 (07:41:31)

Mes: -3072-02-26 (07:41:31) - -3057-02-26 (03:56:15)

Mar: -3057-02-26 (03:56:15) - -3049-02-26 (05:16:40)

Mer: -3049-02-26 (05:16:40) - -3032-02-26 (13:55:18)

Sat: -3032-02-26 (13:55:18) - -3022-02-26 (03:33:28)

Jup: -3022-02-26 (03:33:28) - -3003-02-26 (00:35:07)

Rah: -3003-02-26 (00:35:07) - -2991-02-27 (02:36:33)

Treća kuća od AL je Škorpija sa Saturnom (bolest, stopala) pod aspektima Rahua (dušta marana – ubijen), Marsa (nasilje) i Venere (pokret) iz Raka, i Ketua (greška, Rudra) iz Jarca. Lovčeva strela, a lovac je bio niko drugi do Šiva, greškom je ustrelila Šri Krišnu u stopalo, a rana se pokazala smrtonosnom.

Brojano od Sunca, Rahu je vladar sedme; brojano od Meseca, Jupiter je vladar osme i malefik; brojano od lagne, Saturn se nalazi u sedmoj kući i u trećoj od AL. Ovaj događaj se odvio tokom Rahuove daše, Jupiterove antardaše i Saturnove pratiantare. Mritjupada (A8) je u znaku Riba i ukazuje na tranzit Sunca tokom Ćaitra meseca.

**Om Tat Sat**

# 8

# Šodašotari daša

*Mudrost je znati šta nam je činiti; vrlina je to i učiniti.*
*Dejvid Star Džordan*

## 8.1 Uslovi primenljivosti

Šodašotari daša je daša koja traje 116 godina. Primenljiva je na rođenja koja su se dogodila tokom rastuće faze Meseca (Šukla pakše), sa ascendentom u hori Sunca (tj. prvoj polovini neparnih ili drugoj polovini parnih znakova) ili na rođenja tokom opadajuće faze Meseca (Krišna pakše) sa ascedentom u hori Meseca (tj. druga polovina neparnih i prva polovina parnih znakova). Šukla pakša se još zove i Ram (avatar Sunca), dok je Krišna pakša Krišna (avatar Meseca) – ovo su blizanački ciljevi opstanka na ovaj planeti: (samsara tarana – Šri Ram) i prosvetljenje (mokša – Šri Krišna). Uslov za nju je baziran na dve planete, na Suncu i Mesecu, i u vezi je sa životom. Ove planete vladaju horama u čartu, kao i dvema polovinama (hore) dana (Sunce – dan, Mesec – noć).

## 8.2 Šema daše

Osam planeta pokreću daše (isključujući Rahua) i to obrnutim redom hora ili prirodnim redosledom brzine planeta. Dakle, redosled planeta je Sunce, Mars, Jupiter, Saturn, Ketu, Mesec, Merkur i Venera.

Pošto je primenljivost Šodašotari daše zasnovana na uslovima u vezi sa horama (polovinama) znakova, redosled daša je takođe povezan sa horama (satima) u vezi sa planetama. Planete sledećim redom 'Sunce – Venera – Merkur – Mesec – Saturn – Jupiter – Mars' vladaju satima u toku dana. Kada se ovaj redosled okrene, dobijamo 'Sunce – Mars – Jupiter – Saturn – Ketu – Mesec- Merkur – Venera'. Rahu je isključen iz šeme jer je prirodna Rudra, i teži da lično vlada dašom[1].

## 8.3 Daša periodi

Periodi (daše) planeta dobijaju po jednu godinu u odnosu na prethodnu planetu, počevši sa dašom Sunca koja traje jedanaest godina.

*Tabela 40: Periodi Šodašotari daše*

|  | Nakšatra | | | | Daša |
|---|---|---|---|---|---|
| Sunce | 8 | 16 | 24 | 5 | 11 |
| Mars | 9 | 17 | 25 | 6 | 12 |
| Jupiter | 10 | 18 | 26 | 7 | 13 |
| Saturn | 11 | 19 | 27 | | 14 |
| Ketu | 12 | 20 | 1 | | 15 |
| Mesec | 13 | 21 | 2 | | 16 |
| Merkur | 14 | 22 | 3 | | 17 |
| Venera | 15 | 23 | 4 | | 18 |
| Ukupno: | | | | | 116 |

Vedski mudraci sproveli su detaljne studije planeta i njihovog kretanja. Promene u sunčevim aktivnostima koje su rezultirale sa "više toplote" prate ciklus od 11 godina. I dok svetlo Sunca dovodimo u vezu sa Surjom (mudrac(i) koji daje prosvetljenje i prenosi hiljade sličnih prosvetljenih osoba u svojoj kočiji sa jednim točkom), toplota daje rezultate u odnosu sa Rudrom i bolje je simboliše Mars. Agni je blagonaklona, kontrolisana/umerena vatra povoljna po svet, dok je Rudra preterana vrućina (obično se oseti u vreme kad Sunce tranzitira Ardra nakšatru – Rig Veda). Bitno je primetiti da ova solarna aktivnost ima ciklus od 11 godina, i da postoji 11 Rudri. Rahu je, kao vladar ovog daša sistema, prirodna Rudra. Jupiter je uzrok ovakve preterane vrućine do koje dolazi u vreme kad se nalazi pod uticajem Rudre[2]. Dakle, iako je Rahu vladar daše, specifičan oblik je Rudra i za ovo se uzima u obzir ogromna snaga Jupitera, kao čuvara Agnija (kao i trećeg oka). Upravo iz ovog razloga je računanje početne daše urađeno u odnosu na Jupiterovu omiljenu nakšatru.

---

1　　Za bolje razumevanje proučiti Surja-Ćandra-Rahu čakru iz *Prašna Marge*, Harihare. Prevod Dr. B. V. Ramana.
2　　tatra gurau mṛtyuḥ vādāgni kāraṇaiśca || J.S. 3.3.79. Ako je Jupiter u konjukciji sa znakom ili aspektuje znak koji donosi smrt, konflikti i vatra mogu biti uzrok smrti.

## 8.4 Kalkulacija daša

Izračunajte broj nakšatri od Pušje (8) do đanma nakšatre. Izbrišite umnoške od 8 (osam). Ostatak, brojano od Sunca datim redosledom daša, pokazuje prvu dašu. Zarad lakše kalkulacije, možete pogledati gotovu tabelu. Pušja je omiljena Jupiterova nakšatra, i njena devata je Devaguru Brihaspati. Balans daše u vreme rođenja utvrđen je standardnim metodama na osnovu longitude Meseca u đanma nakšatri. Tabela za lako izračunavanje Šodašotari daša i antardaša data je u prilogu pod imenom 'Daša tabele'.

## 8.5 Primer

*Čart 37: Šri Aurobindo*

Muškarac rođen: 15. avgusta 1872. godine, u 5:12:20h.

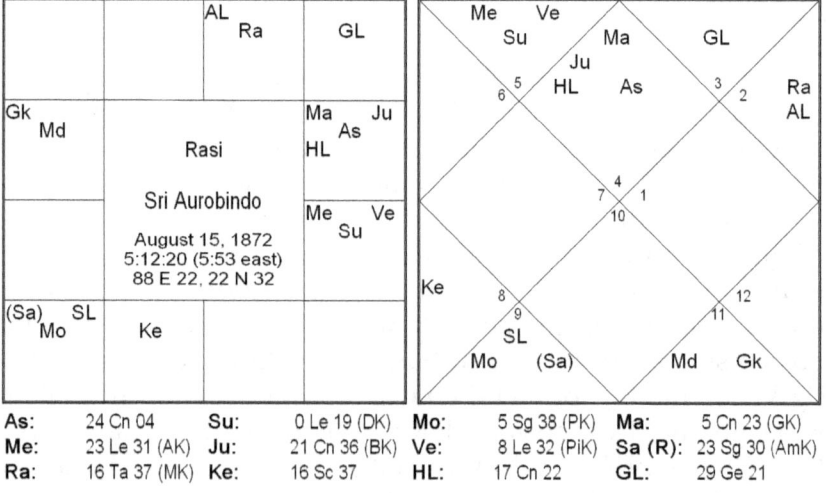

Primenljivost i tema: rođenje je tokom Šukla pakša ekadaši tithija i lagna se nalazi u drugoj hori Raka. Pošto je Rak parni znak, drugom horom vlada Sunce. Dakle, zadovoljen je uslov, rođenje je tokom Šukla pakše i sunčeve hore, što potvrđuje primenljivost Šodašotari daše.

Rahu, kao Rudra, je vladar ove daše, i treba ga analizirati zajedno sa svetlećim telima (Suncem i Mesecom) koji upravljaju posebnim uslovima za ovu dašu, kako bi se odredila njegova tema. Rahu obično pokazuje strance, strane zemlje i kulture, i u ovom slučaju se nalazi u Biku u jedanaestoj kući. Jedanaesta kuća je deo kama trikone i pokazuje duboko ukorenjene želje. Rahu se nalazi u Rohini nakšatri kojom vlada Venera, i pokazuje snažan patriotizam.

**Računanje daše**: Mesec je u Strelcu u Mula nakšatri kojom vlada Saturn (videti prethodnu tabelu). Dakle, početna daša će biti daša Saturna, a računanje daša balansa se može uraditi standardnom metodom primenjenom u Vimšotari daši.

*Tabela 41: Šodašotari daša – Šri Aurobindo*
Šodašotari maha daše:

Sat: 1872-08-15 (05:53:28) - 1880-09-14 (12:06:46)

Ket: 1880-09-14 (12:06:46) - 1895-09-15 (08:21:26)

Mes: 1895-09-15 (08:21:26) - 1911-09-16 (10:50:00)

Mer: 1911-09-16 (10:50:00) - 1928-09-15 (19:22:24)

Ven: 1928-09-15 (19:22:24) - 1946-09-16 (10:06:51)

Sun: 1946-09-16 (10:06:51) - 1957-09-16 (05:50:31)

Mar: 1957-09-16 (05:50:31) - 1969-09-16 (07:31:25)

Jup: 1969-09-16 (07:31:25) - 1982-09-16 (15:32:03)

Tema čarta nosi veliko oštećenje utoliko više što je Rahu vladar daše, a njegov ljuti neprijatelj, Jupiter, egzaltiran je na lagni i umešan u izmenu znakova (parivartana jogu) sa vladarom lagne, Mesecom, što povezuje prvu kuću (život) i šestu kuću (neprijatelj). Ovakav Jupiter će označiti periode radikalnih životnih promena, i njegovi periodi/potperiodi se mogu uzeti u obzir za njihov tajming.

Strani uticaji se pokazuju već rano u životu, njegov otac ga već 1879. godine, sa svega sedam godina, šalje u London kako se ne bi 'zagadio' indijskim razmišljanjima i načinima. Prirodno, Rahuov uticaj mu je prisilno doneo stranu kulturu. Događaj se odvio u Saturnovoj daši i **Jupiterovoj antardaši**. Saturn je vladar sedme smešten u Strelcu (kojim vlada Jupiter), a Jupiter je vladar devete kuće na lagni i pokazuje snažan očev uticaj. Antardaša planeta, Jupiter, je u osmoj kući od daša planete, Saturna.

Po završetku obrazovanja, vraća se u Indiju 1892. godine u Ketuovoj daši i **Jupiterovoj antardaši**. Obe planete, i Jupiter i Ketu, nalaze se u trigonu od lagne i pokazuju povratak kući. Ketu će pokazati tendenciju da obrne Rahuov uticaj u čartu. Ketu je ujedno i u Anurada nakšatri, kojom vlada Jupiter, i težiće da donese rezultate njegove pozicije na lagni. U Indiji je proveo život podučavajući na različitim koledžima. Sa dolaskom daše Meseca, pokreće se i određeni politički angažman u korist *Svadeši* (pro-indijske industrije/dobara). Primetimo konjukciju Saturna (služba/industrija) sa Mesecom. Ovo nije dobra kombinacija u šestoj kući, i preti problemima samodestrukcije (Mesec-Saturn).

Posle podele Bengala, nije više mogao da kontroliše svoj patriotizam i 1906. godine, tokom Mesečeve daše, **Jupiterove antardaše**, vraća se u Bengal. Prirodno, planete koje promovišu neprijateljstva (Mesec i Saturn) će doneti i njegovu propast. U Mesečevoj daši, Saturnovoj antardaši i Mesečevoj pratianatari (maj 1908. godine) povezan je sa bombaškim napadom Muđafarpur (neslavna Alipore zavera) u kome su dve Britanke poginule. On je zadržan u izolaciji u ćeliji manjoj od 3m2. Upravo tokom ove jednogodišnje izolacije on je imao viziju Šri Krišne. Kasnije je, tokom **Jupiterove pratiantare** (maj 1909. godine), oslobođen. Još jednom je Jupiter pokazao blagosle. Parašara navodi da je snažan Jupiter na lagni obećanje blagoslova Šive, i da hiljadu greha biva oprošteno. Kasnije, sa dolaskom daše atmakarake, Merkura, on provodi vreme u pisanju i objavljivanju (signifikator toga je Merkur).

Šri Aurobindo napušta telo 5. decembra 1950. godine, tokom Sunčeve daše, Saturnove antardaše i Venerine pratianatare. Sunce vlada drugom kućom, Saturn je vladar sedme i deo je aflikcija na Mesec, a Venera je badakeš u konjukciji sa Suncem u drugoj kući. Sve ove planete su direktno povezane sa maraka kućama.

Tema njegovog života nije bila samo osnivanje ašrama u Pondičeriju. Rahu u nakšatri joga karake, Marsa, pokazuje tajnu temu, darma karma adipati jogu tj. nezavisnost Indije zarad ponovnog uspostavljanja darme. Nije čista slučajnost da je ovo postalo jasno na njegov 65. rođendan, 15. avgusta 1947. godine tokom Sunčeve daše, Sunčeve antardaše i Venerine pratiantare. Obe pomenute planete vrše neopstruiranu sukha argalu na Rahua. Dakle, na ovaj način ne samo da možemo odrediti životne prekretnice, već možemo proveriti i postignuća u vezi sa željama koje su uzrok ovog rođenja, bez obzira koliko one bile tajne.

## Om Tat Sat

# 9

## Dvadašotari daša

*Mudri ljudi govore zato što imaju nešto da kažu; budale, zato što moraju nešto reći.*

*Plato*

## 9.1 Primena

Dvadašotari daša je daša od 112 godina primenljiva u čartovima gde se lagna raši čarta nalazi u šukramšaki (tj. u istom znaku u kom se Venera nalazi u navamša čartu).

## 9.2 Šema daše

Osam planeta, isključujući Veneru, pokreće daše. Redosled planeta je Sunce, Jupiter, Ketu, Merkur, Rahu, Mars, Saturn i Mesec. Kao i u prethodnim primerima, verujemo da je bitnije da se shvati metodologija derivacije šeme radije nego da se prosto memoriše. Potrebno je uzeti u obzir planete po redosledu dana u nedelji (uključujući i Veneru). Počevši od Sunca, svaka peta planeta pokreće narednu dašu. Dakle, Jupiter je peta planeta od Sunca te je i sledeća daša. Peta posle Jupitera je [Jupiter (1), Venera (2), Saturn (3), Rahu (4), Ketu (5)] je Ketu i zato Ketuova daša dolazi posle daše Jupitera. Slično tome, peta od Ketua [Ketu (1), Sunce (2), Mesec (3) Mars (4), Merkur (5)] je Merkur i Merkurova daša prati Ketuovu dašu. Na ovaj način svaka peta daša, počevši od Sunca, daje redosled: Sunce, Jupiter, Ketu, Merkur, Rahu, Mars, Saturn, Mesec i Venera. Pošto je Venera vladar ove daše (videti uslov za primenu šukramše) njen uticaj će se osetiti tokom celog života, nezavisno od daše. Dakle, uklanjanjem Venere iz redosleda, dobijamo konačni redosled daša: Sunce, Jupiter, Ketu, Merkur, Rahu, Mars, Saturn i Mesec.

## 9.3 Daša periodi

Počevši sa sedam godina za Sunce, jednakim dodavanjem od po dve godine za svaku sledeću planetu, dobijamo njihove daša periode.

*Tabela 42: Periodi Dvadašotari daše*

| Nakšatra | | | | | | | | | Planeta | Daša |
|---|---|---|---|---|---|---|---|---|---|---|
| 27 | Revati | 19 | Mula | 11 | Purva Falguni | 3 | Kritika | | Sunce | 7 |
| 26 | Utarabadrapad | 18 | Đešta | 10 | Maka | 2 | Barini | | Jupiter | 9 |
| 25 | Purvabadrapad | 17 | Anurada | 9 | Ašleša | 1 | Ašvini | | Ketu | 11 |
| 24 | Satabišađ | 16 | Višaka | 8 | Pušja | | | | Merkur | 13 |
| 23 | Danište | 15 | Svati | 7 | Punarvasu | | | | Rahu | 15 |
| 22 | Šravana | 14 | Ćitra | 6 | Ardra | | | | Mars | 17 |
| 21 | Utarašada | 13 | Hasta | 5 | Mrigašira | | | | Saturn | 19 |
| 20 | Purvašada | 12 | Utara Falguni | 4 | Rohini | | | | Mesec | 21 |
| | | | | | | | | | Ukupno: | 112 |

## 9.4 Računanje daše

Izbrojati broj nakšatri (u šemi od 27 nakšatri) od đanma nakšatre do Revati[1] (27). Izbrisati umnoške od osam (8). Ostatak, brojano od Sunca, redosledom daša šeme, pokazuje planetu koja pokreće prvu dašu. Balans daše u vreme rođenja određen je standardnim načinom na osnovu longitude Meseca u đanma nakšatri.

---

[1] Revati je Venerina omiljena nakšatra i donosi joj egzaltaciju.

## 9.5 Primer

### Čart 38: Ekspert za telekomunikacije

```
| Su  Ve       |              |              | Gk           |
| As           | HL           | GL           | Md           |
| SL           |              |              |              |
|--------------|--------------|--------------|--------------|
| Me  Ju       |                             | Ra           |
|    Ma        |        Rasi                 |              |
|              |  Dwadasottari case-1        |              |
| Ke  AL       |    March 28, 1962           |              |
|    Sa        |    6:29:00 (5:30 east)      |              |
|              |    85 E 17, 22 N 6          |              |
|              |              |              |              |
|              |    Mo        |              |              |
```

```
             Me    Ju
       HL    Su    Ma
    GL    \ 1 /        \ 11 /   AL
           Ve              10    Sa
          SL   As                 Ke
       Gk
              Md   \ 12 /
                3       9
                   6
    Ra    \ 4 /        \ 8 /   Mo
           5             7
```

| As: | 26 Pi 20 | Su: | 13 Pi 33 (PK) | Mo: | 29 Sc 41 (AK) | Ma: | 19 Aq 00 (MK) |
| Me: | 26 Aq 03 (BK) | Ju: | 7 Aq 08 (DK) | Ve: | 28 Pi 08 (AmK) | Sa: | 15 Cp 44 (PiK) |
| Ra: | 22 Cn 08 (GK) | Ke: | 22 Cp 08 | HL: | 4 Ar 22 | GL: | 5 Ta 39 |

```
| Ma  Ve       |              | Sa      HL   |              |
|    Mo        |              |     Me       |              |
|              |              | AL           |              |
|--------------|--------------|--------------|--------------|
| GL           |                             | Ke           |
|    As        |        Navamsa              |              |
|              |        D-9 Chart            |              |
| Md           |    March 28, 1962           |              |
|    Ra        |    6:29:00 (5:30 east)      |              |
|              |    85 E 17, 22 N 6          |              |
|--------------|--------------|--------------|--------------|
| SL           |              |              |              |
|    Ju        |    Su        |    Gk        |              |
```

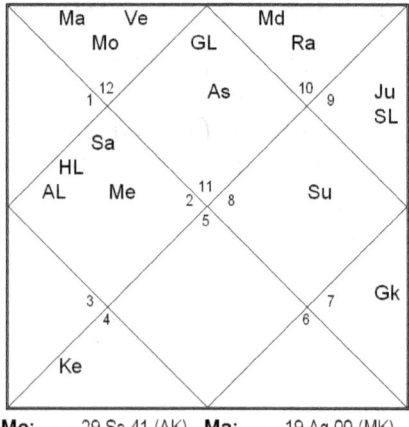

| As: | 26 Pi 20 | Su: | 13 Pi 33 (PK) | Mo: | 29 Sc 41 (AK) | Ma: | 19 Aq 00 (MK) |
| Me: | 26 Aq 03 (BK) | Ju: | 7 Aq 08 (DK) | Ve: | 28 Pi 08 (AmK) | Sa: | 15 Cp 44 (PiK) |
| Ra: | 22 Cn 08 (GK) | Ke: | 22 Cp 08 | HL: | 4 Ar 22 | GL: | 5 Ta 39 |

## Dvadašotari daša

*Tabela 43: Dvadašotari daša – primer 1.*

Dvadašotari daša (primenljiva u slučaju kad je lagna u šukramšaki): Maha daše:

Jup: 1953-06-13 (20:18:04) - 1962-06-14 (03:35:04)

Ket: 1962-06-14 (03:35:04) - 1973-06-13 (23:16:05)

Mer: 1973-06-13 (23:16:05) - 1986-06-14 (07:10:44)

Rah: 1986-06-14 (07:10:44) - 2001-06-14 (03:36:33)

Mar: 2001-06-14 (03:36:33) - 2018-06-14 (12:05:03)

Sat: 2018-06-14 (12:05:03) - 2037-06-14 (09:00:21)

Mes: 2037-06-14 (09:00:21) - 2058-06-14 (18:04:09)

Sun: 2058-06-14 (18:04:09) - 2065-06-14 (13:07:31)

**Primenljivost**: Venera se nalazi u Ribama na $28^0 08'$, a u istom je znaku i u navamša čartu. Lagna raši čarta je znak Riba. Dakle, uslov da je lagna u raši čartu (Ribe) u istom znaku u kom se Venera nalazi u navamši (Ribe) je zadovoljen i Dvadašotari daša je primenljiva.

**Tema i život**: tema mora biti povezana sa Venerom, i ovde nalazimo da je osobin život bio ispunjen devojkama i romansama. Venera je egzaltirana i vargotama. On voli lepa kola i poseduje Mercedes, Saab i druga vozila. Ima ogroman garderober koji se nalazi u zasebnoj sobi! Za njega odeća prebrzo stari te je stalno zamenjuje novim modnim trendovima. Često je po odevanju ispred filmskih zvezda. Venera se nalazi u vodenom znaku i pokazuje puno putovanja. Putovanja su počela još dok je bio dete, jer je pohađao najbolje škole u celoj Indiji a konačno odlazi na studije u SAD tokom Merkurove daše i Mesečeve antardaše. Mesec se nalazi u devetoj kući, kući visokog obrazovanja. Putovao je po celoj planeti, uključujući i brojne posete Evropi. Dakle, tema u ovom čartu je veoma jasna – *iha loka sukha* tj. sve najbolje od ovog sveta namenjeno je uživanju tokom ovog lepog života.

Nažalost, vladar šeste Sunce je u konjukciji sa Venerom i njegovi planovi za brak i slaganje sa ocem ne idu ruku pod ruku. Rahu daša je dominirala tokom perioda od 1986. do juna 2001. godine a Rahu u petoj kući je poput zmije u rukavu. Rahu aspektuje Veneru i sve veze se bez izuzetka prekidaju zbog manjka vere. Oženio se u novembru 1999. godine zbog blagoslova Merkura (Rahuova daša, Merkurova antardaša) vladara sedme kuće. Pošto se nalazi u sedmoj kući supruga je stranog porekla i brak je sklopljen u inostranstvu.

Merkur je ujedno i vladar četvrte kuće, u jutiju sa bratrikarakom Marsom. Njegova majka i mlađi brat prisustvovali su grandioznom venčanju sa limuzinama i ostalim rekvizitima koje pokazuje egzaltirana Venera. Na ulasku u dašu Marsa, u junu 2001. godine, supruga odlazi za Australiju i tada dolazi i do nesuglasica. Mars afliktuje Merkura, vladara sedme kuće. On je joga karaka i umešan je u moćnu darma karmaadipati jogu. Njegova budućnost deluje svetlo.

**Om Tat Sat**

# 10

# Pančotari daša

*Funkcija mudrosti jeste razlikovanje dobra i zla.*
                                                      *Cicero*

## 10.1 Primenljivost

Pančotari daša je daša šema od 105 godina primenljiva u čartovima gde je ascendent Rak lagna i Rak dvadašamša (tj. nalazi se između $0^0$ i $2^030'$ Raka).

## 10.2 Daša šema

Sedam planeta, isključujući čvorove Rahua i Ketua, pokreću daše sledećim redom: Sunce, Merkur, Saturn, Mars, Venera, Mesec i Jupiter. Derivacija ovog redosleda nastala je uzimanjem u obzir sedam planeta od Sunca do Saturna, a po redosledu dana u nedelji. Počevši od Sunca, svaka četvrta planeta pokreće narednu dašu. Dakle, posle Sunca, sledeća daša po redu je Merkur [Sunce (1), Mesec (2), Mars (3), Merkur (4)]. Sledeća planeta je Saturn, četvrta od Merkura [Merkur (1), Jupiter (2), Venera (3), Saturn (4)]. Daša Marsa dolazi posle Saturna, pošto je u pitanju četvrta od njega [Saturn (1), Sunce (2), Mesec (3), Mars (4)]. Na ovaj način je formiran Pančotari daša sistem: Sunce, Merkur, Saturn, Mars, Venera, Mesec i Jupiter.

## 10.3 Periodi daša

Počevši sa 12 godina za Sunce, daša periode dobijamo tako što svaku sledeću planetu uvećavamo za po jednu godinu.

*Tabela 44: Pančotari daša periodi*

| Daša | Period | Daša | Period |
|---|---|---|---|
| Sunce | 12 | Venera | 16 |
| Merkur | 13 | Mesec | 17 |
| Saturn | 14 | Jupiter | 18 |
| Mars | 15 | | |

Poseban uslov za ascedent jeste da je u pitanju najčistiji, plodan raši Rak, u raši i dvadašamša čartu, što nagoveštava povezanost ove daše sa visokim nivoom duhovnosti. Reference sa dvadašamšom Parašara navodi kao '*arkamša*[1]', koja ukazuje na dušu, budući da je Sunce prirodni signifikator za dušu (atmakaraka).

## 10.4 Računanje daše

Izbrojati od Anurade (17) do đanma nakšatre, i isključiti umnoške od sedam (7). Ostatak brojati od Sunca, redosledom daša, kako bi se dobila prva daša. Daša balans je dobijen standardnom procedurom računanja na osnovu longitude Meseca u đanma nakšatri.

Bitno je primetiti da je 'Radha' devata Anurada nakšatre. Ona čisti pojedinačnu dušu i vodi je ka Šri Krišni. Jedno od značenja imena 'radha'[2] je ona koji daje mokšu (prosvetljenje) iz ciklusa rađanja.

---

1  *Arka* znači Surja i odnosi se na dvadaša (dvanaeste) aditja (sunčevih znakova); amša znači podela. Postoji dvanaest sunčevih znakova pod imenom raši i otuda terminologija za dvadašamšu je surjamša tj. podela znaka na dvanaeste delova.
2  Yugandhar (Marati jezik Šivađija Saranta). Ova knjiga je nešto poput 'biografije o životu i vremenima Krišne'.

## 10.5 Primer

*Čart 39: Tradicionalni plesač*
Ženska osoba rođena 5. februara 1969. godine, u 16:25h, u Hisaru, Indija.

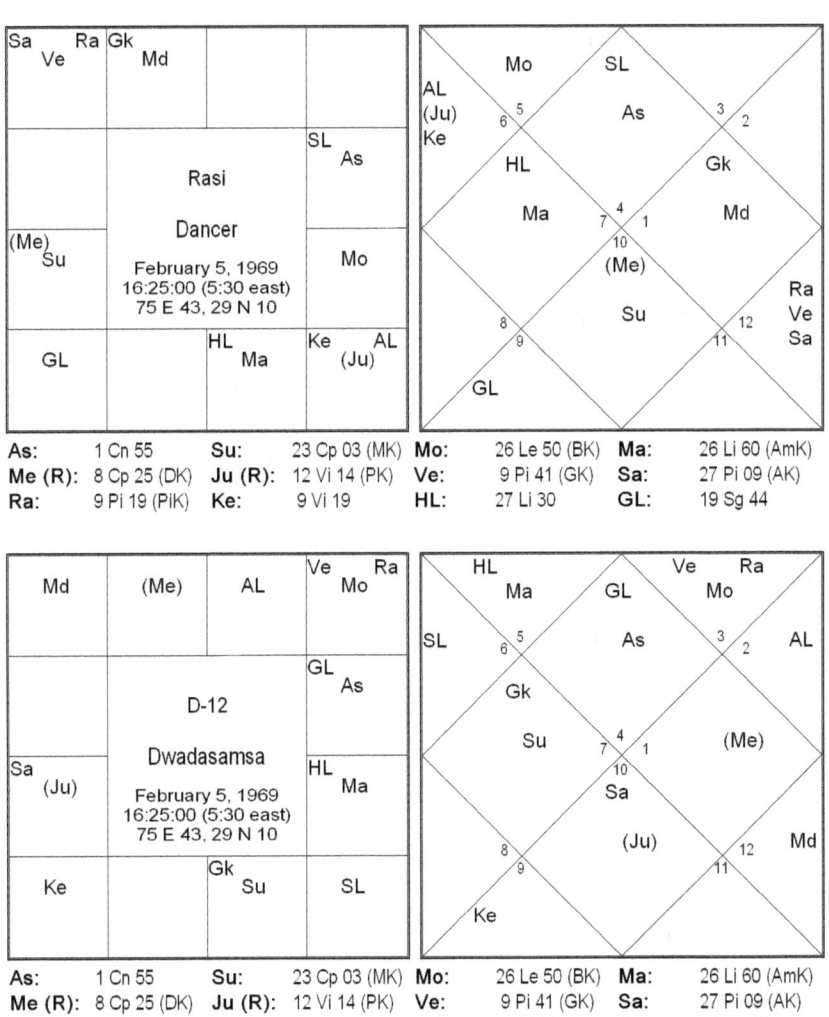

| | | | |
|---|---|---|---|
| Sa Ra Gk<br>Ve Md | | | |
| | | SL As | |
| (Me) Su | Rasi<br>Dancer<br>February 5, 1969<br>16:25:00 (5:30 east)<br>75 E 43, 29 N 10 | Mo | |
| GL | HL Ma | Ke AL<br>(Ju) | |

**As:** 1 Cn 55    **Su:** 23 Cp 03 (MK)    **Mo:** 26 Le 50 (BK)    **Ma:** 26 Li 60 (AmK)
**Me (R):** 8 Cp 25 (DK)    **Ju (R):** 12 Vi 14 (PK)    **Ve:** 9 Pi 41 (GK)    **Sa:** 27 Pi 09 (AK)
**Ra:** 9 Pi 19 (PiK)    **Ke:** 9 Vi 19    **HL:** 27 Li 30    **GL:** 19 Sg 44

**As:** 1 Cn 55    **Su:** 23 Cp 03 (MK)    **Mo:** 26 Le 50 (BK)    **Ma:** 26 Li 60 (AmK)
**Me (R):** 8 Cp 25 (DK)    **Ju (R):** 12 Vi 14 (PK)    **Ve:** 9 Pi 41 (GK)    **Sa:** 27 Pi 09 (AK)
**Ra:** 9 Pi 19 (PiK)    **Ke:** 9 Vi 19    **HL:** 27 Li 30    **GL:** 19 Sg 44

**Primenljivost i tema**: lagna je u znaku Raka na $1°55'$. Dvadašamša lagna je takođe Rak. Ovo pokazuje primenljivost Pančotari daše. Kao što je to ranije pomenuto, lagna je vladar ove

## Vimšotari i Udu daše

daše i tema je osnivanje tradicije ili propagiranje kreacije. Zašto bi žena iz Harjane prevalila toliki put kako bi naučila najteži od tradicionalnih Odisi plesova, sa svim mudrama, emocijama u očima i čime sve ne? Taj ples se smatra najdelikatnijom plesnom formom i potrebna je decenija kako bi se on usavršio. Odisi se podučava u guru-šišja tradiciji i ova žena je posvetila život nastavljanju ove linije i ovom plesu. Teme Odisi plesa zasnovane su na ljubavi Radhe i Krišne, i u stvarnosti je to oblik duhovne regeneracije. Dakle, tema duhovnosti je dobar deo ovog tradicionalnog plesa koji je ona izabrala da usavrši, i ne samo da ga je usavršila, već su njen nastup, snaga itd. učinili da se izdvoji po izuzetnom performansu.

*Tabela 45: Plesačica – Pančotari daša*

Pančotari daša (primenljiva u slučaju kada je lagna znak Rak i u raši i dvadašamša čartu):

Mer: 1968-12-11 (08:07:43) - 1981-12-11 (16:03:30)

Sat: 1981-12-11 (16:03:30) - 1995-12-12 (06:20:11)

Mar: 1995-12-12 (06:20:11) - 2010-12-12 (02:34:35)

Ven: 2010-12-12 (02:34:35) - 2026-12-12 (05:01:54)

Mes: 2026-12-12 (05:01:54) - 2043-12-12 (13:42:17)

Jup: 2043-12-12 (13:42:17) - 2061-12-12 (04:28:49)

Sun: 2061-12-12 (04:28:49) - 2073-12-12 (06:17:07)

Kao što je to ranije pomenuto, mokša u obliku ljubavi Radhe i Krišne je osnovna tema, i ona se već nalazi u plesnoj formi koju je osoba izabrala. Period kada se ovo ispoljava treba da je uvezi sa Suncem ili sa atmakarakom. Prilika se ukazala tokom Saturnove daše (1981-95). Saturn je vargotama atmakarak i u jutiju je sa egzaltiranom Venerom, što pokazuje da će atma ići u pravcu plesa i drugih artističnih stvari zarad svog 'bega'. Pošto je specijalni uslov u vezi sa ovom dašom povezan sa surjamšom (dvadašamšom), potrebno je analizirati Sunce. Sunce se nalazi u Jarcu (kojim vlada Saturn), u jutiju sa Merkurom. Dakle, tokom Saturnove daše, ne samo da će naučiti ples, već će imati i brojne savršene javne nastupe koji će joj doneti slavu i počasti. Ipak, sa dolaskom Marsove daše, njeni performansi su se sveli na minimum. Mars je amatja karaka i prirodni je neprijatelj atmakaraki, Saturnu. Iako je joga karaka i aspektuje Sunce (želja za nastupima je i dalje prisutna), u pitanju su uvek komercijalni nastupi umesto onih zarad same lepote plesa.

## Om Tat Sat

# 11

# Satabdika daša

*Nauka je organizovano znanje. Mudrost je oranizovan život.*

*Imanuel Kant*

## 11.1 Primenljivost

Satabdika daša je stogodišnja daša (*'shat'* znači stotinu i *'abda'* znači godina). Reč satabdika pokazuje važnost godine 'abda' ili samvatsara[1]. Primenljiva je u čartovima sa vargotama lagnom (tj. kada raši (D-1) i navamša (D-9) čart imaju isti znak). Bitno je uporediti ovu dašu sa prethodnom Pančotari dašom u kojoj je ascendent takođe vargotama, u situaciji kada je zadovoljen uslov za Rak dvadašamšu. Ovakav ascendent postaje veoma moćan i, poput Mritjunđaja mantre[2], štiti osobu od svih nevolja.

## 11.2 Daša šema i periodi

Baš kao i kod Pančotari daše, samo sedam planeta, od Sunca do Saturna, isključujući čvorove (Rahu i Ketu), upravljaju dašama. Snaga Mritjunđaja mantre otklanja loše efekte čvorova. Svetleća tela, Sunce i Mesec, su prvi po redosledu a prate ih ostale planete

---

1  Samvatsara je godina definisana ulaskom Sunca u (siderlani) znak Ovna. Za više informacija videti pod Često postavljena pitanja (P3).

2  Mritjunđaja mantra je prenesena linijom od Šive na mudraca Šukračarju (Venera) usled ogromne snage njegove pokore. Poenta je da je Venera (koja simboliše seme) uzrok fizičke kreacije i daje snagu da se izborimo sa poteškoćama na ovoj planeti i preživimo. Snažna Venera čini osobu mentalno (Mesec) jakom sa jakim duhom (Sunce) budući da Venera donosi ničabangu (poništenje debilitacije) Sunca i Meseca, vladavinom nad znacima njihove egzaltacije/debilitacije, datim redom. Dve daše koje su zasnovane na ovom principu Venere su dvadašotari daša i satabdika daša. U dvadašotari daši, lagna dobija na snazi uz pomoć Venere tj. navamša lagna je u šukramši tj. znaku u kom se Venera nalazi. U satabdika daši lagna ne traži Veneru, već radije samu sebe, jer je u pitanju isti znak i u navamši. Ovakva lagna je snažna i pokazuje idealizam, kao i sposobnost regeneracije i preživljavanja, uprkos svim izgledima. Ovo je blagoslov Šive. Dakle, za daša početak u dvadašotari daši brojanje počinje od đanma nakšatre do Revati i pokazuje traganje za Venerom; u satabdika daši brojanje je od Revati do đanma nakšatre i pokazuje Gospoda Mritjunđaju (Šiva) koji dolazi u pomoć ili donosi utehu.

## Satabdika daša

koje pokazuju pet tipova godina. Dakle, redosled je: Sunce, Mesec, Venera, Merkur, Jupiter, Mars i Saturn. Periodi planeta imaju obrazac ponavljanja dva puta pre sledećeg uvećanja perioda.

*Tabela 46: Satabdika daša*

| Nakšatra | | | | | | | | | | | Planeta | Daša |
|---|---|---|---|---|---|---|---|---|---|---|---|---|
| 27 | Revati | 7 | Punarvasu | 14 | Ćitra | 21 | Utarašada | | | | Sunce | 5 |
| 1 | Ašvini | 8 | Pušja | 15 | Svati | 22 | Šravana | | | | Mesec | 5 |
| 2 | Barini | 9 | Ašleša | 16 | Višaka | 23 | Danište | | | | Venera | 10 |
| 3 | Kritika | 10 | Maka | 17 | Anurada | 24 | Satabišađ | | | | Merkur | 10 |
| 4 | Rohini | 11 | Purva Falguni | 18 | Đešta | 25 | Purvabadrapad | | | | Jupiter | 20 |
| 5 | Mrigašira | 12 | Utara Falguni | 19 | Mula | 26 | Utarabadrapad | | | | Mars | 20 |
| 6 | Ardra | 13 | Hasta | 20 | Purvašada | | | | | | Saturn | 30 |
| | | | | | | | | | | | Ukupno: | 100 |

## 11.3 Primer

*Čart 40: Biznismen*

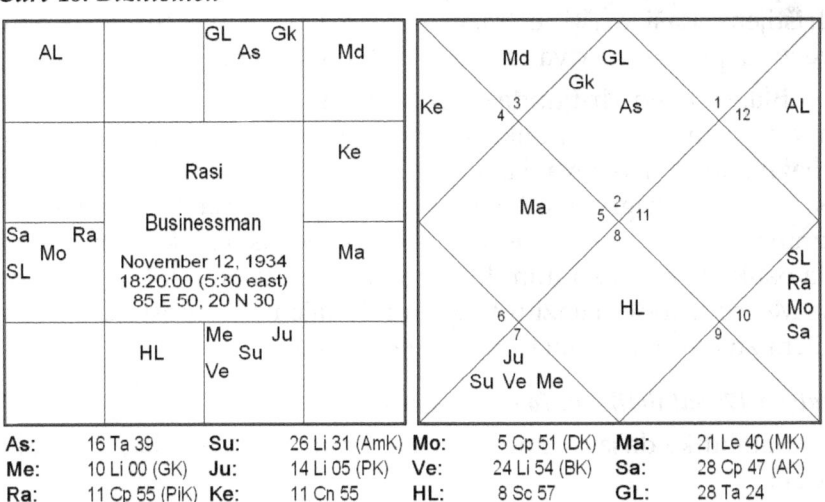

| As: | 16 Ta 39 | Su: | 26 Li 31 (AmK) | Mo: | 5 Cp 51 (DK) | Ma: | 21 Le 40 (MK) |
| Me: | 10 Li 00 (GK) | Ju: | 14 Li 05 (PK) | Ve: | 24 Li 54 (BK) | Sa: | 28 Cp 47 (AK) |
| Ra: | 11 Cp 55 (PiK) | Ke: | 11 Cn 55 | HL: | 8 Sc 57 | GL: | 28 Ta 24 |

**Primenljivost i tema:** Raši i navamša čartovi imaju Bik laknu. Satabdika daša je primenljiva. U dodatku, primetno je da se Venera nalazi u Biku u navamši, što je ujedno i lagna u rašiju, i pokazuje primenljivost Dvadašotari daše. Hajde da ispitamo snagu lagne (satabdika dapa) i Venere (Dvadašotari daša). Svi faktori su isti, budući da je Venere ujedno i vladar lagne. Ipak, Venera se sama po sebi nalazi u marana karaka stanu (šestoj kući).

## Vimšotari i Udu daše

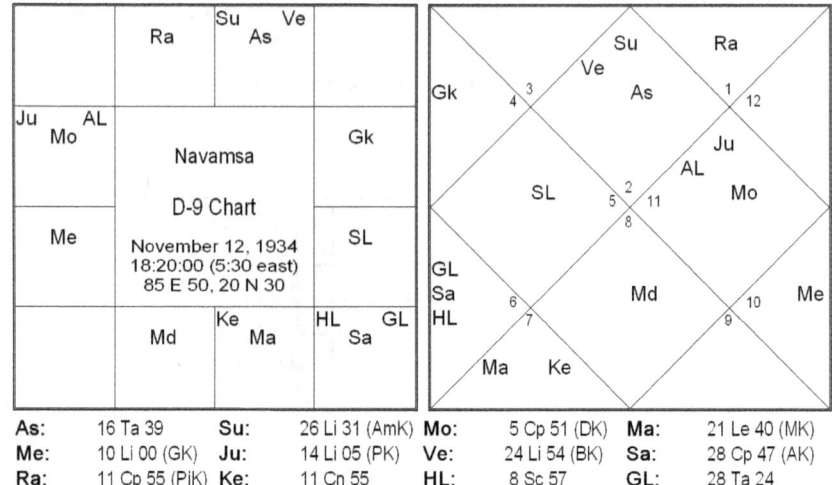

| | | |
|---|---|---|
| As: 16 Ta 39 | Su: 26 Li 31 (AmK) | Mo: 5 Cp 51 (DK) | Ma: 21 Le 40 (MK) |
| Me: 10 Li 00 (GK) | Ju: 14 Li 05 (PK) | Ve: 24 Li 54 (BK) | Sa: 28 Cp 47 (AK) |
| Ra: 11 Cp 55 (PiK) | Ke: 11 Cn 55 | HL: 8 Sc 57 | GL: 28 Ta 24 |

Prvi izvor snage je veza sa atamakarakom. Saturn je AK i aspektuje lagnu raši drištijem, dok Veneru aspektuje graha drištijem. Raši drišti je trajan pogled i pokazuje snažnu trajnu vezu. Iz pomenuta dva razloga, sledi da je lagna snažnija.

Blagosloven Mritjunđajom, on je veoma hrabar i neće ustuknuti ni od moćne vlade ukoliko veruje da je u pravu. Dakle, ima jako snažne ideale i verovanja, kao što se to i očekuje u ovom slučaju. Saturn je u trigonu od lagne i čini ga veoma tradicionalnim iznutra, dok mu aspekt Rahua donosi spoljašnost koja pokušava da oslika vezu sa stranim kulturama, ali je veoma loš u tome, jer se Mesec takođe nalazi u trigonu i dodaje na važnosti Saturnu u čijem znaku se i nalazi tj. Saturn je šubapati.

*Tabela 47: Satabdika daša - biznismen*

Satabdika daša (primenljiva u slučaju vargotama lagne): Maha daše:

Sun: 1931-05-31 (19:58:24) - 1936-05-31 (02:40:05)

Mes: 1936-05-31 (02:40:05) - 1941-05-31 (09:29:17)

Ven: 1941-05-31 (09:29:17) - 1951-05-31 (22:58:25)

Mer: 1951-05-31 (22:58:25) - 1961-05-31 (12:31:43)

## Satabdika daša

Jup: 1961-05-31 (12:31:43) - 1981-05-31 (15:41:09)

Mar: 1981-05-31 (15:41:09) - 2001-05-31 (18:36:42)

Sat: 2001-05-31 (18:36:42) - 2031-06-01 (11:01:37)

    Mesec u devetoj kući afliktuju Rahu i Saturn, koji prete balarištom. Osoba je imala dva bliska susreta sa smrću. U jednom slučaju, u pitanju su bile velike boginje (bolest – Saturn) u zabačenom selu u Indiji, gde su lekovi bili nezamislivi. Listovi nima i iskrene molitve njegovog oca Šri Somanat Šivi spasili su ga od smrti. Tokom Venerine daše, završio je školovanje i u Merkurovoj daši je posao inženjer elektrotehnike i zaposlio se. Venera je egzaltirana u sidamši, dok je Merkur vladar lagne u dašamši.

    Jupiterova daša je obeležila zlatnu fazu njegovog života. Tokom Jupiterove daše i Jupiterove antardaše se oženio i dobio tri sina. Jupiter je vladar upapade i nalazi se u Vagi, u jutiju sa Venerom, i aspektuje darapadu što obećava brak sa ženom po ličnom izboru. Jupiter je ujedno i naisargika putra karaka i u konjukciji je sa vladarom pete - Merkurom. Merkur je prešao tri navamše i pokazuje tri potomka.

    Jupiter je vladar osme dok je Saturn karaka za osmu kuću, i Jupiter aspektuje desetu a Saturn je vladar desete kuće. Dakle, njihovi udruženi periodi obećavaju mešane rezultate, od kojih će dobri prevladavati početkom daše, a loši na kraju daše. Dakle, period od 1969-75. (šest godina) možemo podeliti na dve faze napretka i profesionalnog uspeha (1969-72) i period pada u sreći, dugovima, itd. (1973-75).

    Mars donosi ničabangu Suncu i obećava odličan period. Marsova daša i Marsova antardaša donela mu je vrhunac na poslovnom planu. Ipak, preostali deo Marsove daše je prošao bez posebnih postignuća.

**Om Tat Sat**

# 12
# Čaturašiti sama daša

*Savršenstvo mudrosti i kraj istinske filozofije jeste srazmer naših želja i naših poseda, naših ambicija i naših kapaciteta, tada ćemo biti srećni ljudi puni vrlina.*

*Mark Tven*

Čaturašiti sama daša je primenljiva u čartovima gde se vladar desete nalazi u desetoj kući. Ovakva osoba je karma jogi i veruje u rad zarad ostvarenja ciljeva. Saturn je prirodni signifikator za radnike. Bestelesni čvorovi (Rahu i Ketu) nemaju svoje mesto u ovoj šemi i, na određeni način, vladaju daša sistemom kao karmički kontrolori. Kao što to i samo ime kaže, daša traje 84 godine, što se kod ljudi smatra i gornjom granicom za radno doba.

## 12.1 Redosled daše

Saturn je Jama-darma rađa i striktan je u pravilima. Dakle, redosled daša odgovara danima u nedelji bez preskakanja. Redosled daša u ovom daša sistemu je Sunce, Mesec, Mars, Merkur, Jupiter, Venera i Saturn.

## 12.2 Početna daša

Izbrojati od Svati do đanma nakšatre. Izbrisati umnoške od sedam (7). Ostatak će pokazati planetu, brojano od Sunca daša redosledom, koja pokreće prvu dašu. Svati je Saturnova omiljena nakšatra jer njome upravlja Vaju (Bog vetra) a Saturn vlada vaju tatvom (gasovito stanje). Ovo je ujedno i nakšatra Saturnove egzaltacije.

## 12.3 Daša periodi

Dosledno Saturnovoj prirodi (Jama-darmarađa) ukupni period od 84 godine jednako je podeljen na sedam planeta, gde

## Čaturašiti sama daša

svaka dobija maksimalni period od 12 godina. Balans početne daše određen je na osnovu standardnih pravila na osnovu longitude Meseca u đanma nakšatri.

## 12.4 Primer

*Čart 41: Šrila Prabupada – čaturašiti daša*
Rođen: 1. septembra 1896. godine u 15:24h.

Vladar desete je Merkur, egzaltiran u desetoj kući, jasno pokazujući rođenje karma jogija – čoveka čija će karma doneti rast satve na ovom svetu. Ovo je slučaj zato što je Merkur, prirodni benefik, smešten u znaku egzaltacije u šestoj kući od Aruda lagne, što obećava duhovnost visokog ranga i odricanje od svetovnog. Čaturašiti sama daša je primenljiva u ovom čartu i upravo uz pomoć ove daše ćemo analizirati karma jogu.

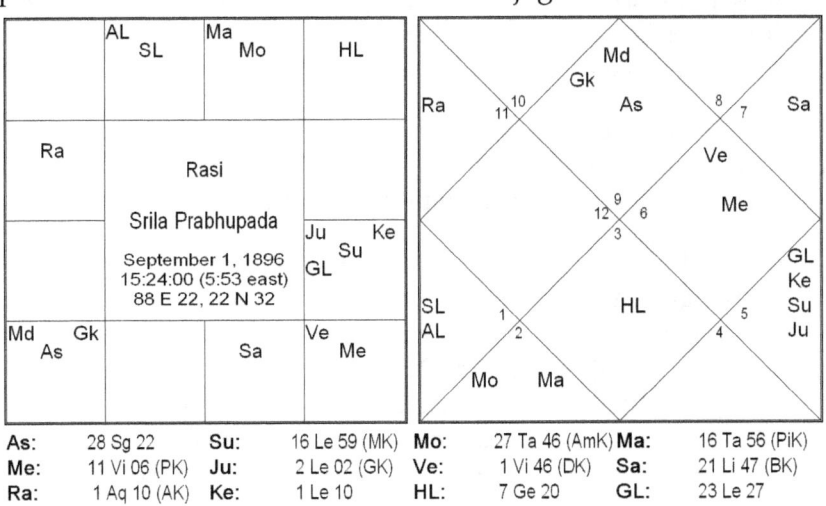

| As: | 28 Sg 22 | Su: | 16 Le 59 (MK) | Mo: | 27 Ta 46 (AmK) | Ma: | 16 Ta 56 (PiK) |
| Me: | 11 Vi 06 (PK) | Ju: | 2 Le 02 (GK) | Ve: | 1 Vi 46 (DK) | Sa: | 21 Li 47 (BK) |
| Ra: | 1 Aq 10 (AK) | Ke: | 1 Le 10 | HL: | 7 Ge 20 | GL: | 23 Le 27 |

*Tabela 48: Prabupada – čaturašiti daša*
Maha daše:

Mer: 1892-09-02 (16:25:28) – 1904-09-03 (18:19:25)

Jup: 1904-09-03 (18:19:25) – 1916-09-03 (20:00:37)

Ven: 1916-09-03 (20:00:37) – 1928-09-03 (21:52:24)

## Vimšotari i Udu daše

Sat: 1928-09-03 (21:52:24) - 1940-09-03 (23:38:15)

Sun: 1940-09-03 (23:38:15) - 1952-09-04 (01:30:16)

Mes: 1952-09-04 (01:30:16) - 1964-09-04 (03:17:13)

Mar: 1964-09-04 (03:17:13) - 1976-09-04 (05:01:59)

1. **1921:** zapošljava se kao menadžer u odeljenju famaceutske kompanije Dr. Bose. U ovu svrhu samostalno prelazi određeni deo studija. Događaj se odvio tokom Venerine daše (Venera vladara hemikalijama/hemijom i drogama koje regenerišu telo) Sunčeve antardaše. Venera se nalazi u desetoj kući u znaku debilitacije, ali dobija ničabangu (poništenje debilitacije) zbog Merkurove egzaltacije u kendri. U dašamša čartu, Venera se nalazi u devetoj kući u svom znaku u jutiju sa vladarom šeste (služba) Saturnom, koji je ujedno i vladar pete (moć/rast/ autoritet). Sunce je u konjukciji sa vladarom lagne, Jupiterom, u svom znaku u petoj kući (zapošljenja/autoriteta) u dašamši.

Odnos između Sunca i Venere je definisan kao šuba veši joga i time je njegov doprinos društvu vezan za medikamente (Venera) za umiruće i slabe (debilitirane) ljude.

2. **1928:** dobija pomoć za početak od Maharađa (Gaudija Mat) u Prajagu. Saturn je guru devata (tj. devata karaka) u ovom čartu i njegova daša je počela 1928. godine, što pokazuje bliske odnose sa Guruom. Saturn je egzaltiran u raši čartu u jedanestoj kući i pokazuje braminsku karmu (tj. osoba zarađuje/radi inteligencijom/dhi šaktijem). Bitna duhovna postignuća, kao i aktivnosti, mogu se očekivati tokom Saturnove daše i Saturnove antardaše.

Dašamša (manifestacija karme) pokazuje službu (Saturnovo vladarstvo nad šestom) za svog Gurua (Saturn se nalazi u devetoj kući sa vladarom devete). U vimšamši (D-20 čart), Saturn je vladar lagne smešten u petoj kući (bakti) sa Mesecom (saosećanje – Krišna). Dakle, u stvarnosti, ovo je oblik upasane (obožavanja) u cilju duhovnog razvoja kroz bakti (ljubav/ vera) jogu.

## Čaturašiti sama daša

3. **13. decembar 1936:** dobija nalog od svog Gurua da na engleskom propoveda poruku svesti o Krišni.

   Saturn je Guru (devata karaka planeta) i ujedno i vladar vimšamša lagne, smešten u petoj kući, u znaku Blizanaca. Merkur je vladar pete u vimšamši, i u raši čartu je vladar desete u desetoj (karma joga) egzaltiran u šestoj od Aruda lagne (visoki nivo duhovnosti zbog Krišne). Krišna devatu u posebnoj formi indikuje Merkur u drugoj drekani raši čarta. Mesec je u jutiju sa Saturnom u petoj kući u vimšamši, i pokazuje Krišnu kao transcendentalnog vladara, ujedno je i u dvanaestoj kući (kuća mokše) od karakamše i pokazuje Krišna avatara. Najvažniji indikator je vimšamša, gde su svo troje u bliskoj vezi sa petom kućom i pokazuju specifičan tajming Guruovih želja koje će pokazati budući pravac (peta kuća) njegove bakti. Događaj se odvio u Saturnovoj daši, Merkurovoj antardaši i Mesečevoj pratiantari. Kada i kako će Šri Prabupaada platiti ovu 'dakšinu' može se videti iz tranzita: Mesec u Škorpiji u dvanaestoj kući pokazuje 'strane zemlje'. Vara (dan) je nedelja, kojom upravlja vladar devete, Sunce, i pokazuje da će Guruove želje biti ispunjene, a nalazi se u Škorpiji (dvanaesta kuća natalnog čarta – inostranstvo). Tithi je amavasja kojim vlada Rahu, njegova atmakaraka, gde Rahu pokazuje da će najveće postignuće njegovog života biti ispunjenje Guruove želje.

4. **1938:** seli se u Kalkatu kako bi otvorio svoju laboratoriju (biznis) za proizvodnju destilovane vode. Jupiter je vladar lagne u devetoj kući i pokazuje veoma nezavisan duh. U dašamši, Jupiter je vladar sedme kuće (biznis) i nalazi se u devanaestoj (prodaje), koja je maraka (ubica/predstavlja kraj) za šestu kuću (službe). Saturn je vladar pete i šeste kuće i pokazuje preduzetništvo i službu, i nalazi se u devetoj kući – dakle tokom Saturnove daše i Jupiterove antardaše, on započinje privatan biznis.

5. **Proizvodnja farmaceutskih proizvoda:** Sunce je povoljan vladar devete kuće i ujedno i dispozitor vladara lagne – Jupitera. Nalazi se u Purva Falguni nakšatri kojom vlada Mars[1] (industrija i

---

[1] Šri Sumit Čag u knjizi Kondicione daše Parašare izdvaja zaključak da, baš kao što uzimamo u obzir planetarna vladarstva nakšatri u Vimšotari daši, tako se i za specijalne

preduzetništvo), dok je sam Mars u Rohini nakšatri (takođe vladar Mars) u Biku, Venerinom znaku (hemikalije i lekovi). Industrija/biznis je započet tokom Sunčeve daše i Marsove antardaše i prosperira (ili radije opstaje) tokom daše Sunca.

Mesec je malefičan vladar osme i afliktuje Marsa (aflikcija koja je nepovoljna za materijalne poduhvate, ali veoma povoljna za duhovne). Daša Meseca počela je u septembru 1952. godine. U maju 1953. godine u Mesečevoj daši i Mesečevoj antardaši sluge su mu ukrale sav novac, vrednosti i lekove što dovodi do zatvaranja biznisa.

6. **Odricanje/monaštvo:** daša vladara osme kuće donosi monaštvo, udovištvo, itd. Mesec je u jutiju sa Marsom (čaj i hrana koja budi 'ovisnost'). Tokom Mesečeve daše i Marsove antardaše, 1954. godine, njegova žena prodaje njegov Šrimad Bagavatam da bi kupila čajni keks. Na pitanje da izabere između "njega i čaja" ona je odabrala čaj. Talas potpune jasnoće ga je preplavio i on odlazi zauvek – time stavljajući tačku na svoj porodični život.

Venera je dispozitor vladara osme, Meseca, i nalazi se u konjukciji sa egzaltiranim Merkurom, time formirajući moćnu *pravradža jogu* u šestoj kući od Aruda lagne. Venera je ujedno u Utara falguni nakšatri kojom vlada Merkur, čije rezultate će i doneti. Tokom Mesečeve daše i Venerine antardaše, u septembru 1959. godine, prima sanjasa dikšu (odricanje/monaštvo) od Kešav Maharađa u Maturi.

7. **Veliko putovanje:** tačno prema predikcija porodičnog astrologa, u svojoj sedamdesetoj godini (tj. punih 69 godina) brodom odlazi u SAD kako bi ispunio svoju životnu misiju. Odluka da otputuje u SAD je doneta odmah po ulasku u Marsovu

---

(kondicione daše) vladarstva nad nakšatrama menjaju i planeta koja vlada nakšatrom utiče na posmatranu kuću poput đive. I dok ovo deluje veoma logično i ova hipoteza gdin. Čaga je prihvatljiva, u klasicima postoji diktum gde se u obzir uzima vladavina nakšatrama na osnovu Vimšotari daše. Na primer, jedan od diktuma govori da ukoliko su vladari lagne, desete i Sunce smešteni u nakšatrama (različite nakšatre) pod vladavinom iste planete, i ukoliko je ta planeta snažna, rezultat će biti rađa joga. Prirodno, ukoliko se vladavina nad nakšatrama menja, tada je primena diktuma stavljena pod znak pitanja. Dakle, savetujemo čitaocima da isprobaju ove hipoteze budući da su logične, ali diktumi iz klasika se ne mogu slepo primeniti, posebno oni koji su dati u vezi sa Vimšotari dašom.

dašu u septembru 1964. godine, ali je traženje sponzora ili još gore vize, zbog njegovih godina, donelo kašnjenja. Konačno, u Marsovoj daši, Marsovoj antardaši i Saturnovoj pratiantari, kreće na putovanje.

Mars, kao vladar dvanaeste, u konjukcji sa vladarom osme, Mesecom (voda), sa sigurnošću donosi putovanje i boravke u inostranstvu u svrhu propovedanja bakti-Krišna svesnosti (vladar pete). Saturn je egzaltiran u pokretnom znaku (daleka putovanja) u Vagi (zapadni pravac). Pošto je Saturn ujedno i vladar druge kuće (maraka – ubica) i nalazi se u šestoj od Marsa, patio je od povraćanja, nije mogao jesti, te je preživeo i dva srčana udara tokom putovanja, ipak ostaje u životu kako bi ispunio svoju životnu misiju.

8. **Period misije:** čaturašiti sama daša pokazuje period karma joge. Ovo ogromno postignuće ne može doći bez Krišna šaktija, transcendentalne moći Šri Krišne[2]. Nakon smrti Šrila Prabhupade 1977. godine, njegov duhovni brat B. R. Šridara Maharađa citira istu Krišna-šakti strofu i primenjuje je na Prabhupadu *„bez Krišninog ovlašćenja, nije mogao proširiti Krišna svesnost na način na koji je to učinjeno"*.

Nepobitna činjenica je da se Krišna inkarnirao (pojavio) u Rohini nakšatri sa Bik lagnom. U čartu Šrila Prabupade, osim kombinacije prisutne u devetoj kući koja potvrđuje Vaišnava put, *mantreša* (vladar pete kuće koji upravlja mantrama) je Mars i nalazi se u Rohini nakšatri u Biku. Joga za bakti/mantra vladara sa đanma rašijem/nakšatrom/lagnom Šri Krišne potvrđuje van svake sumnje njegovo posebno ovlašćenje. Period ove posebne misije može se tačno odrediti sa čaturašiti sama dašom, budući da je Marsova daša trajala od septembra 1964. godine do septembra 1976. godine.

Nakon što je misija ostvarena i 'dakšina' Guruu plaćena, on napušta ovu planetu u Merkurovoj daši i Merkurovoj antardaši (Merkur je vladar sedme/ubica). Merkur je u jutiju sa Venerom

---

2  Šri Satsvarupa das Gosvami, Šrila Prabupada Lilamrita, Bhaktivedanta Book Trust, str. xv. "U Ćaitanjaćaritanmrita, učenik Valaba kaže Gospodu Ćaitanji: "činjenica da si proširio Krišna svesnost po celom svetu potvrđuje da imaš transcendentalnu Krišna šakti".

(genitalije) koja vlada šestom kućom (bolesti) i vlada đala tatvom (tečnosti) te pokazuje bolest u vezi sa urinarnim traktom tokom poslednjih dana života. Saturn u trećoj kući od AL u znaku Venere (Vaga) potvrđuje bolest (Saturn) u tim poslednjim danima.

## Om Tat Sat

# 13

# Dvisaptati sama daša

*Ni zvezdani univerzum nije toliko teško razumeti koliko akcije drugih ljudi.*

Marsel Proust

Dvisaptati sama daša primenljiva je u onim čartovima u kojima se vladar lagne nalazi u sedmoj kući, ili vladar sedme na lagni, ili oboje. Sedma kuća je, poput lagne, *satja pita*[1] (otuda se i aruda pada bilo koje kuće ne može naći u toj kući ili u sedmoj od nje). Ona pokazuje Haru[2] i može biti blagonaklona poput Gurua[3], u smislu otklanjanja svih prepreka na duhovnom putu, ili veoma destruktivana poput Rudre[4]. U oba slučaja je Ketu signifikator. Prema rečima Vedavjase, on je dobroćudna mokšakaraka (tj. onaj koji garantuje prosvetljenje i slobodu od stega ponovnog rođenja), kao i destruktivna Rudra.

*palāśa puṣpa saṅakāsaṁ tārakāgrahamardanam|*
*raudraṁ raudrātmakaṁ kruraṁ taṁ ketuṁ praṇamāmyahaṁ||*

## 13.1 Šema daše

Pošto je Ketu u svakom smislu vladar ove daše, isključen je iz liste planeta kojima su daše dodeljene. Preostalih osam planeta od Sunca do Rahua pokreću daše u Dvisaptati (72 godine) daši.

Redosled planeta prati **prirodni redosled dana u nedelji**: Sunce, Mesec, Mars, Merkur, Jupiter, Venera, Saturn i Rahu.

---

1      Sedište istine.
2      Šiva-Hari Hara Brahma joga definiše blagoslove Harija (Višnua) od vladara druge kuće, blagoslove Brahme od vladar lagne i Hare (Šive) od vladara sedme kuće.
3      Sada Šiva : *om namo devadeveśa parātpara jagatguru|sadāśiva mahādeva gurudīkṣā pradehime||*
4      Rudra simboliše svemoćnost Boga kao konačnog uzroka destrukcije i razgradnje ove manifestovane kreacije.

## 13.2 Periodi daša i kalkulacije

Baš kao i u šula daši[5] (kojom takođe vlada Rudra) period svake daše je devet (9) godina. Osam planeta pokreću devetogodišnje periode što pokazuje ukupni period od 72 godine u jednom ciklusu, ili 144 godine u dva ciklusa.

Izbrojati od Mula nakšatre (19) do đanma nakšatre. Izbrisati umnoške od osam (8). Ostatak treba izbrojati od Sunca, redosledom daša, kako bismo dobili planetu koja pokreće prvu dašu. Balans daše na rođenju određen je standardnom metodom longitude Meseca u đanma nakšatri. Mula je omiljena Ketuova nakšatra koja mu donosi i egzaltaciju u Strelcu.

*Tabela 49: Dvisaptati daša periodi*

| Planeta | Nakšatra | | | Daša | Planeta | Nakšatra | | | Daša |
|---|---|---|---|---|---|---|---|---|---|
| Sunce | 19 | 27 | 8 | 16 | 9 | Jupiter | 23 | 4 | 12 | 9 |
| Mesec | 20 | 1 | 9 | 17 | 9 | Venera | 24 | 5 | 13 | 9 |
| Mars | 21 | 2 | 10 | 18 | 9 | Saturn | 25 | 6 | 14 | 9 |
| Merkur | 22 | 3 | 11 | | 9 | Rahu | 26 | 7 | 15 | 9 |

---

[5] Videti *Mahariši Đaimini Upadeša Sutre* Sanđaj Ratha.

Dvisaptati Sama daša

## 13.3 Primer

*Čart 42: Šri Ćeitanja Mahaprabu*

Rođen 18. februara[6] 1486[7] posle Hrista ili 27. februara 1486. godine, tik na zalazak sunca[8] na 29 gatiju[9], Navadvip, Indija.

Primenljivost i tema: vreme rođenja je uzeto kao 'minut posle' zalaska sunca i čart je dat u nastavku. Ovo je ujedno i povoljan dan, Datatreja Đajanti, kada se Višnu pojavljuje kako bi ljudima preneo najviše znanje. U ovom čartu, pored drugih daša, primenljiva je i Dvisaptati sama daša pošto se vladar lagne, Sunce, nalazi u sedmoj kući, u Vodoliji. Kao što je ranije pomenuto u delu koji se odnosi na primenljivost daše, Hara je vladar i pokazan je Mesecom. Specijalni uslov vezan je za sedmu kuću koja je sedište želja i ukazuje na to da je tema ispunjenja želja ili fokusiranje na želje. Vladavina i pozicija Meseca pokazuje ljude ili ciljeve koji će voditi ka ispunjenju ciljeva ili želja. U ovom čartu, Mesec je vladar dvanaeste kuće, ili oslobođenja iz ciklusa rađanja, i pokazuje da će se tema vrteti oko uzroka rođenja - želja i slobode od ovih stega tj. mokše. Mesec je pod eklipsom mokša karake, Ketua, i pokazuje

---

6     Šri Ćaitanja Čaritamrita; Adi Lila -13.20 pominje da se rođenje dogodilo tačno na sandja kalu punog Meseca tokom Falguna meseca, i da je u vreme rođenja trajala lunarna eklipsa. Svaka sandja je period od 5 gatija (2 hore ili 2 sata). Postoje dva tipa sandje, kanda sandja je jutarnje svitanje ili period izlaska Sunca – sat pre i sat posle izlaska Sunca. Reč kanda znači slomiti i odnosi se na prelaz između prethodnog i novog dana. Druga se zove suda sandja (doslovno, čista) i proteže se sat vremena pre i sat vremena posle zalaska Sunca (ponovo 5 gatija ili 2 sata). Od ova dva sata, sat neposredno posle zalaska smatra se povoljnim i svi pobožni Hindui pale lampu u blizini Tulsi biljke u ovo vreme i nude svoje molitve.

7     Šri Ćaitanja Čaritamrita; Adi Lila -13.09 jasno navodi da je Njegov dolazak bio tokom Saka 1407 (1486 pre Hrista) i da je Njegov odlazak sa ovog sveta bio tokom Saka 1455 (1534 pre Hrista).

8     Đanmodaja (rođenje ili prva pojava) Šri Ćaitanje bila je tokom ove sandja kale tačno posle zalaska Sunca. Zalazak se definiše kao vreme poslednje vidljivosti vrha Sunca (Varahamihira) i tek nakon što je Sunce zašlo, pali se lampa. Zalazak je bio u 18:02':46"h u Navadvipu, Indija na isti dan i u istom trenutku ljudi su počeli sa recitovanjem imena "Hari", kao što je objašnjeno u duhovnoj biografiji. Šri Ćaitaja se pojavio odmah potom, kao da je njegov dolazak bio prozvan uzvicima ljudi. Dakle, rođenje se dogodilo u tih par minuta posle zalaska Sunca. Adi Lila -13.21: hari hari bole loka haraẏita haŏ˜, janmil˜ caitaõya prabhu n˜ma janm˜iẏ˜ Prevod Šrila Prabupade: "U ushićenju svi su pevali sveto ime Gospoda – "Hari! Hari!" – i Gospod Šri Ćaitanja Mahaprabu se tada pojavio, posle prvog prizivanja svetog imena".

9     Šri Baktivinoda Takura je dao vreme rođenja od Gh. 28:45h u svom radu *Amrita Pravaaha Bhasja*. Ipak, ovo se dogodilo pre zalaska Sunca koristeći poslednje kompjuterske kalkulacije i za nijansu je korigovano od strane autora na Gh.29:00' kako bi odgovaralo vremenu tek posle zalaska Sunca.

## Vimšotari i Udu daše

veoma snažnu temu koja je dominantna u čartu, tj. u životu. Vladar bave u jutiju sa karakom za tu bavu čini njegova značenja daleko snažnijim a u ovom slučaju je vladar dvanaeste u jutiju sa karakom, Ketuom, i stavlja akcenat na važnost prosvetljenja i slobode od ciklusa rađanja. U pitanju je pun Mesec, što ukazuje na prisustvo Gurua (akaš tatva) u obliku u kome je kada je sprovedena Satja Narajana puđa i kada svi mantraju "Hari" ili "Om Tat Sat". Nekim čudom, u isto vreme na isti dan kada su ljudi počeli recitovati Hari, On se pojavio. Dakle, tema je odbacivanje svih želja kako bi se stekla mokša, i to u ovoj inkarnaciji.

Evidentno je da bi bez poznavanja i primene ovih specijalnih daša, bili potpuno zavedeni i da ne bi bili u stanju da cenimo momenat njegovog rođenja, te bi pre dolazili do raznih zaključaka na temu eklipsi i sl.

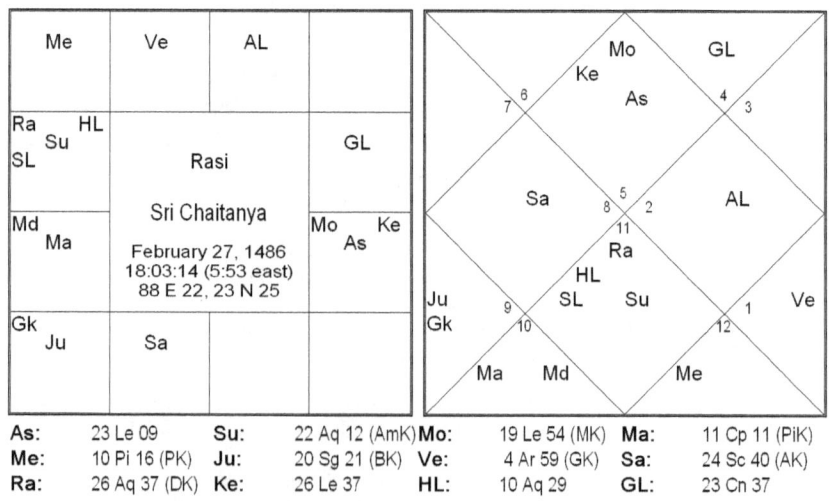

## Dvisaptati Sama daša

**Daša kalkulacije**

Mesec je na lagni u Purva Falguni nakšatri (11) kojom vlada Merkur koji pokreće prvu dašu.

|   |   | Step | Min |
|---|---|---|---|
| 1 | Longituda Meseca | 139 | 54 |
| 2 | Kraj nakšatre | 146 | 40 |
| 3 | Nakšatra balans [2-1] | 6 | 45 |
| 4 | Raspon nakšatre | 13 | 20 |
| 5 | Prva daša (Merkur) balans = [′3′/′4′] x 9 godina = 4g 6m 24d | | |

*Tabela 50: Dvisaptati daša- Šri Ćaitanja*

Dvisaptati sama daša[10] (primenljiva ukoliko je vladar lagne u sedmoj ili vladar sedme na lagni):

Maha daše: datumi su dati u skladu sa trenutnim kalendarom.

Mer: 1486-02-27 (16:36:28) - 1490-09-25 (23:58:42)

Jup: 1490-09-25 (23:58:42) - 1499-09-26 (07:13:35)

Ven: 1499-09-26 (07:13:35) - 1508-09-26 (14:44:48)

Sat: 1508-09-26 (14:44:48) - 1517-09-26 (22:01:56)

Rah: 1517-09-26 (22:01:56) - 1526-09-27 (05:25:14)

Sun: 1526-09-27 (05:25:14) - 1535-09-27 (12:51:03)

Mes: 1535-09-27 (12:51:03) - 1544-09-26 (20:13:45)

Mar: 1544-09-26 (20:13:45) - 1553-09-27 (03:28:52)

---

10    Tačna kalkulacija urađena je kompjuterski koristeći solarnu godinu od 360 stepeni.

## Vimšotari i Udu daše

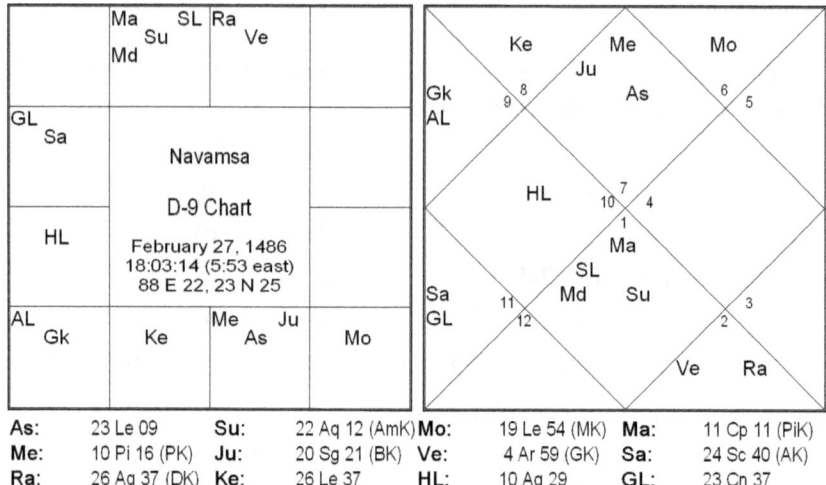

| | | | |
|---|---|---|---|
| **As:** | 23 Le 09 | **Su:** | 22 Aq 12 (AmK) |
| **Me:** | 10 Pi 16 (PK) | **Ju:** | 20 Sg 21 (BK) |
| **Ra:** | 26 Aq 37 (DK) | **Ke:** | 26 Le 37 |

| | | | |
|---|---|---|---|
| **Mo:** | 19 Le 54 (MK) | **Ma:** | 11 Cp 11 (PiK) |
| **Ve:** | 4 Ar 59 (GK) | **Sa:** | 24 Sc 40 (AK) |
| **HL:** | 10 Aq 29 | **GL:** | 23 Cn 37 |

Šri Ćaitanja bio je plod desete trudnoća svojih roditelja, Šri Đaganat Misre i Šrimati Saći Devi. Prvih osam ćerki preminulo je (baš kao i kod pojave Šri Krišne, prvih šest trudnoća Njegove majke uništio je Kamsa). Baš kao Šri Krišna i Šri Ćaitanja je imao starijeg brata Visvarupu, koji se kasnije zamonašio. Život i prošlost Šri Ćaitanje Mahaprabua može se podeliti na dva dela, Adi i Šeša lila. Adi Lila je trajala 24 godine, i pokriva period Merkura, Jupitera i Venere. Adi lila se dalje može podeliti na četiri dela: *balija* (detinjstvo), *pauganda* (dečaštvo), *kišora* (tinejdžersko doba) i *juvana* (mladost), gde prva tri dela traju 16 godina, a poslednji deo traje 8 godina. Šeša (kraj) Lila je trajala dodatne 24 godine i uključuje madja (6 godina) i antja (18 godina) Lilu. Bio je veoma svetao (zbog Meseca na lagni i Jupitera na navamša lagni) i od milja su ga zvali Gaura-hari.

### ADI LILA (24 GODINE)

Balija Lila: balija lila[11] se odvijala tokom Merkurove daše (1486-89), i nosi poseban značaj jer je tada Njegova majka, tokom dojenja, otkrila znak lotosa na Njegovim tabanima. Njegov otac je ovo pokazao Šri Nilambara Čakravatiju, Ćaitanjinom dedi i cenjenom astrologu koji je predskazao[12] da će dete održati i zaštititi tri sveta,

---
11  1-5 godina.
12  Šri Ćaitanja Čaritamrita: Adi Lila 14.13 do 14.19: Velika predikcija Čakravati Mahasje, Ćaitanja Mahaprabuovog dede. Šrila Prabupada prevodi: "Kada je Nilambara Čakravati video ova obeležja, sa osmehom je rekao: "U prošlosti sam sve ovo predskazao

## Dvisaptati Sama daša

noseći na sebi obeležja Narajane. Ranije je Šri Čakravati tačno predskazao mesec rođenja, mesto Saturna atmakarake u Vodolija navamši (karakamša) i u petoj kući baktija (ljubav/posvećenost). Saturn je ujedno i vladar dvanaeste kuće od karakamše, dok dvanaesta kuća, kao ni atmakaraka, nemaju planete u jutiju. Tako je nastalo savršeno spajanje individualne duše (AK) i išta devate (vladar dvanaeste) i ovo predstavlja Saturn. Devata planete Saturn je Narajana, a Šri Ćaitanja Mahaprabu se rodio tokom Merkurove daše, Saturnove antardaše i tada su je otkriven lotos i druga obeležja, posle čega je sledila ceremonija imenovanja[13] (što se obično dešava dvadeset prvog dana posle rođenja).

**Pauganda Lila:** u Jupiterovoj daši (1490-1499) *Hatakhadi*[14] ceremonija (prvo slovo) obeležila je početak Njegovog dečaštva. Bio je odličan učenik te je Sanskrit i druge predmete veoma brzo savladavao. Jupiter je veoma snažan i u petoj kući stvara neopstruiranu argalu na četvrtu kuću, kuću formalnog

---

astrološkim kalkulacijama i pismeno zabeležio. Postoje trideset dva telesna obeležja koja simbolišu veliku ličnost, i ja ih vidim sve na telu ovog deteta. Postoji trideset dva telesna simptoma velike ličnosti: pet delova tela je veliko, pet malo, sedam crvenkasto, šest podignutih, tri mala, tri široka i tri izdubljena. Ova beba ima sve simbole Gospoda Narajane na svojim dlanovima i tabanima. On će biti u stanju da isporuči sva tri sveta. Ovo dete će propovedati Vaišnavizam i osloboditi svoju familiju sa očeve i majčine strane. Predlažem da uradimo ceremoniju imenovanja. Treba da organizujemo festival i pozovemo sve bramine, jer je danas veoma povoljan dan. U budućnosti će ovo dete zaštititi i održati svet. Iz ovog razloga treba ga zvati Visvambara". Prabupada dalje komentariše da je su pet velikih delova nos, ruke, brada, oči i kolena. Pet finih delova su koža, vrhovi prstiju, zubi, kosa na telu i kosa na glavi. Sedam crvenkastih delova su oči, tabani, dlanovi, nepce, nokti i gornja i donja usna. Šest izdignutih delova su grudi, tamena, nokti, nos, struk i usta. Tri mala dela su vrat, bedre i muški organ. Tri široka dela su struk, čelo i grudi. Tri izdubljena dela su pupak, glas i postojanje. Sve zajedno ovo su trideset dva simptoma velike ličnosti. Ovo je citat samudrike. Ovaj citat pokazuje Prabupadino duboko poznavanje šakuna šastre, koja je vitalni deo Đotiša.

13   Od posebne važnosti bilo je ime koje mu je dao deda, cenjeni Vedski astrolog Šri Čakravati. I, dok postoji konkretan pomen njegovog đanma rašija i lagne u znaku Lava, izabrano slovo je 'Va'. Ovo potvrđuje da je metod imenovanja koji danas mnogi astrolozi prate u celoj Indiji pogrešan. jer slepo uzimaju slovo imena (namakšare) iz nakšatre u kojoj se nalazi Mesec. Tačan metod je dao Parašara, i on podrazumeva odabir slova na osnovu najuticajnije planete u čartu. U ovom čartu, kao što je to pomenuto i u okviru teme, Mesec je vladar dviasaptati daše i on je najuticajniji faktor u čartu i obećaje prosvetlenje, visoku duhovnost i poziciju velikog učitelja. Tako slogovi kojima vlada Mesec (Ja, Ra, La, Va, Ša, Sha, Ssa, Sa i Ha) postaju prvi izbor. Sledeći korak je Aruda lagna u Biku i od pomenutih osam slogova, 'Va' se nalazi u Biku. Dakle, ime Visvambara je izabrano i počinje sa 'Va'. Moguće je da je Njegov deda izabrao slog 'Va' jer se nalazi u trigonu od očeve namakšare 'đa' (za Đaganat – Jarac). Ali postoje i druge namakšare u znaku Bika, dok je Parašarin princip u svom prvom koraku striktno ispraćen.

14   Hata znači ruka i khadi znači kreda.

## Vimšotari i Udu daše

obrazovanja. Dakle, tokom Jupiterove daše Njegovo učenje odvija se bez prepreka. Jupiter se nalazi u lagnamši i u devetoj kući (veran je Guruu) od karakamše. Na neki način bio je idealan učenik, veoma ozbiljan i posvećen. Jupiter u prvoj ili petoj od lagnamše daje učenje Sanskrita i znanje iz raznih oblasti. Njegovo znanje bilo je neuporedivo, a često istoričari pominju i Njegovo vladanje jezikom, gramatikom, sposobnost trenutnog stvaranja kompozicija te kritičarske veštine. U skladu sa prirodom Jupitera, On je podučavao i mlađe od sebe poput Gurua! Otac mu je rano umro, i u dvadašamši, Jupiter je veliki neprijatelj za devetu kuću (Jarac), kao dispozitor vladara druge.

**Kišora Lila:** Venerina daša (prva polovina 1499-1502): Više duhovne studije nastavlja tokom Venerine daše, budući da se Venera nalazi u devetoj kući i vlada visokim obrazovanjem, kao i duhovnošću. Počeo je da podučava gramatiku a Njegove lekcije bi uvek kulminirale porukom Šri Krišne. Venera je vladar devete kuće u sidamši (D-24 čart koji pokazuje obrazovanje) i potvrđuje Njegovo visoko obrazovanje.

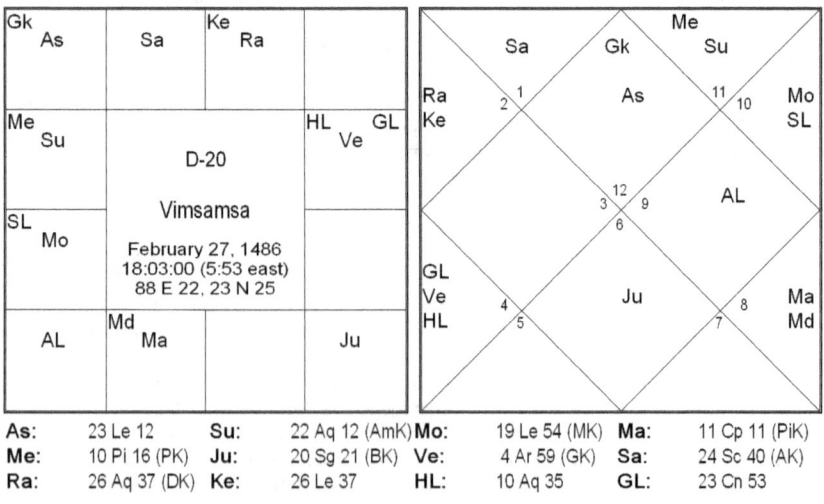

U vimšamši (D-20 čart, pokazuje duhovnost), Venera je smeštena u petoj kući, kući učenika (šišje), u Raku. Mesec, vladar Raka, pokazuje Njegov bakti prema Krišni a nalazi se u Jarcu (plava boja – Nilačala Takura) koji specijalno ukazuje na Đaganat Vešu. Ipak, put baktija vidi se iz pete kuće i Venera ovde pokazuje Šrimati

## Dvisaptati Sama daša

Radu. Njegov bakti bio je sa Rada-Krišnom i On je propovedao ljubav prema Krišni nalik Radinoj ljubavi. Dakle, tokom Venerine daše započinje samkirtan pokret koji podrazumeva ekstatičan ples (Venera) uz recitovanje Mahamantre (Venera je u petoj kući u vimšamši). Postaje veoma popularan i mami svoje celo selo da se pridruži (Venera je u Ašvini nakšatri kojim vlada Mesec, smešten na lagni). Pošto je Venera u pokretnom znaku i predstavlja kretanje, uz samkirtan je putovao od jednog do drugog sela.

**Juvana Lila:** Venerina daša (druga polovina 1502-1508) i delom Saturnova daša (1508-1510).

**Prvi brak** se dogodio u Njegovoj šesnaestoj godini (1501-02) i time je obeležen Njegov ulazak u mladost. Venera je prirodna kalatra karaka, vladar navamša lagne (sposoban da donese brak) i vladar je sedme kuće od Ovna (znaka u kome se nalazi), noseći tako odgovornost za partnerov dolazak. Rahu je suvladar sedme kuće u raši čartu, i u jutiju je sa Venerom u navamši, a obe planete formiraju neometene argale na sedmu kuću. Brak je sklopljen sa Lakšmi Devi u Venerinoj daši, Rahuovoj antardaši. Preteća okolnost je to što su planete koje donose brak smeštene u osmoj kući u navamši.

Upapada je u Devici i njen vladar, Merkur, je debilitiran u osmoj kući bez ničabange, što pokazuje da prvi partner neće preživeti. Druga kuća od upapade je Vaga pod aspektima kombinacije za eklipse, Sunca i Rahua. Veruje se da je prva žena umrla iznenada u vreme dok je on bio odsutan sa samkirtani (Venera) i to verovatno zbog ujeda zmije[15] ili sličnog trovanja.

**Drugi brak** pokazuje prisustvo dve planete u sedmoj kući u raši i u navamša čartu. Mars je vladar druge od navamša lagne, kao i osme od upapade u raši čartu, što potvrđuje drugi brak. Mars je egzaltiran u rašiju i u sedmoj kući u svom znaku u navamši, u konjukciji sa egzaltiranim Suncem. Dakle, velika je verovatnoća da je do braka sa Višnuprijom došlo tokom Venerine daše i Marsove antardaše.

Tokom ovog perioda ostao je upamćen njegov kapacitet za debate i filozofske diskusije, te Njegov predlog brilijantnog *achintya-bheda-abheda* koncepta Hinduizma. Đaja joga, koju formiraju Venera i Jupiter u trigonima od lagne, manifestuje se

---

15   Aspekt Rahua i Sunca na znak donose smrt od zmijskog ujeda (Đaimini Sutre).

tokom ove daše i slavni panditi, poput cenjenog Kešava Kašmiri, priznaju Njegovu superiornost i znanje. Ova dva učitelja, Jupiter i Venera, smešteni u trigonu od lagne, daju najviše znanje iz bilo koje oblasti, uključujući i duhovnost.

## ŠEŠA LILA (25-48 GODINA)

**Misija:** prisustvo Jupitera i Merkura na lagnamši pokazuje Njegovo izvanredno znanje i elokvenciju, kao i činjenicu da je na svet došao kako bi obnovio Guru– Šišja paramparu (Jupiter – učitelj, Merkur – učenik). Činjenica da je Saturn atmakaraka (individualna duša) kao i išta devata (Bagavan Narajana) pokazuje da je ova duša ni više ni manje nego sam Narajana! Činjenica da je lagnamša u devetoj kući (kuća Gurua) od karakamše pokazuje da je On obnovio ovaj deo darme zarad večne dobrobiti ljudske vrste tokom ove Kali juge.

**Madja Lila:** Saturnova daša (deo od 1510. do 1516).

**Sanijas** ili zamonašenje praćeno ritualnom ceremonijom poslednjeg obreda, je prvo obeležje ovog perioda. Zamonašenje se može videti od Saturna. Saturn je atmakaraka, kao i išta devata, i svojim desetim drištijem aspektuje Mesec koji se nalazi na lagni, pod eklipsom. Saturn je snažan i nalazi se u sedmoj kući od AL. Sa dolaskom Saturnove daše, joga za odricanje počinje da se manifestuje.

- **Upapada:** Parašara podučava da se odricanje/monaštvo može videti od upapade, budući da je ovo gauna pada a da je odricanje od partnera, seksa, itd. obavezan deo monaštva. Vladar upapade je u osmoj kući, debilitiran (karaka je Saturn), i vladar druge od UL je Venera, koja takođe aspektuje Saturna raši drištijem i pokazuje da je u Njegovoj prirodi da se odrekne braka, kao i manjak vezanosti za partnera i porodicu. Ipak, on je ispoštovao svoju darmu ostajući sa njima 24 godine. Planete u kendrama od ovako moćnog Saturna će sarađivati sa njim[16]. Rahu, Sunce, Ketu i Mesec su u kendrama, a Rahu i Sunce su u Purva Badrapada nakšatri kojom vlada Saturn[17]. Od njih, Rahu

---

16    Paraspara jogakaraka
17    Vladarstva nakšatri zavise od daša sistema koji koristimo. Videti tabelu za dvisaptati dašu u ovom poglavlju.

je bolje kvalifikovan svojom pozicijom u osmoj kući u navamši i tendencijom da donese eklipsu Sunca u raši čartu. Rahu aspektuje drugu od UL, kao i Veneru, vladara druge od UL. Dakle, Saturnova daša i Rahuova antardaša sigurno donose kraj bračnoj sreći i porodičnim vezama, i time se zadovoljava Parašarin uslov.

* **Poslednji obredi**: obavljanje posmrtnih obreda vezanih za smrt i smrtne okolnosti može se videti iz treće kuće od AL. Aruda lagna (AL) je u Biku i treća odatle je znak Raka. Ovaj znak prima aspekte Saturna, Rahua i Sunca. I ovde su Saturnova daša i Rahuova antardaša kvalifikovane za donošenje ovih poslednjih obreda.

* **Tranziti** za **Šukla** pakšu u Maga mesecu (Sunce u Jarcu) za 1510. pre Hrista, pokazuje da je mokšakaraka, Ketu, tranzitirao Aruda lagnu u Biku. *U vreme kada Ketu tranzitira trigone od AL, osoba dobija mokša gati i mogu se očekivati događaji poput zamonašenja i duhovnog razvoja. Kada Rahu tranzitira trigone od AL, događa se boga gati i osoba uživa u bogatstvima sveta, odlazeći od duhovnih nastojanja.* Ovaj tranzit se može videti u mnogim čartovima. U ovom slučaju, Saturn je takođe tranzitirao trigone od AL, i tekla je poslednja trećina sade satija. U vreme sanjase od Gurua se dobija mantra, kao i druge duhovne instrukcije. Mantrapada (A5) je u Devici i Jupiter je tranzitirao svoju natalnu poziciju u Strelcu, aspektujući mantrapadu raši drištijem, što potvrđuje primanje mantre.

Na ovaj način su potvrđene različite aktivnosti u vezi sa sanjasom. Nakon što se zamonašio, Šri Ćaitanja je putovao duž Indije, i čak identifikovao Vrindavan, do tada zaboravljeno mesto, vraćajući sećanje na Šri Krišnu. Bio je u stanju da stigne na svako bitno mesto! Ovako snažan privremeni malefik smešten u četvrtoj kući lišava osobu zemlje i čini da se osoba stalno kreće. U čartu Šri Rama, egzaltirani Saturn u četvrtoj ga je lišio kraljevstva i odveo ga u džunglu. Tako i snažan Saturn u četvrtoj kući daje Šri Ćeitanji odricanje od bogatstva i komfora, i donosi mu putovanja duž cele Indije zarad propovedanja samkirtana i Krišna svesti.

**Antja Lila:** poslednji deo ove inkarnacije proveden je u Đaganat Puriju. Jupiter je snažan, u petoj kući, i nosi odgovornost obnavljanja Guru-Šišja parampare. Sa neprestanim putovanjima Šri Ćaitanje, ovo nije bilo moguće. Jupiter vrši neometenu šuba argalu na Saturna u četvrtoj kući. Dakle, 1516. godine, sa početkom Jupiterove antardaše tokom Saturnove daše, smanjuju se putovanja i Mahaprabu se smešta u Puriju. Prvih šest godina, On nastavlja samkirtan a tokom narednih dvanaest godina, fokusira se na postizanje savršene joge sa Krišnom. Ohrabrujem čitaoce da pokušaju vremenski da odrede situacije poput ulaska u okean od Purija do Konarka i sl. što je van opsega ove knjige.

Oni koji barataju kalkulacijama za dugovečnost znaće da cene kombinacije za kratak život u ovom čartu, metodom tri para. Ipak, Mesec se nalazi na lagni i odatle par Saturna i Meseca dominira dugovečnošću. Ovo je obično 1-36 godina ali, budući da je Saturn atmakaraka, dešava se kakšja vridi (videti i snagu Jupitera). Konačni trenutak se dogodio u Njegovoj 48. godini na samom kraju (poslednja antardaša) Sunčeve daše i Rahuove antardaše. Bitno je primetiti da su obe ove planete u sedmoj kući u nakšatri vladara sedme (Saturna) i da aspektuju Rak (raši drištijem), treću kuću od AL. Prisetimo se diktuma: sve daše pretenduju da donesu zlo pri kraju svog trajanja (poslednja atardaša).

---

**Om Tat Sat**
---

# 14

# Šastihajani daša

*Znanje je proces sakupljanja činjenica; mudrost leži u njihovom pojednostavljivanju.*

*Martin Fišer*

## 14.1 Uvod

Šastihajani daša je daša koja traje 60 godina. Ova daša je primenljiva u čartovima gde je Sunce postavljeno na lagni. Sunce je signifikator čovekove duše, koju zovemo atma, i pokazuje snažan uticaj koji dolazi iz kuće kojom vlada. Obično dva ciklusa ove daše pokrivaju ukupnu dugovečnost od 120 godina. Daša šema od 60 godina je dalje podeljena na dve grupe, od po 30 godina svaka. Dakle, tokom punog životnog veka od 120 godina dobijamo četiri grupe, po 30 godina svaka, koje simbolišu četiri ašrama[1] života.

## 14.2 Daša šema i kalkulacije

### 14.2.1 *Redosled daša*

Pošto je Sunce, kao prirodna atmakaraka, vladar ove daše, ono naglašava dušu, a osam čara karaka pokreće daše (osam planeta od Sunca do Rahua, isključujući Ketua). Ove planete su dalje podeljenje na dve grupe, na osnovu pačakadi sambandi (funkcionalnom prijateljstvu[2]) sa Suncem. Na osnovu ovih odnosa, Jupiter je najveći dobročinitelj Suncu, jer jedino Jupiter može da razume unutrašnji značaj akcija Sunca. Ovaj odnos je

---

[1] Integralni koncept Hindu filozofije gde je život podeljen na osnovu darme na četiri dela i prirodni proces starenja. Sunce je signifikator darme i vladar je ovog daša sistema.

[2] Funkcionalni odnos pod imenom pačakadi sambanda razlikuje se od prirodnih odnosa. Prirodni odnosi se zovu 'naisargika sambanda' i bivaju modifikovani na osnovu planetarne pozicije u čartu u privremene odnose (pet vrsta) pod imenom 'tatkalika sambanda'.

poput odnosa dikša Gurua i Išta devate. Mars je karaka (činioc) za Sunce, i sledeći najbolji po redu. Dakle, trio Jupiter, Sunce i Marsa čini prvu grupu. Preostalnih pet planeta, poređanih po povoljnosti u odnosu na Sunce, formiraju sledeću grupu. To su Mesec, Merkur, Venera, Saturn i Rahu – Mesec predstavlja kraljicu i neće biti loš za Sunce, ali ni ne pomaže krajnjem cilju Sunca, kao prirodne atmakarake. Među asura[3] planetama, Merkur je bolji za novac, dok je Venera, kao signifikator za seks, nepovoljna za Sunce i duhovnost. Saturn je definitivno neprijatelj svim akcijama Sunca, dok je Rahu dijaboličan i vrši eklipsu nad Suncem. Tako je redosled planeta u daša šemi: Jupiter, Sunce, Mars, Mesec, Merkur, Venera, Saturn i Rahu.

## 14.2.2 Planetarni periodi

Sada kada imamo 30 godina za svaku od dve grupe, ovaj period je jednako podeljen na svoje članove. Jupiter, Sunce i Mars imaju daše koje traju 10 godina; dok Mesec, Merkur, Venera, Saturn i Rahu imaju daše koje traju 6 godina.

Ašvini (1) je omiljena nakšatra Sunca, i ona mu donosi i egzaltaciju. Dakle, planete vladaju nakšatrama brojano od Ašvini, prve nakšatre Zodijaka. Nakšatre su raspodeljene na ove planete u grupama od po tri nakšatre i četiri nakšatre, brojano od Ašvini (na sličan način kao kod Aštotari daše). Sledeća tabela daje detalje šeme, dok se ostali koraci mogu lako izračunati.

*Tabela 51: Šastihajani daša*

| Br | Nakšatra | Daša | Period | | Br. | Nakšatra | Daša | Period | |
|---|---|---|---|---|---|---|---|---|---|
| 1 | Ašvini | Jupiter | 10 | god | 15 | Svati | Merkur | 6 | god |
| 2 | Barini | | | | 16 | Višaka | | | |
| 3 | Kritika | | | | 17 | Anurada | | | |
| 4 | Rohini | Sunce | 10 | god | 18 | Đešta | Venera | 6 | god |
| 5 | Mrigašira | | | | 19 | Mula | | | |
| 6 | Ardra | | | | 20 | Purvašada | | | |
| 7 | Punarvasu | | | | 21 | Utarašada | | | |
| 8 | Pušja | Mars | 10 | god | 22 | Abiđit | Saturn | 6 | god |
| 9 | Ašleša | | | | 23 | Šravana | | | |
| 10 | Magha | | | | 24 | Danište | | | |

3    Sura se direktno odnosi na Sunce i na one koji su prijatelji njegovoj životnoj sili.

## Šastihajani daša

| Br | Nakšatra | Daša | Period | | Br. | Nakšatra | Daša | Period | |
|----|----------|------|--------|---|-----|----------|------|--------|---|
| 11 | P. Falguni | Mesec | 6 | god | 25 | Satabišađ | Rahu | 6 | god |
| 12 | U. Falguni | | | | 26 | P. Badrapad | | | |
| 13 | Hasta | | | | 27 | U. Badrapad | | | |
| 14 | Ćitra | | | | 28 | Revati | | | |

## 14.3 Primer

### Čart 43: Svami Vivekananda - Šastihajani

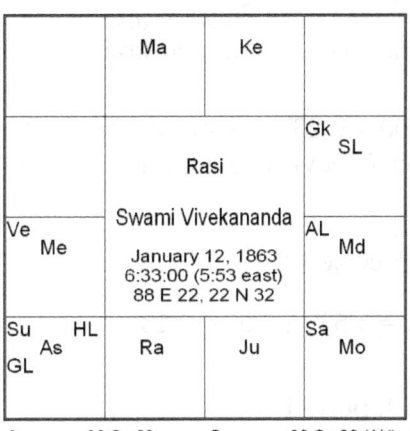
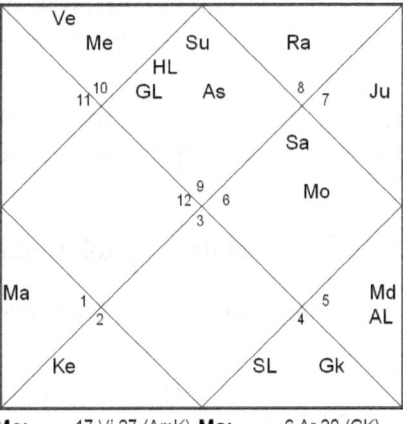

As: 26 Sg 03  Su: 29 Sg 26 (AK)  Mo: 17 Vi 27 (AmK)  Ma: 6 Ar 20 (GK)
Me: 11 Cp 47 (MK)  Ju: 4 Li 01 (DK)  Ve: 7 Cp 07 (PK)  Sa: 13 Vi 34 (BK)
Ra: 22 Sc 15 (PiK)  Ke: 22 Ta 15  HL: 23 Sg 24  GL: 15 Sg 51

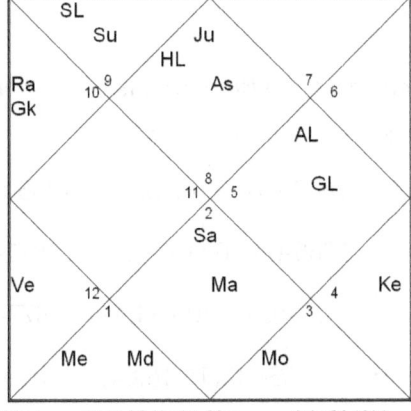

As: 26 Sg 03  Su: 29 Sg 26 (AK)  Mo: 17 Vi 27 (AmK)  Ma: 6 Ar 20 (GK)
Me: 11 Cp 47 (MK)  Ju: 4 Li 01 (DK)  Ve: 7 Cp 07 (PK)  Sa: 13 Vi 34 (BK)
Ra: 22 Sc 15 (PiK)  Ke: 22 Ta 15  HL: 23 Sg 24  GL: 15 Sg 51

Sunce je vargotama[4] na lagni, i ujedno i atmakaraka, te je šastihajani daša primenljiva. Sunce je vladar devete i pokazuje oca ili␣gurua (duhovnog učitelja). Sve dok je njegov otac bio u životu, Vivekananda se nije pridružio svom guru Ramakrišna Paramahamsi. Odmah po očevoj smrti, njegov duhovni učitelj postaje glavna tema njegovog života. Ogromno postignuće osnivanja Ramakrišna Misije bilo je rezultat ove teme.

**Kalikulacije daše:** Mesec je u Devici na 17°27', u Hasta nakšatri.

Mesec vlada nad četiri nakšatre od Purva Falguni (Lav, 13°20') do kraja Ćitre (Vaga, 6°40'). Raspon četiri nakšatre kojim vlada Mesec je 53°20'.

Hasta nakšatra se prostire od 10°00' do 23°20' Device. Dakle, deo Hasta nakšatre koji tek treba preći je Devica 23°20' minus 17°27'= 5°53'.

Deo Ćitra nakšatre koji tek treba preći je 13°20'.

Balans dela koji ne pokriva Mesec = 5°53'+13°20'=19°13'

Balans daše Meseca = $\dfrac{\text{Balans raspona X period daše}}{\text{Ukupni raspon}}$ = $\dfrac{19013' \times 6}{53020'}$

= 2.16187

= 2g 1m 28d

*Tabela 52: Šastihajani daša - Vivekananda*

Šastihajani maha daše:

Mes: 1863-01-12 (6:33:00) - 1865-03-10 (14:23:53)

Mer: 1865-03-10 (14:23:53) - 1871-03-11 (03:34:41)

Ven: 1871-03-11 (03:34:41) - 1877-03-10 (16:16:04)

Sat: 1877-03-10 (16:16:04) - 1883-03-11 (05:18:48)

Rah: 1883-03-11 (05:18:48) - 1889-03-10 (18:04:48)

---

4   Nalazi se u istom znaku u raši i navamša čartu.

## Šastihajani daša

Jup: 1889-03-10 (18:04:48) - 1899-03-11 (07:44:01)

Sun: 1899-03-11 (07:44:01) - 1909-03-11 (21:18:38)

Mar: 1909-03-11 (21:18:38) - 1919-03-12 (10:54:30)

Mes: 1919-03-12 (10:54:30) - 1925-03-11 (23:40:46)

Daše Merkura i Meseca tokom detinjstva prošle su u učenju i igri. Njegov otac je bio uspešan i on je imao srećan dom. Period Venere je bio ulazak u tinejdžerske dane i nije bio od većeg značaja. Saturn je batri karaka u horoskopu i pokazuje Gurua. Njegov guru Šri Ramakrišna Paramahamsa je rođen sa Vodolija lagnom i egzaltiranim Saturnom u devetoj kući. Bio je vatreni predanik Kali, Išta Mate Saturna. Tokom Saturnove daše Vivekananda dolazi u redovan kontakt sa svojim Guruom. Provodi sate u ispitivanju, ali nikad nije bio ubeđen u stvarnost duhovnosti. Pošto mu je otac, prvo Sunce u njegovom životu, i dalje bio živ, odvajanje od oca i odlazak Guruu nije mu lako padao, posebno budući da se otac toliko protivio tome i da je pokušavao da ga ubedi da se oženi, te da mu je ugovorio i brak.

Ipak, Jupiter, vladar lagne, predstavlja Išta devatu, i nalazi se na lagnamši u dvanaestoj kući od karakamše i time pokazuje da je Vivekananda veoma uznapredovala duhovna duša, i da će njegova misija biti uništena ukoliko se uplete u bračne muke. Sa Venerom u drugoj kući, ovo obično nije dobar izbor. 1884. godine, prvi veliki događaj dogodio se u vreme očeve smrti, dan pred njegovo venčanje. Ovaj događaj, tokom Rahuove daše, Jupiterov bukti ga doveo na guruova vrata. Rahu se nalazi u dvanaestoj kući i aspektuje Sunce. Debilitiran je u dvanaestoj, i njegova daša će se pokazati veoma malefičnom, budući da je u pitanju ljuti neprijatelj četvrte kuće od Aruda lagne. Jupiter je u marana karaka stanu brojano od devete kuće. U dvadašamši (D-12 čart), deveta kuća je znak Blizanaca, na koje treba gledati kao na očevu lagnu. Rahu je smešten u drugoj kući odatle, dok je Jupiter u sedmoj. Sa obe planete u maraka kućama, smrt oca je garantovana.

## Vimšotari i Udu daše

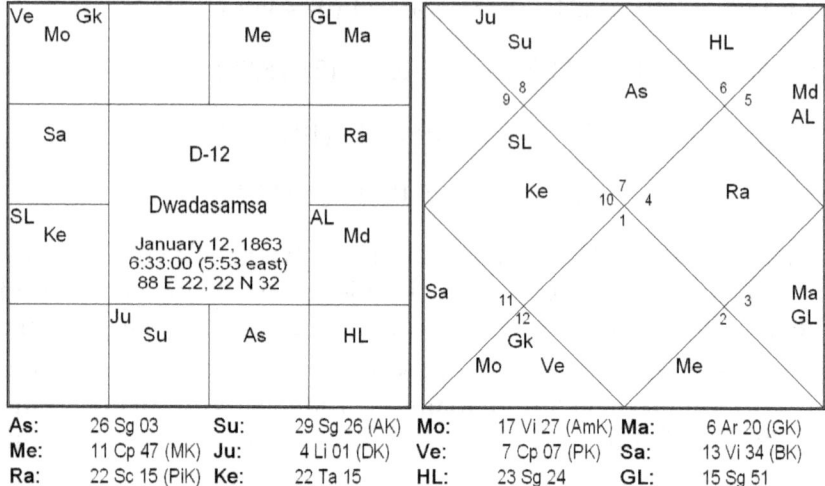

| | | | |
|---|---|---|---|
| Ve Mo | Gk | Me | GL Ma |
| Sa | D-12 Dwadasamsa January 12, 1863 6:33:00 (5:53 east) 88 E 22, 22 N 32 | | Ra |
| SL Ke | | | AL Md |
| | Ju Su | As | HL |

| As: | 26 Sg 03 | Su: | 29 Sg 26 (AK) | Mo: | 17 Vi 27 (AmK) | Ma: | 6 Ar 20 (GK) |
|---|---|---|---|---|---|---|---|
| Me: | 11 Cp 47 (MK) | Ju: | 4 Li 01 (DK) | Ve: | 7 Cp 07 (PK) | Sa: | 13 Vi 34 (BK) |
| Ra: | 22 Sc 15 (PiK) | Ke: | 22 Ta 15 | HL: | 23 Sg 24 | GL: | 15 Sg 51 |

Posle očeve smrti, Vivekanandi je trebalo drugo 'Sunce' kao sidro, i prirodan podsvestan izbor bio je Ramakrišna. Ne samo da je uzeo dikšu već je prihvatio i sanjas u Rahuovoj daši i Sunčevoj antardaši. Sunce je vladar upapade (UL – brak) i darapade (A7 – seks), i istovremeno atmakaraka (odgovorna za celibate i prosvetlenje), i Vivekananda mora da napravi jasan izbor između to dvoje. Pošto je Sunce na lagni, njegovo prirodno značenje kao atmakarake, signifikatora za sopstvo, biva naglašeno i ne doprinosi braku i svetovnom životu. Sunce aspektuje osmu kuću od AL (Ribe), kao i vladara osme od lagne, Mesec, i AK, raši drištijem. Dakle, Sunce je sposobno da ubije i njegovi poslednji obredi su sprovedeni, kao što je i praksa za sve sanjasije.

Sledeći bitan događaj se odvio 1886. godine posle smrti Ramakrišne, kada svi učenici ostaju obezglavljeni i u apsolutnom siromaštvu. Rahu je grozno postavljen, kao što je to i ranije pomenuto. Mars je u petoj kući i nalazi se u osmoj od devata karake (Guru-Saturn), a Rahu je u trećoj odatle. U vimšamši (D-20 čartu), Rahu i Mars se nalaze u sedmoj kući jedan od drugog i pokazuju loše zdravlje Gurua. Ako posmatramo devetu kuću kao guruovu lagnu, vladar druge, Venera, je u jutiju sa Marsom, a vladar sedme, Jupiter, se međusobno aspektuje sa Rahuom. Dakle, obe planete nose maraka moći vladara druge i sedme, i mogu doneti guruovu smrt tokom svojih kombinovanih perioda. Preostali deo Rahuove

## Šastihajani daša

daše donosi smrt njegovim dvema sestrama (samoubistvo) a njega ostavlja da u potpunom siromaštvu putuje po celoj Indiji.

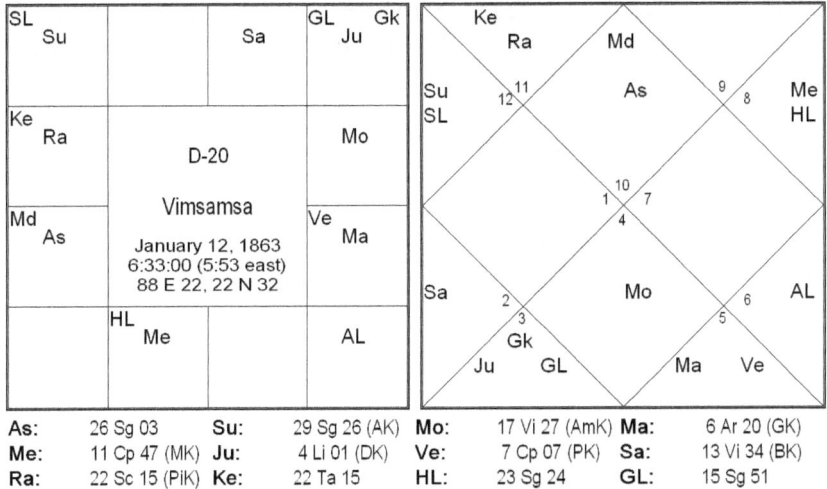

Sa dolaskom Jupiterove daše, 1889. godine, celokupna slika se iznenada menja. Jupiter je išta devata i donosi mu moćnu duhovnu energiju da bi uspešno kompletirao svoju misiju. U maju 1893. godine, on odlazi u SAD da bi se obratio Parlamentu Religija u Čikagu. Jupiter i Mars su deo moćne rađa joge koja uključuje vladara obrazovanja (četvrta kuća – kendra) i znanja (peta kuća – trikona). Pošto je Mars vladar dvanaeste i nalazi se u pokretnom znaku, daje obećanje putovanja u inostranstvo. Jupiter je takođe pokretni znak i obe planete, Jupiter i Mars, su smeštene u kendrama od badakeša, Merkura[5]. Dobio je dovoljno donacija iz Amerike za pokretanje Ramakrišna Misije. Sledeće putovanje u Evropu i Ameriku trajalno je od juna 1899. do decembra 1900. tokom Sunčeve daše i Sunčeve antardaše. Sunce je vladar devete i pokazuje da je primarna svrha ovog putovanja širenje svetlosti njegovog Gurua. Pošto je u jutiju sa hora lagnom i gatika lagnom, ova daša primarne jogade Sunca[6] dovodi Ramakrišna misiju na veoma stabilne osnove.

---

5     Planete u kendri od badakeša ili u badak kući mogu doneti putovanja i boravke u inostranstvu.
6     Sunce je u konjukciji sa sve tri lagne, HL, GL i lagna, i obećava veoma visoku poziciju, sredstva i moć, sve u granicama duhovnosti, budući da je istovremeno atmakaraka.

Svami Vivekananda je umro 4. jula 1902. godine, u Sunčevoj daši i Mesečevoj antardaši. Sunce mu je donelo sanjas i poslednje obrede dve decenije pre toga. Sunce je debilitirano na trimšamša lagni (D-30 čart). Mesec je vladar osme od lagne i AK i u jutiju sa vladarom druge, Saturnom.

---

**Om Tat Sat**

# 15

# Šattrimša sama daša

*Jedina istinska mudrost leži u saznanju da ništa ne znaš.*
*Sokrat*

## 15.1 Uvod

*Shat* znači šest i *trimša* znači trideset, tako Šatrimšat znači trideset šest i odnosi se na ukupni period koji sačinjava osam planeta (isključujući Ketua) u jednom daša ciklusu. Neki astrolozi mešaju ovu dašu sa jogini dašom čiji je ukupni period takođe trideset šest godina, ali se koristi za procene dugovečnosti. Periodi planeta su takođe veoma slični, ravnomerno se povećavaju (otuda ime '*sama*') počevši od 1 do 8 godina.

Oni koji su upoznati sa kalkulacijama dugovečnosti znaće da cene to što pun životni vek ima tri stepenika, gde kraći raspon dugočnosti traje 96 godina, srednji raspon 108 godina i pun raspon 120 godina. Srednji raspon od 108 godina zasnovan je na 144 (12x2) potperioda, a dužina perioda je dužina prosečne trudnoće. Budući da je prosečan period trudnoće (period razvoja embriona do rođenja) 9 meseci, dugovečnost tela je procenjena na 108 godina (108=144x9 godina). Ovaj raspon je podeljen na tri dela koji se zovu alpa ajus (kratak život) od 36 godina, madja ajus (srednji život) od 36 do 72 godine, i purna ajus (dug život) od 72 do 108 godina. Tako ove dve daše, šattrimša sama daša i jogini daša, koriste period od 36 godina kako bi se utvrdilo vreme događaja, prva u vezi sa održavanjem, a druga u vezi sa smrću.

## 15.2 Redosled i daša periodi

Šattrimša sama daša je zasnovana na 'principu podele planeta na dve grupe: Sura (sile prirode koja održava život) i Asura (sile prirode koje uništavaju život)[1]', time jasno razgraničavajući

---
[1] Videti *Sarala Jyotisha Siksha – Shodasa Varga Khanda* (Orija) Pt. Đaganat Rata.

razliku među njima. Sura grupa uključuje Sunce, Mesec, Jupiter i Mars, dok Asura grupu čine Merkur, Venera, Saturn i Rahu/Ketu. Isključujući Ketua iz šeme (na osnovu lotosa sa osam latica tj. svih osam horizontalnih pravaca isključujući vertikalni), imamo osam planeta. Ove planete dobile su redosled na osnovu njihove prirode održavanja života: Mesec, Sunce (svetleća tela vode budući da nisu deo trimšamša podele), Jupiter, Mars praćen Merkurom, Saturn, Venera i Rahu.

Šravana sa devatom Govinda (Krišna) prva je nakšatra u ovoj šemi, i pokreće dašu Meseca. Daše koje slede pokrenuće nakšatre i planete redosledom koji je prethodno naveden.

Daše ovih osam planeta: Meseca, Sunca, Jupitera, Marsa, Merkura, Saturna, Venere i Rahua traju 1, 2, 3, 4, 5, 6, 7, 8 godina, datim redom. Antardaše su proporcionalne daša periodima, počevši od vladara daše. U punom životnom veku od 108 godina, postoje tri ciklusa daša (36x3=108) i balans daše određuje se na isti načina kao i kod Vimšotari daše, na osnovu longitude koju je Mesec prešao u konstelaciji. U prilogu su prikazane tabele zarad lakšeg pregleda i kalkulacije.

*Tabela 53: Redosled šattrimšat sama daše*

| Planeta | Nakšatra | | | | Daša |
|---------|----|----|----|----|---|
| Mesec   | 22 | 3  | 11 | 19 | 1 |
| Sunce   | 23 | 4  | 12 | 20 | 2 |
| Jupiter | 24 | 5  | 13 | 21 | 3 |
| Mars    | 25 | 6  | 14 |    | 4 |
| Merkur  | 26 | 7  | 15 |    | 5 |
| Saturn  | 27 | 8  | 16 |    | 6 |
| Venera  | 1  | 9  | 17 |    | 7 |
| Rahu    | 2  | 10 | 18 |    | 8 |

## 15.3 Primenljivost

Šattrimša sama daša je primenljiva u onim čartovima gde (a) je rođenje u toku dana (od izlaska do zalaska sunca) a lagna je u hori Sunca; ili (b) noćno rođenje (od zalaska do izlaska sunca) a lagna je u hori Meseca. Ovde nastaje prirodno pitanje šta se dešava u suprotnom slučaju tj. u onim čartovima gde je (a) rođenje tokom dana (od izlaska do zalaska sunca) i lagna je u hori Meseca; ili

## Šattrimša sama daša

(b) rođenje noćno (od zalaska do izlaska sunca) i lagna je u hori Sunca? Pošto Parašara nije dao poseban daša sistem za ove osobe, ne usuđujemo se da nagađamo i, umesto toga, zaključujemo da treba primeniti standardnu Vimšotari dašu.

## 15.4 Primer

*Čart 44: Inspektor I. Sing – nameštanje utakmice kriketa*
Išvar Sing – policajac rođen 12. decembra 1959. godine u 23:37h.

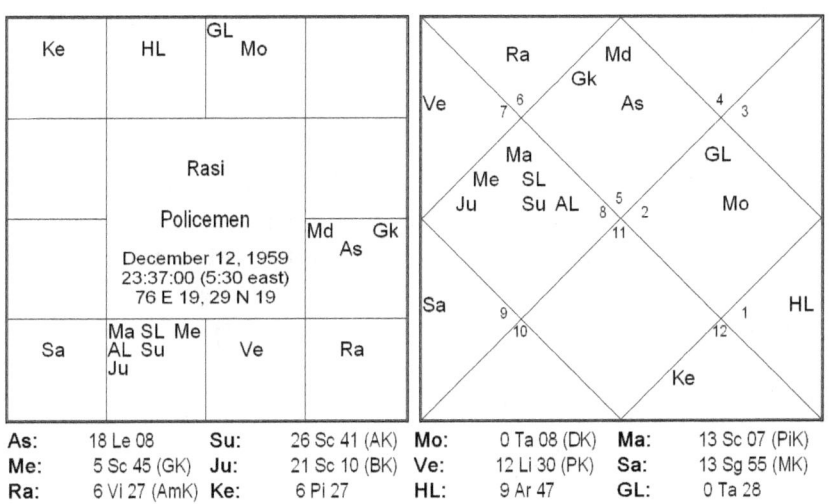

| As: | 18 Le 08 | Su: | 26 Sc 41 (AK) | Mo: | 0 Ta 08 (DK) | Ma: | 13 Sc 07 (PiK) |
| Me: | 5 Sc 45 (GK) | Ju: | 21 Sc 10 (BK) | Ve: | 12 Li 30 (PK) | Sa: | 13 Sg 55 (MK) |
| Ra: | 6 Vi 27 (AmK) | Ke: | 6 Pi 27 | HL: | 9 Ar 47 | GL: | 0 Ta 28 |

*Tabela 54: Tabela 54: Šattrimša sama daša*

Šattrimša sama daša (primenljiva za dnevno rođenje u hori Sunca i noćno rođenje u hori Meseca): u ovom čartu, vreme rođenja je 23:37h, i u pitanju je noćno rođenje, budući da je zalazak Sunca bio u 17:26h. Lagna je na 18°08' Lava u drugoj hori[2] kojom vlada Mesec.

Lagna je Lav i Mesec u Biku ima jednak broj planeta u kendri, i tako daša počinje od konstelacije u kojoj se nalazi Mesec. Mesec je u Kritika nakšatri i na osnovu tabele koja pokazuje redosled

---
[2] Svaka hora u znaku je mera od 15 stepeni koja deli znak na dva dela. Prvom horom (0-15 stepeni) neparnih znakova vlada Sunce, a drugom horom (13-30 stepeni) vlada Mesec. Za parne znakove, prvom horom vlada Mesec a drugom horom vlada Sunce. Pošto je Lav neparni znak, Lagna na 18°08' nalazi se u rasponu od 15-30 stepeni i u drugoj hori. Lav je neparni znak i drugom horom vlada Mesec.

šattrimša sama daša, početna daša je daša Meseca. Kritika nakšatra se prostire od 26 stepeni 20′[3] Ovna do 10 stepeni 00′ Bika dok je longitude Meseca na 0 stepeni 08′ Bika.

|  |  | Step | Min |
|---|---|---|---|
| 1. | Longituda Meseca | 30 | 8 |
| 2. | Kraj nakšatre | 40 | 00 |
| 3. | Balans nakšatre [2-1] | 9 | 52 |
| 4. | Raspon nakšatre | 13 | 20 |
| 5. | Prva daša (Mesec) balans = [3/4]x 1god = 8 meseci, 26 dana, 9.6 sati | | |
| 6. | Mesečeva daša, krajnji datum = 1960-09-08 6:19′ | | |

Gore prikazane kalkulacije urađene su ručno i približno, što znači da je uzeta u obzir longituda Meseca u minutama, pored prosečne godine trajanja 365 dana, umesto solarnog kretanja. Daša izračunata uz pomoć Đaganat Hora softvera na osnovu tačne longitude i solarnog kretanja data je u nastavku:

Mes: 1959-12-12 (23:37:00) - 1960-09-09 (05:27:27)

Sun: 1960-09-09 (05:27:27) - 1962-09-09 (17:34:26)

Jup: 1962-09-09 (17:34:26) - 1965-09-09 (12:08:35)

Mar: 1965-09-09 (12:08:35) - 1969-09-09 (12:45:14)

Mer: 1969-09-09 (12:45:14) - 1974-09-09 (19:25:08)

Sat: 1974-09-09 (19:25:08) - 1980-09-09 (08:25:12)

Ven: 1980-09-09 (08:25:12) - 1987-09-10 (03:27:21)

Rah: 1987-09-10 (03:27:21) - 1995-09-10 (04:41:24)

Mes: 1995-09-10 (04:41:24) - 1996-09-09 (10:51:50)

Sun: 1996-09-09 (10:51:50) - 1998-09-09 (23:03:49)

*Jup: 1998-09-09 (23:03:49) - 2001-09-09 (17:31:57)*

---

3   Ova nomenklatura znači 26 stepeni 40 minuta u Ovnu.

## Šattrimša sama daša

Mar: 2001-09-09 (17:31:57) - 2005-09-09 (18:09:22)

Mer: 2005-09-09 (18:09:22) - 2010-09-10 (00:49:20)

Sat: 2010-09-10 (00:49:20) - 2016-09-09 (13:51:41)

Ven: 2016-09-09 (13:51:41) - 2023-09-10 (08:51:15)

Rah: 2023-09-10 (08:51:15) - 2031-09-10 (10:09:39)

Mes: 2031-09-10 (10:09:39) - 2032-09-09 (16:15:26)

Sun: 2032-09-09 (16:15:26) - 2034-09-10 (04:28:18)

Jup: 2034-09-10 (04:28:18) - 2037-09-09 (22:55:45)

Mar: 2037-09-09 (22:55:45) - 2041-09-09 (23:31:11)

Mer: 2041-09-09 (23:31:11) - 2046-09-10 (06:14:15)

Sat: 2046-09-10 (06:14:15) - 2052-09-09 (19:13:09)

Ven: 2052-09-09 (19:13:09) - 2059-09-10 (14:14:16)

Rah: 2059-09-10 (14:14:16) - 2067-09-10 (15:28:15)

Vladar lagne je dobro postavljen u kendri, u jutiju sa svojim dispozitorom, Marsom, koji formira Ručak mahapuruša jogu. Ovako dominantna mahapuruša joga obično dovodi do toga da se osoba pridruži vojsci, policiji ili sličnim aktivnostima koje zahtevaju nošenje oružja, i osoba postaje hrabar ratnik. Osoba je policajac koji je svoju karijeru započeo skromno. Aruda lagna (AL) je u Škorpiji, u jutiju sa Jupiterom i egzaltiranim Mesecom, u sedmoj kući, u Biku. Ova gađakešari joga ima direktan uticaj na AL i obećava slavu tokom života. U vreme kad je ova predikcija data, osoba je postavila pitanje kako će skromni inspektor iz Delhi policije dostići ovakvu međunarodnu slavu. Potvrđujući predikciju, autor je odgovorio da ništa nije nemoguće, jer će se ono što zvezde predskazuju sigurno i dogoditi. Mesec je u raši sandiju i slab i uništen, i zbog toga se rezultati egzaltiranog Meseca u desetoj kući, u sedmoj od AL, jedva osete, dok je Jupiter dobro postavljen i formira Guru-Mangala jogu koja obećava slavu u policijskom poslu. Ranije je objašnjeno da je Guru-Mangala joga Satja Narajana joga koja obećava slavu i uspeh u uspostavljanju istine. Šattrimša daša Jupitera trajala je od početka septembra 1998. godine a obožavanje majke Bagalamuki, koje je preneo Vedski mudrac Narada Muni u Pančaratra trantri, donosi aktivaciju ove joge. Pošto je Sunce čara atmakaraka, joga će se aktivirati samo pod uslovom da je atmakaraka podrži, što se postiže molitvom. Dalje, pošto je Mesec slab u raši sandiju, joga se neće održati i slava će biti privremena i kratkog veka.

Kasnije su osvanuli novinski naslovi da je inspektor Išvar Sing premešten u posebnu jedinicu kriminalističkog odseka u policiji Delhija koja se bavi ucenama. Sa dolaskom Jupiterove daše, inspektor je naišao na inkriminišući razgovor između indijskog biznismena stacioniranog u Londonu, Sanđiva Čavla, i južnoafričkog skipera, Hansie Kronje, u vreme istrage u vezi sa ucenjivačkim pozivima upućenim top biznismenima. Išvar Sing dalje nailazi na linkove koji ga vode do Krušan Kumara, glumca i brata ubijenog muzičkog tajkuna, Gulsan Kumara. Veze ga dalje vode do kladioničara iz Delhija, Rađeš Kalra. Prisluškivanje telefona Čavla, Kalra i Kišan Kumara donelo je do obilja informacija. Na osnovu transkripta ovih snimaka koje objavljuje policija Delhija, Hansie Kornje i Sanđiv Čavla se mogu čuti kako vode više razgovora preko telefona, u vreme kada je Čavla putovao po turnejama duž zemlje a u vezi sa kriket angažmanima između Indije i Južne Afrike. Snimljen je i najmanje jedan koji je Čavla uputio Kronje iz Londona. Za ovaj razgovor Kalra koristi mobilni telefon koji je razmenio sa Čavlom i koji je kasnije predat Kronji kada je Čavla napustio London u martu 2000. godine (Jupiterova daša, Venerina antardaša). Razgovori su bili veoma konkretni.

U Jupiterovoj daši Venerinoj antardaši i Venerinoj pratiantari (od 7. marta 2000. do 17. aprila 2000), Delhi policija je bila ubeđena da su se snimljeni razgovori odnosili na transfere novca i strategije u vezi sa utakmicama koje slede, a bili su dovoljno eksplicitni za otvaranje prima facie slučaja sa kriminalnom zaverom i prevarom. Mnogi drugi igrači kriketa su takođe imenovani i pronađeno je puno inkriminišućih dokaza. Tokom Merkurove sukšmadaše, 6. aprila, Delhi policija registruje prvi informativni izveštaj (FIR) protiv Kronje, Čavla i Kalra, po različitim tačkama uključujući

## Šattrimša sama daša

zaveru, kriminalnu zaveru i prevare. Policija objavljuje rezultate istrage 7. aprila na konferenciji za štampu.

Ostatak je istorija. Kronje podnosi ostavku i mnogi igrači kriketa ostaju na klupama; Krišan Kumar je uspeo da izbegne hapšenje na neko vreme, ali je kasnije otišao u zatvor (posledice će se tek kasnije sagledati). U dašamši, Jupiter i Venera su smešteni na lagni i obećavaju period rađajoge i velika životna postignuća. Utvrđivanje vremena događaja postaje veoma jednostavno i tačno kada na ispravnu dašu dodamo ispravnu vargu.

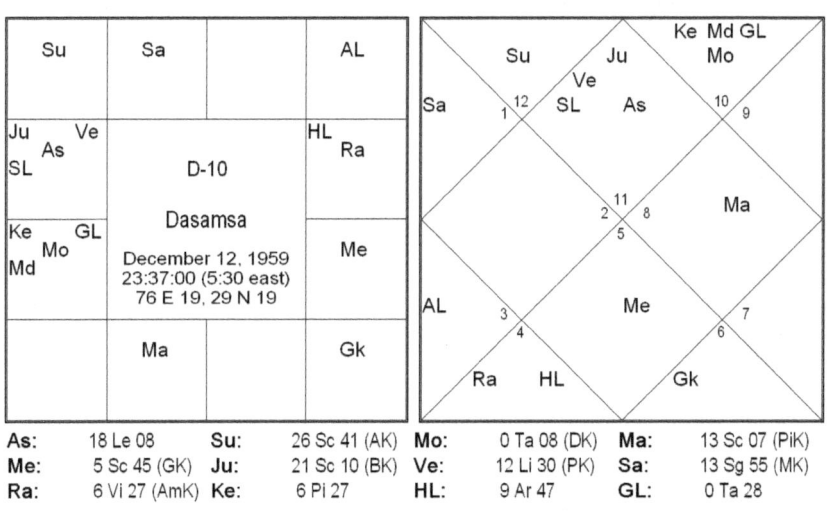

| As: | 18 Le 08 | Su: | 26 Sc 41 (AK) | Mo: | 0 Ta 08 (DK) | Ma: | 13 Sc 07 (PiK) |
| Me: | 5 Sc 45 (GK) | Ju: | 21 Sc 10 (BK) | Ve: | 12 Li 30 (PK) | Sa: | 13 Sg 55 (MK) |
| Ra: | 6 Vi 27 (AmK) | Ke: | 6 Pi 27 | HL: | 9 Ar 47 | GL: | 0 Ta 28 |

Merkur je benefični vladar pete kuće i upravlja štampom i govorom. Nalazi se u drugoj kući (maraka – ubica) od šeste kuće, a tu je i Rahu, i time postaje maraka neprijateljima kojima vlada Rahu u Raku. Rahu, kao neprijatelj, pokazuje kriminalce ali i strance. Vladar sukšma daše, Merkur, pokazuje kako je štampa napravila haos oko kriminalaca, igrača kritiketa, što je rezultiralo njihovim javnim izlaganjem i padom u nemilost. I dok je Merkur, vladar pete, umešan u rađa jogu sa joga karakom Venerom koja je vladar devete i četvrte kuće, on je ujedno i malefični vladar treće i dvanaeste, u maraka kući od Raka, koja je šesta kuća, kuća neprijatelja.

### Vimšotari i Udu daše

Pošto je Venera vladar gatika lagne[4] u Biku, i GL prima aspekte Jupitera, tokom Jupiterove daše i Venerine antardaše, dat je predlog da mu se dodeli Predsednička medalja za postignuća. Nažalost, Venera je u dvanaestoj kući od AL i u trećoj od lagne, dok je Mesec u raši drištiju, i predlog nije prihvaćen. Čak na osnovu toga nije dobio ni svoje veliko unapređenje. Kasnije, u Marsovoj daši i Merkurovoj antardaši, postavljen je kao SHO gde obavlja redovan policijski posao.

### Om Tat Sat

---

[4] Gatika lagna je zasnovana na definiciji izlaska Sunca u vreme pojave vrha sunčevog diska na istočnom horizontu. Ovo je dato u Varahamihiri, osloncu Vedske astrologije. Ukoliko umesto toga, izlazak Sunca baziramo na vremenu kada je vrh diska tačno na istočnom horizontu (nijedan od tradicionalnih autoriteta ne govori o ovom) ili kada je centar Sunca na istočnom horizontu, tada je gatika lagna u Biku sa hora lagnom i obećava veoma visok nivo moći i autoriteta poput šefa policije ili ministra lično! Pošto ovo nije slučaj i osoba je inspektor, treba prihvatiti Varahamihirinu definiciju izlaska Sunca.

# 16

# Otključavanje Vimšotari paradigme

*Zadovoljstvo malim stvarima je najveća mudrost; onaj koji uvećava svoje bogatstvo uvećava i svoje brige; zadovoljan um je skriveno blago koje nevolja ne nalazi.*

*Akenejton*

## 16.1 Osnovna matematika

Deset promenljivih sastoji se od devet planeta (prisilna definicija grahe) i lagne, i dvanaest nepokretnih znakova u Vedskoj astrologiji. Rezultat ovih deset pokretnih delova i 12 nepokretnih znakova je 120 (10x12=120). Ovo je ujedno i maksimalni period Vimšotari daše. Aštotari (108) daša, sa druge strane, uzima u obzir samo devet promenljivih i ignoriše Ketua. Tako je maksimalna dugovečnost Aštotari daše 108 godina (9x12=108). Druge daše koriste druge matematičke modele za određivanje maksimalne dugovečnosti.

Pošto su nava grahe (devet planeta: Sunce, Mesec, Mars, Merkur, Jupiter, Venera, Saturn, Rahu i Ketu) i lagna deset osnovnih promenljivih u Vedskoj astrologiji, evidentno je da je tako višotari daša koja koristi svih deset u svom osnovnom matematičkom modelu (120=10x12) bolja od Aštotari daše, koja koristi samo osam planeta i izostavlja Ketua (108=9x12). I dok je broj 108 verovatno bitniji u raši daši, gde 108 navamši rezultira pomenutim godinama, to nije toliko bitno u graha daši, gde se u obzir uzimaju planetarni periodi. Ostale graha daše ignorišu periode čvorova, Rahua i Ketua, i time su utoliko manje bitne i gotovo zaboravljene, osim od strane onih koji se bave istraživačkim radom.

## 16.2 Ciklus vremena

Drevni Maharišiji bili su veoma svesni ciklusa vremena i razvili su detaljan i složen kalendar zasnovan na dvadaša aditjama (12 znakova Zodijaka). Saura[1] varša ili solarna godina je precizno izmerena na dužinu od 365.2421896698 dana, iako ona vremenom biva postepeno kraća za oko pola sekunde u toku veka. Ovo kretanje Sunca oko Zodijaka (ili kretanje zemlje oko Sunca) je primarni model na koji se oslanja lunarno kretanje.

Kretanje Meseca u Zodijaku može se izmeriti na dva načina:

a) Kretanje oko Zodijaka, posmatrano nezavisno, što otprilike iznosi 27 dana i 7¾ sata. Na osnovu ovog, Zodijak od $360^0$ podeljen je na 27 nakšatri (svaka od $13^0$ 20' luka). Svaka nakšatra je identifikovana kao zvezda (ili skupina zvezda), odakle potiče i samo ime. Ovaj raspon od 7¾ sata u sideralnom lunarnom tranzitu je nadomešten kratkom umetnutom (hipotetičkom) nakšatrom pod imenom Abiđit. Raspon Abiđita je određen proporcionalno kao (7h 38min / 24 hrs) x 130 20' = 40 14' 13". Ovaj raspon se proteže od $276^0$ 40' do $280^0$ 54" 13", što se preklapa sa dvadest prvom nakšatrom (Utarašada).

b) Relativno kretanje između Sunca i Meseca od jedne do druge konjukcije (ili od jedne do druge opozicije) definiše lunarni mesec (Ćandra masa). Ovaj period traje 29.5305888531 dana, ali se produžava za pedeseti deo sekunde u toku veka. Dakle, tokom tropske godine postoji 12.36826639275 lunarnih meseci. Mogu se primeniti različiti tipovi aproksimacija kako bi se ova dva perioda, period Sunca i Meseca, sinhronizovala tj. periodi solarne godine i lunarnog meseca.

Deo istorije kalendara uključuje pokušaje različitih astronoma, astrologa, sveštenika i matematičara da sprovedu konačnu magiju u sinhronizaciji solarnih i lunarnih perioda. Prisutni su i stalni pokušaji da se skuje solarni kalendar sa savršenim mesecima. Drevni kalendari bili su zasnovani na lunarnim mesecima, ali da bi kalendar održao korak sa sezonama, postalo je neophodno

---

1    Saura je reč izvedena iz Sura ili Surja.

da se umetnu dodatni meseci, budući da je 12 lunarnih meseci za 10.8751234326 dana kraće od tropske godine. Poenta ovde je ta da paradigma Vedske astrologije koristi sideralni Zodijak gde je relativno kretanje solarnog sistema u ovom univerzumu izmereno, i njegova preciznost izmerena na 50.23 sekundi luka na godinu dana. Ovo preneseno znači dodatnih 20 minuta vremena u solarnoj godini.

Vedski kalendar je nastariji i sadrži pokušaj pokrivanja ovog manjka od 10.87 dana između 12 lunarnih meseci i godine, dodajući jedan mesec pod imenom *Adika masa* svake treće godine. Pošto su imena meseci[2] određena na osnovu nakšatra pozicije punog meseca, imam sve razloge da verujem da su meseci inicirani od kraja punog meseca pod imenom purnima (vreme kada se sprovodi Satja Narajana vrata i osoba daje obećanje da će pratiti darmu i biti istinoljubiv). Ovaj Vedski kalendar, pod imenom 'Šuklanta', je i dalje prisutan u nekim delovima Punđaba i Orise, iako je kasnije popularan postao period kalendara novog meseca. Ovi različiti pogledi na datum započinjanja lunarnog meseca nose ime *Amanta* (tj. amavasja + anta ili kraj amavasje kao poslednji dan tamne polovine) i Šukla*nta* (tj. kraj Šukla pakše kao početak lunarnog meseca). Javanačarja (Javanas) preferira amanta metod[3] računanja lunarnih meseci, dok Varahamihira, koji je pratio drevne Maharišije, a i sam je bio jedan od njih, prati Šuklanta metod. Ja lično radije pratim Varahamihiru i verujem da je upravo ovo ispravan metod za računanje lunarnih meseci.

Ovo je bila prava aproksimacija i sadrži ugrađenu grešku od 3.095 dana na svake tri godine, a to nosi tendenciju da pomeri sezone unazad za toliko vremena.

---

2   Mukunda Daivagja u svom besmrtnom klasiku *Našta Đataka* koristi termin 'Šukladi Ćandra Masa' tj. upotrebu lunarnih meseci čija su imena zasnovana na poziciji Meseca u nakšatri u vreme punog meseca.

3   Videti: Mukunda Daivagjna u *Našta Đatakam*; poglavlje Varahadi Yukti Prakaranam, šloka 17-20.

## 16.2.1 Saturnove godine i Metonik ciklus

Oko 432. pre Hrista, Meton Atene primećuje da su 235 lunarna meseca gotovo identična sa 19 tropskih godina i daje predlog za uvođenje devetnaestogodišnjeg ciklusa. Ovo je identično sa devetnaestogodišnjim ciklusom Saturnove daše. Mi znamo da je Saturnova devata kreator, Brahma, i da se ceo proces kreće oko međusobnog odnosa između Sunca (koje predstavlja oca) i Meseca (koji predstavlja majku). Dakle, nije nelogično reći da su Vedski mudraci bili svesni ovog Metonik ciklusa od 19 godina, gde se relativni periodi solarne godine i lunarnog meseca preklapaju. Mnogi se na ovo osvrću kao na ciklus kreacije i ovaj period pripisuju Saturnu.

## 16.2.2 Faktor eklipse i Gaurabda

Osnovna razlika između dva metoda računanja lunarnog meseca zasnovana je na eklipsi. Dobro je poznato da se **solarna eklipsa dešava samo u vreme novog meseca**, u vreme kad Mesec prolazi između Zemlje i Sunca, i baca senku na Zemlju; dok se lunarna **eklipsa dešava samo na pun mesec,** kada Zemljina senka pada na Mesec. Činjenica da se rođenje Šri Gaurange (Šri Ćaitanja Mahaprabua) koristi za početak duhovnog kalendara, pod imenom Gaurabda, pokazuje korištenje punog meseca (tj. Šuklante) za određivanje lunarnog meseca. Dalje, Šri Ćaitanja je rođen tokom lunarne eklipse.

Eklipse se ne dešavaju svakog meseca, zbog činjenice da senka koju baca Mesec (solarna eklipsa) ili Zemlja (lunarna eklipsa) prelaze preko Zemlje i Meseca, datim redom. Ovaj prelazak nastaje zbog toga što je Mesečeva orbita nagnuta na zemljinu orbitu (pod imenom ekliptika) za 5 stepeni. Mesta presecanja lunarne orbite na ekliptici se zovu Rahu (uzdižući čvor) i Ketu (opadajući čvor). Samo u vreme kada je nov mesec blizu jednog od ovih čvorova može doći do eklipse. Dakle, solarna eklipsa se dešava u vreme pojave novog meseca u razmaku od 18-3/4 dana pre ili posle poravnanja sa čvorom. Ovo stvara vremenski okvir od 37 i ½ dana za eklipse koji se zove sezona eklipsi, i ukazuje na povoljne okolnosti za nastanak eklipsi.

**Slika 10: Orbita i čvorovi**

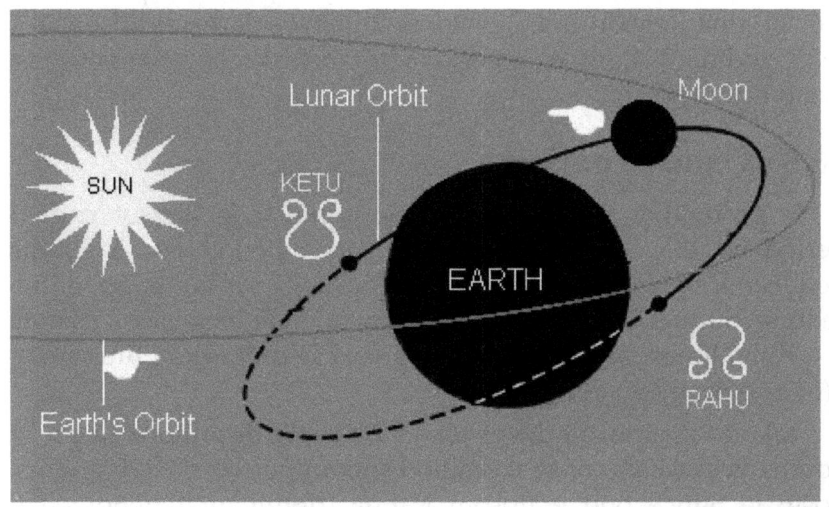

Čvorovi lunarne obite vremenom pomeraju svoju orijentaciju u prostoru i, krećući se retrogradno, vode ka promeni u narednim godišnjim eklipsama za 18.62 dana. Dakle, godina eklipse traje otprilike 346.62 dana (tj. 365.24 – 18.62 = 346.62 dana). Sinodički mesec (pod imenom masa) ne odgovara ovom periodu. Ipak, Vedski mudraci su na neki način znali da svakih 18 godina ciklus dolazi na svoje mesto, dakle, period od 18 godina 11-1/3 dana (ili 18 godina 10-1/3 dana ukoliko pet 29. februara upadne u ovaj period), Saros ciklus se poklapa sa ciklusom eklipsi od 19 godina: 223 sinodička meseca (29.5306 dana) = 6, 585.32 dana i 19 godina eklipse (346.6200 dana) = 6, 585.78 dana. Ovo je ujedno i period Rahua u Vimšotari daši, i veoma je logično dodeliti ovaj period Rahuu, rastućem čvoru, koji donosi eklipse svetlećim telima.

Putevi solarne eklipse (senki na zemlji) vremenom se šire sa pomeranjem ka severnoj latitudi u svakoj narednoj eklipsi. Longituda za svaku narednu eklipsu u serijama pomera se na zapad za nekih 120 stepeni. Solarna eklipsa ima veliki uticaj na geo-politiku. Predeli koje senka prelazi obično su predeli koji mogu očekivati političke prevrate, iako se to ne mora desiti u datom momentu. Na primer, smrt zlog kralja Heroda, ubice dece, dogodila se blizu eklipse koja je korištena za utvrđivanje rođenja Hrista, a koja se desila pre tog događaja. Drugi primer, videli smo da Mesečeva senka nije prešla preko Londona tokom perioda od 837. godina između dve uzastopne totalne solarne eklipse 878. i 1715. godine. Tokom ovog perioda britansko kraljevstvo bilo je na svom vrhuncu.

## 16.3 Osnove perioda

Iz prethodno navedenog postaje jasno da je Vimšotari daša period od 19 godina dodeljen Saturnu, i period od 18 godina dodeljen Rahuu, solidna osnova metonskog i saros ciklusa, datim redom, budući da su zasnovani na (a) najbližoj tački susreta solarnih i lunarnih ciklusa koji su u vezi sa rođenjem i Brahmom[4] i (b) ponavljanjem eklipsi.

Takođe znamo da devet planeta i lagna doprinose sa po 12 godina svaka kako bi se izgradio osnovni period od 120 godina. Pošto je Sunce pod eklipsom Rahua (dominantan fenomen u Kali jugi je da moral pada kako vreme prolazi), period Sunca je umanjen za period koji je Rahu dobio kao dodatak na osnovnu vrednost od 12 godina. Ovo je 6 godina (18=12+6) te je tako period Sunca 6 godina (6=12-6).

Mars i Ketu su slične prirode[5] budući da su Šivina deca[6]. Mars vlada nedeljom i, pošto sedam dana Bogova odgovara periodu od sedam ljudskih godina, njihovi Vimšotari daša periodi traju po 7 godina svaki. Razlika u godinama, od osnovne raspodele od 12 godina za svaku planetu, iznosi 5 godina (12-5=7) i daje 10 godina (5+5=10) što je ujedno i daša period majke, Meseca.

Svako biće koje se rodi treba i da odraste a rastom upravljaju upačaje tj. 3, 6, 10. i 11. kuća. Od Ovna, koji je prirodna lagna, to su Blizanci, Devica, Jarac i Vodolija kojima vladaju Merkur i Saturn. Period od 12 godina, koji je dodeljen lagni, podeljen je između Saturna i Merkura. Pošto Saturn ima period od 19 godina, on uzima dodatnih 7 godina od lagne (19=12+7) i preostalih 5 godina je dato Merkuru (12-5=7). Dakle, period Merkurove daše iznosi 17 godina (12+5=17).

---

4 Parašara navodi da je Brahma devata Saturna i podrazumeva da je samo rođenje početak putovanja ispunjenog tugom.
5 Na osnovu diktuma Kuđavad Ketu.
6 Mars predstavlja Kartikeju, starijeg brata ratnika, dok Ketu predstavlja Ganapatija.

Jupiter je guru[7] Vimšotari daše koja je poput svetle polovine meseca i nalik dnevnom vremenu. Zato njegov daša period mora biti jednak dašama svetlećih tela i Jupiterova daša tako traje 16 godina (Sunce – 6 + Mesec – 10 = 16).

Dodavanjem daša perioda planeta do sada dobijamo 100 godina: (Rahu + Sunce) + (Mesec + Mars + Ketu) + (Saturn + Merkur) + Jupiter = (18+6) + (10+7+7) + (19+17) + 16 = 100 godina. Ostatak od 20 godina (120–100=20) je dodeljen Veneri.

Na ovaj način su periodi Vimšotari daše raspodeljeni na devet planeta. Iako nemam konkretan izvor za gore navedeno, verujem da je ovo znanje dostupno u svetoj literaturi Hindua, pod uslovom da to tumači neko ko poseduje veštine ispravnog dešifrovanja.

---

## Om Tat Sat

---

[7] Venera je guru Aštorari daše i njen period u Aštorari daši je 21 godina što je jednako zbiru perioda Sunca (6) i Meseca (15).

# 17

## Tabele daša

*Mudrost je sveto pričešće.*

*Viktor Igo*

## 17.1 Upotreba tabela

1) Odrediti longitudu Meseca (ili lagne, u zavisnosti od čarta) od nula stepeni Ovna. Na primer, ako je Mesec u Strelcu na 14°34' (može se napisati i kao 8z14°34'), longituda se dobija sledećom kalkulacijom:

   = broj pređenih znakova X 30° + stepen u datom znaku
   = 8 X 30° + 14°34'
   = 254° 34'.

2) Pogledati relevantnu tabelu 'balans daše po longitudama'. Na primer, ako treba da odredimo daša balans Vimšotari daše, treba da pogledamo datu tabelu.

3) Tabela pruža listu longituda organizovanih u rastućem nizu od 3°20'. Oni se nalaze u koloni pod nazivom 'Long' ili su redom numerisani kao 'Long-1', 'Long-2', itd. kako bi se obezbedio brz pregled. Odredite longitudu koja se nalazi 'tek ispod' stvarne longitude. Na primer, treba da pogledamo za longitudu 254°34' u tabeli Vimšotari daše, nalazimo unos od '253:20' pod Long-5.

4) Kolona sa desne strane ovog iznosa pokazuje 'Ven' i pokazuje da je u pitanju daša Venere. Sledeće tri kolone pokazuju balans u godinama (G), mesecima (m) i danima (d). U datom primeru, G, M, D, se mogu videti kao 20, 0, 0 tj. balans Venera Vimšotari daše za longitudu od 253°20' je 20 godina 0 meseci 0 dana.

## Tabele daša

5) Oduzmite longitude iz tabele od stvarne longitude. U našem primeru,

|  | d | m |
|---|---|---|
| Stvarna longituda | 254 | 34 |
| Tabela 'nižeg' unosa - | 253 | 20 |
| Rezultat | 1 | 14 |

Svaka tabela daša balansa ima odmah iza tabelu koja pokazuje 'daša proporcionalne delove'. Na primer, tabela – 'Vimšotari daša proporcionalni delovi' prati tabelu daša balansa Vimšotari daše. Rezultat koji se dobije posle oduzimanja treba izdeliti na manje delove i proporcionalne vrednosti ovih delova treba odrediti u koloni ispod relevantne daša planete. U našem primeru,

| Proporcionalni deo | Venera | g | m | D |
|---|---|---|---|---|
| $1^0$ |  | 1 | 6 | 0 |
| 10' |  | 0 | 3 | 0 |
| 4' |  | 0 | 1 | 6 |
| $1^0 14'$ |  | 1 | 10 | 6 |

6) Dobijeni daša balans pod (4) od ranije, treba da se umanji za period proporcionalnog dela koji je dobijen pod (6) kako bi se dobio konačni balans daše na rođenju. U našem primeru,

| Longituda | d:m | Daša | g | m | d |
|---|---|---|---|---|---|
| Tabelarni unos | $253^0 20'$ | Venera | 20 | 0 | 0 |
| Proporcionali deo | (+) $1^0 14'$ | Venera | (-)1 | 10 | 6 |
| Stvarno | $254^0 34'$ | Venera | 18 | 1 | 24 |

Dakle, balans Vimšotari daše u navedenom primeru je Venera, 18 godina 1 mesec i 24 dana.

7) Ovaj daša balans je dodat na datum rođenja kako vi se odredio datum kraja Vimšotari daše. Antardaše, pratiantardaše itd. dobijaju se umanjenjem relevantnih delova od krajnjeg datuma daša. U ovom primeru, ukoliko je datum rođenja 30. maj 1972. godine, balans Venerine daše se dodaje na ovaj datum kako bi se dobio datum kraja Venerine daše.

|  |  | g | m | d |
|---|---|---|---|---|
| Datum rođenja |  | 1972. | 5. | 30. |
| Daša balans | Venera | 18 | 1 | 24 |
| Datum kraja |  | 1990. | 7. | 24. |

8) Posle toga slede tabele daša i antardaša, koje prate svaku od tabela proporcionalnih delova daše, a treba ih uzeti u obzir kod pripreme tabele daša i antardaša za čart. Obično tabela pokazuje listu datuma početka i kraja za svaku od antardaša.

Treba obezbediti i tabele pratiantardaša, bar za trenutnu dašu kroz koju osoba prolazi, kako bi se ubrzale i pojednostavile predikcije.

## 17.2 Tabele Vimšotari daše

*Tabela 55: Vimšotari balans na osnovu longitude*

| Long-1 | Long-3 | Long-5 | Daša | G | M | D | Long-2 | Long-4 | Long-6 | Daša | G | M | D |
|---|---|---|---|---|---|---|---|---|---|---|---|---|---|
| d:m | d:m | d:m | Planeta | | | | d:m | d:m | d:m | Planet | A | | |
| 0:00 | 120:00 | 240:00 | Ketu | 7 | 0 | 0 | 60:00 | 180:00 | 300:00 | Mars | 3 | 6 | 0 |
| 3:20 | 123:20 | 243:20 | | 5 | 3 | 0 | 63:20 | 183:20 | 303:20 | | 1 | 9 | 0 |
| 6:40 | 126:40 | 246:40 | | 3 | 6 | 0 | 66:40 | 186:40 | 306:40 | Rahu | 18 | 0 | 0 |
| 10:00 | 130:00 | 250:00 | | 1 | 9 | 0 | 70:00 | 190:00 | 310:00 | | 13 | 6 | 0 |
| 13:20 | 133:20 | 253:20 | Ven | 20 | 0 | 0 | 73:20 | 193:20 | 313:20 | | 9 | 0 | 0 |
| 16:40 | 136:40 | 256:40 | | 15 | 0 | 0 | 76:40 | 196:40 | 316:40 | | 4 | 6 | 0 |
| 20:00 | 140:00 | 260:00 | | 10 | 0 | 0 | 80:00 | 200:00 | 320:00 | Jup | 16 | 0 | 0 |
| 23:20 | 143:20 | 263:20 | | 5 | 0 | 0 | 83:20 | 203:20 | 323:20 | | 12 | 0 | 0 |
| 26:40 | 146:40 | 266:40 | Sun | 6 | 0 | 0 | 86:40 | 206:40 | 326:40 | | 8 | 0 | 0 |
| 30:00 | 150:00 | 270:00 | | 4 | 6 | 0 | 90:00 | 210:00 | 330:00 | | 4 | 0 | 0 |
| 33:20 | 153:20 | 273:20 | | 3 | 0 | 0 | 93:20 | 213:20 | 333:20 | Sat | 19 | 0 | 0 |
| 36:40 | 156:40 | 276:40 | | 1 | 6 | 0 | 96:40 | 216:40 | 336:40 | | 14 | 3 | 0 |
| 40:00 | 160:00 | 280:00 | Mes | 10 | 0 | 0 | 100:00 | 220:00 | 340:00 | | 9 | 6 | 0 |
| 43:20 | 163:20 | 283:20 | | 7 | 6 | 0 | 103:20 | 223:20 | 343:20 | | 4 | 9 | 0 |
| 46:40 | 166:40 | 286:40 | | 5 | 0 | 0 | 106:40 | 226:40 | 346:40 | Mer | 17 | 0 | 0 |
| 50:00 | 170:00 | 290:00 | | 2 | 6 | 0 | 110:00 | 230:00 | 350:00 | | 12 | 9 | 0 |
| 53:20 | 173:20 | 293:20 | Mars | 7 | 0 | 0 | 113:20 | 233:20 | 353:20 | | 8 | 6 | 0 |
| 56:40 | 176:40 | 296:40 | | 5 | 3 | 0 | 116:40 | 236:40 | 356:40 | | 4 | 3 | 0 |

*Tabela 56: Vimšotari proporcionalni delovi*

Treba ih oduzeti od balansa daše za povećanje longitude Meseca/lagne, koja god se koristi, u minutima.

| Long | Sun | | | Mes | | | Mars i Ketu | | | Rahu | | | Jup | | | Sat | | | Mer | | | Ven | | |
|---|---|---|---|---|---|---|---|---|---|---|---|---|---|---|---|---|---|---|---|---|---|---|---|---|
| d:m | g | m | d | g | m | d | g | m | d | g | m | d | g | m | d | g | m | d | g | m | d | G | m | d |
| 0:01 | 0 | 0 | 2 | 0 | 0 | 4 | 0 | 0 | 3 | 0 | 0 | 8 | 0 | 0 | 7 | 0 | 0 | 8 | 0 | 0 | 7 | 0 | 0 | 9 |
| 0:02 | 0 | 0 | 5 | 0 | 0 | 9 | 0 | 0 | 6 | 0 | 0 | 16 | 0 | 0 | 14 | 0 | 0 | 17 | 0 | 0 | 15 | 0 | 0 | 18 |
| 0:03 | 0 | 0 | 8 | 0 | 0 | 13 | 0 | 0 | 9 | 0 | 0 | 24 | 0 | 0 | 21 | 0 | 0 | 26 | 0 | 0 | 23 | 0 | 0 | 27 |
| 0:04 | 0 | 0 | 10 | 0 | 0 | 18 | 0 | 0 | 12 | 0 | 1 | 2 | 0 | 0 | 29 | 0 | 1 | 4 | 0 | 1 | 0 | 0 | 1 | 6 |
| 0:05 | 0 | 0 | 13 | 0 | 0 | 22 | 0 | 0 | 15 | 0 | 1 | 10 | 0 | 1 | 6 | 0 | 1 | 12 | 0 | 1 | 8 | 0 | 1 | 15 |
| 0:10 | 0 | 0 | 27 | 0 | 1 | 15 | 0 | 1 | 1 | 0 | 2 | 21 | 0 | 2 | 12 | 0 | 2 | 25 | 0 | 2 | 16 | 0 | 3 | 0 |

Vimšotari i Udu daše

| 0:30 | 0 | 2  | 21 | 0 | 4  | 15 | 0 | 3 | 4  | 0 | 8 | 3  | 0 | 7  | 6  | 0 | 8  | 16 | 0 | 7 | 19 | 0 | 9 | 0 |
|------|---|----|----|---|----|----|---|---|----|---|---|----|---|----|----|---|----|----|---|---|----|---|---|---|
| 1:00 | 0 | 5  | 12 | 0 | 9  | 0  | 0 | 6 | 9  | 1 | 4 | 6  | 1 | 2  | 12 | 1 | 5  | 3  | 1 | 3 | 9  | 1 | 6 | 0 |
| 2:00 | 0 | 10 | 24 | 1 | 6  | 0  | 1 | 0 | 18 | 2 | 8 | 12 | 2 | 4  | 24 | 2 | 10 | 6  | 2 | 6 | 18 | 3 | 0 | 0 |
| 3:00 | 1 | 4  | 6  | 2 | 3  | 0  | 1 | 6 | 27 | 4 | 0 | 18 | 3 | 7  | 6  | 4 | 3  | 9  | 3 | 9 | 27 | 4 | 6 | 0 |

*Tabela 57: Vimšotari daša i antardaša*

| Daša > | Sun | | | Mes | | | Mars[1] | | | Rahu | | | Jup | | | Sat | | | Mer | | | Ven | | |
|--------|---|---|---|---|---|---|---|---|---|---|---|---|---|---|---|---|---|---|---|---|---|---|---|---|
| Antar | g | m | d | g | m | D | g | m | d | g | m | d | g | m | d | g | m | d | g | m | d | g | m | d |
| Sun   | 0 | 3  | 18 | 0 | 6  | 0  | 0 | 4  | 6  | 0 | 10 | 24 | 0 | 9  | 18 | 0 | 11 | 12 | 0 | 10 | 6  | 1 | 0  | 0 |
| Mesec | 0 | 6  | 0  | 0 | 10 | 0  | 0 | 7  | 0  | 1 | 6  | 0  | 1 | 4  | 0  | 1 | 7  | 0  | 1 | 5  | 0  | 1 | 8  | 0 |
| Mars  | 0 | 4  | 6  | 0 | 7  | 0  | 0 | 4  | 27 | 1 | 0  | 18 | 0 | 11 | 6  | 1 | 1  | 9  | 0 | 11 | 27 | 1 | 2  | 0 |
| Rahu  | 0 | 10 | 24 | 1 | 6  | 0  | 1 | 0  | 18 | 2 | 8  | 12 | 2 | 4  | 24 | 2 | 10 | 6  | 2 | 6  | 18 | 3 | 0  | 0 |
| Jup   | 0 | 9  | 18 | 1 | 4  | 0  | 0 | 11 | 6  | 2 | 4  | 24 | 2 | 1  | 18 | 2 | 6  | 12 | 2 | 3  | 6  | 2 | 8  | 0 |
| Sat   | 0 | 11 | 12 | 1 | 7  | 0  | 1 | 1  | 9  | 2 | 10 | 6  | 2 | 6  | 12 | 3 | 0  | 3  | 2 | 8  | 9  | 3 | 2  | 0 |
| Mer   | 0 | 10 | 6  | 1 | 5  | 0  | 0 | 11 | 27 | 2 | 6  | 18 | 2 | 3  | 6  | 2 | 8  | 9  | 2 | 4  | 27 | 2 | 10 | 0 |
| Ketu  | 0 | 4  | 6  | 0 | 7  | 0  | 0 | 4  | 27 | 1 | 0  | 18 | 0 | 11 | 6  | 1 | 1  | 9  | 0 | 11 | 27 | 1 | 2  | 0 |
| Ven   | 1 | 0  | 0  | 1 | 8  | 0  | 1 | 2  | 0  | 3 | 0  | 0  | 2 | 8  | 0  | 3 | 2  | 0  | 2 | 10 | 0  | 3 | 4  | 0 |
|       | 6 | 0  | 0  | 10| 0  | 0  | 7 | 0  | 0  | 18| 0  | 0  | 16| 0  | 0  | 19| 0  | 0  | 17| 0  | 0  | 20| 0  | 0 |

## 17.3 Tabele Tribagi Vimšotari

*Tabela 58: Tribagi Vimšotari balans na osnovu longitude*

| Nak | Longituda Meseca | | | Daša | G | M | Nak | Longituda Meseca | | | Daša | G | M |
|---|---|---|---|---|---|---|---|---|---|---|---|---|---|
| 1 | 0:00   | 120:00 | 240:00 | Ket | 2 | 4 | 5 | 60:00  | 180:00 | 300:00 |      | 1 | 2 |
| 1 | 3:20   | 123:20 | 243:20 |     | 1 | 9 | 5 | 63:20  | 183:20 | 303:20 |      | 0 | 7 |
| 1 | 6:40   | 126:40 | 246:40 |     | 1 | 2 | 6 | 66:40  | 186:40 | 306:40 | Rahu | 6 | 0 |
| 1 | 10:00  | 130:00 | 250:00 |     | 0 | 7 | 6 | 70:00  | 190:00 | 310:00 |      | 4 | 6 |
| 2 | 13:20  | 133:20 | 253:20 | Ven | 6 | 8 | 6 | 73:20  | 193:20 | 313:20 |      | 3 | 0 |
| 2 | 16:40  | 136:40 | 256:40 |     | 5 | 0 | 6 | 76:40  | 196:40 | 316:40 |      | 1 | 6 |
| 2 | 20:00  | 140:00 | 260:00 |     | 3 | 4 | 7 | 80:00  | 200:00 | 320:00 | Jup  | 5 | 4 |
| 2 | 23:20  | 143:20 | 263:20 |     | 1 | 8 | 7 | 83:20  | 203:20 | 323:20 |      | 4 | 0 |
| 3 | 26:40  | 146:40 | 266:40 | Sun | 6 | 0 | 7 | 86:40  | 206:40 | 326:40 |      | 2 | 8 |
| 3 | 30:00  | 150:00 | 270:00 |     | 4 | 6 | 7 | 90:00  | 210:00 | 330:00 |      | 1 | 4 |
| 3 | 33:20  | 153:20 | 273:20 |     | 3 | 0 | 8 | 93:20  | 213:20 | 333:20 | Sat  | 6 | 4 |
| 3 | 36:40  | 156:40 | 276:40 |     | 1 | 6 | 8 | 96:40  | 216:40 | 336:40 |      | 4 | 9 |
| 4 | 40:00  | 160:00 | 280:00 | Mes | 3 | 4 | 8 | 100:00 | 220:00 | 340:00 |      | 3 | 2 |
| 4 | 43:20  | 163:20 | 283:20 |     | 2 | 6 | 8 | 103:20 | 223:20 | 343:20 |      | 1 | 7 |

Tabele daša

| 4 | 46:40 | 166:40 | 286:40 |      | 1 | 8  | 9 | 106:40 | 226:40 | 346:40 | Mer | 5 | 8  |
| 4 | 50:00 | 170:00 | 290:00 |      | 0 | 10 | 9 | 110:00 | 230:00 | 350:00 |     | 4 | 3  |
| 5 | 53:20 | 173:20 | 293:20 | Mars | 2 | 4  | 9 | 113:20 | 233:20 | 353:20 |     | 2 | 10 |
| 5 | 56:40 | 176:40 | 296:40 |      | 1 | 9  | 9 | 116:40 | 236:40 | 356:40 |     | 1 | 5  |

*Tabela 59: Tribagi proporcionalni delovi*

Treba ih oduzeti od balansa daše za povećanje longitude Meseca/lagne, koja god se koristi, u minutima.

| Long | Sun | | | Mes | | | Mars/Ket | | | Rahu | | | Jupiter | | | Saturn | | | Merkur | | | Venera | | |
|------|---|---|---|---|---|---|---|---|---|---|---|---|---|---|---|---|---|---|---|---|---|---|---|---|
| d:m  | g | m | d | g | m | D | g | m | d | g | m | d | g | m | d | g | m | d | G | m | d | g | m | d |
| 0:01 | 0 | 0 | 0 | 0 | 0 | 1 | 0 | 0 | 1 | 0 | 0 | 2 | 0 | 0 | 2 | 0 | 0 | 2 | 0 | 0 | 2 | 0 | 0 | 3 |
| 0:02 | 0 | 0 | 1 | 0 | 0 | 3 | 0 | 0 | 2 | 0 | 0 | 5 | 0 | 0 | 4 | 0 | 0 | 5 | 0 | 0 | 5 | 0 | 0 | 6 |
| 0:03 | 0 | 0 | 2 | 0 | 0 | 4 | 0 | 0 | 3 | 0 | 0 | 8 | 0 | 0 | 7 | 0 | 0 | 8 | 0 | 0 | 7 | 0 | 0 | 9 |
| 0:04 | 0 | 0 | 3 | 0 | 0 | 6 | 0 | 0 | 4 | 0 | 0 | 10 | 0 | 0 | 9 | 0 | 0 | 11 | 0 | 0 | 10 | 0 | 0 | 12 |
| 0:05 | 0 | 0 | 4 | 0 | 0 | 7 | 0 | 0 | 5 | 0 | 0 | 13 | 0 | 0 | 12 | 0 | 0 | 14 | 0 | 0 | 12 | 0 | 0 | 15 |
| 0:10 | 0 | 0 | 9 | 0 | 0 | 15 | 0 | 0 | 10 | 0 | 0 | 27 | 0 | 0 | 24 | 0 | 0 | 28 | 0 | 0 | 25 | 0 | 1 | 0 |
| 0:30 | 0 | 0 | 27 | 0 | 1 | 15 | 0 | 1 | 1 | 0 | 2 | 21 | 0 | 2 | 12 | 0 | 2 | 25 | 0 | 2 | 16 | 0 | 3 | 0 |
| 1:00 | 0 | 1 | 24 | 0 | 3 | 0 | 0 | 2 | 3 | 0 | 5 | 12 | 0 | 4 | 24 | 0 | 5 | 21 | 0 | 5 | 3 | 0 | 6 | 0 |
| 2:00 | 0 | 3 | 18 | 0 | 6 | 0 | 0 | 4 | 6 | 0 | 10 | 24 | 0 | 9 | 18 | 0 | 11 | 12 | 0 | 10 | 6 | 1 | 0 | 0 |
| 3:00 | 0 | 5 | 12 | 0 | 9 | 0 | 0 | 6 | 9 | 1 | 4 | 6 | 1 | 2 | 12 | 1 | 5 | 3 | 1 | 3 | 9 | 1 | 6 | 0 |

*Tabela 60: Tribagi daša i antardaša*

| Daša | Sun | | | Mes | | | Mars | | | Rahu | | | Jup | | | Sat | | | Mer | | | Ven | | |
|------|---|---|---|---|---|---|---|---|---|---|---|---|---|---|---|---|---|---|---|---|---|---|---|---|
|      | g | m | D | g | m | d | G | M | d | g | m | d | g | m | d | g | m | d | g | m | d | g | m | d |
| Sunce | 0 | 1 | 6 | 0 | 2 | 0 | 0 | 1 | 12 | 0 | 3 | 18 | 0 | 3 | 6 | 0 | 3 | 24 | 0 | 3 | 12 | 0 | 4 | 0 |
| Mesec | 0 | 2 | 0 | 0 | 3 | 10 | 0 | 2 | 10 | 0 | 6 | 0 | 0 | 5 | 10 | 0 | 6 | 10 | 1 | 1 | 18 | 0 | 6 | 20 |
| Mars | 0 | 1 | 12 | 0 | 2 | 10 | 0 | 1 | 19 | 0 | 4 | 6 | 0 | 3 | 22 | 0 | 4 | 13 | 1 | 8 | 12 | 0 | 4 | 20 |
| Rahu | 0 | 3 | 18 | 0 | 6 | 0 | 0 | 4 | 6 | 0 | 10 | 24 | 0 | 9 | 18 | 0 | 11 | 12 | 2 | 3 | 6 | 1 | 0 | 0 |
| Jup | 0 | 3 | 6 | 0 | 5 | 10 | 0 | 3 | 22 | 0 | 9 | 18 | 0 | 8 | 16 | 0 | 10 | 4 | 2 | 10 | 0 | 0 | 10 | 20 |
| Sat | 0 | 3 | 24 | 0 | 6 | 10 | 0 | 4 | 13 | 0 | 11 | 12 | 0 | 10 | 4 | 1 | 0 | 1 | 3 | 4 | 24 | 1 | 0 | 20 |
| Mer | 0 | 3 | 12 | 0 | 5 | 20 | 0 | 3 | 29 | 0 | 10 | 6 | 0 | 9 | 2 | 0 | 10 | 23 | 3 | 11 | 18 | 0 | 11 | 10 |
| Ketu | 0 | 1 | 12 | 0 | 2 | 10 | 0 | 1 | 19 | 0 | 4 | 6 | 0 | 3 | 22 | 0 | 4 | 13 | 4 | 6 | 12 | 0 | 4 | 20 |
| Ven | 0 | 4 | 0 | 0 | 6 | 20 | 0 | 4 | 20 | 1 | 0 | 0 | 0 | 10 | 20 | 1 | 0 | 20 | 5 | 1 | 6 | 1 | 1 | 10 |
| Uku-pno: | 2 | 0 | 0 | 3 | 4 | 0 | 2 | 4 | 0 | 6 | 0 | 0 | 5 | 4 | 0 | 6 | 4 | 0 | 5 | 8 | 0 | 6 | 8 | 0 |

## 17.4 Tabele Aštotari daše

### Tabela 61: Balans Aštotari daše

| Br.Nakš.Pada | | Od | Do | Plan. | g | m | d | h | Br.Nakš.Pada | | Od | Do | Plan. | g | m | d | h |
|---|---|---|---|---|---|---|---|---|---|---|---|---|---|---|---|---|---|
| 1 | Ašvini | 1 | 0:00:00 | 3:20:00 | Rahu | 6 | 0 | 0 | 0 | 15 | Svati | 1 | 186:40:00 | 190:00:00 | Mars | 4 | 0 | 0 | 0 |
| 1 | | 2 | 3:20:00 | 6:40:00 | | 5 | 3 | 1 | 6 | 15 | | 2 | 190:00:00 | 193:20:00 | | 3 | 6 | 2 | 12 |
| 1 | | 3 | 6:40:00 | 10:00:00 | | 4 | 6 | 2 | 12 | 15 | | 3 | 193:20:00 | 196:40:00 | | 3 | 0 | 0 | 0 |
| 1 | | 4 | 10:00:00 | 13:20:00 | | 3 | 9 | 3 | 18 | 15 | | 4 | 196:40:00 | 200:00:00 | | 2 | 6 | 2 | 12 |
| 2 | Barani | 1 | 13:20:00 | 16:40:00 | Rahu | 3 | 0 | 0 | 0 | 16 | Višaka | 1 | 200:00:00 | 203:20:00 | Mars | 2 | 0 | 0 | 0 |
| 2 | | 2 | 16:40:00 | 20:00:00 | | 2 | 3 | 1 | 6 | 16 | | 2 | 203:20:00 | 206:40:00 | | 1 | 6 | 2 | 12 |
| 2 | | 3 | 20:00:00 | 23:20:00 | | 1 | 6 | 2 | 12 | 16 | | 3 | 206:40:00 | 210:00:00 | | 1 | 0 | 0 | 0 |
| 2 | | 4 | 23:20:00 | 26:40:00 | | 0 | 9 | 3 | 18 | 16 | | 4 | 210:00:00 | 213:20:00 | | 0 | 6 | 2 | 12 |
| 3 | Kritika | 1 | 26:40:00 | 30:00:00 | Venera | 21 | 0 | 0 | 0 | 17 | Anurada | 1 | 213:20:00 | 216:40:00 | Merkur | 17 | 0 | 0 | 0 |
| 3 | | 2 | 30:00:00 | 33:20:00 | | 19 | 3 | 1 | 6 | 17 | | 2 | 216:40:00 | 220:00:00 | | 15 | 7 | 2 | 22 |
| 3 | | 3 | 33:20:00 | 36:40:00 | | 17 | 6 | 2 | 12 | 17 | | 3 | 220:00:00 | 223:20:00 | | 14 | 2 | 0 | 20 |
| 3 | | 4 | 36:40:00 | 40:00:00 | | 15 | 9 | 3 | 18 | 17 | | 4 | 223:20:00 | 226:40:00 | | 12 | 9 | 3 | 18 |
| 4 | Rohini | 1 | 40:00:00 | 43:20:00 | Venera | 14 | 0 | 0 | 0 | 18 | Đešta | 1 | 226:40:00 | 230:00:00 | Merkur | 11 | 4 | 1 | 16 |
| 4 | | 2 | 43:20:00 | 46:40:00 | | 12 | 3 | 1 | 6 | 18 | | 2 | 230:00:00 | 233:20:00 | | 9 | 11 | 4 | 14 |
| 4 | | 3 | 46:40:00 | 50:00:00 | | 10 | 6 | 2 | 12 | 18 | | 3 | 233:20:00 | 236:40:00 | | 8 | 6 | 2 | 12 |
| 4 | | 4 | 50:00:00 | 53:20:00 | | 8 | 9 | 3 | 18 | 18 | | 4 | 236:40:00 | 240:00:00 | | 7 | 1 | 0 | 10 |
| 5 | Mriga | 1 | 53:20:00 | 56:40:00 | Venera | 7 | 0 | 0 | 0 | 19 | Mula | 1 | 240:00:00 | 243:20:00 | Merkur | 5 | 8 | 3 | 8 |
| 5 | | 2 | 56:40:00 | 60:00:00 | | 5 | 3 | 1 | 6 | 19 | | 2 | 243:20:00 | 246:40:00 | | 4 | 3 | 1 | 6 |
| 5 | | 3 | 60:00:00 | 63:20:00 | | 3 | 6 | 2 | 12 | 19 | | 3 | 246:40:00 | 250:00:00 | | 2 | 10 | 4 | 4 |
| 5 | | 4 | 63:20:00 | 66:40:00 | | 1 | 9 | 3 | 18 | 19 | | 4 | 250:00:00 | 253:20:00 | | 1 | 5 | 2 | 2 |
| 6 | Ardra | 1 | 66:40:00 | 70:00:00 | Sunce | 6 | 0 | 0 | 0 | 20 | P. Ašada | 1 | 253:20:00 | 256:40:00 | Saturn | 10 | 0 | 0 | 0 |
| 6 | | 2 | 70:00:00 | 73:20:00 | | 5 | 7 | 18 | 3 | 20 | | 2 | 256:40:00 | 260:00:00 | | 9 | 4 | 16 | 21 |
| 6 | | 3 | 73:20:00 | 76:40:00 | | 5 | 3 | 1 | 6 | 20 | | 3 | 260:00:00 | 263:20:00 | | 8 | 9 | 3 | 18 |
| 6 | | 4 | 76:40:00 | 80:00:00 | | 4 | 10 | 19 | 9 | 20 | | 4 | 263:20:00 | 266:40:00 | | 8 | 1 | 15 | 15 |
| 7 | Punar. | 1 | 80:00:00 | 83:20:00 | Sunce | 4 | 6 | 2 | 12 | 21 | U. Ašada | 1 | 266:40:00 | 269:10:00 | Saturn | 7 | 6 | 2 | 12 |
| 7 | | 2 | 83:20:00 | 86:40:00 | | 4 | 1 | 15 | 15 | 21 | | 2 | 269:10:00 | 271:40:00 | | 6 | 10 | 19 | 9 |
| 7 | | 3 | 86:40:00 | 90:00:00 | | 3 | 9 | 3 | 18 | 21 | | 3 | 271:40:00 | 274:10:00 | | 6 | 3 | 1 | 6 |
| 7 | | 4 | 90:00:00 | 93:20:00 | | 3 | 4 | 16 | 21 | 21 | | 4 | 274:10:00 | 276:40:00 | | 5 | 7 | 18 | 3 |
| 8 | Pušja | 1 | 93:20:00 | 96:40:00 | Sunce | 3 | 0 | 0 | 0 | 22 | Abiđit | 1 | 276:40:00 | 277:43:20 | Saturn | 5 | 0 | 0 | 0 |
| 8 | | 2 | 96:40:00 | 100:00:00 | | 2 | 7 | 18 | 3 | 22 | | 2 | 277:43:20 | 278:46:40 | | 4 | 4 | 16 | 21 |
| 8 | | 3 | 100:00:00 | 103:20:00 | | 2 | 3 | 1 | 6 | 22 | | 3 | 278:46:40 | 279:50:00 | | 3 | 9 | 3 | 18 |
| 8 | | 4 | 103:20:00 | 106:40:00 | | 1 | 10 | 19 | 9 | 22 | | 4 | 279:50:00 | 280:53:20 | | 3 | 1 | 15 | 15 |
| 9 | Ašleša | 1 | 106:40:00 | 110:00:00 | Sunce | 1 | 6 | 2 | 12 | 23 | Šravana | 1 | 280:53:20 | 284:00:00 | Saturn | 2 | 6 | 2 | 12 |
| 9 | | 2 | 110:00:00 | 113:20:00 | | 1 | 1 | 15 | 15 | 23 | | 2 | 284:00:00 | 287:06:40 | | 1 | 10 | 19 | 9 |
| 9 | | 3 | 113:20:00 | 116:40:00 | | 0 | 9 | 3 | 18 | 23 | | 3 | 287:06:40 | 290:13:20 | | 1 | 3 | 1 | 6 |

## Tabele daša

| | | | | | | | | | | | | | | | | | |
|---|---|---|---|---|---|---|---|---|---|---|---|---|---|---|---|---|---|
| 9 | 4 | 116:40:00 120:00:00 | | 0 | 4 | 16 | 21 | 23 | | 4 | 290:13:20 | 293:20:00 | | 0 | 7 | 18 | 3 |
| 10 Maga | 1 | 120:00:00 123:20:00 | Mesec | 15 | 0 | 0 | 0 | 24 Danište | 1 | 293:20:00 | 296:40:00 | Jupiter | 19 | 0 | 0 | 0 |
| 10 | 2 | 123:20:00 126:40:00 | | 13 | 9 | 3 | 18 | 24 | | 2 | 296:40:00 | 300:00:00 | | 17 | 5 | 2 | 2 |
| 10 | 3 | 126:40:00 130:00:00 | | 12 | 6 | 2 | 12 | 24 | | 3 | 300:00:00 | 303:20:00 | | 15 | 10 | 4 | 4 |
| 10 | 4 | 130:00:00 133:20:00 | | 11 | 3 | 1 | 6 | 24 | | 4 | 303:20:00 | 306:40:00 | | 14 | 3 | 1 | 6 |
| P. 11 Falguni | 1 | 133:20:00 136:40:00 | Mesec | 10 | 0 | 0 | 0 | 25 Satabišad | 1 | 306:40:00 | 310:00:00 | Jupiter | 12 | 7 | 33 | 8 |
| 11 | 2 | 136:40:00 140:00:00 | | 8 | 9 | 3 | 18 | 25 | | 2 | 310:00:00 | 313:20:00 | | 11 | 0 | 30 | 9 |
| 11 | 3 | 140:00:00 143:20:00 | | 7 | 6 | 2 | 12 | 25 | | 3 | 313:20:00 | 316:40:00 | | 9 | 5 | 32 | 11 |
| 11 | 4 | 143:20:00 146:40:00 | | 6 | 3 | 1 | 6 | 25 | | 4 | 316:40:00 | 320:00:00 | | 7 | 11 | 4 | 13 |
| U. 12 Falguni | 1 | 146:40:00 150:00:00 | Mesec | 5 | 0 | 0 | 0 | 26 P. Badrapad | 1 | 320:00:00 | 323:20:00 | Jupiter | 6 | 3 | 31 | 15 |
| 12 | 2 | 150:00:00 153:20:00 | | 3 | 9 | 3 | 18 | 26 | | 2 | 323:20:00 | 326:40:00 | | 4 | 8 | 33 | 17 |
| 12 | 3 | 153:20:00 156:40:00 | | 2 | 6 | 2 | 12 | 26 | | 3 | 326:40:00 | 330:00:00 | | 3 | 1 | 30 | 19 |
| 12 | 4 | 156:40:00 160:00:00 | | 1 | 3 | 1 | 6 | 26 | | 4 | 330:00:00 | 333:20:00 | | 1 | 6 | 32 | 21 |
| 13 Hasta | 1 | 160:00:00 163:20:00 | Mars | 8 | 0 | 0 | 0 | 27 U. Badrapad | 1 | 333:20:00 | 336:40:00 | Rahu | 12 | 0 | 0 | 0 |
| 13 | 2 | 163:20:00 166:40:00 | | 7 | 6 | 2 | 12 | 27 | | 2 | 336:40:00 | 340:00:00 | | 11 | 3 | 1 | 6 |
| 13 | 3 | 166:40:00 170:00:00 | | 7 | 0 | 0 | 0 | 27 | | 3 | 340:00:00 | 343:20:00 | | 10 | 6 | 2 | 12 |
| 13 | 4 | 170:00:00 173:20:00 | | 6 | 6 | 2 | 12 | 27 | | 4 | 343:20:00 | 346:40:00 | | 9 | 9 | 3 | 18 |
| 14 Ćitra | 1 | 173:20:00 176:40:00 | Mars | 6 | 0 | 0 | 0 | 28 Revati | 1 | 346:40:00 | 350:00:00 | Rahu | 9 | 0 | 0 | 0 |
| 14 | 2 | 176:40:00 180:00:00 | | 5 | 6 | 2 | 12 | 28 | | 2 | 350:00:00 | 353:20:00 | | 8 | 3 | 1 | 6 |
| 14 | 3 | 180:00:00 183:20:00 | | 5 | 0 | 0 | 0 | 28 | | 3 | 353:20:00 | 356:40:00 | | 7 | 6 | 2 | 12 |
| 14 | 4 | 183:20:00 186:40:00 | | 4 | 6 | 2 | 12 | 28 | | 4 | 356:40:00 | 360:00:00 | | 6 | 9 | 3 | 18 |

*Tabela 62: Aštotari proporcionalni delovi*

| Long | Sun | | | | Mes | | | | Mars | | | | Merkur | | | | Jupiter | | | | Rahu | | | | Venus | | | |
|---|---|---|---|---|---|---|---|---|---|---|---|---|---|---|---|---|---|---|---|---|---|---|---|---|---|---|---|---|
| d:m | g | m | d | h | g | m | d | h | g | m | d | h | g | m | d | h | g | m | d | h | g | m | d | h | g | m | d | h |
| 0:01 | 0 | 0 | 0 | 16 | 0 | 0 | 2 | 6 | 0 | 0 | 0 | 21 | 0 | 0 | 2 | 14 | 0 | 0 | 2 | 21 | 0 | 0 | 1 | 8 | 0 | 0 | 3 | 4 |
| 0:02 | 0 | 0 | 1 | 8 | 0 | 0 | 4 | 13 | 0 | 0 | 1 | 19 | 0 | 0 | 5 | 4 | 0 | 0 | 5 | 18 | 0 | 0 | 2 | 17 | 0 | 0 | 6 | 9 |
| 0:03 | 0 | 0 | 2 | 1 | 0 | 0 | 6 | 20 | 0 | 0 | 2 | 17 | 0 | 0 | 7 | 18 | 0 | 0 | 8 | 16 | 0 | 0 | 4 | 2 | 0 | 0 | 9 | 13 |
| 0:04 | 0 | 0 | 2 | 17 | 0 | 0 | 9 | 3 | 0 | 0 | 3 | 15 | 0 | 0 | 10 | 8 | 0 | 0 | 11 | 13 | 0 | 0 | 5 | 11 | 0 | 0 | 12 | 18 |
| 0:05 | 0 | 0 | 3 | 10 | 0 | 0 | 11 | 9 | 0 | 0 | 4 | 13 | 0 | 0 | 12 | 22 | 0 | 0 | 14 | 10 | 0 | 0 | 6 | 20 | 0 | 0 | 15 | 23 |
| 0:10 | 0 | 0 | 6 | 20 | 0 | 0 | 22 | 19 | 0 | 0 | 9 | 3 | 0 | 0 | 25 | 20 | 0 | 0 | 28 | 21 | 0 | 0 | 13 | 16 | 0 | 1 | 1 | 22 |
| 0:30 | 0 | 0 | 20 | 12 | 0 | 2 | 8 | 10 | 0 | 0 | 27 | 9 | 0 | 2 | 17 | 13 | 0 | 2 | 26 | 16 | 0 | 1 | 11 | 1 | 0 | 3 | 5 | 19 |
| 1:00 | 0 | 1 | 11 | 1 | 0 | 4 | 16 | 21 | 0 | 1 | 24 | 18 | 0 | 5 | 5 | 3 | 0 | 5 | 23 | 9 | 0 | 2 | 22 | 3 | 0 | 6 | 11 | 15 |
| 2:00 | 0 | 2 | 22 | 3 | 0 | 9 | 3 | 18 | 0 | 3 | 19 | 12 | 0 | 10 | 10 | 6 | 0 | 11 | 16 | 18 | 0 | 5 | 14 | 6 | 1 | 0 | 18 | 6 |
| 3:00 | 0 | 4 | 3 | 4 | 1 | 1 | 15 | 15 | 0 | 5 | 14 | 6 | 1 | 3 | 10 | 9 | 1 | 5 | 5 | 3 | 0 | 8 | 6 | 9 | 1 | 6 | 29 | 21 |

| Saturn | | | | | | | | | | | | |
|---|---|---|---|---|---|---|---|---|---|---|---|---|
| Long | Purvašada | | | | Utarašada | | | | Abiđit | | | Šravana |
| d:m | g | m | d | h | g | m | d | h | g | m | d | h |

Vimšotari i Udu daše

| 0:01 | 0 | 0 | 1 | 3 | 0 | 0 | 1 | 12 | 0 | 0 | 3 | 14 | 0 | 0 | 1 | 5 |
|---|---|---|---|---|---|---|---|---|---|---|---|---|---|---|---|---|
| 0:02 | 0 | 0 | 2 | 6 | 0 | 0 | 3 | 1 | 0 | 0 | 7 | 4 | 0 | 0 | 2 | 10 |
| 0:03 | 0 | 0 | 3 | 10 | 0 | 0 | 4 | 13 | 0 | 0 | 10 | 19 | 0 | 0 | 3 | 15 |
| 0:04 | 0 | 0 | 4 | 13 | 0 | 0 | 6 | 2 | 0 | 0 | 14 | 9 | 0 | 0 | 4 | 21 |
| 0:05 | 0 | 0 | 5 | 16 | 0 | 0 | 7 | 14 | 0 | 0 | 18 | 0 | 0 | 0 | 6 | 2 |
| 0:10 | 0 | 0 | 11 | 9 | 0 | 0 | 15 | 5 | 0 | 1 | 6 | 0 | 0 | 0 | 12 | 5 |
| 0:30 | 0 | 1 | 4 | 5 | 0 | 1 | 15 | 15 | 0 | 3 | 18 | 1 | 0 | 1 | 6 | 15 |
| 1:00 | 0 | 2 | 8 | 10 | 0 | 3 | 1 | 6 | 0 | 7 | 6 | 2 | 0 | 2 | 13 | 7 |
| 2:00 | 0 | 4 | 16 | 21 | 0 | 6 | 2 | 12 | 1 | 2 | 7 | 5 | 0 | 4 | 26 | 15 |
| 3:00 | 0 | 6 | 25 | 7 | 0 | 9 | 3 | 18 | 1 | 9 | 13 | 8 | 0 | 7 | 9 | 23 |

*Tabela 63: Aštotari daša i antardaša*

| Antardaša | Sun (Ravi)-6 | | | | | | Mes (Ćandra)-15 | | | | | | Mars (Mangal) - 8 | | | | | | |
|---|---|---|---|---|---|---|---|---|---|---|---|---|---|---|---|---|---|---|---|
| | Potperiodi | | | Ukupno | | | Periodi | | | Ukupno | | | Sun periodi | | | Ukupno | | | |
| | g | m | d | g | m | d | g | m | d | g | m | d | g | m | d | h | g | m | d | h |
| Sunce | 0 | 4 | 8 | 0 | 4 | 0 | | | | | | | | | | | | | | |
| Mesec | 0 | 10 | 0 | 1 | 2 | 0 | 2 | 1 | 0 | 2 | 1 | 0 | | | | | | | | |
| Mars | 0 | 5 | 10 | 1 | 7 | 10 | 1 | 1 | 10 | 3 | 2 | 10 | 0 | 7 | 3 | 8 | 0 | 7 | 3 | 8 |
| Merkur | 0 | 11 | 10 | 2 | 6 | 20 | 2 | 4 | 10 | 5 | 6 | 20 | 1 | 3 | 3 | 8 | 1 | 10 | 6 | 16 |
| Saturn | 0 | 6 | 20 | 3 | 1 | 10 | 1 | 4 | 20 | 6 | 11 | 10 | 0 | 8 | 26 | 16 | 2 | 7 | 3 | 8 |
| Jupiter | 1 | 0 | 20 | 4 | 2 | 0 | 2 | 7 | 20 | 9 | 7 | 0 | 1 | 4 | 26 | 16 | 4 | 0 | 0 | 0 |
| Rahu | 0 | 8 | 0 | 4 | 10 | 0 | 1 | 8 | 0 | 11 | 3 | 0 | 0 | 10 | 20 | 0 | 4 | 10 | 20 | 0 |
| Venera | 1 | 2 | 0 | 6 | 0 | 0 | 2 | 11 | 0 | 14 | 2 | 0 | 1 | 6 | 20 | 0 | 6 | 5 | 10 | 0 |
| Sunce | | | | | | | 0 | 10 | 0 | 15 | 0 | 0 | 0 | 5 | 10 | 0 | 6 | 10 | 20 | 0 |
| Mesec | | | | | | | | | | | | | 1 | 1 | 10 | 0 | 8 | 0 | 0 | 0 |

| Antardaša | Merkur (Buda)-17 | | | | | | Saturn (Šani -10) | | | | | | |
|---|---|---|---|---|---|---|---|---|---|---|---|---|---|
| | Potperiodi | | | Ukupno | | | Potperiodi | | | Ukupno | | | |
| | g | m | d | h | g | m | d | h | g | m | d | h | g | m | d | h |
| Merkur | 2 | 8 | 3 | 8 | 2 | 8 | 3 | 8 | - | | | | - | | | |
| Saturn | 1 | 6 | 26 | 16 | 4 | 3 | 0 | 0 | 0 | 11 | 3 | 8 | 0 | 11 | 3 | 8 |
| Jupiter | 2 | 11 | 26 | 16 | 7 | 2 | 26 | 16 | 1 | 9 | 3 | 8 | 2 | 8 | 6 | 16 |
| Rahu | 1 | 10 | 20 | 0 | 9 | 1 | 16 | 16 | 1 | 1 | 10 | 0 | 3 | 9 | 16 | 16 |
| Venera | 3 | 3 | 20 | 0 | 12 | 5 | 16 | 16 | 1 | 11 | 10 | 0 | 5 | 8 | 26 | 16 |

## Tabele daša

| | | | | | | | | | | | | | | | |
|---|---|---|---|---|---|---|---|---|---|---|---|---|---|---|---|
| Sunce | 0 | 11 | 10 | 0 | 13 | 4 | 16 | 16 | 0 | 6 | 20 | 0 | 6 | 3 | 16 | 16 |
| Mesec | 2 | 4 | 10 | 0 | 15 | 8 | 26 | 16 | 1 | 4 | 20 | 0 | 7 | 8 | 6 | 16 |
| Mars | 1 | 3 | 3 | 8 | 17 | 0 | 0 | 0 | 0 | 8 | 26 | 16 | 8 | 5 | 3 | 8 |
| Merkur | - | | | | - | | | | 1 | 6 | 26 | 16 | 10 | 0 | 0 | 0 |

| Antardaša | Jupiter (Brihaspati) - 19 | | | | | | | Rahu - 12 | | | | | | Venera (Šukra) -21 | | | | | |
|---|---|---|---|---|---|---|---|---|---|---|---|---|---|---|---|---|---|---|---|
| | Potperiodi | | | | Ukupno | | | Potperiodi | | | Ukupno | | | Potperiodi | | | Ukupno | | |
| | g | m | d | h | g | m | d | h | g | m | d | g | m | d | g | m | d | g | m | d |
| Jupiter | 3 | 4 | 3 | 8 | 3 | 4 | 3 | 8 | | | | | | | | | | | | |
| Rahu | 2 | 1 | 10 | 0 | 5 | 5 | 13 | 8 | 1 | 4 | 0 | 1 | 4 | 0 | | | | | | |
| Venera | 3 | 8 | 10 | 0 | 9 | 1 | 23 | 8 | 2 | 4 | 0 | 3 | 8 | 0 | 4 | 1 | 0 | 4 | 1 | 0 |
| Sunce | 1 | 0 | 20 | 0 | 10 | 2 | 13 | 8 | 0 | 8 | 0 | 4 | 4 | 0 | 1 | 2 | 0 | 5 | 3 | 0 |
| Mesec | 2 | 7 | 20 | 0 | 12 | 10 | 3 | 8 | 1 | 8 | 0 | 6 | 0 | 0 | 2 | 11 | 0 | 8 | 2 | 0 |
| Mars | 1 | 4 | 26 | 16 | 14 | 3 | 0 | 0 | 0 | 10 | 20 | 6 | 10 | 20 | 1 | 6 | 20 | 9 | 8 | 20 |
| Merkur | 2 | 11 | 26 | 16 | 17 | 2 | 26 | 16 | 1 | 10 | 20 | 8 | 9 | 10 | 3 | 3 | 20 | 13 | 0 | 10 |
| Saturn | 1 | 9 | 3 | 8 | 19 | 0 | 0 | 0 | 1 | 1 | 10 | 9 | 10 | 20 | 1 | 11 | 10 | 14 | 11 | 20 |
| Jupiter | | | | | | | | | 2 | 1 | 10 | 12 | 0 | 0 | 3 | 8 | 10 | 18 | 8 | 0 |
| Rahu | | | | | | | | | | | | | | | 2 | 4 | 0 | 21 | 0 | 0 |

## 17.5 Šodašotari daša tabele

*Tabela 64: Šodašotari daša balans*

| Nak | Mesec | Nak | Mesec | Nak | Mesec | Nak | Mesec | Nak | Mesec | Daša | G | M |
|---|---|---|---|---|---|---|---|---|---|---|---|---|
| | | 5 | 53:20 | 8 | 93:20 | 16 | 200:00 | 24 | 306:40 | Sun | 11 | 0 |
| | | 5 | 56:40 | 8 | 96:40 | 16 | 203:20 | 24 | 310:00 | | 8 | 3 |
| | | 5 | 60:00 | 8 | 100:00 | 16 | 206:40 | 24 | 313:20 | | 5 | 6 |
| | | 5 | 63:20 | 8 | 103:20 | 16 | 210:00 | 24 | 316:40 | | 2 | 9 |
| | | 6 | 66:40 | 9 | 106:40 | 17 | 213:20 | 25 | 320:00 | Mars | 12 | 0 |
| | | 6 | 70:00 | 9 | 110:00 | 17 | 216:40 | 25 | 323:20 | | 9 | 0 |
| | | 6 | 73:20 | 9 | 113:20 | 17 | 220:00 | 25 | 326:40 | | 6 | 0 |
| | | 6 | 76:40 | 9 | 116:40 | 17 | 223:20 | 25 | 330:00 | | 3 | 0 |
| | | 7 | 80:00 | 10 | 120:00 | 18 | 226:40 | 26 | 333:20 | Jup | 13 | 0 |
| | | 7 | 83:20 | 10 | 123:20 | 18 | 230:00 | 26 | 336:40 | | 9 | 9 |
| | | 7 | 86:40 | 10 | 126:40 | 18 | 233:20 | 26 | 340:00 | | 6 | 6 |
| | | 7 | 90:00 | 10 | 130:00 | 18 | 236:40 | 26 | 343:20 | | 3 | 3 |
| | | | | 11 | 133:20 | 19 | 240:00 | 27 | 346:40 | Sat | 14 | 0 |
| | | | | 11 | 136:40 | 19 | 243:20 | 27 | 350:00 | | 10 | 6 |
| | | | | 11 | 140:00 | 19 | 246:40 | 27 | 353:20 | | 7 | 0 |
| | | | | 11 | 143:20 | 19 | 250:00 | 27 | 356:40 | | 3 | 6 |
| 1 | 0:00 | | | 12 | 146:40 | 20 | 253:20 | | | Ketu | 15 | 0 |
| 1 | 3:20 | | | 12 | 150:00 | 20 | 256:40 | | | | 11 | 3 |
| 1 | 6:40 | | | 12 | 153:20 | 20 | 260:00 | | | | 7 | 6 |
| 1 | 10:00 | | | 12 | 156:40 | 20 | 263:20 | | | | 3 | 9 |
| 2 | 13:20 | | | 13 | 160:00 | 21 | 266:40 | | | Mes | 16 | 0 |
| 2 | 16:40 | | | 13 | 163:20 | 21 | 270:00 | | | | 12 | 0 |
| 2 | 20:00 | | | 13 | 166:40 | 21 | 273:20 | | | | 8 | 0 |
| 2 | 23:20 | | | 13 | 170:00 | 21 | 276:40 | | | | 4 | 0 |
| 3 | 26:40 | | | 14 | 173:20 | 22 | 280:00 | | | Mer | 11 | 0 |
| 3 | 30:00 | | | 14 | 176:40 | 22 | 283:20 | | | | 8 | 3 |
| 3 | 33:20 | | | 14 | 180:00 | 22 | 286:40 | | | | 5 | 6 |
| 3 | 36:40 | | | 14 | 183:20 | 22 | 290:00 | | | | 2 | 9 |
| 4 | 40:00 | | | 15 | 186:40 | 23 | 293:20 | | | Ven | 12 | 0 |
| 4 | 43:20 | | | 15 | 190:00 | 23 | 296:40 | | | | 9 | 0 |
| 4 | 46:40 | | | 15 | 193:20 | 23 | 300:00 | | | | 6 | 0 |
| 4 | 50:00 | | | 15 | 196:40 | 23 | 303:20 | | | | 3 | 0 |

Tabele daša

*Tabela 65: Šodašotari proporcionalni delovi*

Treba ih oduzeti od balansa daše za povećanje longitude Meseca u minutima.

| Long | Sun | | | Mars | | | Jup | | | Sat | | | Ket | | | Mes | | | Mer | | | Ven | | |
|---|---|---|---|---|---|---|---|---|---|---|---|---|---|---|---|---|---|---|---|---|---|---|---|---|
| d:m | g | m | d | G | m | d | g | m | d | g | m | d | g | m | d | g | m | d | g | m | d | g | m | d |
| 0:01 | 0 | 0 | 5 | 0 | 0 | 5 | 0 | 0 | 5 | 0 | 0 | 6 | 0 | 0 | 6 | 0 | 0 | 7 | 0 | 0 | 7 | 0 | 0 | 8 |
| 0:02 | 0 | 0 | 10 | 0 | 0 | 10 | 0 | 0 | 11 | 0 | 0 | 12 | 0 | 0 | 13 | 0 | 0 | 14 | 0 | 0 | 15 | 0 | 0 | 16 |
| 0:03 | 0 | 0 | 15 | 0 | 0 | 16 | 0 | 0 | 17 | 0 | 0 | 19 | 0 | 0 | 20 | 0 | 0 | 21 | 0 | 0 | 23 | 0 | 0 | 24 |
| 0:04 | 0 | 0 | 20 | 0 | 0 | 21 | 0 | 0 | 23 | 0 | 0 | 25 | 0 | 0 | 27 | 0 | 0 | 29 | 0 | 1 | 0 | 0 | 1 | 2 |
| 0:05 | 0 | 0 | 25 | 0 | 0 | 27 | 0 | 0 | 29 | 0 | 1 | 1 | 0 | 1 | 3 | 0 | 1 | 6 | 0 | 1 | 8 | 0 | 1 | 10 |
| 0:10 | 0 | 1 | 19 | 0 | 1 | 24 | 0 | 1 | 28 | 0 | 2 | 3 | 0 | 2 | 7 | 0 | 2 | 12 | 0 | 2 | 16 | 0 | 2 | 21 |
| 0:30 | 0 | 4 | 28 | 0 | 5 | 12 | 0 | 5 | 25 | 0 | 6 | 9 | 0 | 6 | 22 | 0 | 7 | 6 | 0 | 7 | 19 | 0 | 8 | 3 |
| 1:00 | 0 | 9 | 27 | 0 | 10 | 24 | 0 | 11 | 21 | 1 | 0 | 18 | 1 | 1 | 15 | 1 | 2 | 12 | 1 | 3 | 9 | 1 | 4 | 6 |
| 2:00 | 1 | 7 | 24 | 1 | 9 | 18 | 1 | 11 | 12 | 2 | 1 | 6 | 2 | 3 | 0 | 2 | 4 | 24 | 2 | 6 | 18 | 2 | 8 | 12 |
| 3:00 | 2 | 5 | 21 | 2 | 8 | 12 | 2 | 11 | 3 | 3 | 1 | 24 | 3 | 4 | 15 | 3 | 7 | 6 | 3 | 9 | 27 | 4 | 0 | 18 |

*Tabela 66: Tabela 66: Šodašotari daša i antardaša*

| Daša > | Sun | | | Mars | | | Jup | | | Sat | | | Ketu | | | Mes | | | Mer | | | Ven | | |
|---|---|---|---|---|---|---|---|---|---|---|---|---|---|---|---|---|---|---|---|---|---|---|---|---|
| Antar | g | m | d | g | m | d | g | m | d | g | m | d | g | m | d | g | m | d | g | m | d | g | m | d |
| Sun | 1 | 0 | 15 | 1 | 1 | 19 | 1 | 2 | 24 | 1 | 3 | 28 | 1 | 5 | 2 | 1 | 6 | 6 | 1 | 7 | 10 | 1 | 8 | 14 |
| Mars | 1 | 1 | 19 | 1 | 2 | 27 | 1 | 4 | 4 | 1 | 5 | 11 | 1 | 6 | 18 | 1 | 7 | 26 | 1 | 9 | 3 | 1 | 10 | 10 |
| Jup | 1 | 2 | 24 | 1 | 4 | 4 | 1 | 5 | 14 | 1 | 6 | 25 | 1 | 8 | 5 | 1 | 9 | 15 | 1 | 10 | 26 | 2 | 0 | 6 |
| Sat | 1 | 3 | 28 | 1 | 5 | 11 | 1 | 6 | 25 | 1 | 8 | 8 | 1 | 9 | 22 | 1 | 11 | 5 | 2 | 0 | 18 | 2 | 2 | 2 |
| Ketu | 1 | 5 | 2 | 1 | 6 | 18 | 1 | 8 | 5 | 1 | 9 | 22 | 1 | 11 | 8 | 2 | 0 | 25 | 2 | 2 | 11 | 2 | 3 | 28 |
| Mes | 1 | 6 | 6 | 1 | 7 | 26 | 1 | 9 | 15 | 1 | 11 | 5 | 2 | 0 | 25 | 2 | 2 | 14 | 2 | 4 | 4 | 2 | 5 | 24 |
| Mer | 1 | 7 | 10 | 1 | 9 | 3 | 1 | 10 | 26 | 2 | 0 | 18 | 2 | 2 | 11 | 2 | 4 | 4 | 2 | 5 | 27 | 2 | 7 | 19 |
| Ven | 1 | 8 | 14 | 1 | 10 | 10 | 2 | 0 | 6 | 2 | 2 | 2 | 2 | 3 | 28 | 2 | 5 | 24 | 2 | 7 | 19 | 2 | 9 | 15 |

## 17.6 Dvisaptati daša tabele

*Tabela 67: Dvisaptati daša balans*

| Nak | Long | Nak | Long | Nak | Long | Nak | Long | Daša | | G | M |
|---|---|---|---|---|---|---|---|---|---|---|---|
| 1 | 0:00 | 9 | 106:40 | 17 | 213:20 | 20 | 253:20 | Mes | 9.00 | 9 | 0 |
| 1 | 3:20 | 9 | 110:00 | 17 | 216:40 | 20 | 256:40 | | 6.75 | 6 | 9 |
| 1 | 6:40 | 9 | 113:20 | 17 | 220:00 | 20 | 260:00 | | 4.50 | 4 | 6 |
| 1 | 10:00 | 9 | 116:40 | 17 | 223:20 | 20 | 263:20 | | 2.25 | 2 | 3 |
| 2 | 13:20 | 10 | 120:00 | 18 | 226:40 | 21 | 266:40 | Mars | 9.00 | 9 | 0 |
| 2 | 16:40 | 10 | 123:20 | 18 | 230:00 | 21 | 270:00 | | 6.75 | 6 | 9 |

## Vimšotari i Udu daše

| | | | | | | | | | | | |
|---|---|---|---|---|---|---|---|---|---|---|---|
| 2 | 20:00 | 10 | 126:40 | 18 | 233:20 | 21 | 273:20 | | 4.50 | 4 | 6 |
| 2 | 23:20 | 10 | 130:00 | 18 | 236:40 | 21 | 276:40 | | 2.25 | 2 | 3 |
| 3 | 26:40 | 11 | 133:20 | | | 22 | 280:00 | Mer | 9.00 | 9 | 0 |
| 3 | 30:00 | 11 | 136:40 | | | 22 | 283:20 | | 6.75 | 6 | 9 |
| 3 | 33:20 | 11 | 140:00 | | | 22 | 286:40 | | 4.50 | 4 | 6 |
| 3 | 36:40 | 11 | 143:20 | | | 22 | 290:00 | | 2.25 | 2 | 3 |
| 4 | 40:00 | 12 | 146:40 | | | 23 | 293:20 | Jup | 9.00 | 9 | 0 |
| 4 | 43:20 | 12 | 150:00 | | | 23 | 296:40 | | 6.75 | 6 | 9 |
| 4 | 46:40 | 12 | 153:20 | | | 23 | 300:00 | | 4.50 | 4 | 6 |
| 4 | 50:00 | 12 | 156:40 | | | 23 | 303:20 | | 2.25 | 2 | 3 |
| 5 | 53:20 | 13 | 160:00 | | | 24 | 306:40 | Ven | 9.00 | 9 | 0 |
| 5 | 56:40 | 13 | 163:20 | | | 24 | 310:00 | | 6.75 | 6 | 9 |
| 5 | 60:00 | 13 | 166:40 | | | 24 | 313:20 | | 4.50 | 4 | 6 |
| 5 | 63:20 | 13 | 170:00 | | | 24 | 316:40 | | 2.25 | 2 | 3 |
| 6 | 66:40 | 14 | 173:20 | | | 25 | 320:00 | Sat | 9.00 | 9 | 0 |
| 6 | 70:00 | 14 | 176:40 | | | 25 | 323:20 | | 6.75 | 6 | 9 |
| 6 | 73:20 | 14 | 180:00 | | | 25 | 326:40 | | 4.50 | 4 | 6 |
| 6 | 76:40 | 14 | 183:20 | | | 25 | 330:00 | | 2.25 | 2 | 3 |
| 7 | 80:00 | 15 | 186:40 | | | 26 | 333:20 | Rahu | 9.00 | 9 | 0 |
| 7 | 83:20 | 15 | 190:00 | | | 26 | 336:40 | | 6.75 | 6 | 9 |
| 7 | 86:40 | 15 | 193:20 | | | 26 | 340:00 | | 4.50 | 4 | 6 |
| 7 | 90:00 | 15 | 196:40 | | | 26 | 343:20 | | 2.25 | 2 | 3 |
| 8 | 93:20 | 16 | 200:00 | 19 | 240:00 | 27 | 346:40 | Sun | 9.00 | 9 | 0 |
| 8 | 96:40 | 16 | 203:20 | 19 | 243:20 | 27 | 350:00 | | 6.75 | 6 | 9 |
| 8 | 100:00 | 16 | 206:40 | 19 | 246:40 | 27 | 353:20 | | 4.50 | 4 | 6 |
| 8 | 103:20 | 16 | 210:00 | 19 | 250:00 | 27 | 356:40 | | 2.25 | 2 | 3 |

*Tabela 68: Dvisaptati proporcionalni delovi*

| Long | Sve planete | | |
|---|---|---|---|
| d:m | g | M | d |
| 0:01 | 0 | 0 | 4 |
| 0:02 | 0 | 0 | 8 |
| 0:03 | 0 | 0 | 12 |
| 0:04 | 0 | 0 | 16 |
| 0:05 | 0 | 0 | 20 |
| 0:10 | 0 | 1 | 10 |
| 0:30 | 0 | 4 | 1 |
| 1:00 | 0 | 8 | 3 |
| 2:00 | 1 | 4 | 6 |

# Tabele daša

| 3:00 | 2 | 0 | 9 |

Napomena: antardaša za svaku planetu unutar svake daše traje 1 godinu, 1 mesec i 15 dana.

## 17.7 Šattrimšat sama daša

*Tabela 69: Šattrimšat daša balans*

| Nak | Long | Nak | Long | Nak | Long | Nak | Long | Daša | | G | M | D |
|---|---|---|---|---|---|---|---|---|---|---|---|---|
| 1 | 0:00 | 9 | 106:40 | 17 | 213:20 | | | Ven | 7.00 | 7 | 0 | 0 |
| 1 | 3:20 | 9 | 110:00 | 17 | 216:40 | | | | 5.25 | 5 | 3 | 0 |
| 1 | 6:40 | 9 | 113:20 | 17 | 220:00 | | | | 3.50 | 3 | 6 | 0 |
| 1 | 10:00 | 9 | 116:40 | 17 | 223:20 | | | | 1.75 | 1 | 9 | 0 |
| 2 | 13:20 | 10 | 120:00 | 18 | 226:40 | | | Rahu | 8.00 | 8 | 0 | 0 |
| 2 | 16:40 | 10 | 123:20 | 18 | 230:00 | | | | 6.00 | 6 | 0 | 0 |
| 2 | 20:00 | 10 | 126:40 | 18 | 233:20 | | | | 4.00 | 4 | 0 | 0 |
| 2 | 23:20 | 10 | 130:00 | 18 | 236:40 | | | | 2.00 | 2 | 0 | 0 |
| 3 | 26:40 | 11 | 133:20 | 19 | 240:00 | 25 | 320:00 | Mes | 1.00 | 1 | 0 | 0 |
| 3 | 30:00 | 11 | 136:40 | 19 | 243:20 | 25 | 323:20 | | 0.75 | 0 | 9 | 0 |
| 3 | 33:20 | 11 | 140:00 | 19 | 246:40 | 25 | 326:40 | | 0.50 | 0 | 6 | 0 |
| 3 | 36:40 | 11 | 143:20 | 19 | 250:00 | 25 | 330:00 | | 0.25 | 0 | 3 | 0 |
| 4 | 40:00 | 12 | 146:40 | 20 | 253:20 | 26 | 333:20 | Sun | 2.00 | 2 | 0 | 0 |
| 4 | 43:20 | 12 | 150:00 | 20 | 256:40 | 26 | 336:40 | | 1.50 | 1 | 6 | 0 |
| 4 | 46:40 | 12 | 153:20 | 20 | 260:00 | 26 | 340:00 | | 1.00 | 1 | 0 | 0 |
| 4 | 50:00 | 12 | 156:40 | 20 | 263:20 | 26 | 343:20 | | 0.50 | 0 | 6 | 0 |
| 5 | 53:20 | 13 | 160:00 | 21 | 266:40 | 27 | 346:40 | Jup | 3.00 | 3 | 0 | 0 |
| 5 | 56:40 | 13 | 163:20 | 21 | 270:00 | 27 | 350:00 | | 2.25 | 2 | 3 | 0 |
| 5 | 60:00 | 13 | 166:40 | 21 | 273:20 | 27 | 353:20 | | 1.50 | 1 | 6 | 0 |
| 5 | 63:20 | 13 | 170:00 | 21 | 276:40 | 27 | 356:40 | | 0.75 | 0 | 9 | 0 |
| 6 | 66:40 | 14 | 173:20 | 22 | 280:00 | | | Mars | 4.00 | 4 | 0 | 0 |
| 6 | 70:00 | 14 | 176:40 | 22 | 283:20 | | | | 3.00 | 3 | 0 | 0 |
| 6 | 73:20 | 14 | 180:00 | 22 | 286:40 | | | | 2.00 | 2 | 0 | 0 |
| 6 | 76:40 | 14 | 183:20 | 22 | 290:00 | | | | 1.00 | 1 | 0 | 0 |
| 7 | 80:00 | 15 | 186:40 | 23 | 293:20 | | | Mer | 5.00 | 5 | 0 | 0 |
| 7 | 83:20 | 15 | 190:00 | 23 | 296:40 | | | | 3.75 | 3 | 9 | 0 |
| 7 | 86:40 | 15 | 193:20 | 23 | 300:00 | | | | 2.50 | 2 | 6 | 0 |
| 7 | 90:00 | 15 | 196:40 | 23 | 303:20 | | | | 1.25 | 1 | 3 | 0 |
| 8 | 93:20 | 16 | 200:00 | 24 | 306:40 | | | Sat | 13.00 | 13 | 0 | 0 |
| 8 | 96:40 | 16 | 203:20 | 24 | 310:00 | | | | 9.75 | 9 | 9 | 0 |

Vimšotari i Udu daše

| 8 | 100:00 | 16 | 206:40 | 24 | 313:20 | | | 6.50 | 6 | 6 | 0 |
|---|--------|----|--------|----|--------|---|---|------|---|---|---|
| 8 | 103:20 | 16 | 210:00 | 24 | 316:40 | | | 3.25 | 3 | 3 | 0 |

## Tabela 70: Šattrimšat proporcionalni delovi

| Long | Mes | | | Sun | | | Jup | | | Mar | | | Mer | | | Sat | | | Ven | | | Rah | | |
|------|---|---|---|---|---|---|---|---|---|---|---|---|---|---|---|---|---|---|---|---|---|---|---|---|
| d:m  | y | m | d | y | m | d | y | m | d | y | m | d | y | m | d | y | m | d | y | m | d | y | m | d |
| 0:01 | 0 | 0 | 0 | 0 | 0 | 0 | 0 | 1 | 0 | 0 | 1 | 0 | 0 | 2 | 0 | 0 | 2 | 0 | 0 | 3 | 0 | 0 | 3 |   |
| 0:02 | 0 | 0 | 0 | 0 | 0 | 1 | 0 | 0 | 2 | 0 | 0 | 3 | 0 | 0 | 4 | 0 | 0 | 5 | 0 | 0 | 6 | 0 | 0 | 7 |
| 0:03 | 0 | 0 | 1 | 0 | 0 | 2 | 0 | 0 | 4 | 0 | 0 | 5 | 0 | 0 | 6 | 0 | 0 | 8 | 0 | 0 | 9 | 0 | 0 | 10 |
| 0:04 | 0 | 0 | 1 | 0 | 0 | 3 | 0 | 0 | 5 | 0 | 0 | 7 | 0 | 0 | 9 | 0 | 0 | 10 | 0 | 0 | 12 | 0 | 0 | 14 |
| 0:05 | 0 | 0 | 2 | 0 | 0 | 4 | 0 | 0 | 6 | 0 | 0 | 9 | 0 | 0 | 11 | 0 | 0 | 13 | 0 | 0 | 15 | 0 | 0 | 18 |
| 0:10 | 0 | 0 | 4 | 0 | 0 | 9 | 0 | 0 | 13 | 0 | 0 | 18 | 0 | 0 | 22 | 0 | 0 | 27 | 0 | 1 | 1 | 0 | 1 | 6 |
| 0:30 | 0 | 0 | 13 | 0 | 0 | 27 | 0 | 1 | 10 | 0 | 1 | 24 | 0 | 2 | 7 | 0 | 2 | 21 | 0 | 3 | 4 | 0 | 3 | 18 |
| 1:00 | 0 | 0 | 27 | 0 | 1 | 24 | 0 | 2 | 21 | 0 | 3 | 18 | 0 | 4 | 15 | 0 | 5 | 12 | 0 | 6 | 9 | 0 | 7 | 6 |
| 2:00 | 0 | 1 | 24 | 0 | 3 | 18 | 0 | 5 | 12 | 0 | 7 | 6 | 0 | 9 | 0 | 0 | 10 | 24 | 1 | 0 | 18 | 1 | 2 | 12 |
| 3:00 | 0 | 2 | 21 | 0 | 5 | 12 | 0 | 8 | 3 | 0 | 10 | 24 | 1 | 1 | 15 | 1 | 4 | 6 | 1 | 6 | 27 | 1 | 9 | 18 |

## Tabela 71: Šattrimšat daša i antardaša

| Daša | | Mes | | | Sun | | | Jup | | | Mar | | | Mer | | | Sat | | | Ven | | | Rah | | |
|------|---|---|---|---|---|---|---|---|---|---|---|---|---|---|---|---|---|---|---|---|---|---|---|---|---|
|      |   | g | m | d | g | m | d | g | m | d | g | m | d | g | m | d | g | m | d | g | m | d | g | m | d |
| Mes  | 1.00 | 0 | 0 | 10 | 0 | 0 | 20 | 0 | 1 | 0 | 0 | 1 | 10 | 0 | 1 | 20 | 0 | 2 | 0 | 0 | 2 | 10 | 0 | 2 | 20 |
| Sun  | 2.00 | 0 | 0 | 20 | 1 | 1 | 10 | 0 | 2 | 0 | 0 | 2 | 20 | 0 | 3 | 10 | 0 | 4 | 0 | 0 | 4 | 20 | 0 | 5 | 10 |
| Jup  | 3.00 | 0 | 1 | 0 | 0 | 2 | 0 | 0 | 3 | 0 | 0 | 4 | 0 | 0 | 5 | 0 | 0 | 6 | 0 | 0 | 7 | 0 | 0 | 8 | 0 |
| Mars | 4.00 | 0 | 1 | 10 | 0 | 2 | 20 | 0 | 4 | 0 | 0 | 5 | 10 | 0 | 6 | 20 | 0 | 8 | 0 | 0 | 9 | 10 | 0 | 10 | 20 |
| Mer  | 5.00 | 0 | 1 | 20 | 0 | 3 | 10 | 0 | 5 | 0 | 0 | 6 | 20 | 0 | 8 | 10 | 0 | 10 | 0 | 0 | 11 | 20 | 1 | 1 | 10 |
| Sat  | 6.00 | 0 | 2 | 0 | 0 | 4 | 0 | 0 | 6 | 0 | 0 | 8 | 0 | 0 | 10 | 0 | 1 | 0 | 0 | 1 | 2 | 0 | 1 | 4 | 0 |
| Ven  | 7.00 | 0 | 2 | 10 | 0 | 4 | 20 | 0 | 7 | 0 | 0 | 9 | 10 | 0 | 11 | 20 | 1 | 2 | 0 | 1 | 4 | 10 | 1 | 6 | 20 |
| Rahu | 8.00 | 0 | 2 | 20 | 0 | 5 | 10 | 0 | 8 | 0 | 0 | 10 | 20 | 1 | 1 | 10 | 1 | 4 | 0 | 1 | 6 | 20 | 1 | 9 | 10 |
|      | 36 | 1 | 0 | 0 | 2 | 0 | 0 | 3 | 0 | 0 | 4 | 0 | 0 | 5 | 0 | 0 | 6 | 0 | 0 | 7 | 0 | 0 | 8 | 0 | 0 |

* Ista kolona je primenljiva na Ketua jer su daša periodi Marsa i Ketua jednaki.

# 18

# Često postavljana pitanja

*Strpljenje je pratilac mudrosti.*

Seint Augustin

## TEMA: PLANETE

**Q1. Šta je sama-saptaka? Deluje kao da je u pitanju opozicija.**

"Sama-saptaka" se odnosi na smeštenost dve 'inače prijateljske planete' u međusobnom jedan-sedam odnosu. Smeštenost dva ljuta malefika na ovim mestima nije 'sama-saptaka'. Za ovu svrhu, planete treba da su u najmanje 'SAMA' odnosu u graha maitrja (pet tipova odnosa) tabeli.

Pogledajmo ova dva primera – (1) međusobni odnos Saturna i Marsa u prvoj i sedmoj kući donosi *Unmadana jogu*[1] ili ludilo. Otuda se ova pozicija ne može nazvati sama-saptaka, pošto planete ne samo da su prirodni već su i privremeni neprijatelji. Ono što je još gore, oba se nalaze u *marana karaka stanu*. (2) Međusobna pozicija Jupitera i Marsa na osi prve i sedme kuće što donosi moćnu Guru-Mangala jogu za Bagavan Šri Rama uz pomoć koje je postao nepobediv u bitkama. Ovo je Krišna podučio, *'među ratnicima, Ja sam Ram'* – Bhagavad Gita.

**Q2. Da li primenljivost Aštotari daše u čartu znači da Vimšotari daša ne funkcioniše? Da li se ove daše međusobno isključuju ili se obe mogu primeniti?**

---

[1] Kombinacije koje donose Ćita (inteligenciju/um) bolesti poput ludila, preterane vezanosti, itd.

## Vimšotari i Udu daše

Definitivno ne. U prirodi postoje različiti ciklusi i svi oni deluju u saglasju i harmoniji poput različitih satova na svetu. Big Ben (London) će pokazati ponoć kada satovi u Indiji pokazuju 5:30h. Kao što satovi pokazuju različito vreme a znače isto, tako i daša sistemi mogu pokazati različite periode, a i dalje pokazati isto. Pitanje je samo šta je prioritet ili koji ciklus dominira. Aštotari je najstariji daša sistem i primenjivao se dugo pre Vimšotari. Zasnovan je na principu zvukova gde osam čara karaka imaju duboki uticaj na 28 posmatranih nakšatri (uključujući i Abiđit kojom vlada Hari) umesto fizičkih 27 nakšatri koje se koriste u Vimšotari daši. Ovo je razlog zašto Parašara ohrabruje korištenje Vimšotari daše u čartovima običnih ljudi, jer se oni ograničavaju na svetovna pitanja bez fokusa na viša postignuća.

**Q3. Kako se definiše godina kod upotrebe daša?**

*Samvatsara* i *abda* su termini koji su se koristili za period od godinu dana još od Vedskog perioda. Samvatsara je godina definisana ulaskom Sunca (sideralni) u znak Ovna. Ovo je godina koja je bazirana na kretanju Sunca od $360^0$. Vedski mudraci i sveštenici redovno koriste period Juge sastavljen od pet *abda* (pet godina) zarad održavanja *pūrṇamāsa* i drugih obreda onako kako ih je zabeležio Muni Lagdha u *vedāṇga jyautiṣa (arka jyautiṣa and yājuṣa jyautiṣa)*:

युगस्य पञ्चवर्षस्य कालज्ञानं प्रचक्षते ॥

*yugasya pañcavarṣasya kālajñānaṁ pracakṣate. (YJ 15cd)*

Juga je koincidencija solarnog i lunarnog kalendara od kojih se prva poklapanja dešavaju na 60 solarnih meseci i šezdeset dva lunarna meseca, na svakih pet godina (samvatsara juga). Dakle, samvatsara je fundamentalna ili osnovna godina koja se koristi u Vedama (Rig Veda 1.158.6 se takođe odnosi na Jugu koja je sastavljena od pet godina). Ovo je do u detalje obrađeno *suśruta* u *~yurveda saÕhit~* (®tucarya, Adjaja 6) gde, posle objašnjenja datog za različite mere vremena poput *kāla* i *k~ÿ÷ha*, govori o *samvatsara* koju čine dve *ayana*.

On dodaje da je ovo samvatsara kala čakra ili točak vremena i time donosi i jednačinu vreme-prostor koja je osnova *bha čakre* ili Zodijaka.

ते तु पञ्च युगमिति संज्ञां लभन्ते । स एव निमेषादिर्युगपर्यन्तः कालः चक्रवत परिवर्तमानः कालचक्रमुच्यते ॥

*te tu pañca yugamiti sañjñāṁ labhante| sa eva nimeṣādiryugaparyantaḥ kālaḥ cakravata parivartamānaḥ kālacakramucyate||*

Tip ili kvalitet godine zavisi od dominantnog tithija u vreme ulaska Sunca u znak Jarca, što se zove Makara Sankranti. Trideset tithija tokom meseca podeljeno je na pet grupa, gde se svaka grupa sastoji od šest tithija svaki, zarad imenovanja godine.

---

### **Om Tat Sat**

# Izvori

*Znanje prolazi, ali mudrost ostaje.*
Alfred Lord Tenison

## Poglavlje 1

1. Brihat Parašara Hora Šastra

## Poglavlje 5

2. Brihat Parašara Hora Šastra: Poglavlje 48, Šloka 207-209. Verzija BPHŠ u prevodu Pandita Giriš C. Šarme ima tačne Sanskrit šloke dok druga verzija donosi besmislene šloke sa određenim tipografskim i drugim greškama.

विंशत्तरिदशेवाऽत्र कैश्चित् तारादशा स्मृता ।
आचंकुरागुशाबुकेश्वादिस्थानेषु ताराकाः ॥ २०७ ॥

*viṁśattaridaśevā'tra kaiścit tārādaśā smṛtā |*
*~caðkur~guþabukeþv~disth~neÿu t~rak~× || 207||*

अन्मसम्पत्विपत्क्षेमप्रत्यरिः साधको बधः ।
मैत्रं परममैत्रं च केन्द्रस्थबलिनो ग्रहात् ॥ २०८ ॥

*anmasampatvipatkṣemapratyariḥ sādhako badhaḥ |*
*maitraṁ paramamaitraṁ ca kendrasthabalino grahāt || 208||*

ज्ञेया तारादशा विप्र नामतुल्यफलप्रदा ।
यस्य केन्द्रे स्थितः खेटो दशेयं तस्य कीर्तिता ॥ २०९ ॥

*jñeyā tārādaśā vipra nāmatulyaphalapradā |*
*yasya kendre sthitaḥ kheṭo daśeyaṁ tasya kīrtitā || 209||*

www.ingramcontent.com/pod-product-compliance
Lightning Source LLC
Chambersburg PA
CBHW071605170426
43196CB00033B/1787